Excel 2010 Avanzado

Excel 2010 Avanzado

Juan Antonio Gómez Gutiérrez

Ra-Ma®

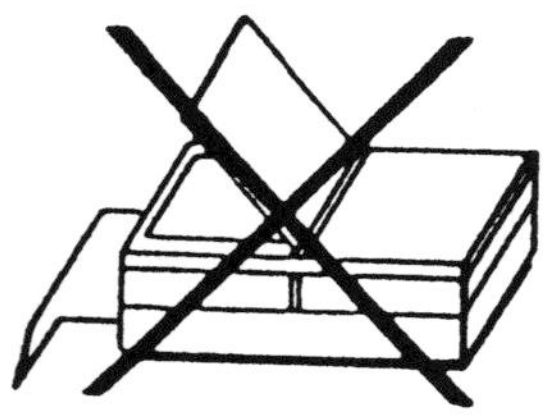

Excel 2010 Avanzado

Editado por:
RA-MA Editorial
Calle Jarama, 3A, Polígono Industrial Igarsa
28860 PARACUELLOS DE JARAMA, Madrid
Teléfono: 91 658 42 80
Fax: 91 662 81 39
Correo electrónico: editorial@ra-ma.com
Internet: www.ra-ma.es y www.ra-ma.com
ISBN: 978-84-9964-087-7
Depósito Legal: M-15.505-2011
Autoedición: Autores
Diseño Portada: Antonio García Tomé
Impresión: Closas-Orcoyen, S. L.
Impreso en España en abril de 2011

Dedico este libro a mi magnífica compañera y mujer, Victoria, y a mi hijo, Pablo. Sin duda, mis "seres" favoritos.

También se lo dedico a mi madre y a mi hermana Sebi, por la fe y el cariño que siempre me han mostrado. Por supuesto, se lo dedico a mi padre, ya que, probablemente, es al que más le gustará y a quien recuerdo a diario.

También quisiera dedicárselo a mis amigos Víctor G., Johan M., Quim C. y Jordi P., ya que son la música de mi vida.

Por último, agradezco a mis amigos y colegas informáticos Jordi B. y Xavi T. el cariño y aprecio mostrado durante un tercio de mi vida.

A vosotros...

ÍNDICE

INTRODUCCIÓN

Este libro destaca una buena parte de las funcionalidades prácticas más avanzadas de la hoja de cálculo Microsoft Excel 2010.

Ha sido elaborado explicando en detalle la inmensa mayoría de las opciones más importantes con las que un usuario se encuentra al acceder a cada uno de los módulos o funciones tratadas.

Los gráficos incluidos en el mismo permiten descubrir, en un golpe de vista, las funcionalidades existentes en cada uno de los cuadros de diálogo con los que se encuentra el usuario cuando se propone utilizar alguna funcionalidad de Excel.

Se hace especial hincapié en el tratamiento de los datos. Su representación en forma de gráficos, la incorporación de filtros, su ordenación, tratamiento con funciones, su resumen, organización y combinación de varias fuentes han sido el principal foco del contenido del libro.

No obstante, también se abordan temas como el de trabajar en grupo para poder compartir un libro y el de la seguridad que requiere dicho aspecto y los libros de trabajo en general.

No hemos querido olvidar el uso de las herramientas **Y SI**, ya que éstas facilitan la búsqueda de soluciones a partir de unas determinadas variables, o bien permiten averiguar cuáles son los valores de entrada que nos proporcionan unos determinados resultados.

También hemos querido reforzar el tratamiento de grandes cantidades de datos presentando las tablas dinámicas y explicando cómo resumir fácilmente una gran cantidad de datos, tanto en una tabla como en un simple pero potente y dinámico gráfico.

Se incluye un capítulo para el tratamiento de macros para que los usuarios puedan generar una colección de funcionalidades propias sin necesidad de adentrarse en el lenguaje de programación Visual Basic, que sirve de base para las mismas. Las macros pueden simplificar un conjunto de acciones y agilizar la explotación y manejo de los libros y hojas de cálculo.

Capítulo 1

GRÁFICOS

Excel tiene la posibilidad de fabricar gráficos a partir de los datos existentes en un libro de trabajo. Dichos gráficos pueden incrustarse dentro de una hoja, o bien crearse en hojas de gráficos independientes.

Para insertar un gráfico basta con seleccionar los datos que queremos utilizar en el mismo y acceder al grupo **Gráficos** ubicado en la ficha Insertar:

Dicho grupo muestra las categorías de gráficos más utilizadas, aunque para acceder a todas las categorías disponibles podemos hacer clic sobre la flechita ubicada en la parte inferior derecha del grupo de controles ( ).

Una vez seleccionado un tipo de gráfico, se fabrica un gráfico y aparece un menú contextual denominado **Herramientas de gráficos**, mediante el cual podremos variar todas las características que configuran el gráfico en sí.

Dicho menú contiene las fichas **Diseño, Presentación** y **Formato.**

Veamos un ejemplo de fabricación de gráfico. Supongamos que disponemos de una hoja de cálculo con los sigunetes datos:

	A	B	C	D	E	F
1	**Vendedor**	**Provincia**	**Articulo**	**Cantidad**	**Precio**	**Importe**
2	Luis	Barcelona	Lapiz	1000	1,2	1200
3	Juan	Madrid	Goma	1500	0,8	1200
4	Rafa	Valencia	Celo	2000	3,5	7000
5	Ramón	Barcelona	Cubo	600	2	1200
6	Jordi	Valencia	Paq. Folios	750	3	2250

Seguidamente, seleccionamos el rango A1:A6 y simultáneamente F1:F6 (puede hacerse seleccionando primero A1:A6 y, manteniendo pulsada la tecla CTRL, seleccionar F1:F6 a continuación).

	A	B	C	D	E	F
1	**Vendedor**	**Provincia**	**Articulo**	**Cantidad**	**Precio**	**Importe**
2	Luis	Barcelona	Lapiz	1000	1,2	1200
3	Juan	Madrid	Goma	1500	0,8	1200
4	Rafa	Valencia	Celo	2000	3,5	7000
5	Ramón	Barcelona	Cubo	600	2	1200
6	Jordi	Valencia	Paq. Folios	750	3	2250

Por último, acudimos a la ficha **Insertar** y desplegamos el cuadro de gráficos de tipo **Columna** para elegir el primer tipo de gráfico propuesto en la categoría de **Columna en 2-D** y obtener el siguiente gráfico:

Selección de tipo de gráfico	**Gráfico resultante**
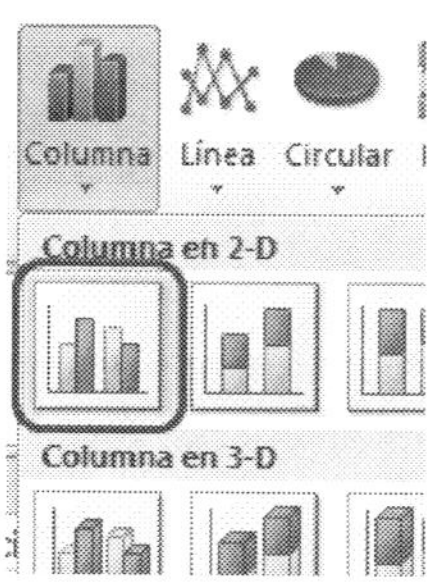	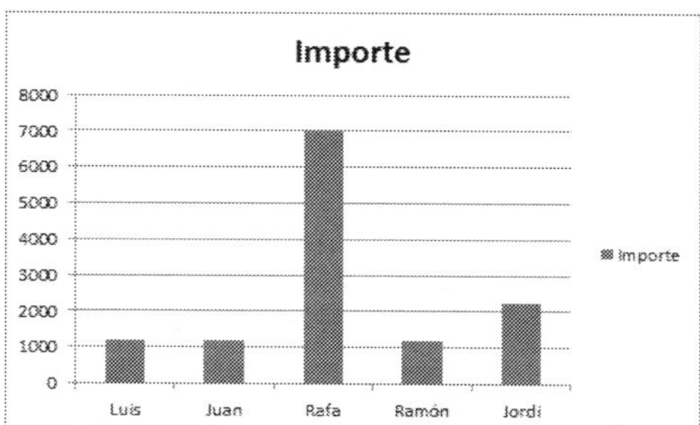

1.1 DISEÑO

1.1.1 Tipo

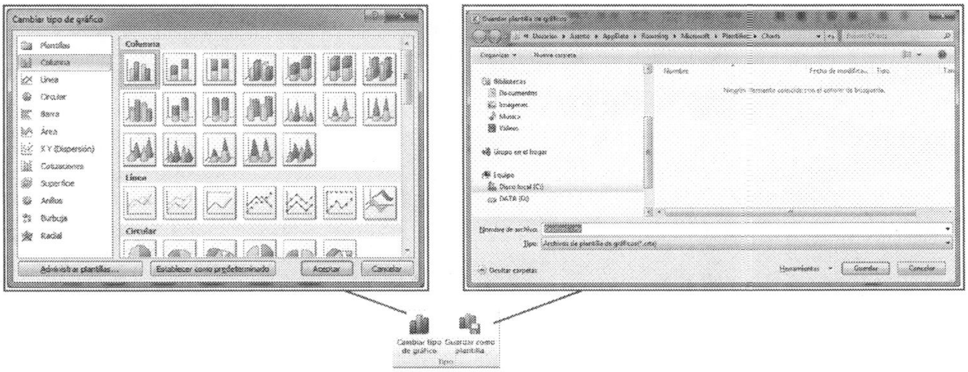

Mediante el grupo **Tipo**, podemos manejar los diferentes tipos de gráficos del sistema.

Con la opción **Cambiar tipo de gráfico**, accedemos a un cuadro de diálogo, mediante el cual podemos consultar las diferentes categorías sobre las que podemos elegir el tipo de gráfico a utilizar.

Desde dicho cuadro de diálogo, podemos acceder a la carpeta en la que se almacenan las plantillas de gráficos al hacer clic sobre el botón **Administrar plantillas...**

También es posible indicar el tipo de gráfico predeterminado con el que se fabricarán por defecto todos los gráficos que hagamos. Para ello, basta con seleccionar el gráfico que más nos interese y hacer clic sobre el botón **Establecer como predeterminado**.

Si nos interesa guardar las características del gráfico que estamos elaborando para poder disponer de tal configuración en un futuro, podemos guardar una plantilla de gráfico mediante la opción **Guardar como plantilla**. Al seleccionar esta opción aparece el típico cuadro de diálogo de **Guardar Archivo** (en este caso Plantilla) y, por defecto, la ubicación será la misma que la propuesta por defecto en la opción **Administrar plantillas...** Conviene destacar que la extensión de las plantillas de gráficos es **crtx**.

1.1.2 Datos

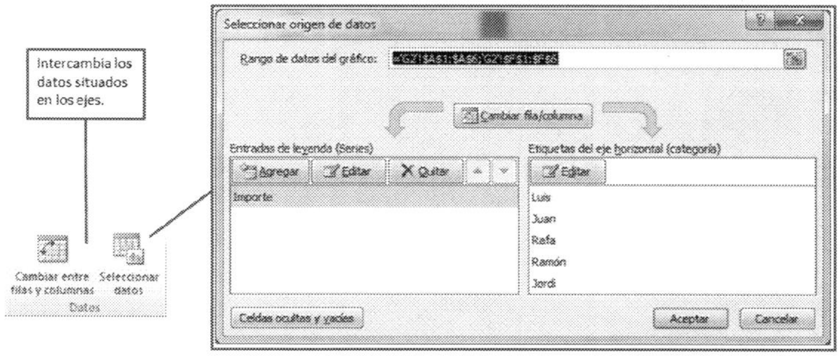

1.1.2.1 CAMBIAR ENTRE FILAS Y COLUMNAS

Esta opción permite intercambiar los datos situados en los ejes de forma que los datos colocados en el eje **X** se trasladan al eje **Y** y viceversa.

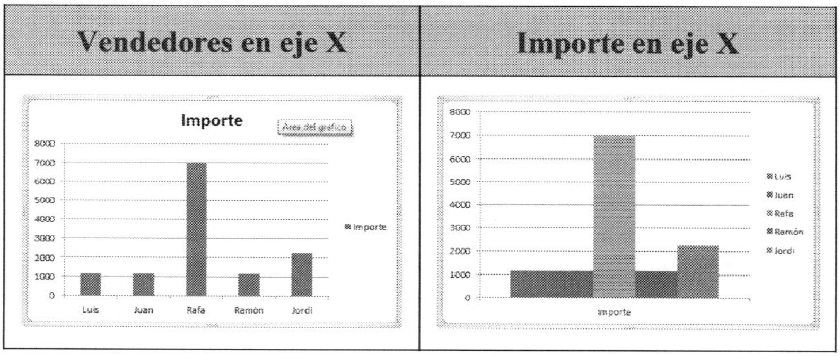

1.1.2.2 SELECCIONAR DATOS

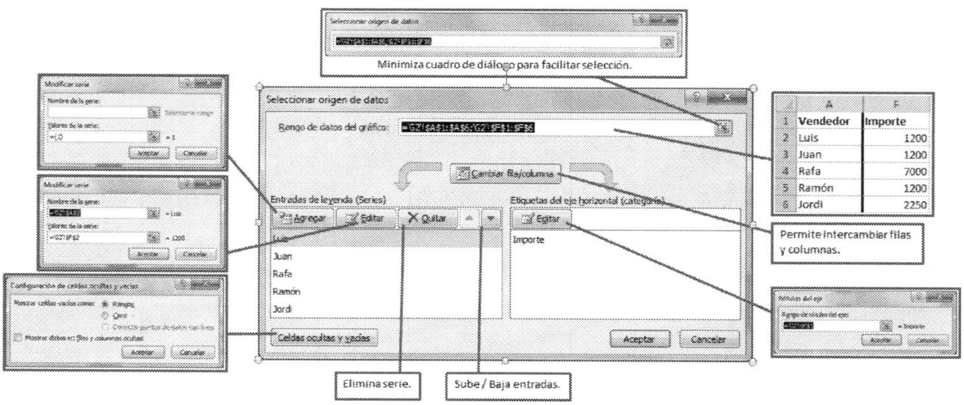

Esta opción permite seleccionar el rango de datos que hay que utilizar para la confección del gráfico. A continuación, se comentan los diferentes elementos que pueden ser modificados mediante la misma.

<table>
<tr><th>Elemento</th><th>Comentario</th></tr>
<tr><td>Rango de datos del gráfico</td><td>Permite indicar qué rangos contienen la información que hay que utilizar para la confección del gráfico.</td></tr>
<tr><td>Entradas de leyenda (series)</td><td>Permite incluir o eliminar las diferentes series a representar en el gráfico.
<table>
<tr><td>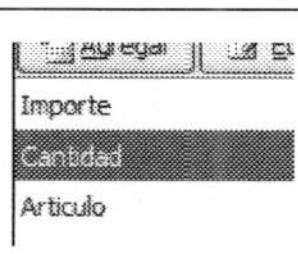
</td><td>En este espacio se muestran las diferentes series representadas en el gráfico.</td></tr>
<tr><td>
</td><td>Permite incluir una nueva serie.</td></tr>
<tr><td>
</td><td>Permite modificar la definición de la serie.</td></tr>
<tr><td>
</td><td>Elimina la serie del gráfico.</td></tr>
<tr><td></td><td>Permite desplazar las series organizando su representación en el gráfico.</td></tr>
</table></td></tr>
<tr><td>Etiquetas del eje horizontal (categoría)</td><td>Permite seleccionar el rango que ha de utilizarse para obtener los rótulos que se incluyen en el eje horizontal.
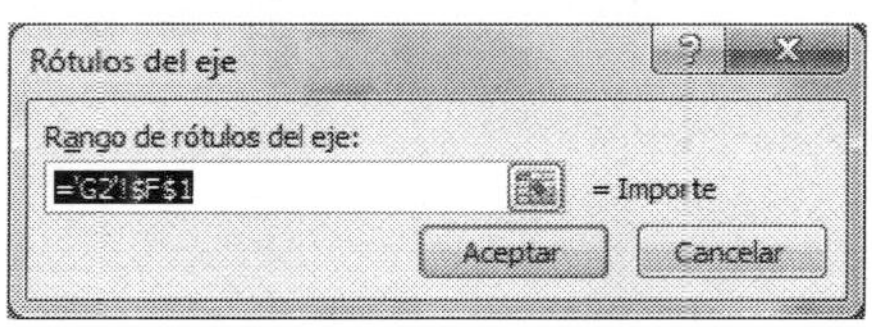

También es posible definir de forma explícita dichos rótulos en el propio cuadro de diálogo utilizando una matriz del estilo:
={"MiRotulo1";"MiRotulo2";" MiRotulo3"}</td></tr>
</table>

<table>
<tr>
<td>Celdas ocultas y vacías</td>
<td>
Permite especificar si se desea visualizar los valores correspondientes a filas o columnas ocultas o no.

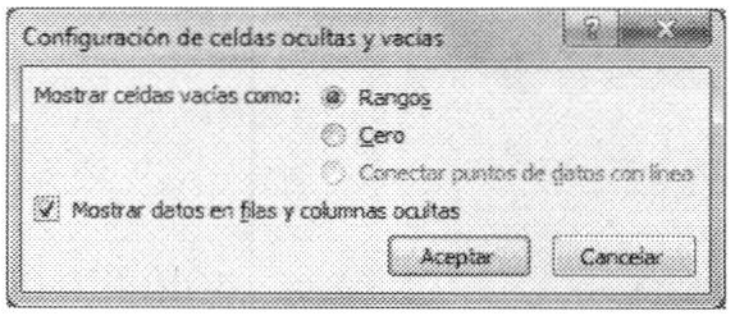

En el caso de ciertos gráficos (como los de dispersión) es posible definir cómo se desea mostrar las celdas vacías. Suponiendo que en el ejemplo que se está utilizando la celda correspondiente al importe de Juan estuviese vacía, tendríamos los siguientes posibles resultados:

<table>
<tr><th>Rangos</th><th>Cero</th><th>Conectar puntos de datos con línea</th></tr>
<tr>
<td>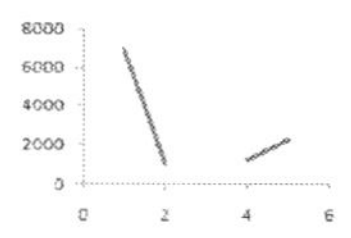
</td>
<td>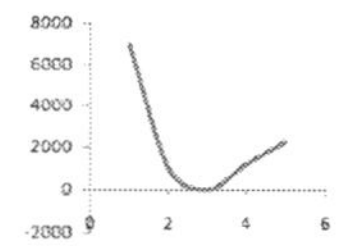
</td>
<td>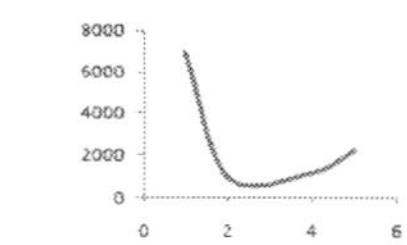
</td>
</tr>
</table>
</td>
</tr>
</table>

1.1.3 Diseños de gráficos

En este grupo de opciones, nos encontramos con una serie de formatos predefinidos que proporcionan diferentes acabados al gráfico que estamos fabricando. Las formas propuestas son coherentes con el tipo de gráfico seleccionado previamente, de forma que si el tipo de gráfico es, por ejemplo, de columna, los gráficos propuestos también lo serán. En la siguiente imagen se muestra un ejemplo de diseños correspondiente a tipo columna:

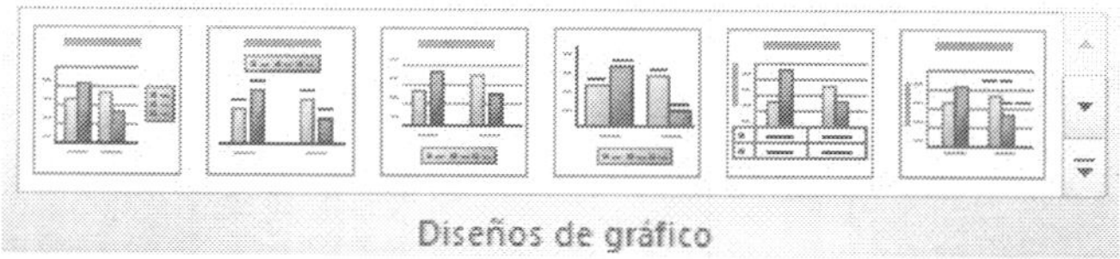

Si hacemos clic sobre las flechas que tenemos a la derecha del grupo (,), iremos visualizando las diferentes muestras previstas de 3 en 3. Si hacemos clic sobre el icono , se visualiza un panel más grande con más capacidad para más muestras.

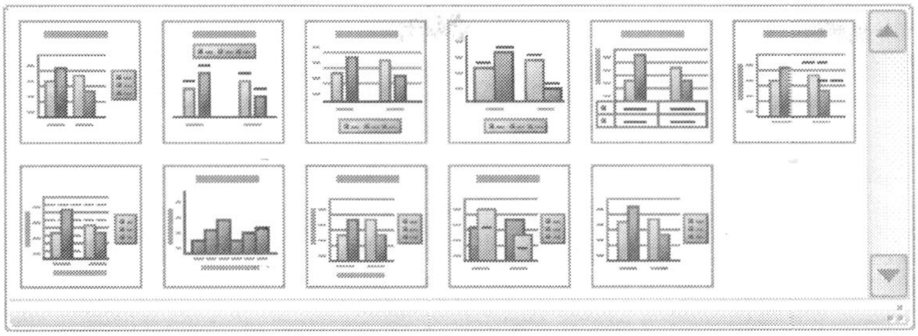

Para seleccionar un modelo determinado, basta con hacer clic sobre la muestra.

1.1.4 Estilos de diseño

En este grupo de opciones, es posible seleccionar un estilo de diseño. Al igual que lo comentado para el apartado de **Diseño de gráfico**, los estilos propuestos son coherentes con el tipo de gráfico seleccionado. Continuando con el ejemplo anterior, a continuación vemos el primer grupo de muestra de estilos correspondientes al tipo de gráfico columna:

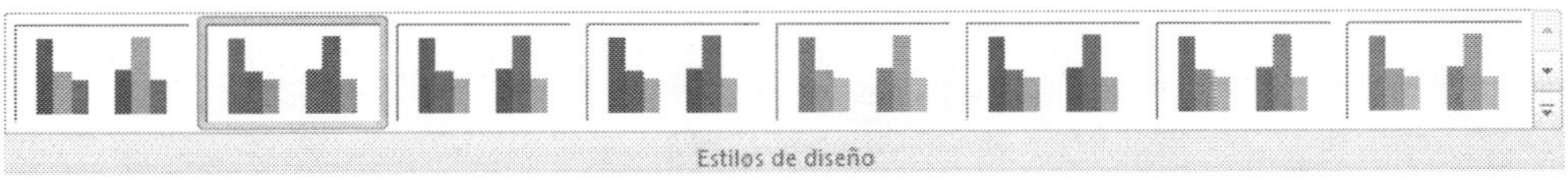

Las flechas que tenemos a la derecha del grupo (,) nos permiten visualizar las diferentes muestras de 4 en 4. Al hacer clic sobre el icono , se visualiza un panel con un mayor número de muestras:

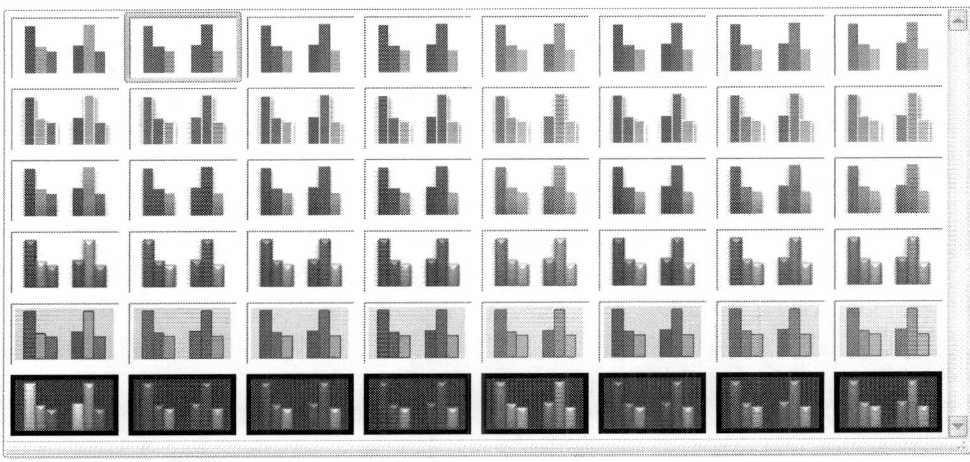

1.1.5 Ubicación

Esta opción permite indicar dónde queremos situar el gráfico. Al hacer clic sobre la misma, aparece un cuadro de diálogo en el que podemos seleccionar si queremos ubicar el gráfico en una hoja nueva (podemos aceptar el nombre propuesto o escribir el que nos interese), o bien seleccionar en cuál de las hojas del libro queremos incluirlo. A continuación, se muestra dicho cuadro de diálogo:

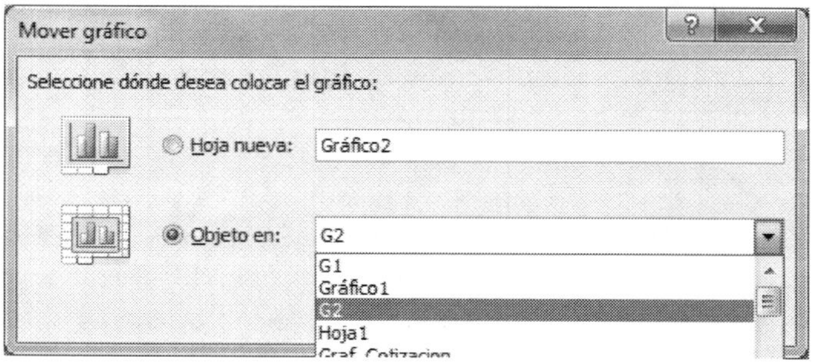

1.2 PRESENTACIÓN

1.2.1 Selección actual

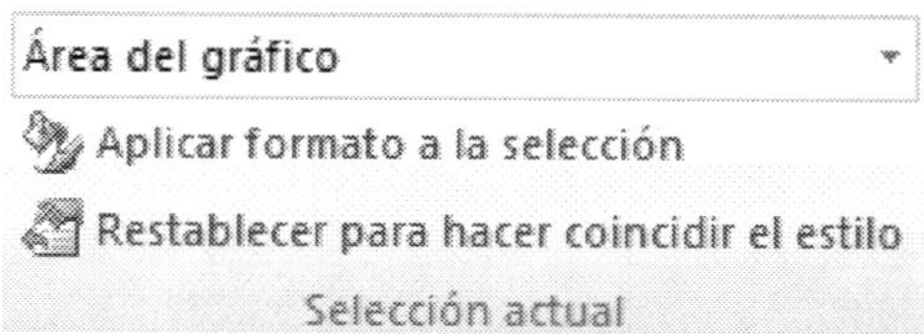

Este grupo de controles nos permite seleccionar de forma independiente cada uno de los elementos que componen un gráfico para poder aplicar un determinado formato. Dependiendo del elemento seleccionado, las opciones varían, pero, en general, todos los elementos poseen un gran número de características comunes.

1.2.1.1 ELEMENTOS DEL GRÁFICO (ÁREA, TRAZADO, ETC...)

Los elementos a los que podemos dar un determinado formato dentro de un gráfico pueden variar dependiendo del gráfico en sí, pero en general son:

<table>
<tr><th>Área del gráfico</th><th>Área de trazado</th></tr>
<tr><td>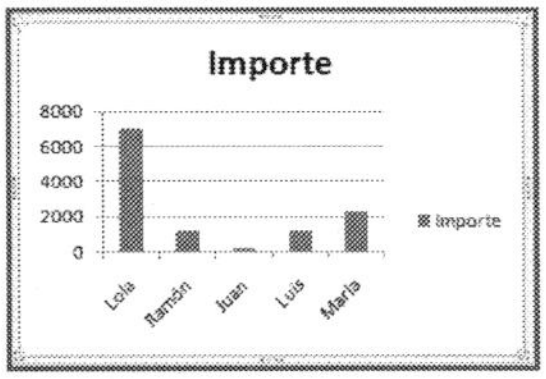
</td><td>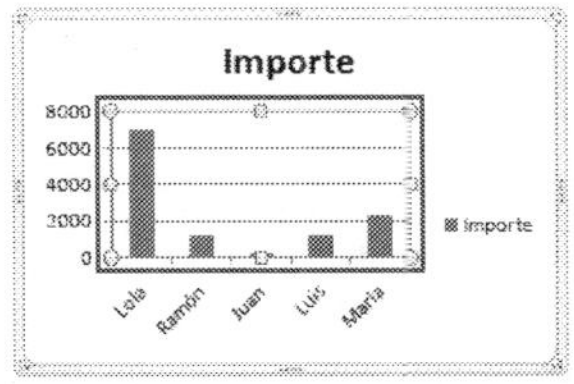
</td></tr>
<tr><th>Eje Horizontal (Categoría)</th><th>Eje Vertical (Valor)</th></tr>
<tr><td>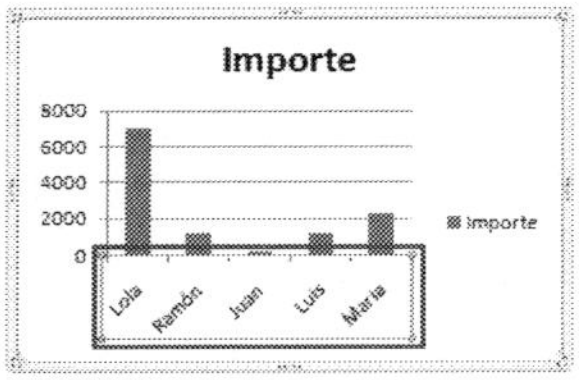
</td><td>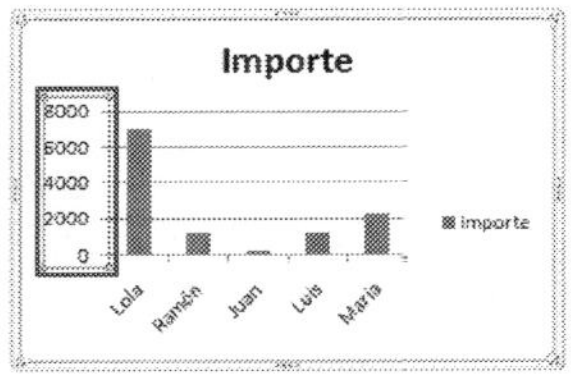
</td></tr>
<tr><th>Eje Vertical (Valor). Líneas de división principales</th><th>Leyenda</th></tr>
<tr><td>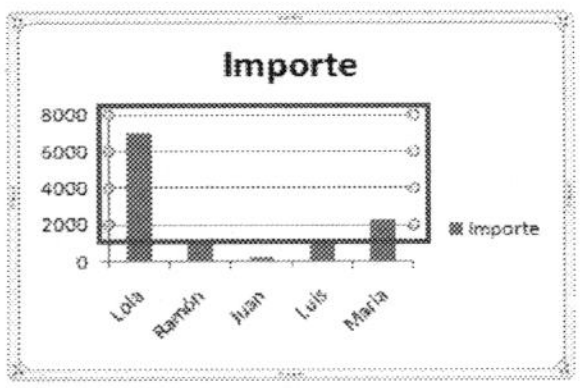
</td><td>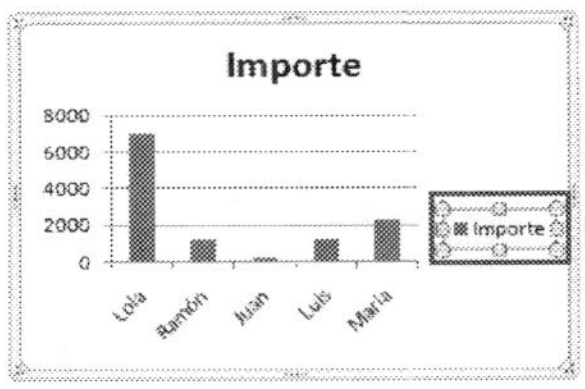
</td></tr>
<tr><th>Título del gráfico</th><th>Serie Importe</th></tr>
<tr><td>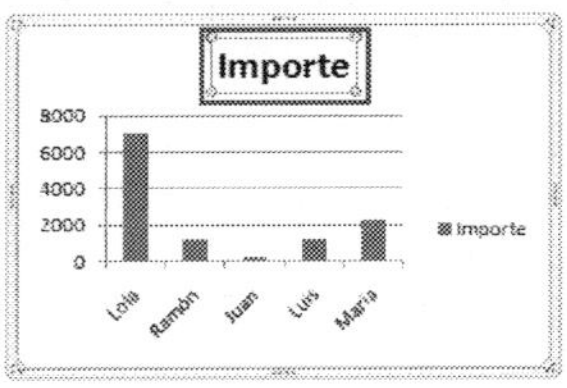
</td><td>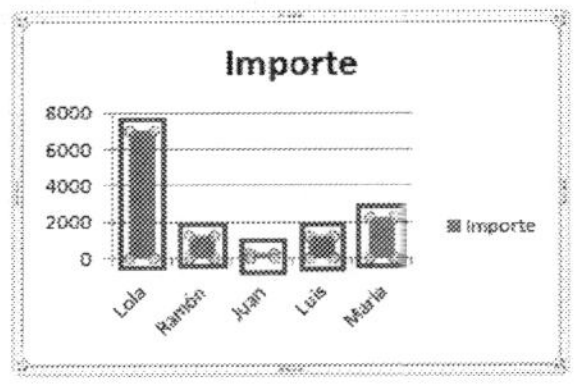
</td></tr>
</table>

1.2.1.2 APLICAR FORMATO A LA SELECCIÓN

Dependiendo del elemento sobre el que se desea aplicar formato, las opciones varían considerablemente. A continuación, se detallan las opciones disponibles para cada uno de dichos elementos.

1.2.1.2.1 Área del gráfico

Relleno

Sin relleno: Es la opción por defecto. Muestra el gráfico sin ningún tipo de relleno.

Ejemplo:

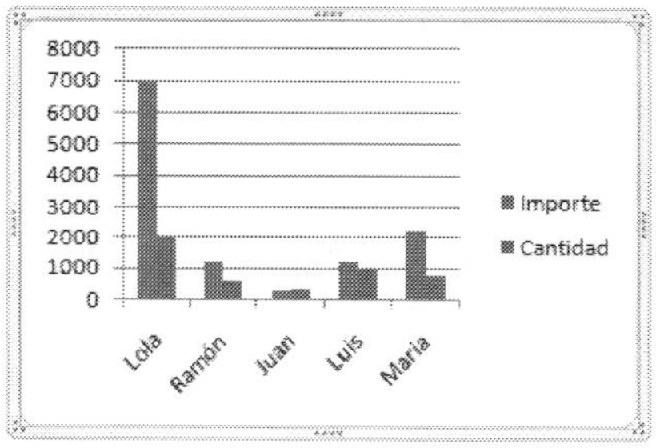

Relleno sólido: Podemos seleccionar el color y la transparencia con la que mostrar el área del gráfico.

Disponemos de los siguientes controles:

Parámetro	Valores
Color	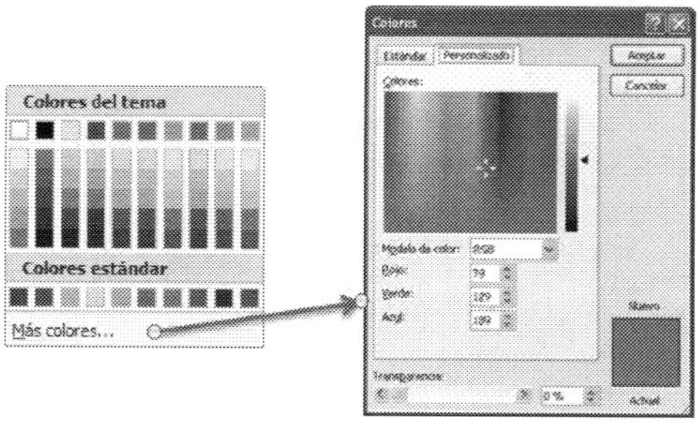
Transparencia	

Ejemplo:

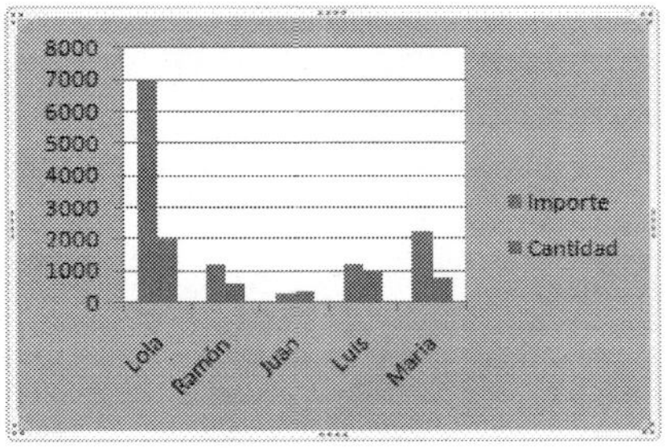

Relleno degradado: Permite definir un relleno variando la intensidad del color de forma variable según la zona.

<table>
<tr><th>Parámetro</th><th>Valores</th></tr>
<tr><td>Colores preestablecidos</td><td>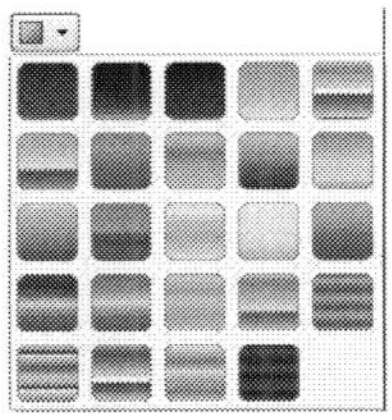</td></tr>
<tr><td>Tipo</td><td>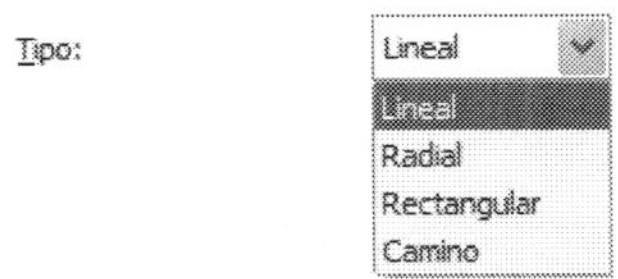

<table>
<tr><th>Lineal</th><th>Radial</th></tr>
<tr><td>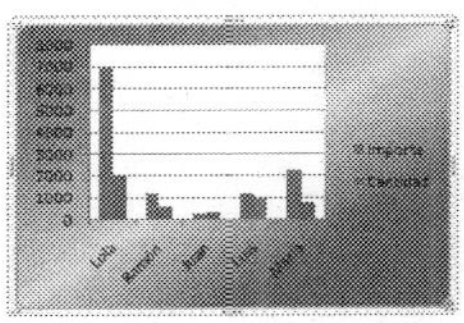</td><td>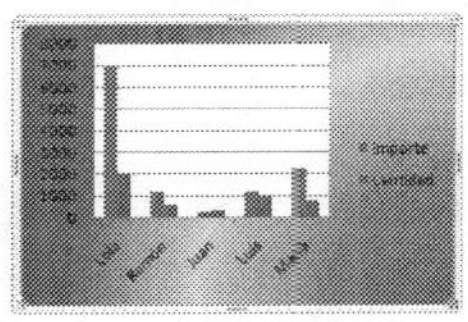</td></tr>
<tr><th>Rectangular</th><th>Camino</th></tr>
<tr><td>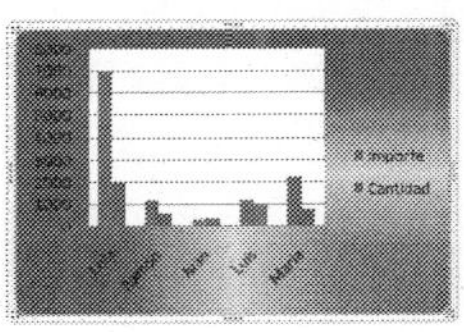</td><td>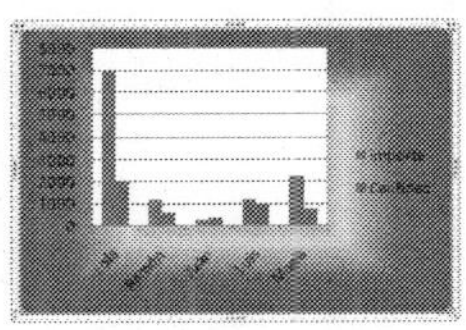</td></tr>
</table></td></tr>
</table>

Dirección	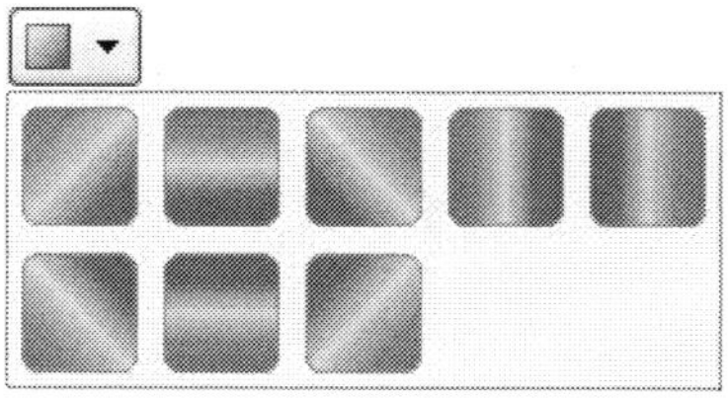 Ejemplo: 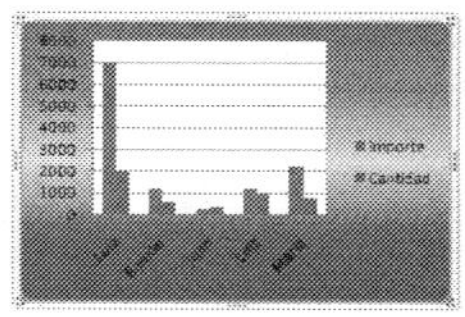 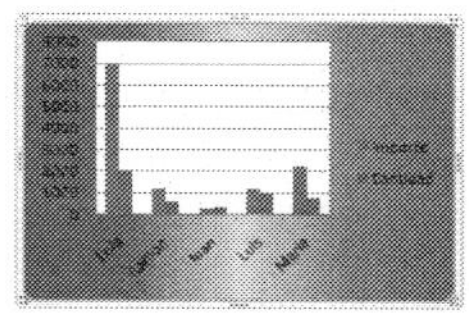
Ángulo	 Permite girar el eje sobre el que se realiza el degradado. 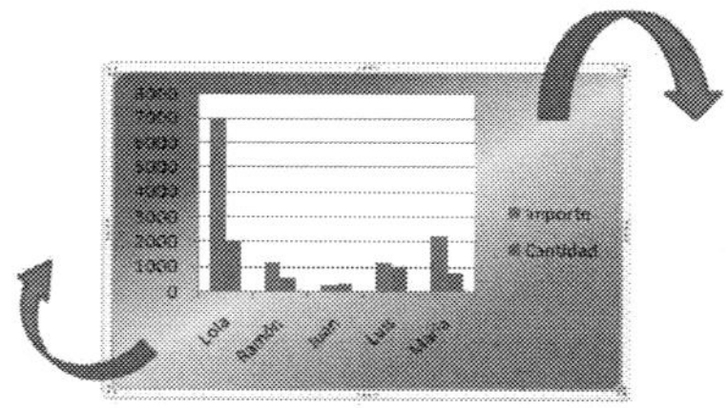

El degradado se realiza basándose en unos puntos de detención, los cuales podemos agregar o quitar según nuestras necesidades. El manejo de los puntos de degradado se realiza mediante las opciones comentadas en la siguiente imagen:

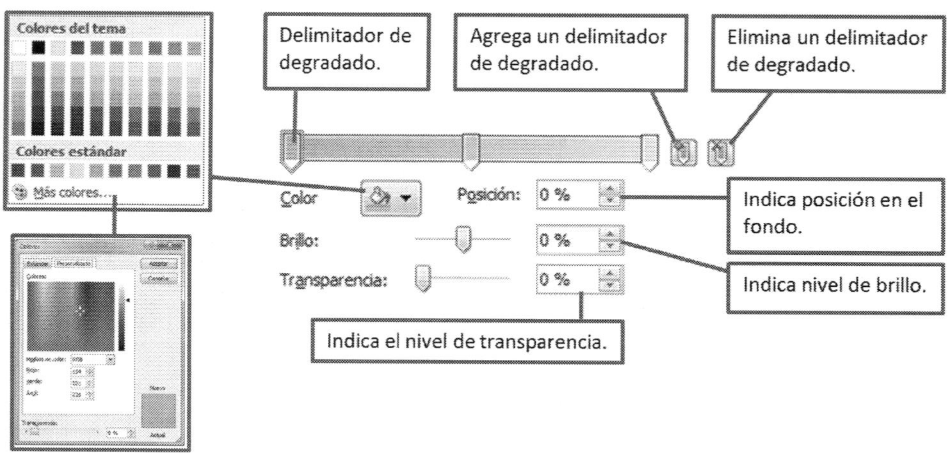

Ejemplo:

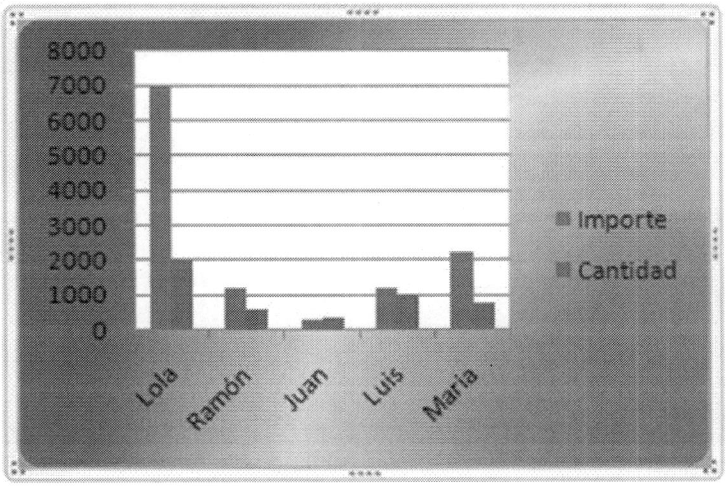

Relleno con imagen o textura: Esta opción nos permite utilizar una imagen como fondo, o bien una textura.

Los parámetros que podemos utilizar para moldear la imagen son los siguientes:

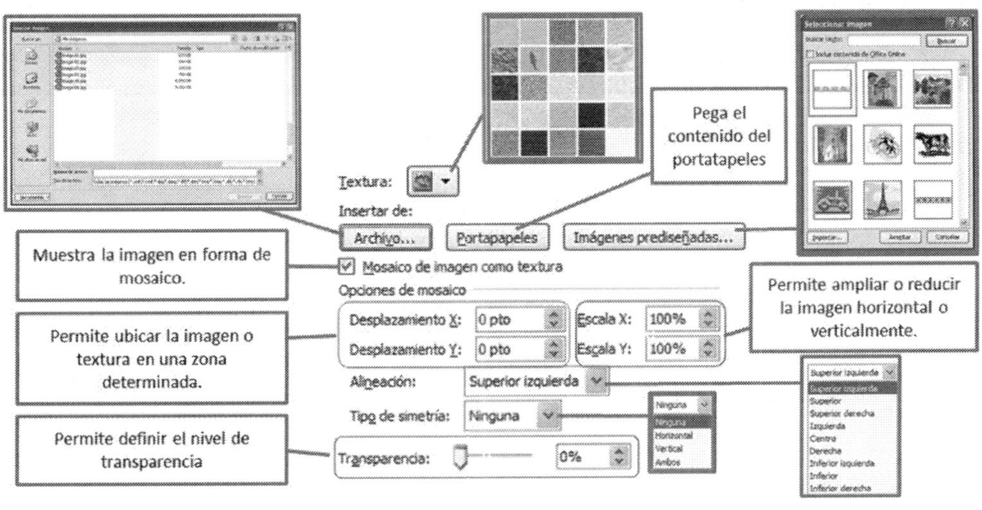

Ejemplo:

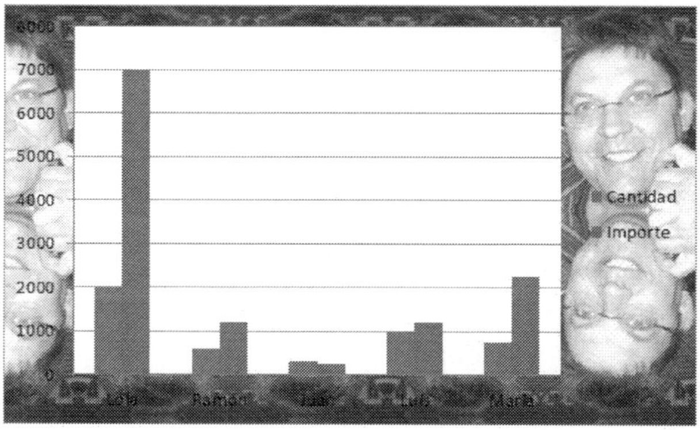

Automático: Esta opción restablece el fondo según el estilo aplicado inicialmente.

Color del borde

Permite definir el color del borde del gráfico según las siguientes opciones:

Opción	Comentario
Sin línea	No se dibuja ninguna línea como borde del gráfico.
Línea sólida	Permite seleccionar el color y la transparencia de la línea. 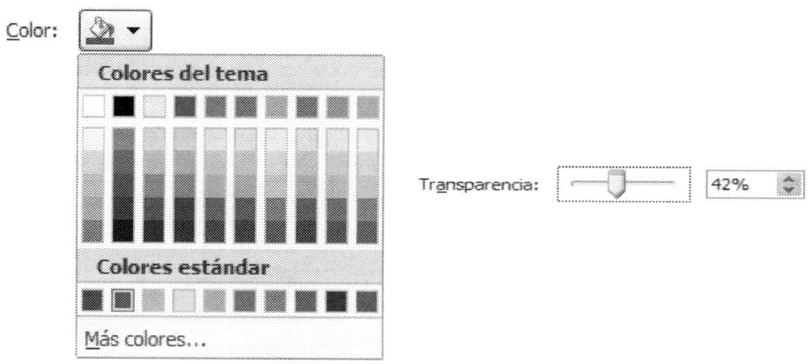
Línea degradado	Permite definir una línea con degradado utilizando los mismos parámetros descritos para el color de fondo descrito en el apartado anterior. Los controles para ajustar los parámetros son los siguientes:

<table>
<tr><td></td><td>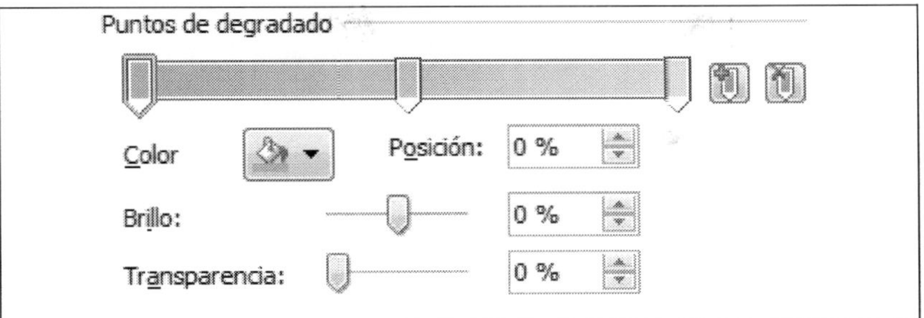
</td></tr>
<tr><td>Automático</td><td>Restablece el borde según el estilo aplicado inicialmente.</td></tr>
</table>

Estilos del borde

Para definir el estilo disponemos de los siguientes parámetros:

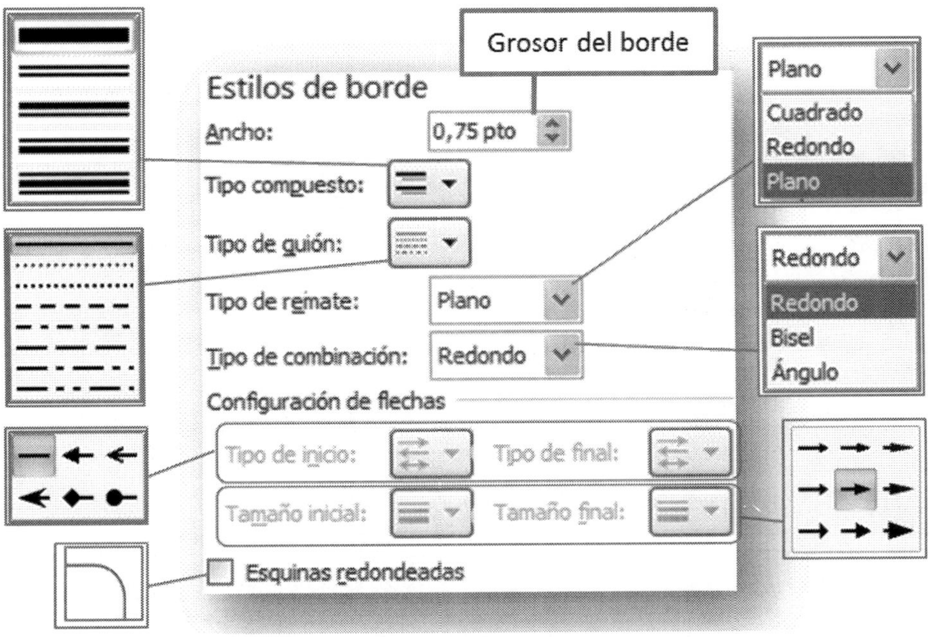

Muchos de estos parámetros son parecidos a los que se utilizan en otro tipo de elementos del gráfico y, en ocasiones, a pesar de compartir un mismo cuadro de diálogo, algunos de ellos pueden aparecer deshabilitados.

Sombra

Es posible definir una sombra para el área del gráfico utilizando los parámetros comentados en la siguiente imagen:

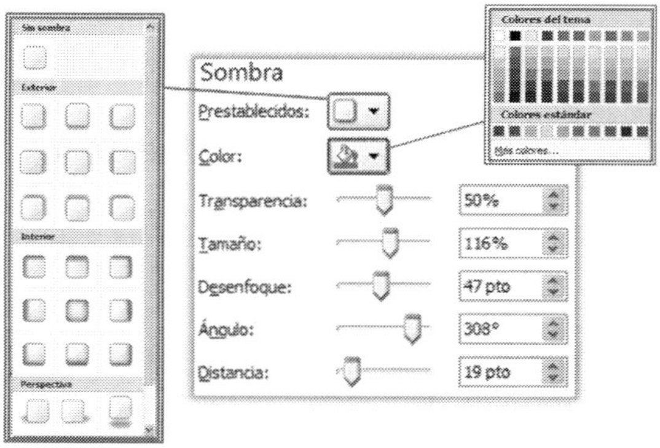

Ejemplo:

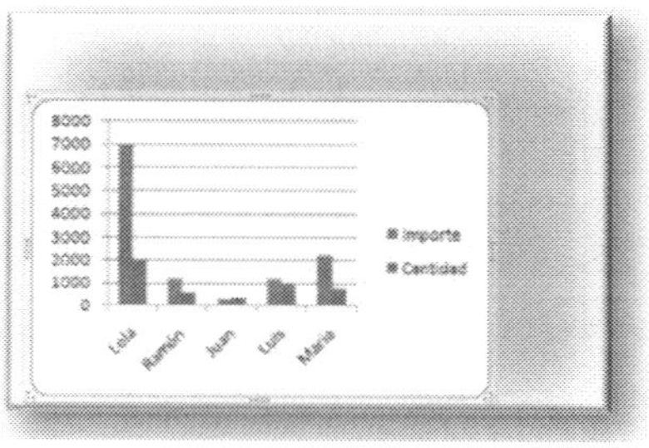

Formato 3D

Mediante este grupo de parámetros, podemos configurar el aspecto 3D que tendrá nuestro gráfico.

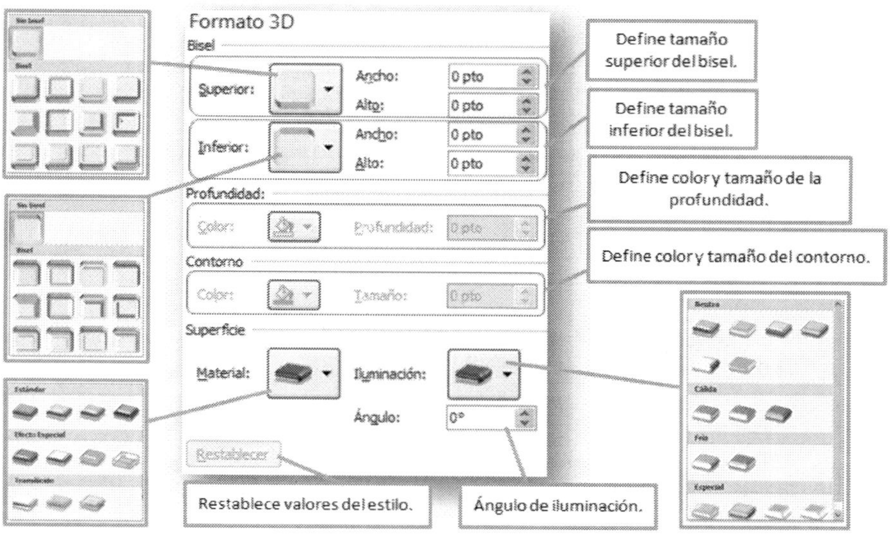

Tamaño

Mediante este grupo de parámetros, podemos determinar el tamaño, la escala y la proporción entre el alto y el ancho manteniendo la relación de aspecto cada vez que variamos alguna de estas características.

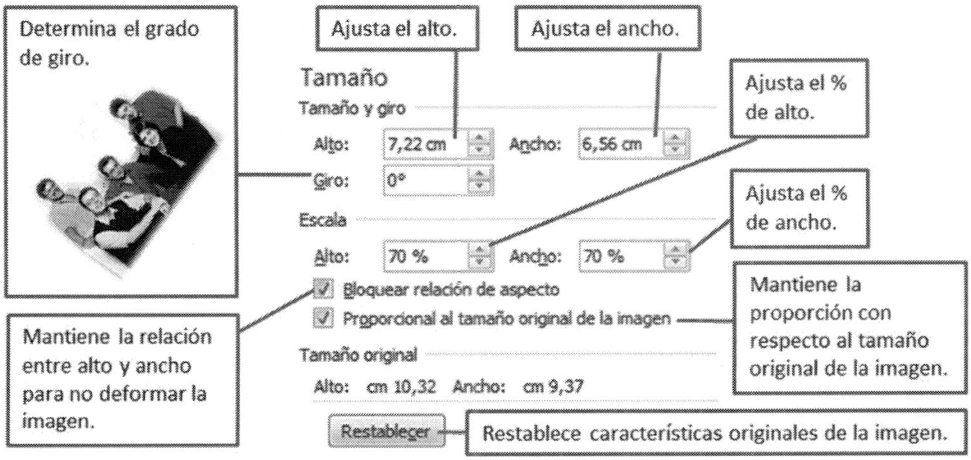

Propiedades

Este grupo de parámetros permite determinar el comportamiento del elemento del gráfico en relación a su movimiento cada vez que las celdas cambian de tamaño, así como indicar si éste se ha de bloquear o imprimir.

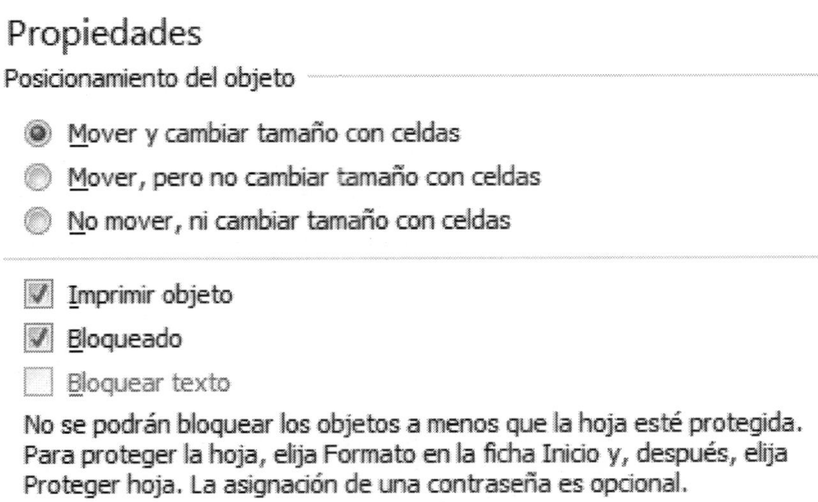

Texto alternativo

El texto alternativo es útil especialmente para lectores de pantalla y está relacionado con su uso en características de accesibilidad.

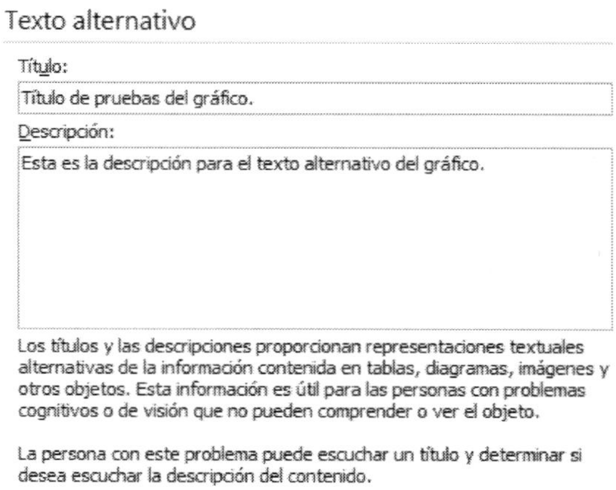

1.2.1.2.2 Área de trazado

El área de trazado comparte los mismos parámetros descritos para el área de gráfico. Por tanto, dichos parámetros pueden modificarse de la misma forma que se han descrito en el apartado anterior.

1.2.1.2.3 Eje Horizontal (Categoría)

Para el eje horizontal, disponemos de los mismos parámetros que los ya comentados, pero, además, disponemos de los siguientes grupos de parámetros: **Opciones del eje**, **Número** y **Alineación**.

Opciones del eje

La siguiente imagen muestra los elementos del eje:

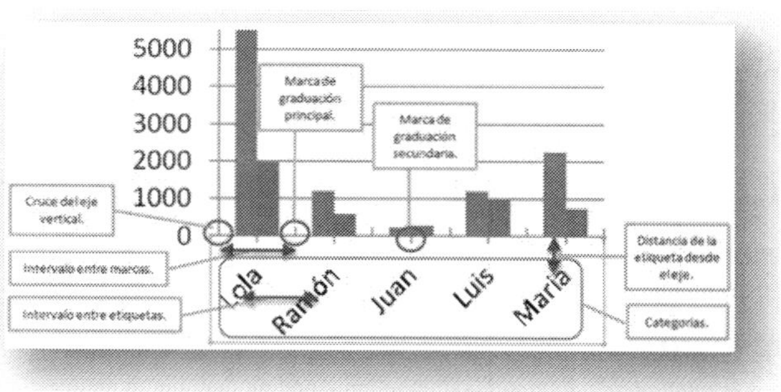

Una vez reconocidos los elementos que intervienen en el eje, tenemos las siguientes opciones para su configuración:

Opción	Comentario
Intervalos entre marcas de graduación	Valor numérico que indica cada cuántas unidades se indicará la marca en el eje.
Intervalos entre etiquetas	Determina el espacio que hay que dejar entre etiquetas expresado en intervalos.
Categorías en orden inverso	Muestra las categorías invirtiendo el orden en que se hallan.
Distancia de la etiqueta desde el eje	Define el espacio entre el eje y los rótulos (etiquetas).
Tipo de eje	Podemos indicar de texto (valor por defecto) o fechas si el eje contiene valores de tipo fecha.
Marca de graduación principal	Indica dónde queremos ver la marca de la graduación, podemos escoger entre: Ninguno Interior Exterior Cruz

<table>
<tr><td>Marca de graduación secundaria</td><td>Mismas opciones que las indicadas para la primaria.</td></tr>
<tr><td>Etiquetas del eje</td><td>Podemos indicar dónde queremos situar las etiquetas, podemos escoger entre:<ul><li>Junto al eje</li><li>Alto</li><li>Bajo</li><li>Ninguno</li></ul></td></tr>
<tr><td>El eje vertical cruza</td><td>Podemos indicar por dónde queremos que cruce el eje vertical. Por defecto, el eje vertical se sitúa a la izquierda y cruza el horizontal por el primero de los valores indicados. Pero podemos escoger entre alguna de las siguientes opciones:<table><tr><td>Automática</td><td>Opción por defecto. El sistema decide según estilo.</td></tr><tr><td>En categoría numero</td><td>Podemos indicar el número por el que nos interesa forzar el cruce.</td></tr><tr><td>En la categoría máxima</td><td>Analizará cuál es la categoría máxima y forzará el cruce por la misma.</td></tr></table></td></tr>
<tr><td>Posición del eje</td><td>Indica si el eje se ha de colocar coincidiendo con las marcas de graduación o entre ellas.</td></tr>
</table>

Número

Mediante la opción número, podemos indicar el formato que han de tener los valores. Los formatos a utilizar son idénticos a los que nos encontramos en el clásico cuadro de diálogo de **Formato** para celdas. A continuación, mostramos algunos ejemplos de los formatos que se pueden utilizar.

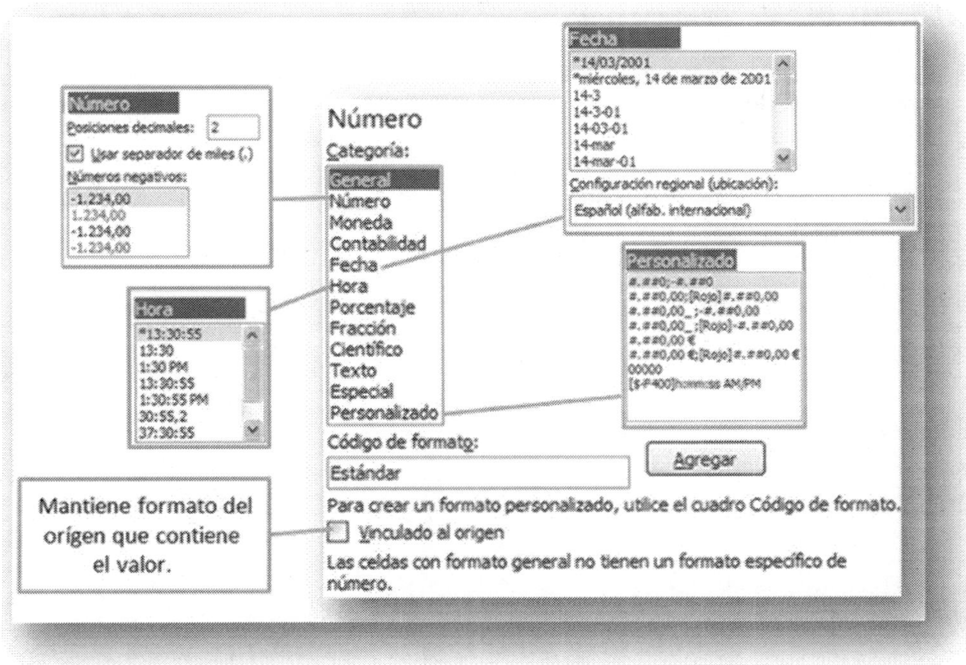

Alineación

La alineación nos permite definir cómo se van a mostrar las etiquetas de los ejes.

Las opciones más utilizadas en el diseño del texto son las siguientes:

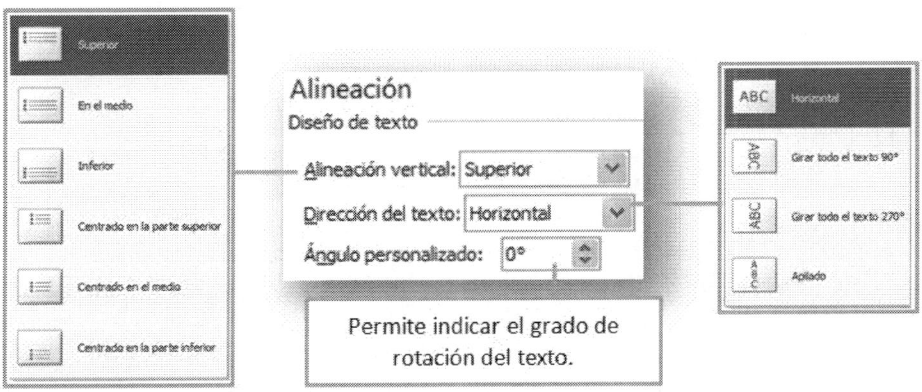

1.2.1.2.4 Eje Vertical (Valor)

Las opciones de formato que posee el eje vertical son las mismas que las descritas para el eje horizontal.

Cuando los valores son numéricos, disponemos de las siguientes opciones para calcular los valores máximos y mínimos, las unidades para la separación de los ejes primario y secundario, etc.

A continuación, mostramos las opciones que hay que destacar en este caso.

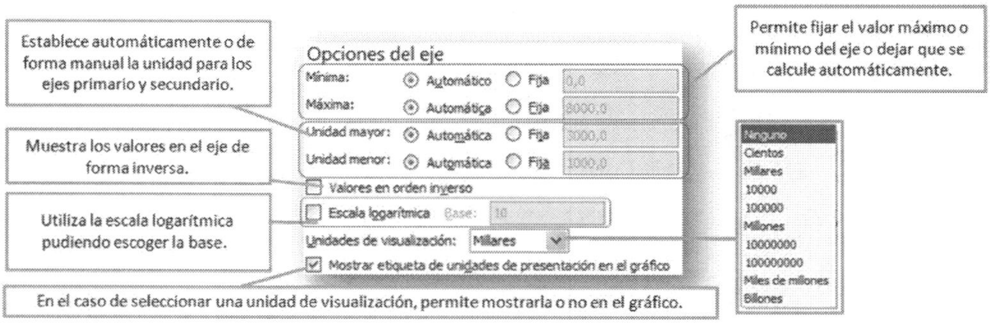

El resto de opciones son idénticas a las comentadas para el eje horizontal.

1.2.1.2.5 Eje Vertical (Valor). Líneas de división principales y secundarias

Las opciones para las líneas de división de los ejes vertical y horizontal son: **Color de línea**, **Estilo de línea** y **Sombra**.

El funcionamiento de estas opciones es idéntico al descrito para las mismas opciones de los ejes.

1.2.1.2.6 Leyenda

Para la leyenda, disponemos de las siguientes opciones: **Opciones de leyenda**, **Relleno**, **Color del borde**, **Estilos de borde** y **Sombra**.

Todas las opciones son idénticas a las que ya se han comentado, con excepción de Opciones de leyenda, que permite escoger la posición de la leyenda y también elegir entre superponerla en el gráfico o no.

La posición de la leyenda puede ser:

Posición	Muestra
Superior	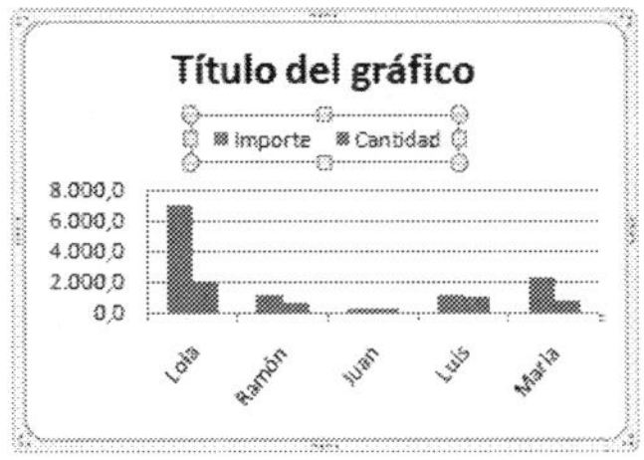
Inferior	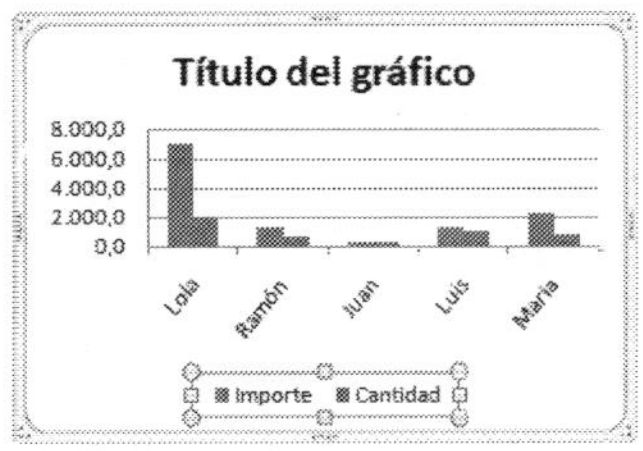
Hacia la izquierda	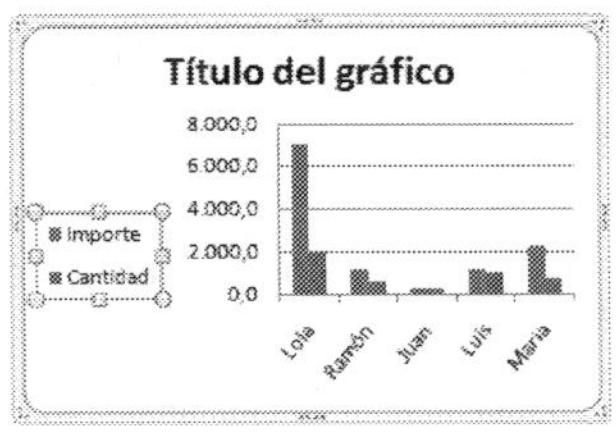
Hacia la derecha	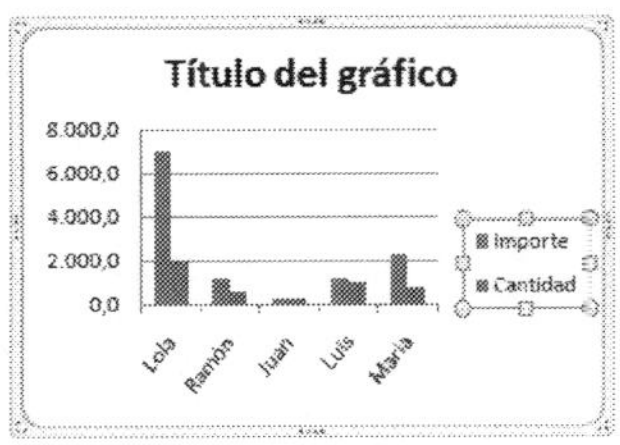
Superior derecha	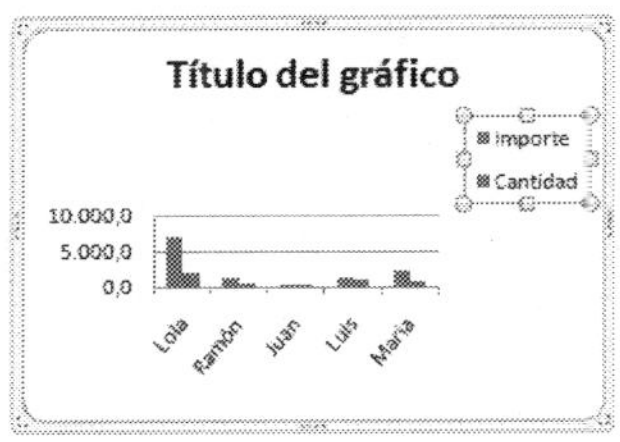

Mostrar leyenda sin superponerla al gráfico	Ésta es la opción por defecto. Si desmarcamos el *check* vemos que la leyenda sí se superpone al gráfico. 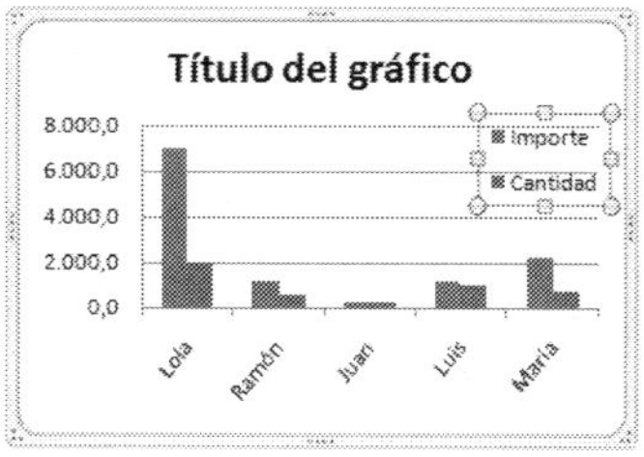

1.2.1.2.7 Título del gráfico

Para el título del gráfico, las opciones previstas son: **Relleno**, **Color del borde**, **Estilos del borde**, **Sombra**, **Formato 3D** y **Alineación**.

Estas opciones funcionan igual que las ya descritas anteriormente para el **Área del gráfico** o los **Ejes**.

1.2.1.2.8 Series

Para las series, las opciones previstas son: **Opciones de serie**, **Relleno**, **Color del borde**, **Estilos del borde**, **Sombra** y **Formato 3D**.

Todas las opciones funcionan tal y como se han descrito en apartados anteriores, excepto la de **Opciones de serie**, que explicamos a continuación.

Opciones de serie

Las opciones de serie permiten definir la manera de mostrar en el gráfico las diferentes series que se hallen representadas, en cuanto a la superposición y/o separación entre sí y en cuanto a los ejes (primario o secundario) en los que se han de representar.

La siguiente imagen muestra los efectos producidos sobre las series según los valores indicados en cada parámetro.

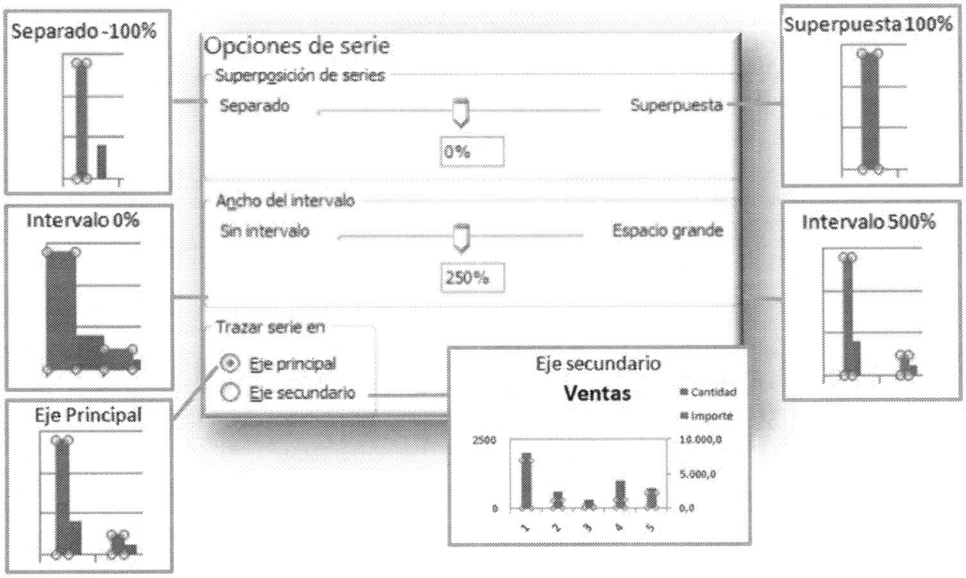

1.2.1.3 RESTABLECER PARA HACER COINCIDIR CON EL ESTILO

Esta opción elimina el formato personalizado que se haya aplicado al elemento seleccionado y lo restablece con el valor del estilo original que se aplicó a la hora de fabricar el gráfico inicialmente.

1.2.2 Insertar

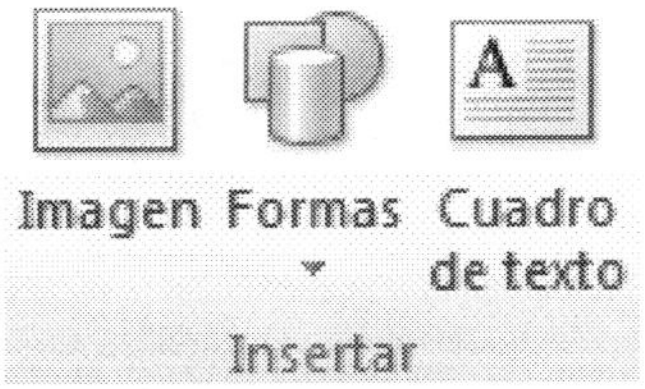

Este grupo nos permite insertar elementos tales como gráficos, formas o cuadros de texto en al gráfico.

La siguiente imagen muestra los elementos que podemos insertar.

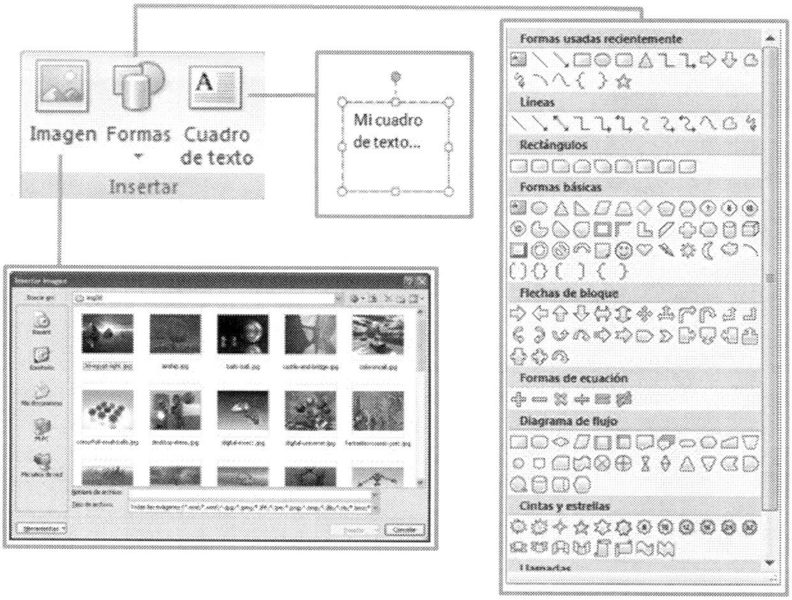

Para insertar el elemento en el gráfico, basta con seleccionarlo y situarlo dentro del propio gráfico, acabaremos de darle la forma mediante su respectiva ficha de opciones o cuadro de opciones asociado.

1.2.3 Etiquetas

1.2.3.1 TÍTULO DEL GRÁFICO

Mediante esta opción, podemos indicar si queremos visualizar o no el título del gráfico y dónde. Además, disponemos de las siguientes opciones ya comentadas anteriormente: **Relleno**, **Color del borde**, **Estilos del borde**, **Sombra**, **Formato 3D** y **Alineación**.

Opciones	Comentario
Ninguno 	No se muestra ningún título.

<table>
<tr><td></td><td>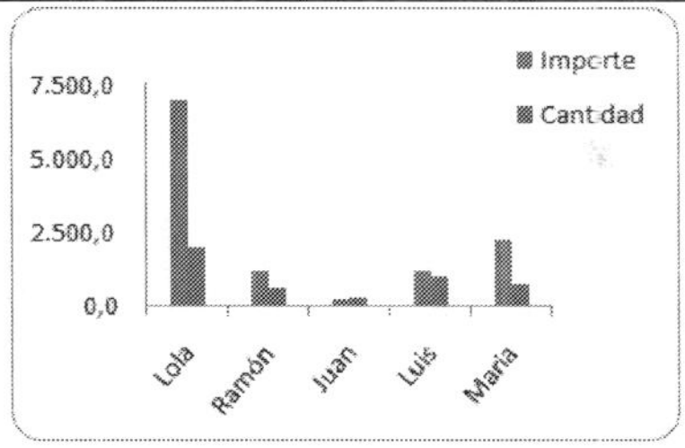
</td></tr>
<tr><td>Título superpuesto centrado
</td><td>Centra el título en la parte superior del gráfico sin cambiar el tamaño del gráfico.
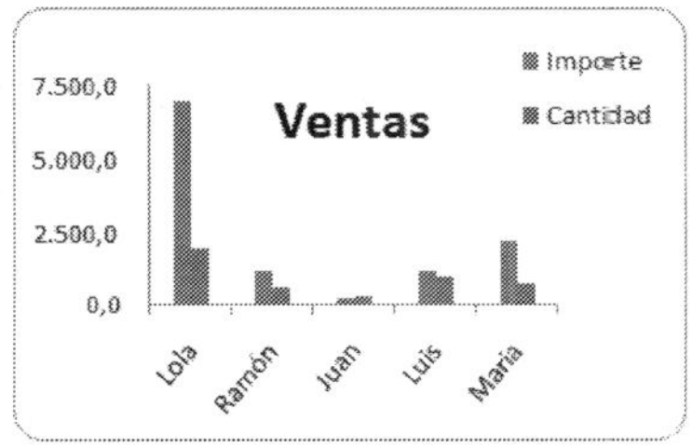
</td></tr>
<tr><td>Encima del gráfico
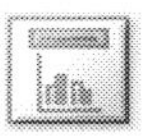</td><td>Muestra el título en la parte superior del gráfico.
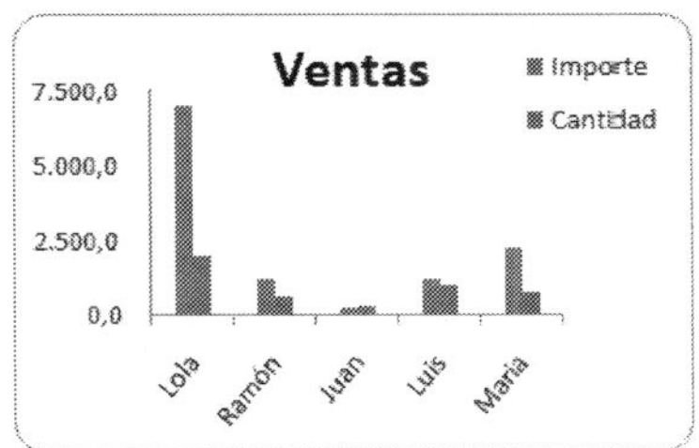
</td></tr>
</table>

1.2.3.2 RÓTULOS DEL EJE

Mediante este grupo de controles podemos configurar los ejes de una forma más rápida, pero, en definitiva, idéntica a la descrita en los apartados anteriores.

Si hemos elegido **Trazar serie en Eje principal** tendremos opciones para los ejes principales horizontal y vertical.

Si se ha seleccionado **Trazar serie en Eje secundario**, tendremos opciones tanto para los ejes principales como para los secundarios.

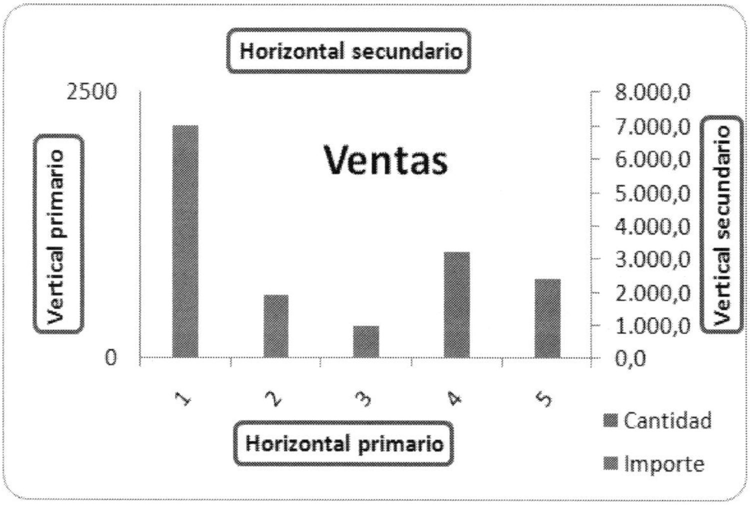

Para los ejes primarios disponemos de las siguientes opciones:

Eje horizontal

Opciones	Ejemplo
Ninguno 	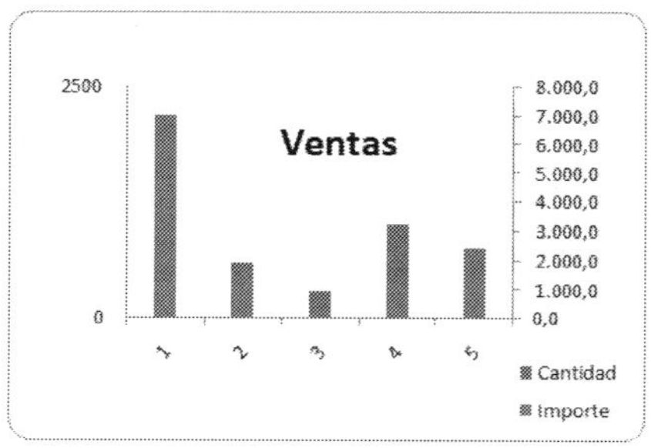
Título bajo el eje 	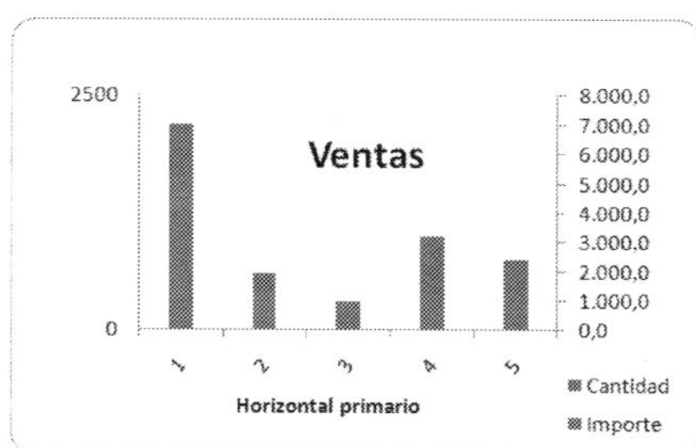

Eje vertical

Opciones	Comentario
Ninguno 	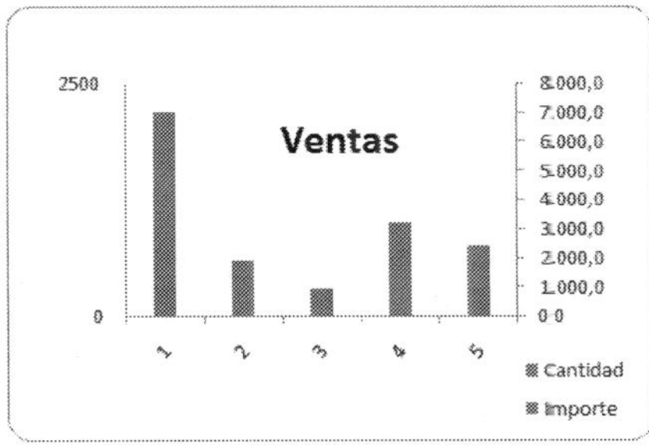
Título girado 	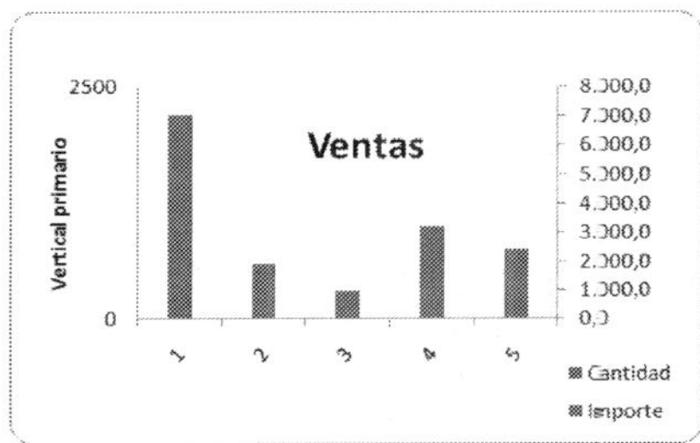
Título vertical 	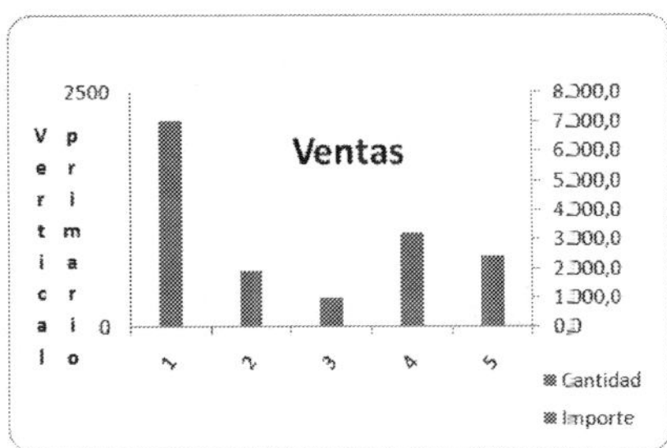
Título horizontal 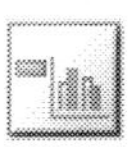	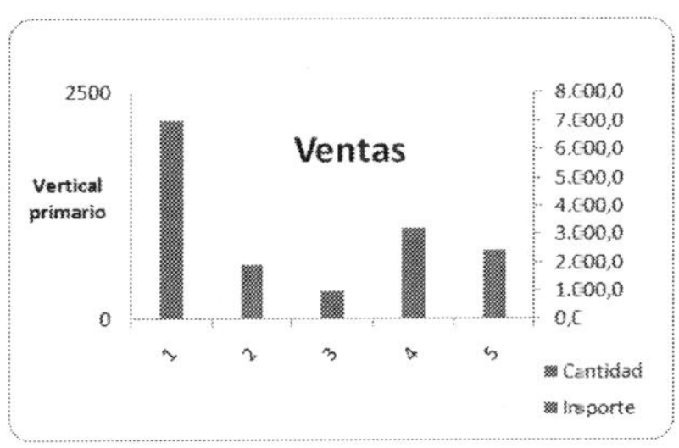

Para los ejes secundarios disponemos de las siguientes opciones:

Eje horizontal

Opciones	Comentario
Ninguno 	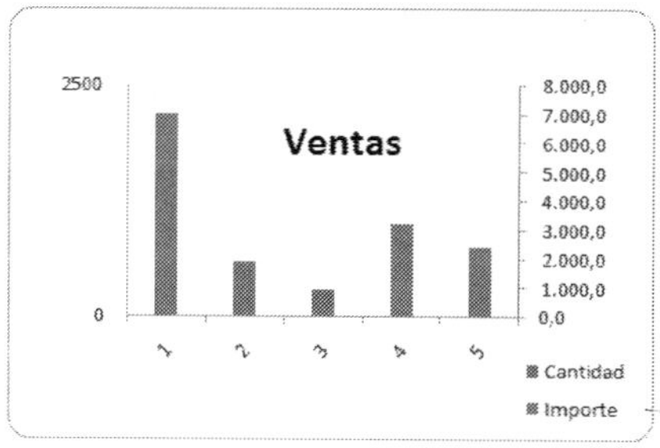
Título sobre el eje 	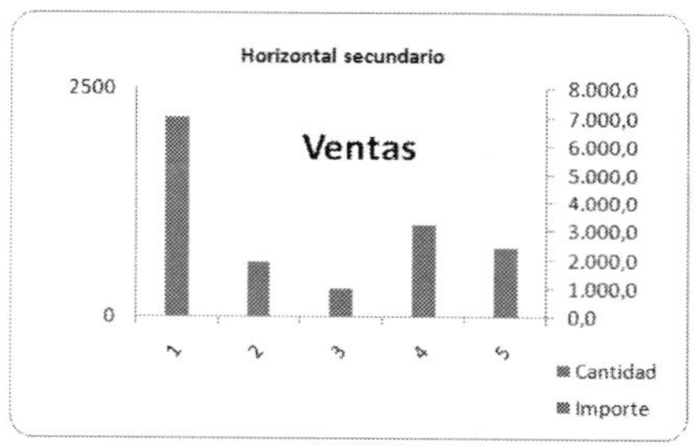

Eje vertical

Opciones	Comentario
Ninguno 	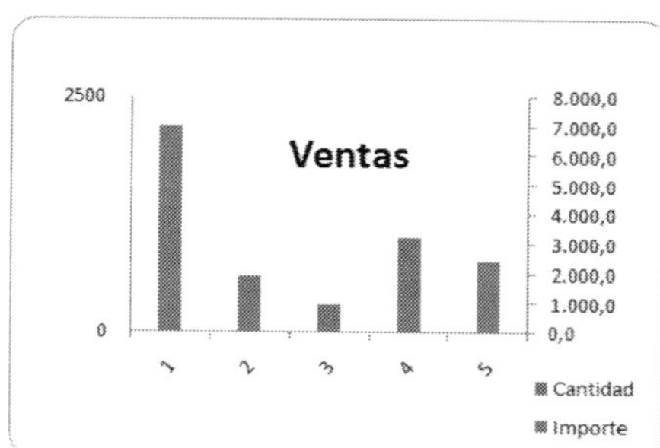

<table>
<tr>
<td>Título girado
</td>
<td>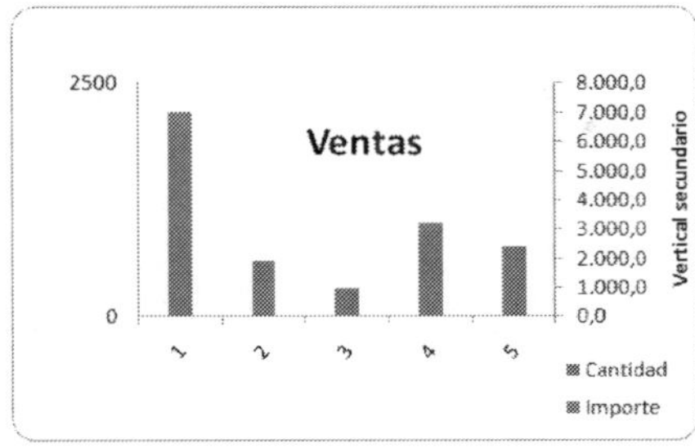
</td>
</tr>
<tr>
<td>Título vertical
</td>
<td>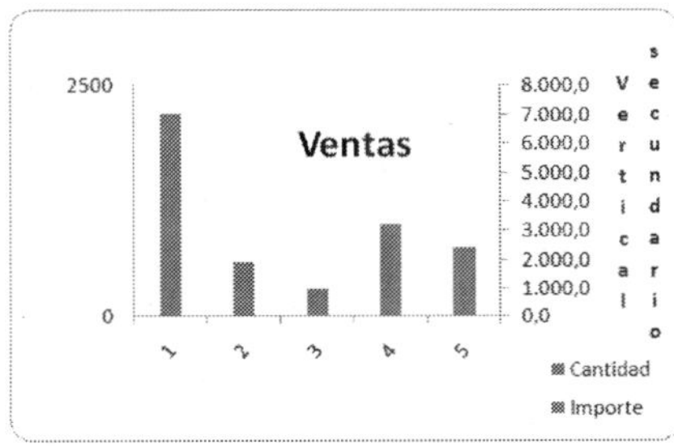
</td>
</tr>
<tr>
<td>Título horizontal
</td>
<td>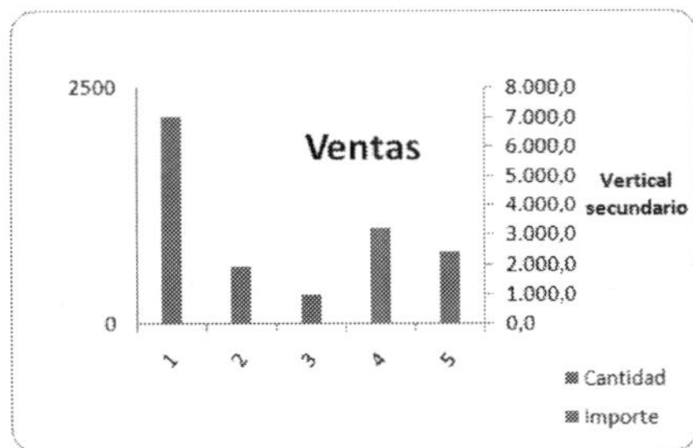
</td>
</tr>
</table>

1.2.3.3 LEYENDA

Mediante esta opción, podemos indicar de forma rápida si queremos visualizar la leyenda o no y dónde. El apartado **Más opciones de leyenda** accede al cuadro de diálogo mencionado en apartados anteriores al comentar como **Aplicar formato a la selección** para leyendas.

Opciones	Comentario
Ninguno 	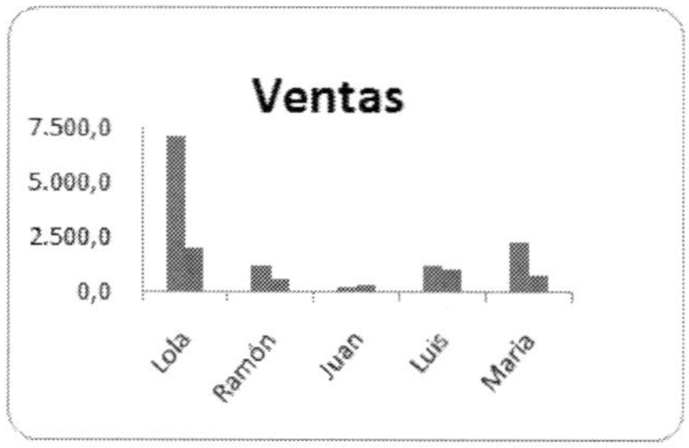
Mostrar leyenda a la derecha 	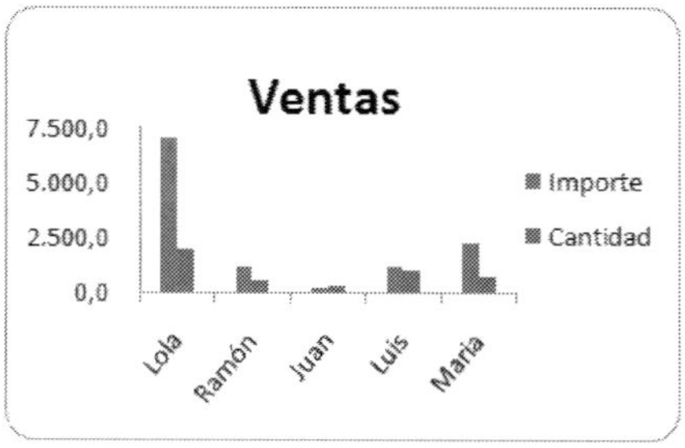
Mostrar leyenda en la parte superior 	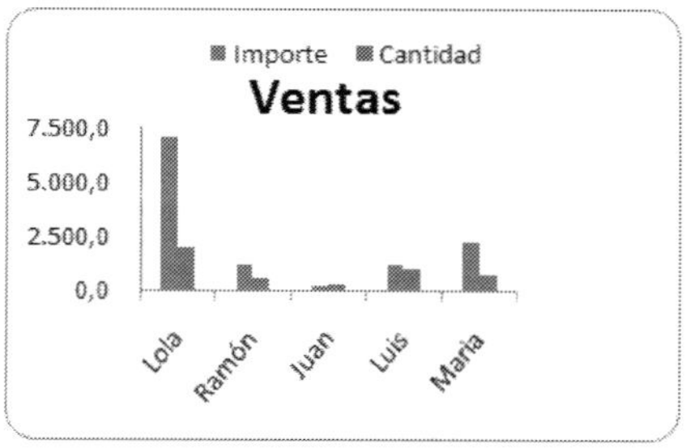
Mostrar leyenda a la izquierda 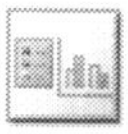	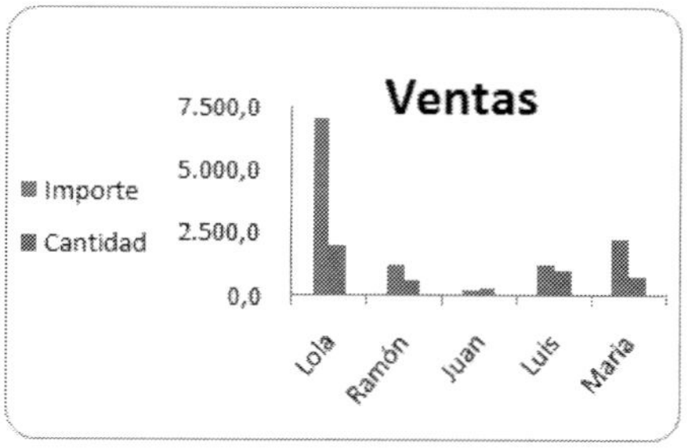

<table>
<tr><td>Mostrar leyenda en la parte inferior
</td><td>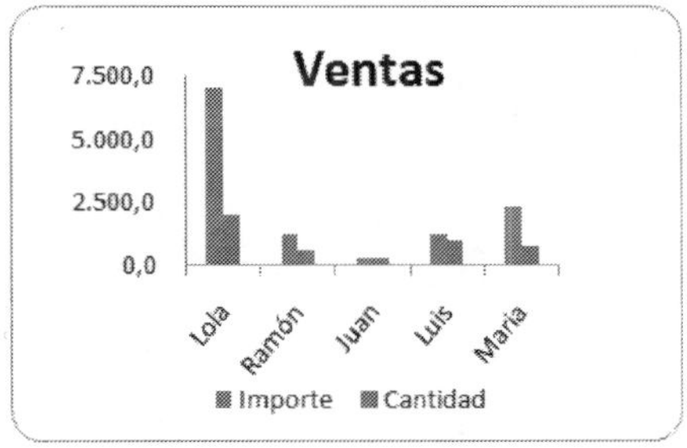
</td></tr>
<tr><td>Superponer la leyenda a la derecha
</td><td>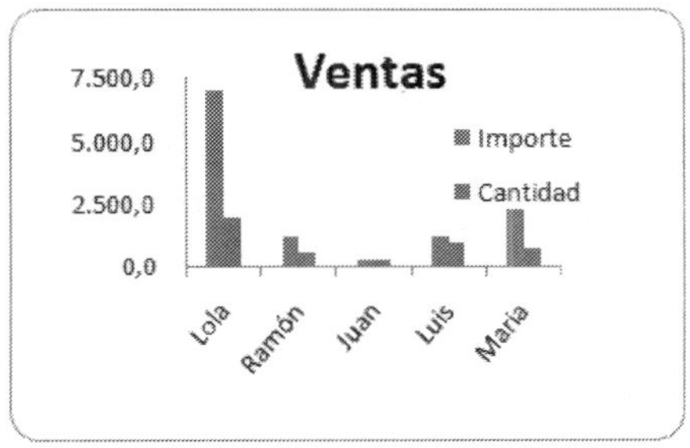
</td></tr>
<tr><td>Superponer la leyenda a la izquierda
</td><td>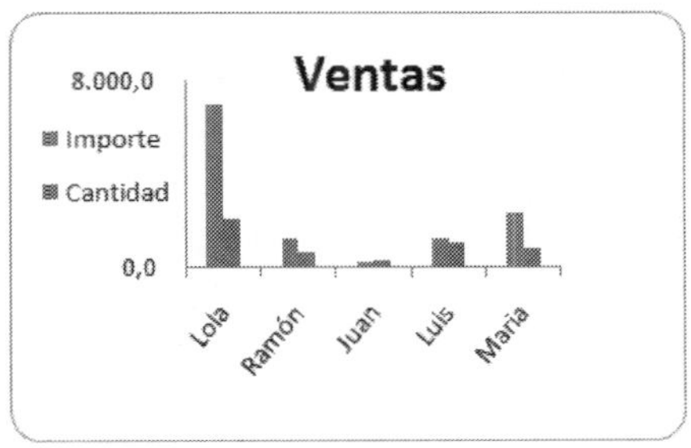
</td></tr>
</table>

1.2.3.4 ETIQUETAS DE DATOS

Mediante este grupo de opciones, podemos elegir entre mostrar o no las etiquetas sobre los datos y en qué posición. Los valores que se muestran son los que actualmente poseen los datos representados. Si seleccionamos la opción **Más opciones de la etiqueta de datos**, accedemos a un cuadro de diálogo con las siguientes opciones: **Opciones de etiqueta**, **Número**, **Relleno**, **Color del borde**, **Estilos del borde**, **Sombra**, **Formato 3D** y **Alineación**.

Todas las opciones ya han sido tratadas en apartados anteriores excepto la de **Opciones de etiqueta**, que explicamos mediante la siguiente imagen:

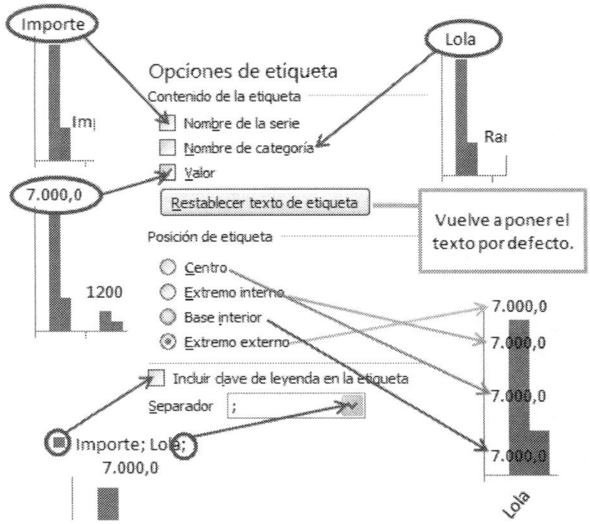

1.2.3.5 TABLAS DE DATOS

En ocasiones, es necesario incluir los datos sobre los que se basa el gráfico en el que estamos trabajando. Especialmente, si el gráfico se halla en una hoja distinta de dichos datos.

Las opciones disponibles para la representación de los datos las enumeramos en la siguiente tabla:

Opciones	Comentario
Ninguno	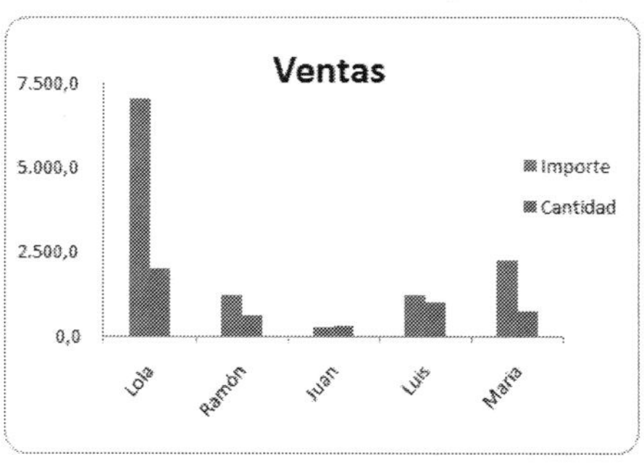

<table>
<tr>
<td>Mostrar tabla de datos
</td>
<td>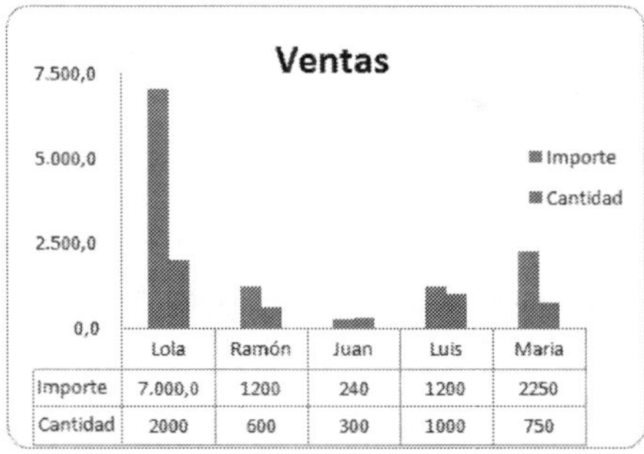
</td>
</tr>
<tr>
<td>Mostrar tabla de datos con claves de leyenda
</td>
<td>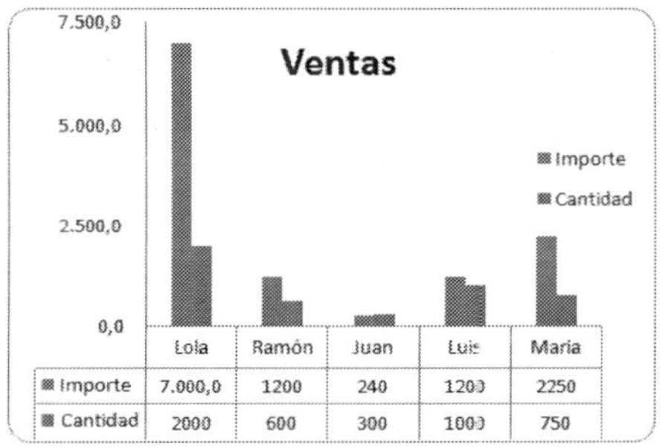
</td>
</tr>
</table>

1.2.4 Ejes

Este grupo de controles permite cambiar el diseño y el formato de cada eje y también la visualización de las líneas de la cuadrícula que aparecen dentro del gráfico.

1.2.4.1 EJES

Mediante este grupo de opciones podemos decidir si queremos mostrar los ejes o no y, en caso de mostrarlos, elegir de qué forma queremos hacerlo.

Si hemos elegido **Trazar serie en Eje principal**, tendremos opciones para los ejes principales horizontal y vertical.

Si se ha seleccionado **Trazar serie en Eje secundario**, tendremos opciones tanto para los ejes principales como para los secundarios.

Tanto para los ejes primarios como secundarios, además de las opciones rápidas de cambio de diseño, disponemos de la opción **Más opciones del eje...**, que nos permite acceder a un cuadro de diálogo que nos muestra las opciones que ya se comentaron para los ejes en el apartado **Aplicar formato a la selección**.

Las opciones rápidas que tenemos son:

Eje horizontal

Opciones	Comentario
Ninguno 	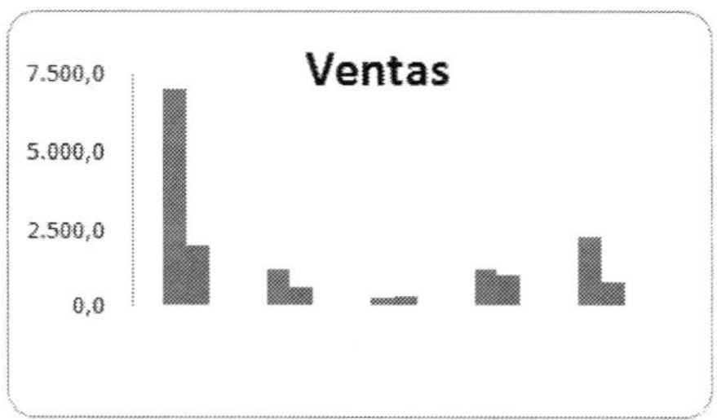
Mostrar eje de izquierda a derecha 	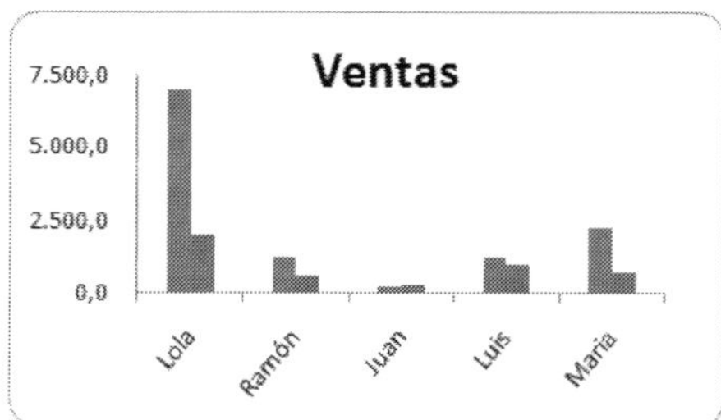
Mostrar eje sin etiquetas 	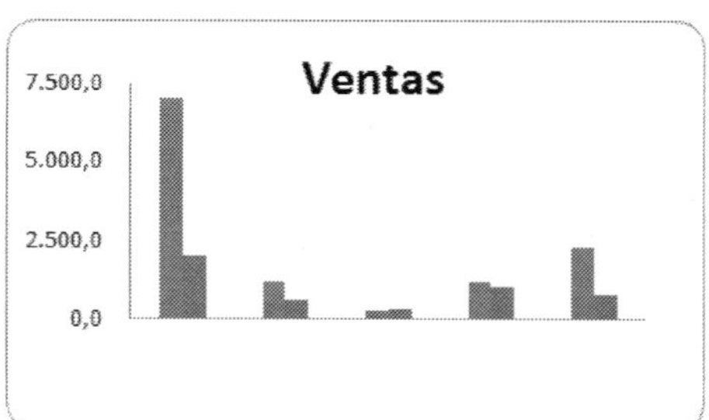

<table>
<tr><td>Mostrar eje de derecha a izquierda
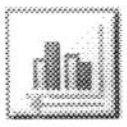</td><td>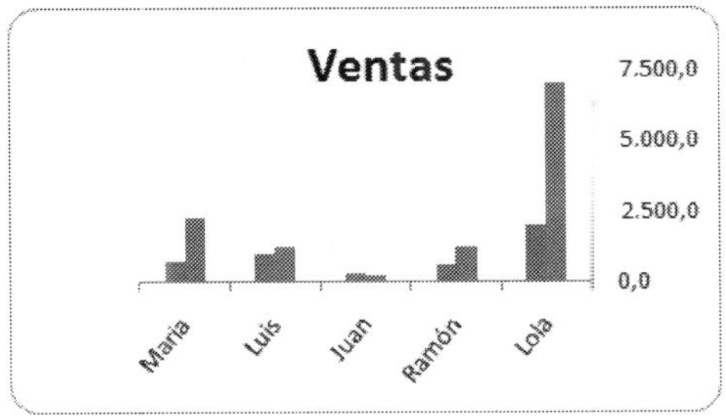
</td></tr>
</table>

Eje vertical

<table>
<tr><th>Opciones</th><th>Comentario</th></tr>
<tr><td>Ninguno
</td><td>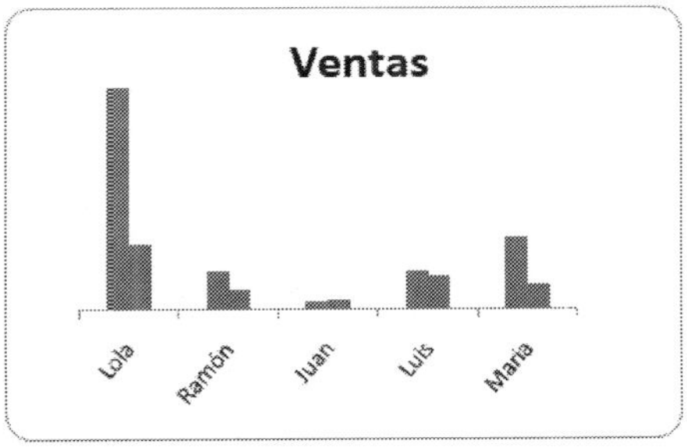
</td></tr>
<tr><td>Mostrar eje predeterminado
</td><td>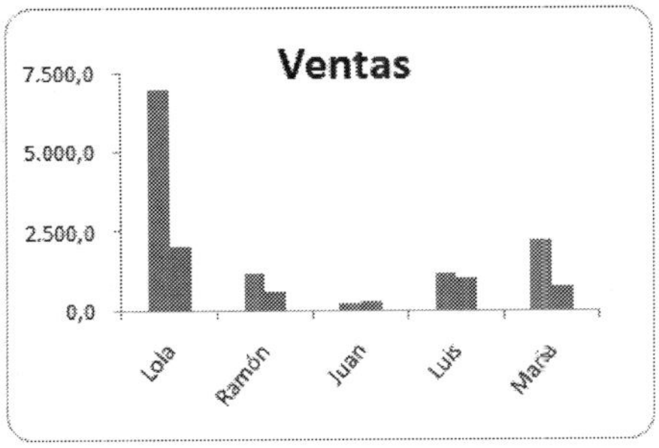
</td></tr>
<tr><td>Mostrar eje en millares
</td><td>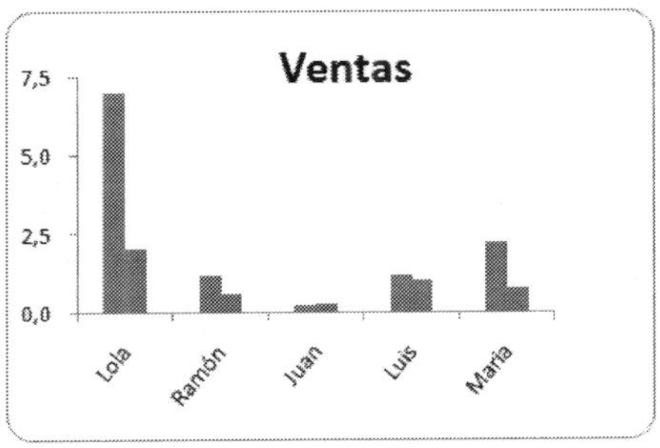
</td></tr>
</table>

Mostrar eje en millones	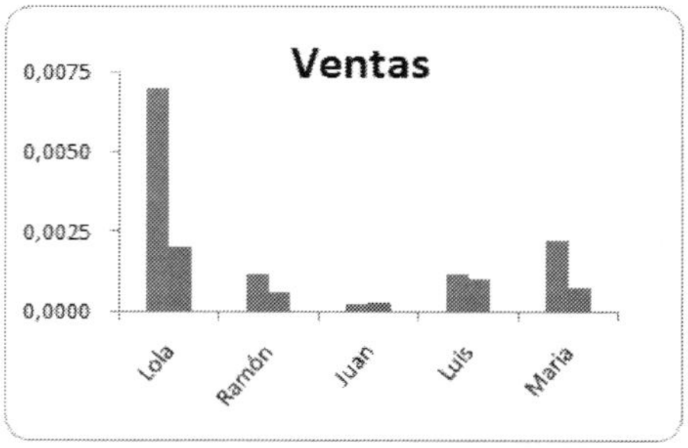
Mostrar eje en miles de millones	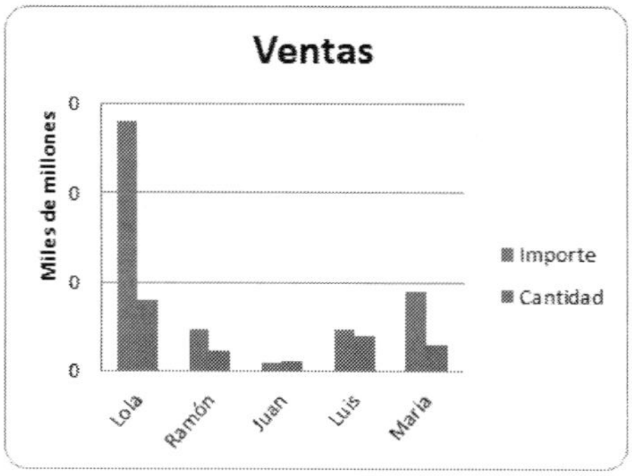
Mostrar eje con escala logarítmica	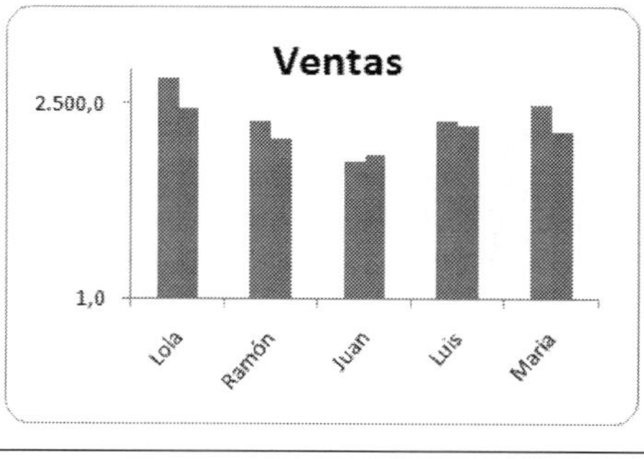

1.2.4.2 LÍNEAS DE LA CUADRÍCULA

Las líneas de la cuadrícula nos permiten localizar mejor los valores en el gráfico, especialmente para aquellos que están más alejados de los ejes. Disponemos de líneas primarias y secundarias tanto para el eje horizontal como vertical.

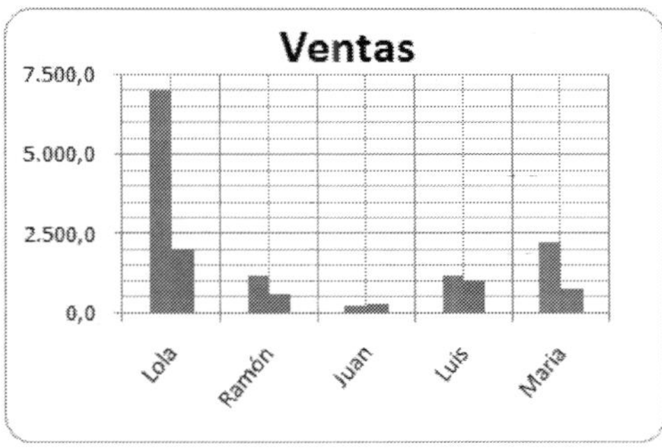

Las opciones rápidas que tenemos son:

Eje horizontal

Opciones	Comentario
Ninguno 	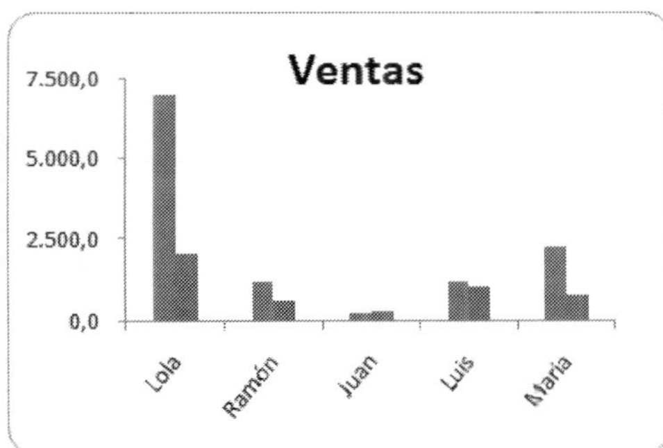
Líneas de división principales 	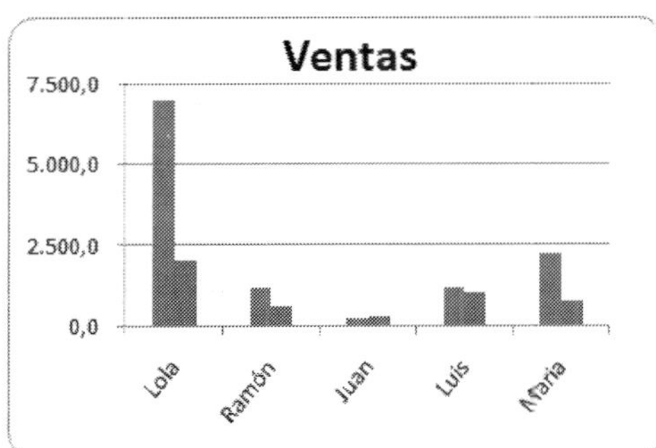

Líneas de división secundarias 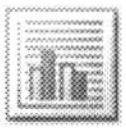	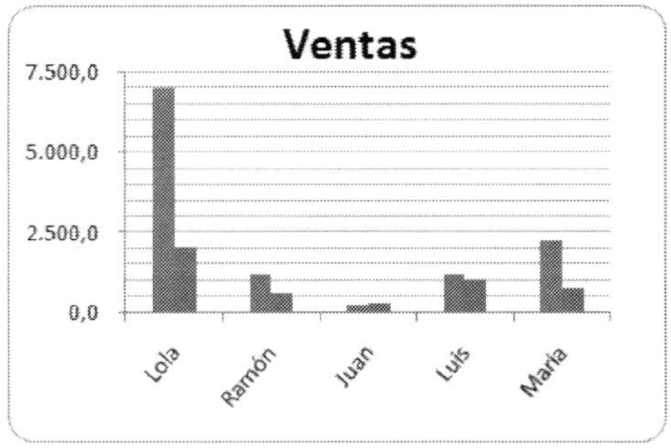
Líneas de división principales y secundarias 	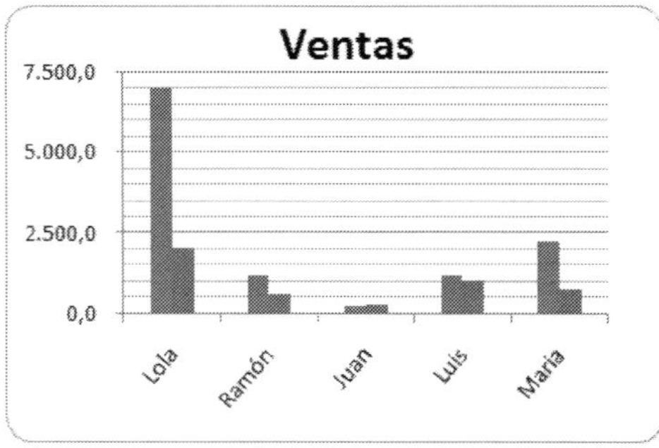

Eje vertical

Opciones	Comentario
Ninguno 	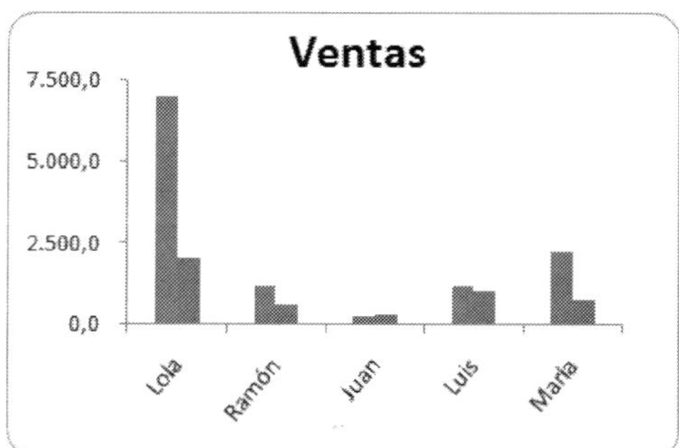

Líneas de división principales 	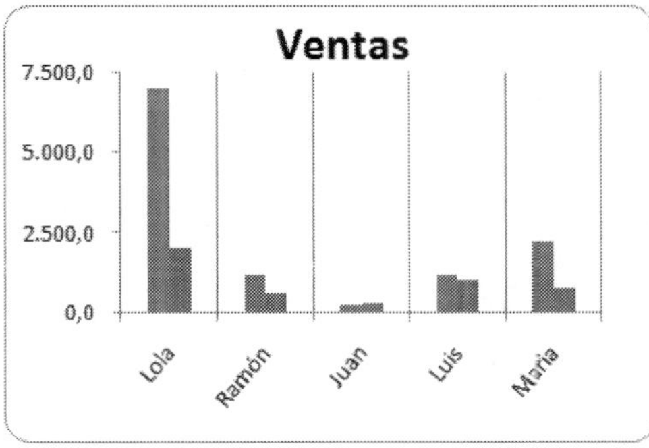
Líneas de división secundarias 	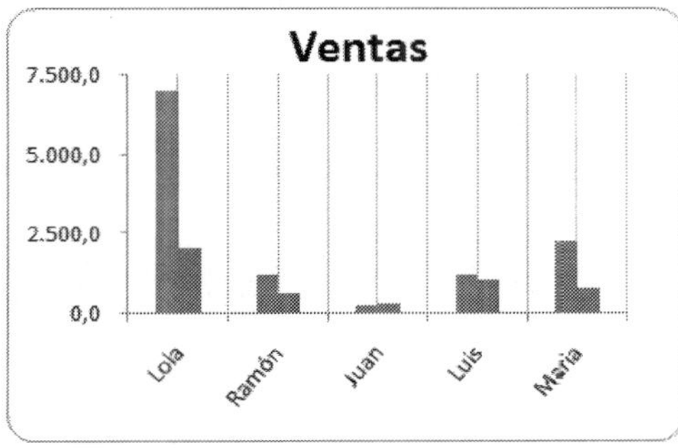
Líneas de división principales y secundarias 	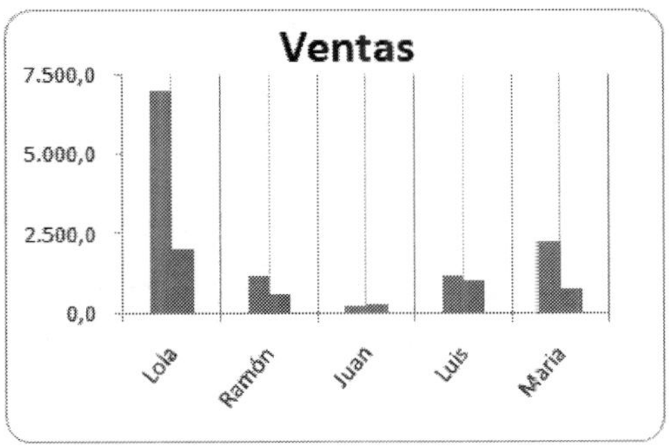

1.2.5 Fondo

Este grupo de controles permite configurar el aspecto y el relleno del área de trazado sobre el que se trazan las líneas de división y se colocan los elementos que representan las series. Si el gráfico es en 2D se habilita el icono correspondiente al Área de trazado y el resto de iconos permanecen deshabilitados. Si es 3D, el icono Área de trazado queda deshabilitado y se habilitan las opciones de **Cuadro Gráfico**, **Plano inferior del gráfico** y **Giro 3D**.

1.2.5.1 ÁREA DE TRAZADO

Este control permite seleccionar el relleno del área de trazado seleccionando los parámetros: **Relleno**, **Color del borde**, **Estilos del borde**, **Sombra** y **Formato 3D**. Los valores correspondientes a cada uno de estos parámetros coinciden con los ya explicados en apartados anteriores.

El control posee las siguientes opciones:

Opciones	Comentario
Ninguno 	No aplica ningún relleno. 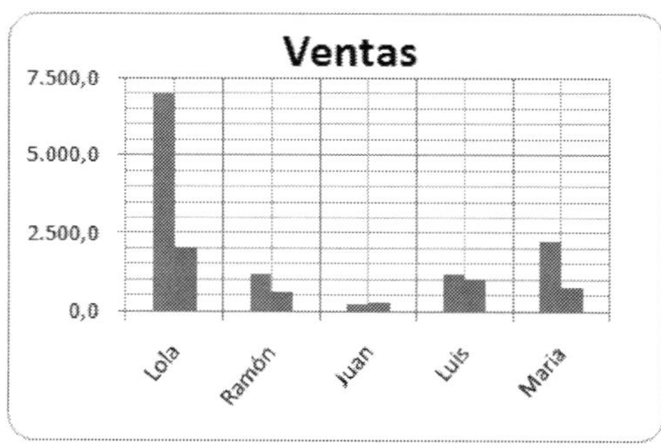
Mostrar área de trazado 	Muestra el relleno seleccionado. 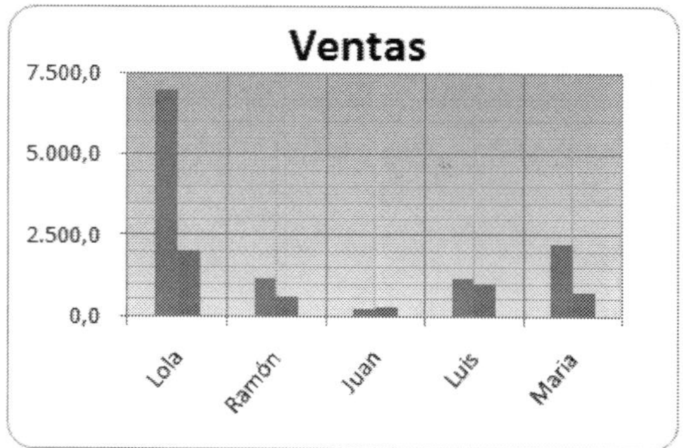

Más opciones de área de trazado...	Esta opción permite el acceso a los parámetros: Relleno, Color del borde, Estilos del borde, Sombra y Formato 3D.

1.2.5.2 CUADRO GRÁFICO

De forma similar a la descrita para el **Área de trazado** en el caso de los gráficos 2D, esta opción permite mostrar o no el relleno del cuadro gráfico. Por tratarse de un gráfico 3D, podemos definir características tanto para los planos verticales como para el plano inferior y, además, podemos configurar también el giro de dichos planos.

Las opciones son las siguientes:

Opciones	Comentario
Ninguno 	No aplica ningún relleno. 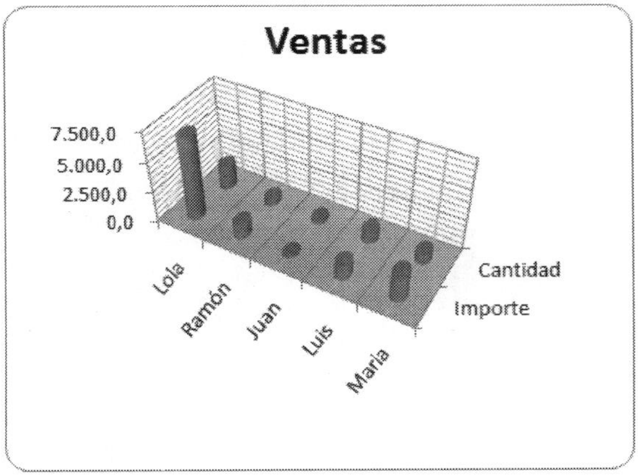
Mostrar cuadro gráfico 	Aplica relleno seleccionado previamente.

	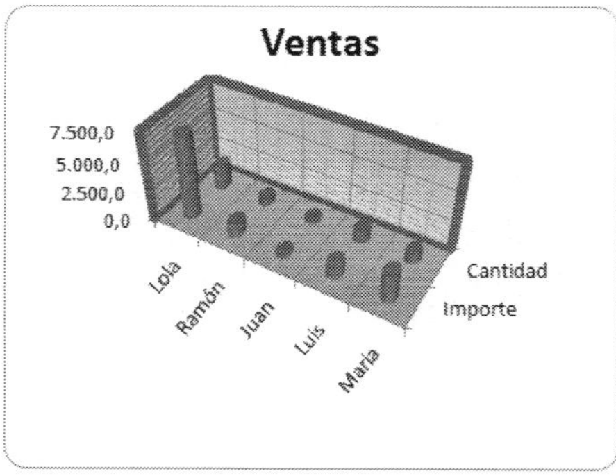
Más opciones de planos posteriores...	Esta opción permite el acceso a los parámetros: Relleno, Color del borde, Estilos del borde, Sombra, Formato 3D y Giro 3D (ver opción más adelante).

1.2.5.3 PLANO INFERIOR DEL GRÁFICO

Para el plano inferior del gráfico, tenemos opciones similares a las descritas para el **Cuadro de Gráfico**. Podemos indicar si queremos ver el relleno o no y, en caso de querer verlo, podemos configurar los mismos parámetros que los descritos para el **Cuadro de Gráfico**.

Las opciones son las siguientes:

Opciones	Comentario
Ninguno 	No aplica ningún relleno. 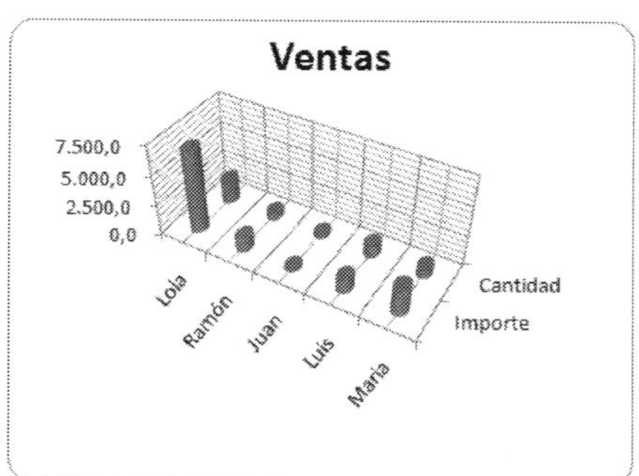

Mostrar plano inferior del gráfico 	Aplica relleno seleccionado previamente. 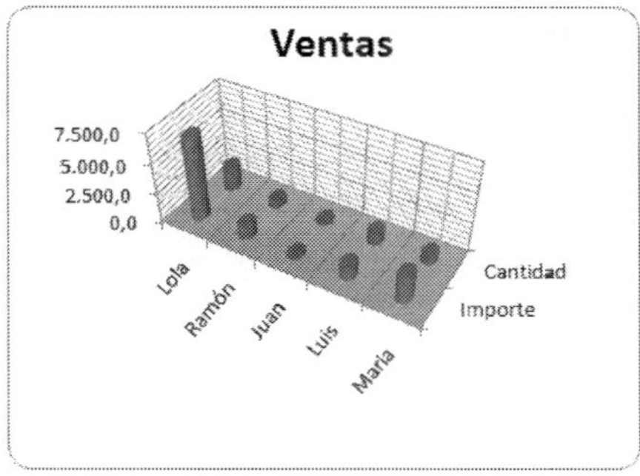
Más opciones de planos inferiores...	Esta opción permite el acceso a los parámetros: Relleno, Color del borde, Estilos del borde, Sombra, Formato 3D y Giro 3D.

1.2.5.4 GIRO 3D

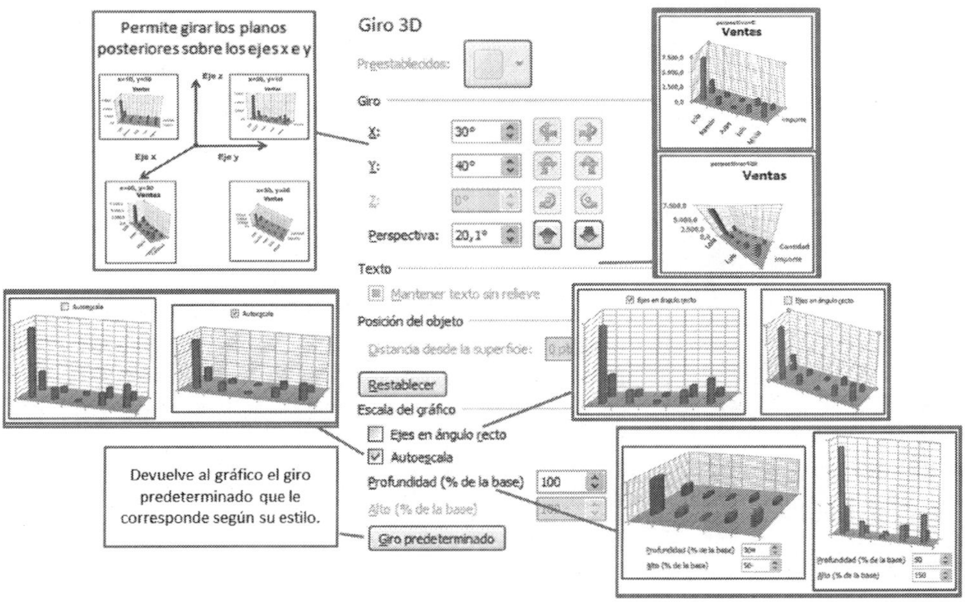

Esta opción lleva directamente al grupo de parámetros previstos para la manipulación de los planos posteriores e inferiores en 3D.

Las opciones disponibles en el cuadro de diálogo que aparece son las siguientes:

Opciones	Comentario
Giro 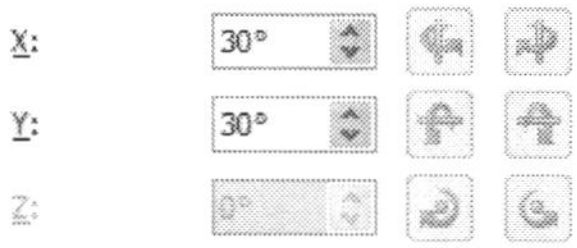 	Permite girar los planos posteriores sobre los ejes x e y. 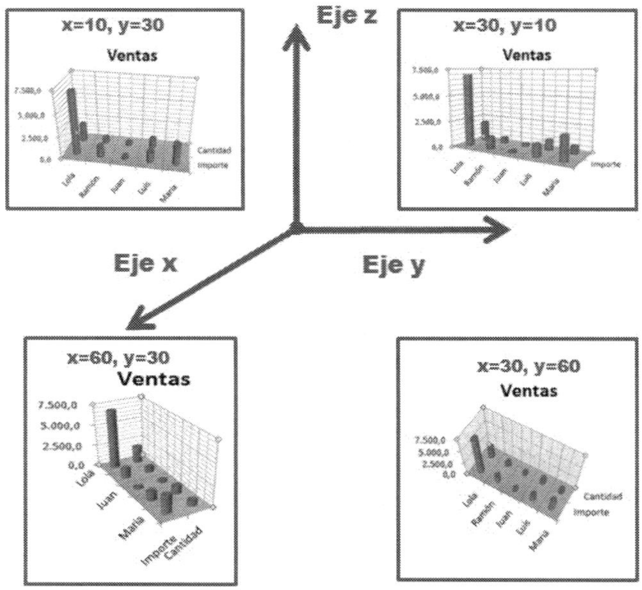
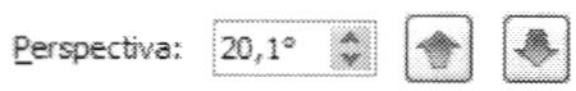 	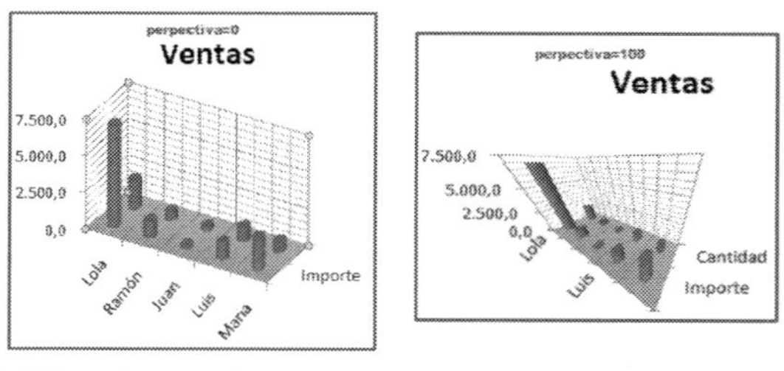
Escala del gráfico 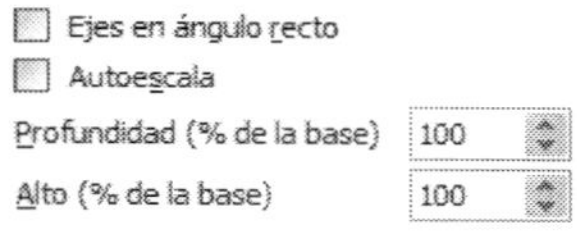 	Permite configurar la disposición de los ejes. 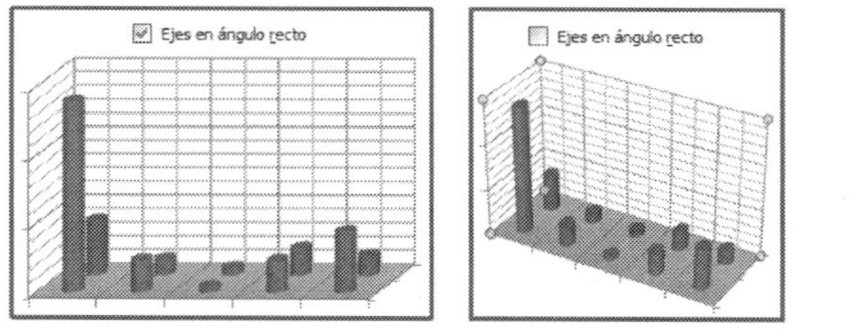

	Autoescala permite ajustar automáticamente el gráfico a la ventana. 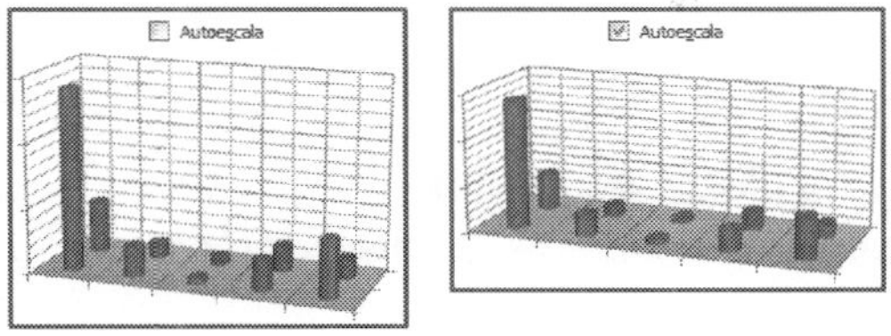 La profundidad permite definir el ancho de la base, y el Alto se puede definir como un % de la base. 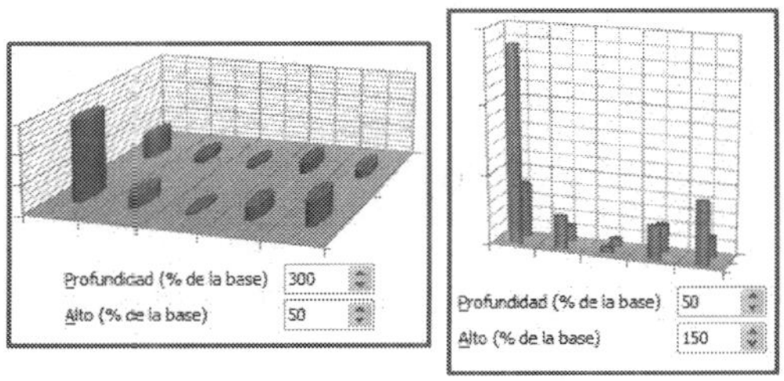
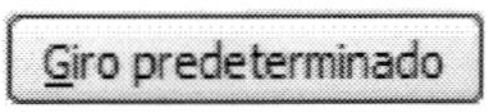	Restablece el giro que está definido según el gráfico y su estilo.

1.2.6 Análisis

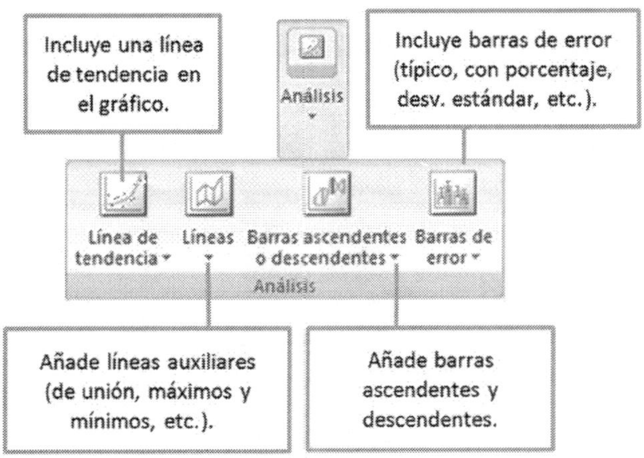

Este grupo de controles no siempre está disponible. Dependiendo del tipo de gráfico, podemos disponer de más o menos opciones. Se utilizan sobre todo en gráficos de cotizaciones, pero también pueden utilizarse algunas opciones con gráficos de XY Dispersión o Burbuja (línea de tendencia, barras de error), gráficos circulares (líneas), etc.

1.2.6.1 LÍNEA DE TENDENCIA

Cuando se incluye una línea de tendencia, se ha de escoger la serie sobre la que se basa. Supongamos que disponemos de la siguiente tabla de información:

	A	B	C	D	E	F
1		01/01/2010	02/01/2010	03/01/2010	04/01/2010	05/01/2010
2	Volumen comercializado	30	25	40	30	55
3	Precio de apertura	11	15	18	22	16
4	Precio máximo	12	25	24	30	27
5	Precio mínimo	9	12	16	15	14
6	Precio de cierre	15	18	22	16	14

A partir de esta información, fabricamos un gráfico de cotización como el siguiente:

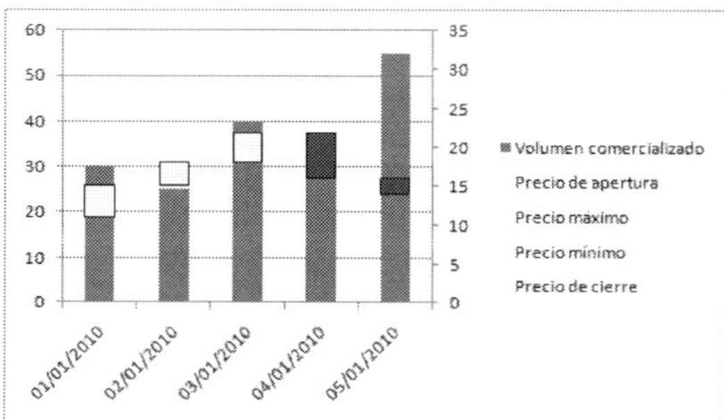

Al tratar de introducir una línea de tendencia, aparecerá el siguiente cuadro de diálogo para que seleccionemos la serie:

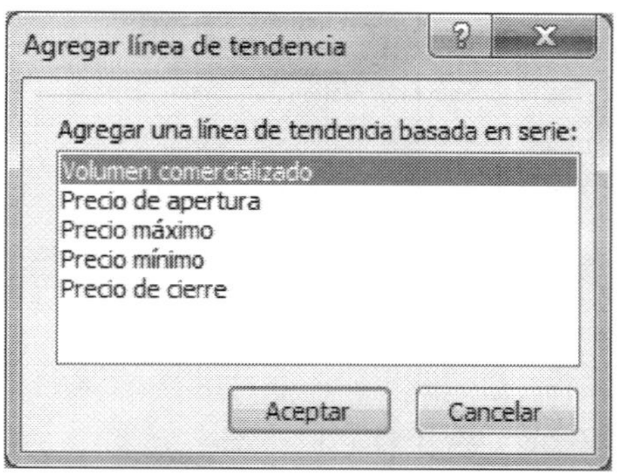

Las opciones para la línea de tendencia son:

Opciones	Comentario
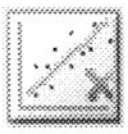	Permite eliminar todas las líneas de tendencia o bien la que esté previamente seleccionada.
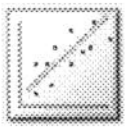	Incluye una línea de tendencia lineal. 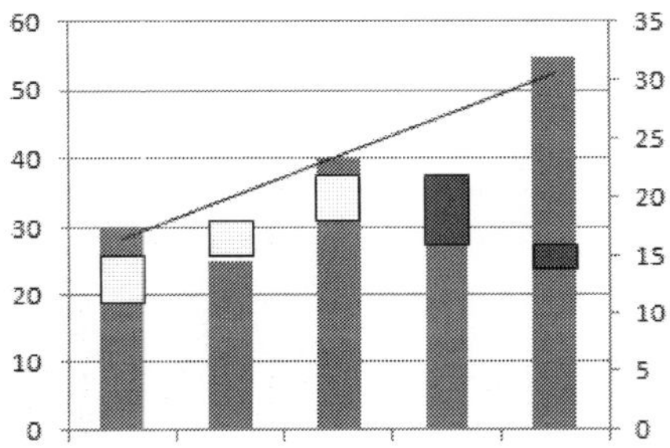
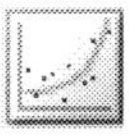	Incluye una línea de tendencia exponencial. 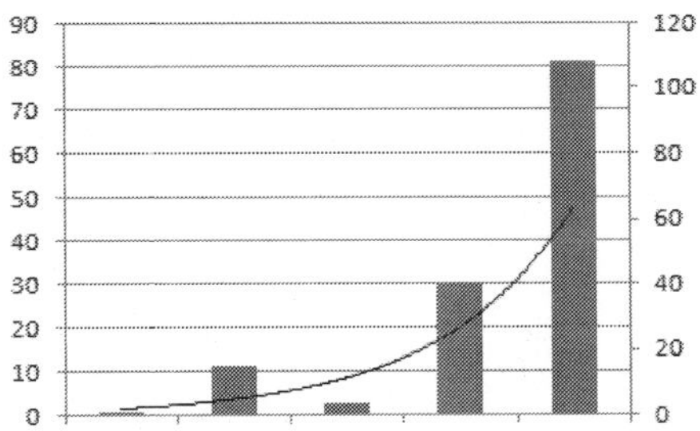
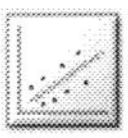	Incluye una línea de tendencia extrapolando 2 períodos. 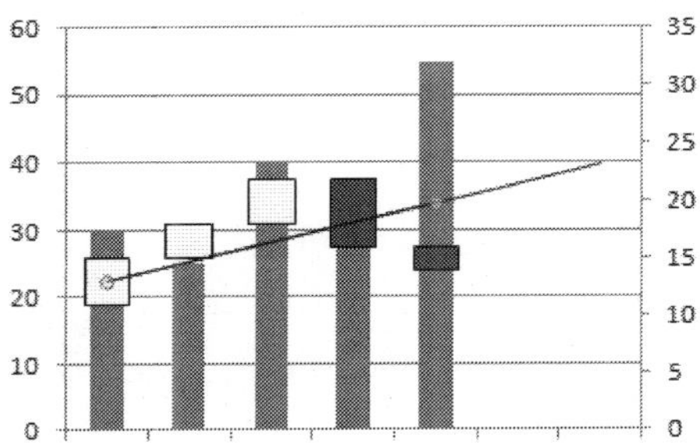

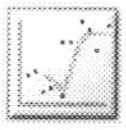	Incluye una línea de tendencia de media móvil de 2 períodos. 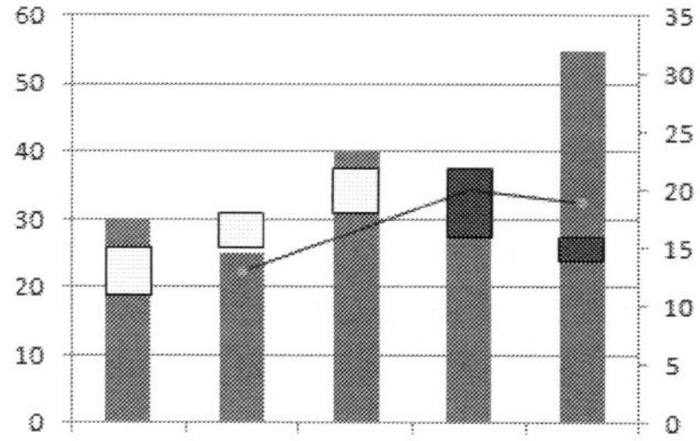
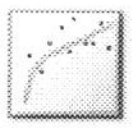	Incluye una línea de tendencia logarítmica. 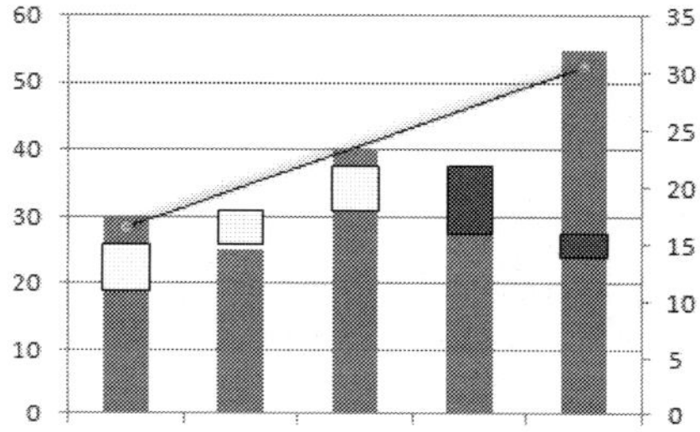
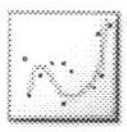	Incluye una línea de tendencia polinómica. 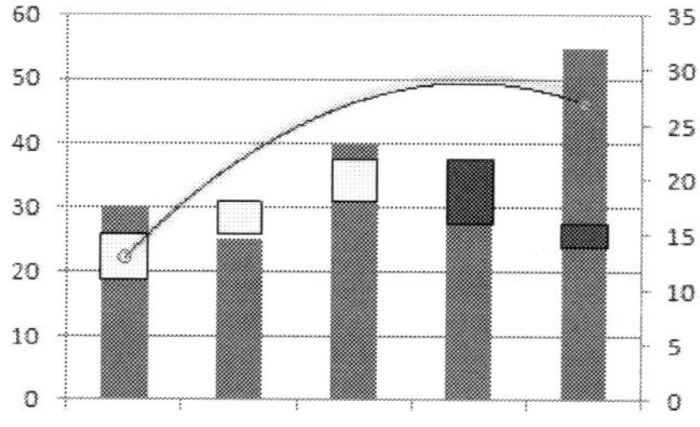
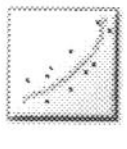	Incluye una línea de tendencia potencial. 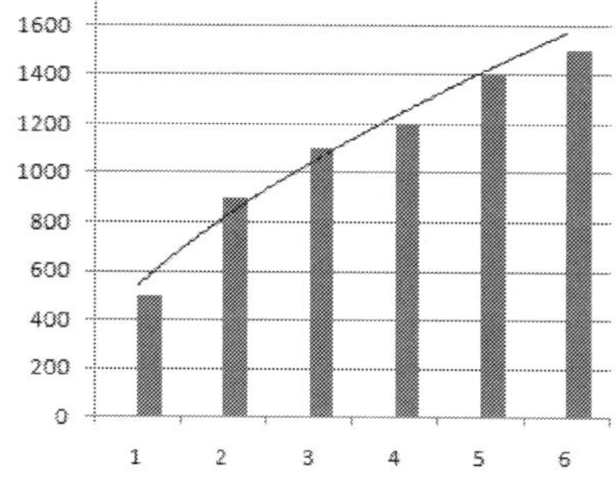

Más opciones de línea de tendencia...	Mediante esta opción, tenemos acceso a grupos de parámetros que nos permiten actuar sobre la apariencia de la línea de tendencia. Las opciones Color de línea, Estilo de línea y Sombra poseen los mismos parámetros que ya se han descrito anteriormente para otros elementos del gráfico. El apartado Opciones de línea de tendencia permite personalizar el tipo de tendencia, su nombre, los períodos a extrapolar y otras visualizaciones adicionales (señalar intersección, presentar ecuación en el gráfico y/o representar el valor R cuadrado).

Más opciones de línea de tendencia

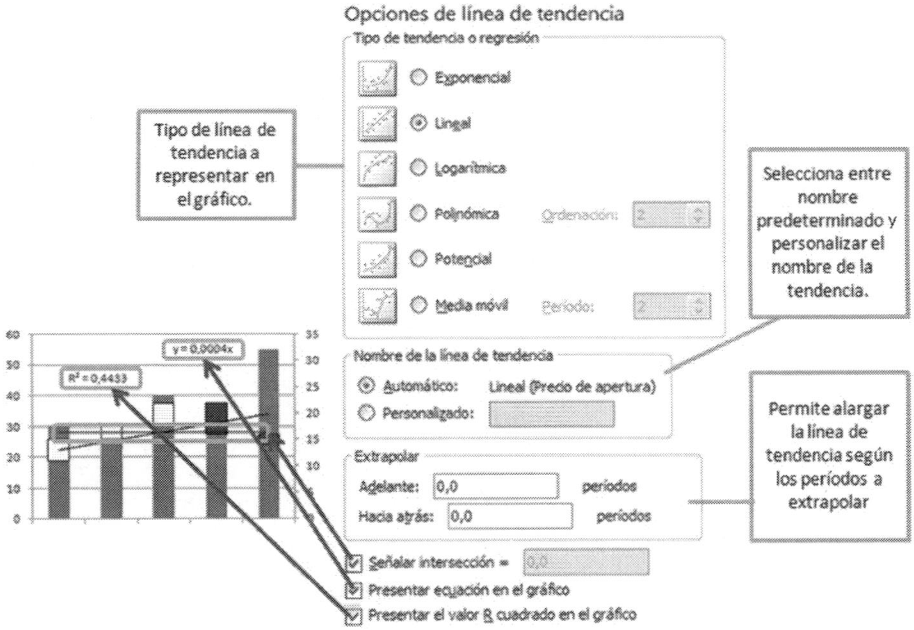

1.2.6.2 LÍNEAS

Mediante esta opción, es posible añadir al gráfico otras líneas auxiliares que permiten facilitar la compresión de los valores reflejados. El tipo de líneas que podemos añadir varía en función del tipo de gráfico tratado, pero, en general, esta opción trata de mostrar líneas de unión y de máximos y mínimos.

Las opciones son las siguientes:

Opciones	Comentario
	No muestra ninguna de las líneas auxiliares que se introducen con este grupo de opciones.
	Muestra las líneas de unión. 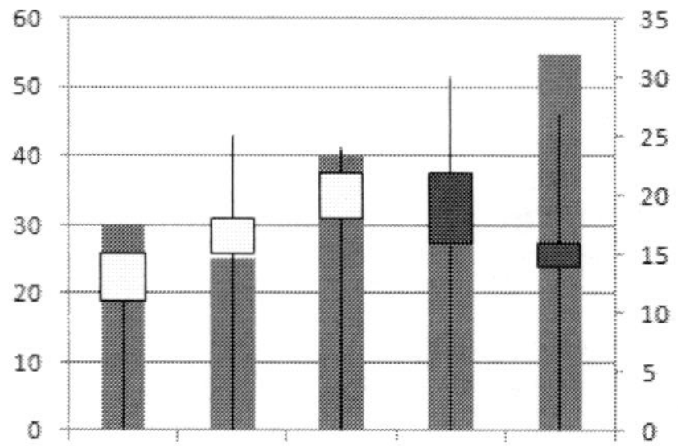
	Muestra las líneas de máximos y mínimos. 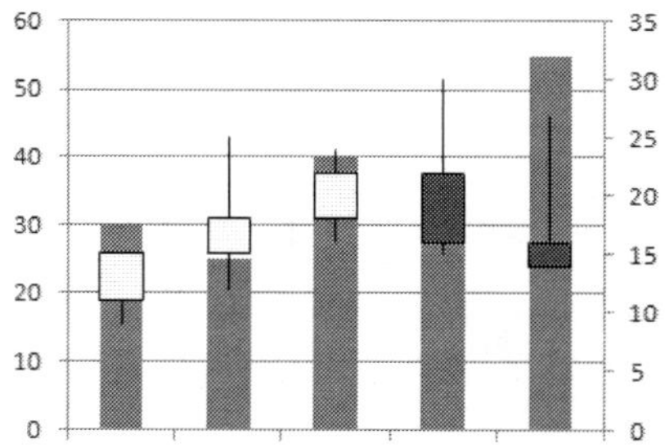
	Muestra las líneas de máximos y mínimos y prolonga las líneas hasta el eje horizontal. 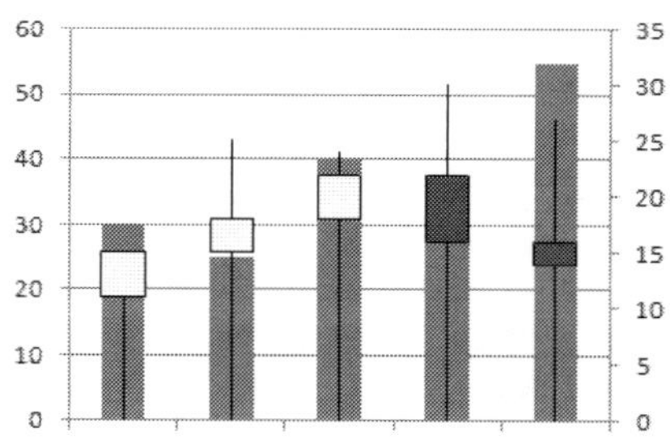

1.2.6.3 BARRAS ASCENDENTES O DESCENDENTES

Esta opción permite visualizar las barras o no.

Opciones	Comentario
	No muestra barras. 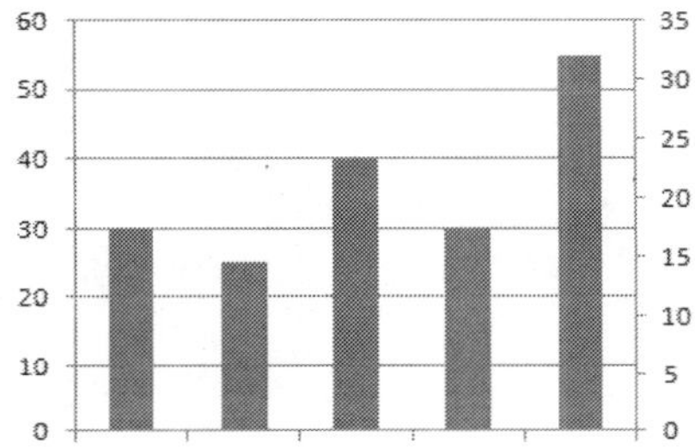
	Muestra barras. 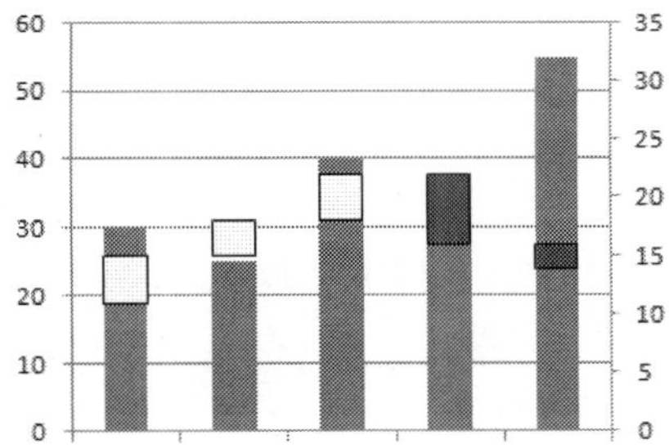

1.2.6.4 BARRAS DE ERROR

Esta opción permite agregar barras de error al gráfico seleccionado. Las barras de error están asociadas a las series del gráfico, y estas opciones actúan sobre una serie en caso de que haya alguna serie seleccionada o sobre todas si no se ha seleccionado ninguna.

Opciones	Comentario
	Elimina la barra de error de la serie seleccionada o todas si no se especifica ninguna.

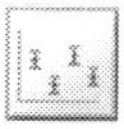	Muestra barras de error utilizando el error típico. Por ejemplo, si seleccionamos la serie Precio máximo tenemos: 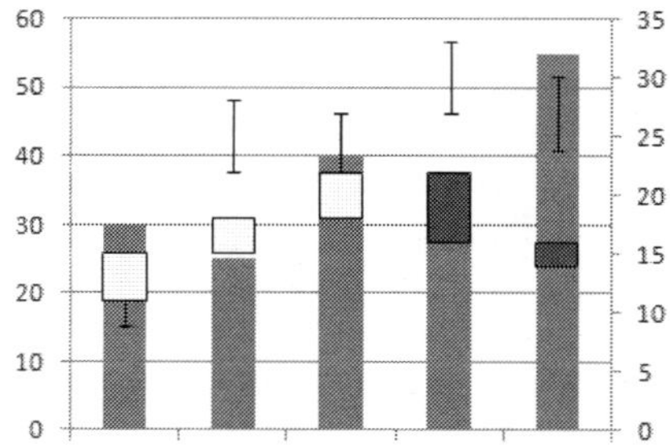
	Muestra barras de error con un valor del 5%. 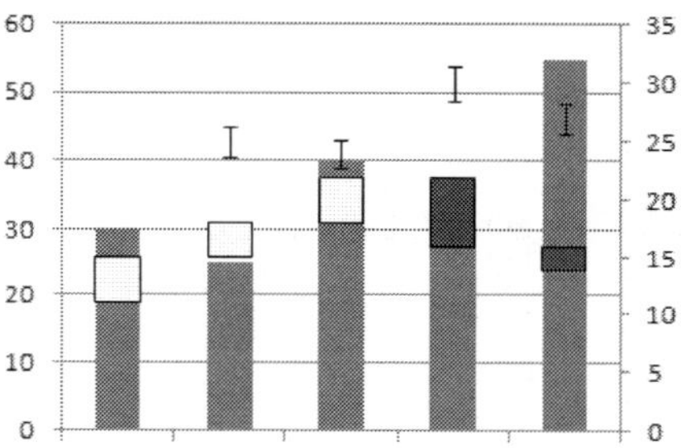
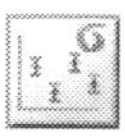	Muestra barras de error con una desviación estándar. 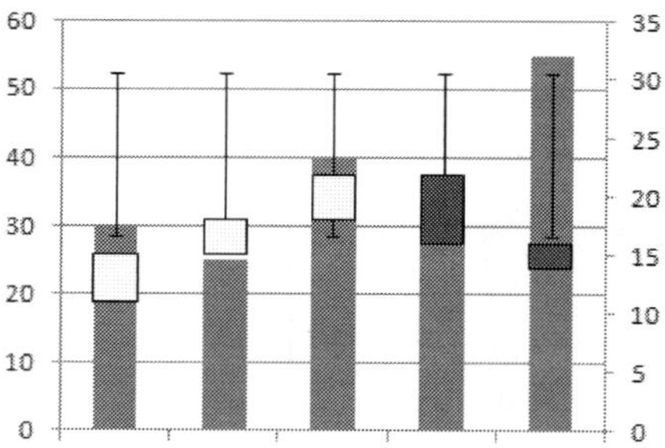

1.2.7 Propiedades

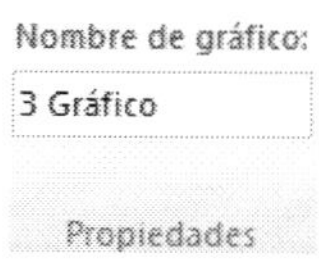

Mediante esta opción, podemos cambiar el nombre del gráfico.

1.3 FORMATO

Mediante esta ficha, se puede modificar el formato de los distintos elementos que componen un gráfico.

El primer grupo corresponde a las acciones que pueden realizarse sobre la selección actual. Dicho grupo fue comentado en el apartado *Presentación* anteriormente. Los siguientes grupos permiten modificar el formato de las diferentes formas y elementos adicionales que podemos incluir en un gráfico, así como las dimensiones del propio gráfico en sí mismo.

1.3.1 Estilos de forma

1.3.1.1 ESTILOS

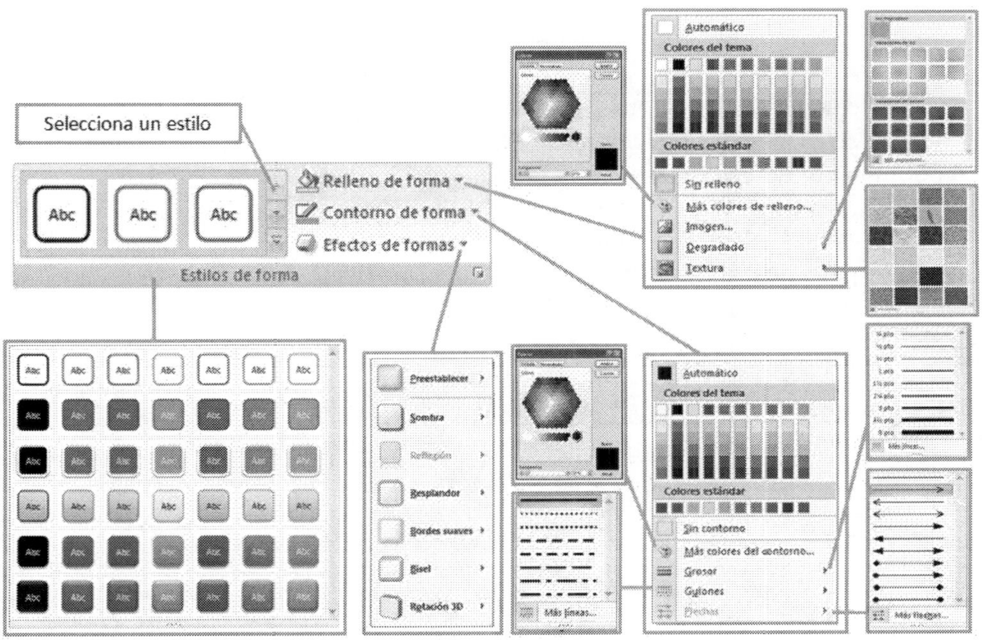

Este grupo de opciones aplica el formato al elemento del gráfico que se haya seleccionado previamente.

Si hacemos clic sobre el icono ( ), que se halla situado a la derecha de la parte inferior del grupo **Estilos de forma**, podemos acceder a un cuadro de diálogo, mediante el cual podemos modificar ciertos aspectos ya comentados en apartados anteriores, como son: **Relleno**, **Color del borde**, **Estilos del borde**, **Sombra**, **Formato 3D** y **Giro 3D**.

1.3.1.2 RELLENO DE LA FORMA

Mediante estas opciones, podemos elegir el tipo de relleno que puede tener la forma seleccionada. Si elegimos **Automático**, el relleno será el que tenga predefinido por defecto el estilo que hayamos seleccionado para el gráfico.

Podemos elegir un color, especificar que no queremos ningún tipo de relleno y podemos abrir la paleta de colores mediante la cual definir uno muy concreto. También podemos seleccionar una imagen, aplicar un degradado o seleccionar una textura.

1.3.1.3 CONTORNO DE LA FORMA

Este grupo de opciones nos permite modificar el aspecto del contorno de la forma seleccionada. Automático deja el contorno con los valores que por defecto tenga el estilo asociado al elemento. Podemos elegir el color que va a tener el contorno o especificar que no tenga ninguno. Se puede también acceder a la paleta de colores para configurar uno muy concreto. Se puede elegir el grosor definiendo un valor numérico para el mismo. Es posible seleccionar el tipo de línea que hemos de utilizar (continua, discontinua, de puntos, etc.). Dependiendo de la forma, se puede seleccionar el tipo de flecha (tipo de punta, sentido de la flecha, elegir una o ambas, etc.).

1.3.1.4 EFECTOS DE FORMAS

Dependiendo de la forma seleccionada, disponemos de diferentes efectos que podemos aplicar combinando simultáneamente unos con otros.

Opciones	Comentario
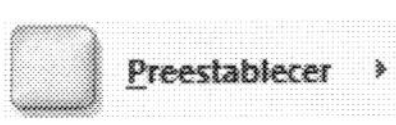	Permite aplicar algunas combinaciones ya predeterminadas. 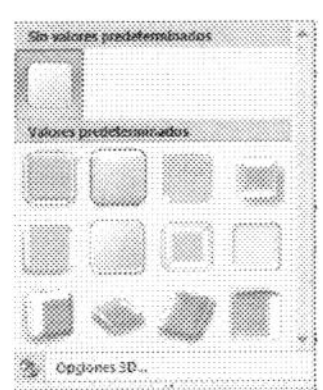

	Se puede quitar la sombra, aplicar alguna de las predeterminadas o definir más detalladamente el tipo de sombra accediendo al cuadro de diálogo **Opciones de sombra**. 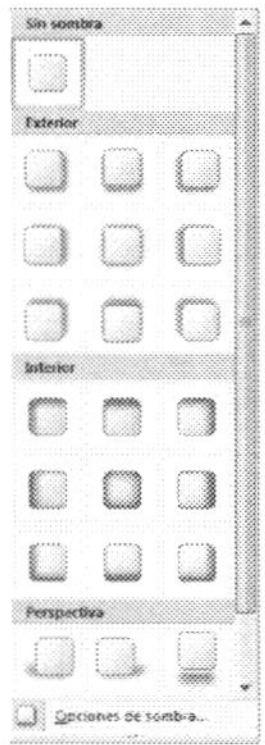
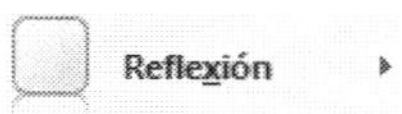	Permite establecer o eliminar el efecto de reflexión sobre un objeto determinado. 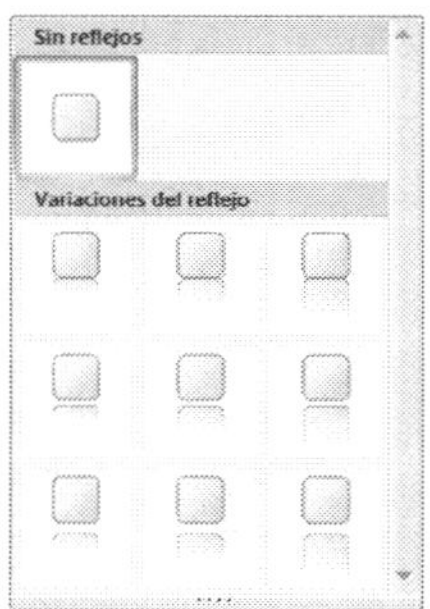
	Permite definir o eliminar un tipo de resplandor, así como el color y, grosor del mismo. 

	Permite definir el tipo de borde, o bien indicar que no se desea ninguno. 
	Permite poner o quitar un bisel a la forma en cuestión (círculo, bajorrelieve medio, cruz, etc.). 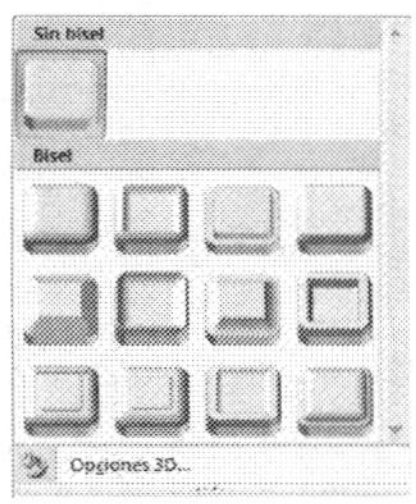
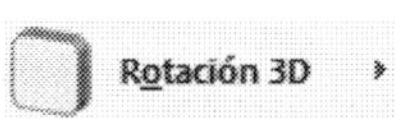	Puede especificar o eliminar el efecto de rotación. Las categorías del efecto son: Paralelo, Perspectiva y Oblicuo. 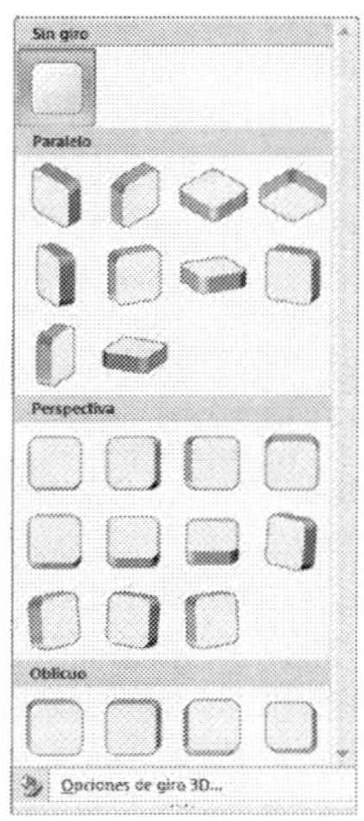

1.3.2 Estilos de WordArt

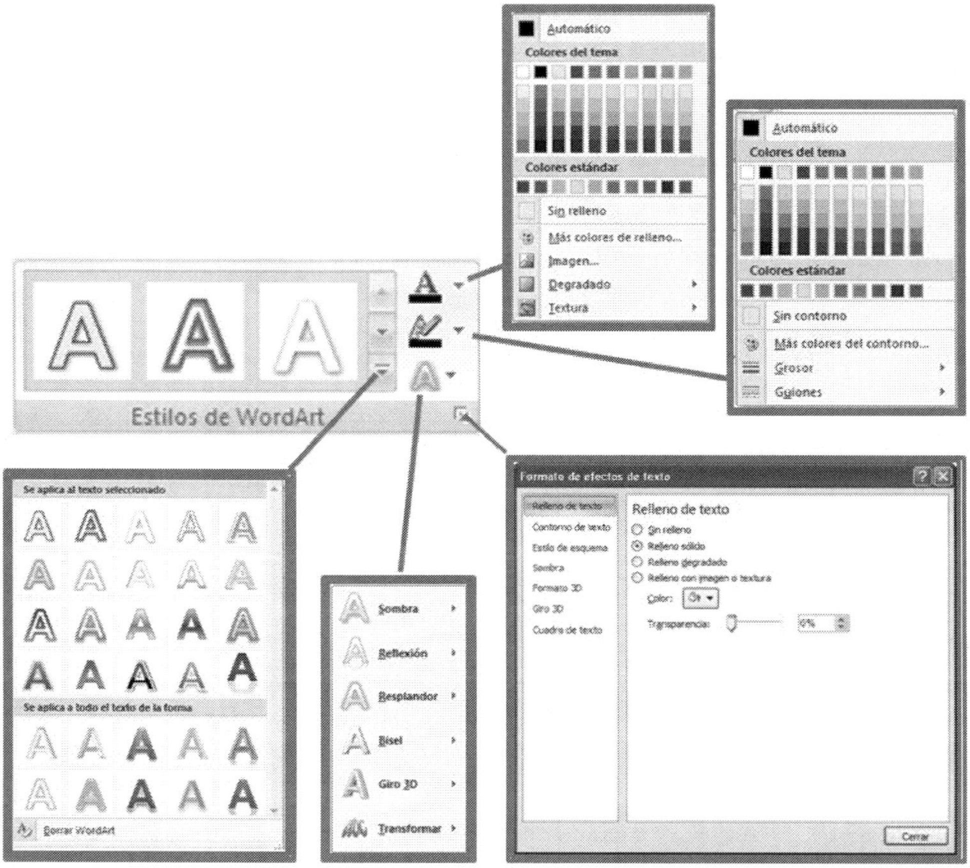

Este grupo de controles permite configurar las características asociadas a las formas creadas con **WordArt**. Permite seleccionar un estilo, un relleno, un contorno, un efecto y un conjunto de características adicionales relativas a la sombra y formato 3D.

El cuadro de diálogo que aparece al pulsar sobre la flecha ubicada en la esquina inferior derecha del grupo ( ) permite modificar características muy parecidas a las descritas para el elemento Área del gráfico y, por tanto, la explicación realizada en ese capítulo sirve perfectamente para este apartado.

<table>
<tr><th>Opciones</th><th>Comentario</th></tr>
<tr><td>Relleno de texto</td><td>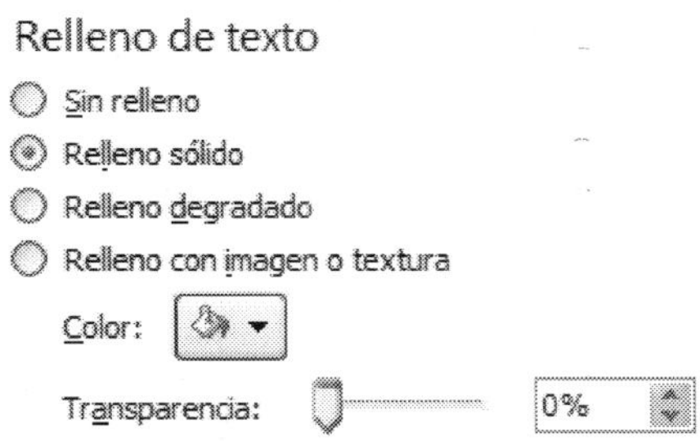
</td></tr>
<tr><td>Contorno de texto</td><td>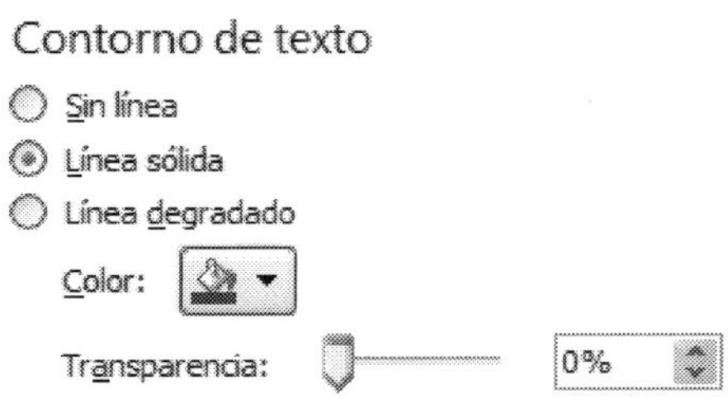
</td></tr>
<tr><td>Estilo de esquema</td><td>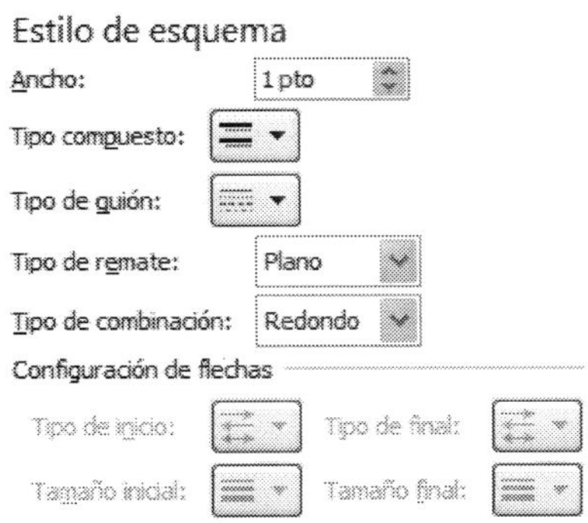
</td></tr>
<tr><td>Sombra</td><td>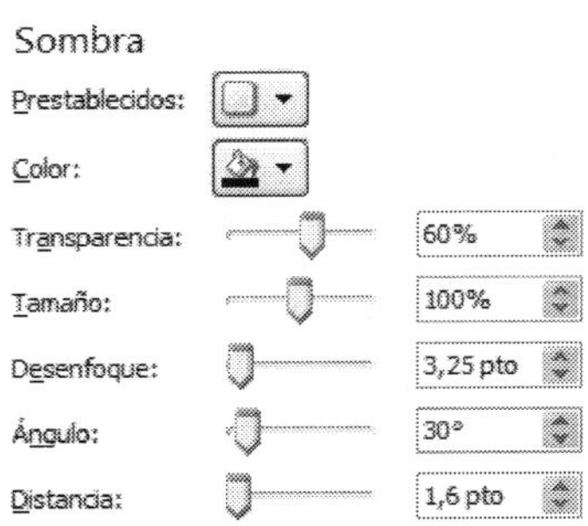
</td></tr>
</table>

<table>
<tr><td>Formato 3D</td><td>
</td></tr>
<tr><td>Giro 3D</td><td>
</td></tr>
<tr><td>Cuadro de texto</td><td>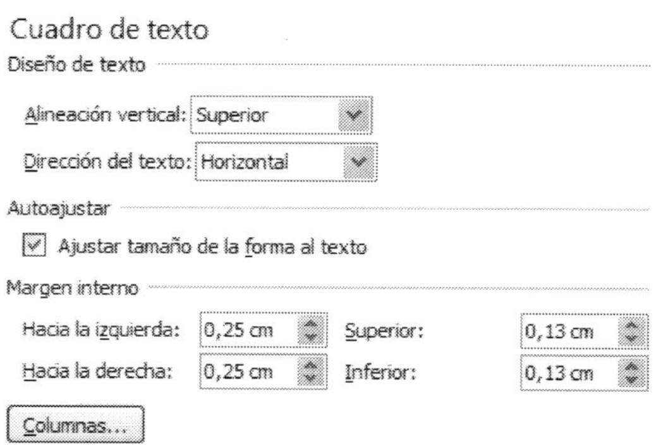
</td></tr>
</table>

Las características relativas a **Cuadro de texto** se pueden observar en la siguiente imagen con más detalle, ya que, realmente, son algo más específicas.

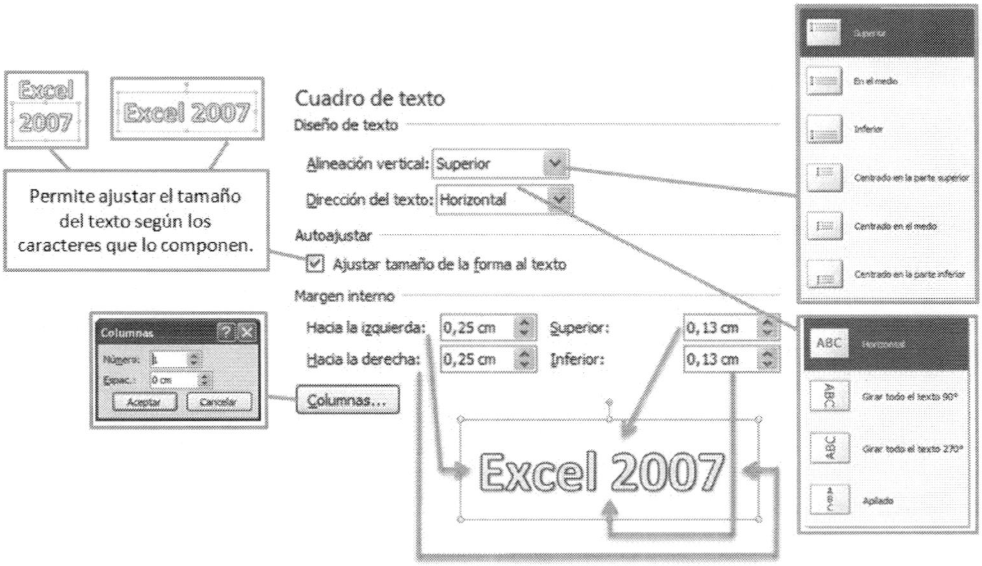

1.3.2.1 ESTILOS RÁPIDOS

Este apartado permite indicar un conjunto de características de golpe y aplicar lo que se denomina un 'estilo'. Para aplicar un estilo, basta con seleccionarlo del cuadro y simplemente hacer un clic sobre el mismo. Observaremos que, al colocar el puntero del ratón sobre cada muestra del estilo, aparece un *tooltip* indicando qué características se aplicarán y con qué valores. Al mismo tiempo, ya se está realizando una previsualización en la que se ve cómo quedaría el texto si aplicáramos el estilo sobre el que estamos colocados. En la siguiente imagen puede verse un ejemplo:

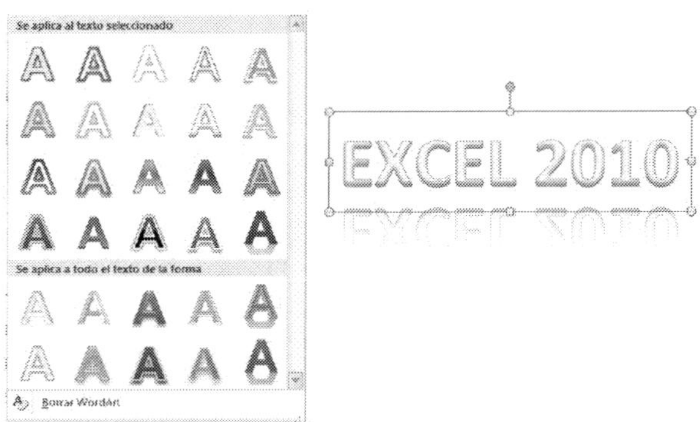

La opción Borrar WordArt elimina las características comentadas y convierte el texto en un texto normal.

1.3.2.2 RELLENO DE TEXTO

Mediante el relleno de texto, podemos determinar si queremos utilizar o no algún tipo de relleno para el texto y, en caso afirmativo, seleccionar un color, una textura o una imagen.

La siguiente imagen muestra las opciones que pueden utilizarse de una forma rápida:

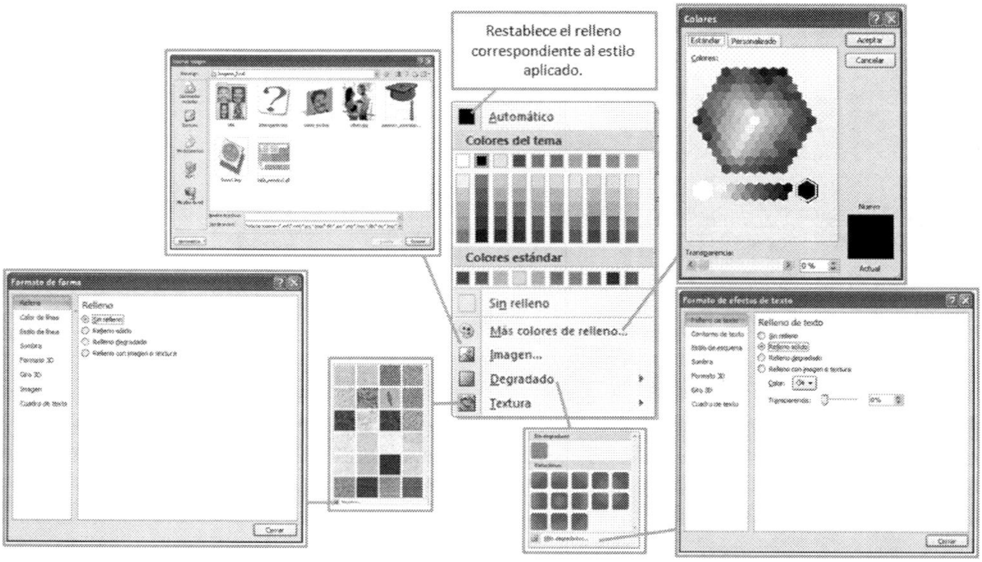

Los cuadros de diálogo asociados a cada uno de los tipos de relleno permiten afinar más las características que ya fueron comentadas en apartados anteriores.

1.3.2.3 CONTORNO DE TEXTO

Mediante las opciones localizadas en este grupo, podemos determinar si queremos visualizar o no el contorno del texto y, en caso de que se desee visualizar, qué color, grosor o tipo de línea queremos emplear.

Las opciones previstas se pueden observar en un golpe de vista en la siguiente imagen:

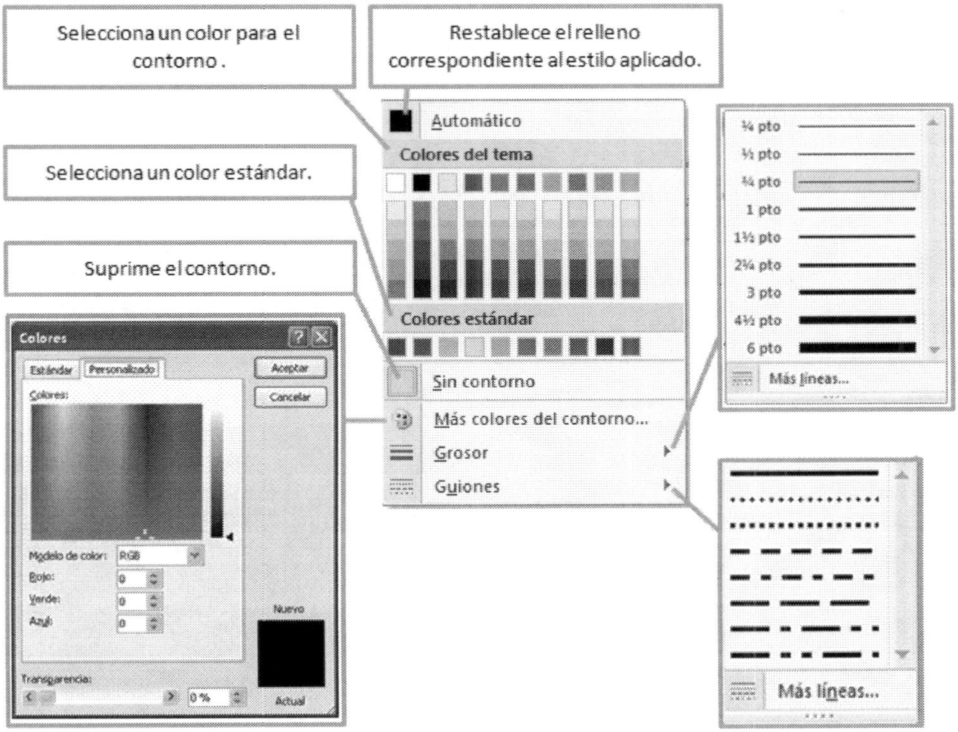

1.3.2.4 EFECTOS DE TEXTO

Este grupo de opciones permite aplicar al texto un efecto. Los efectos disponibles son los siguientes:

Opciones	Comentario
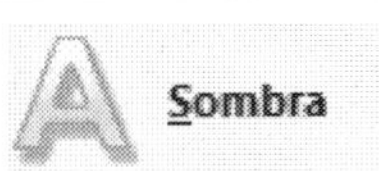	Aplica o elimina una sombra al texto. La sombra puede ser exterior, interior o en perspectiva. En los casos exterior e interior, el desplazamiento de la sombra puede ser a partir del centro hacia arriba, abajo, a los lados o a cualquiera de los extremos, o bien desde el exterior hacia el centro.

<table>
<tr>
<td></td>
<td>
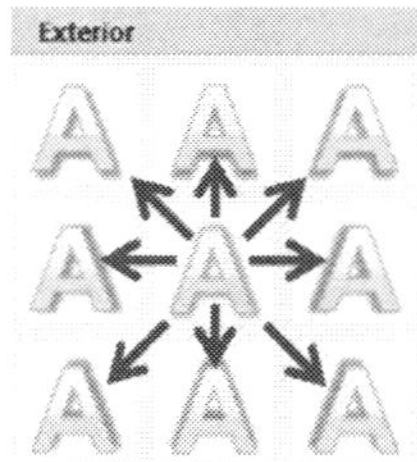

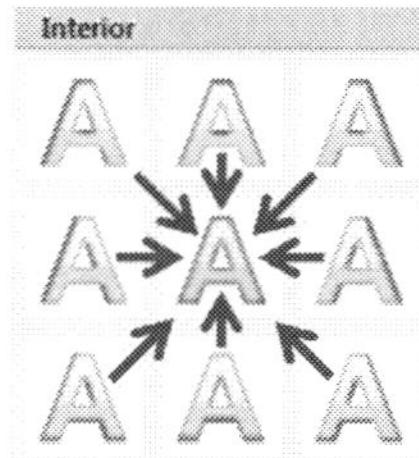

La sombra en perspectiva puede tener alguno de los siguientes aspectos:
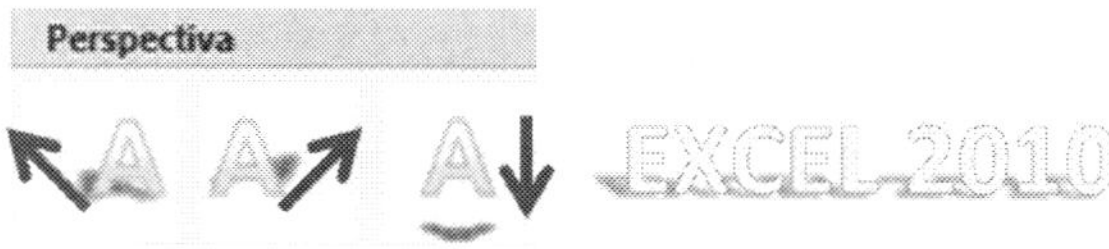

</td>
</tr>
<tr>
<td>

</td>
<td>
Permite introducir una reflexión indicando más o menos intensidad en el mismo.
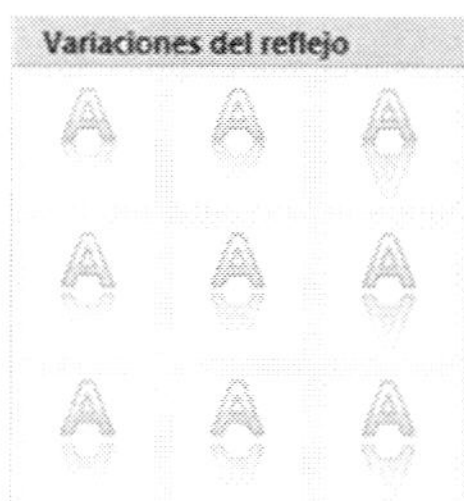

</td>
</tr>
<tr>
<td>

</td>
<td>
Permite poner o quitar resplandor al texto eligiendo un color y un grosor determinado en puntos.
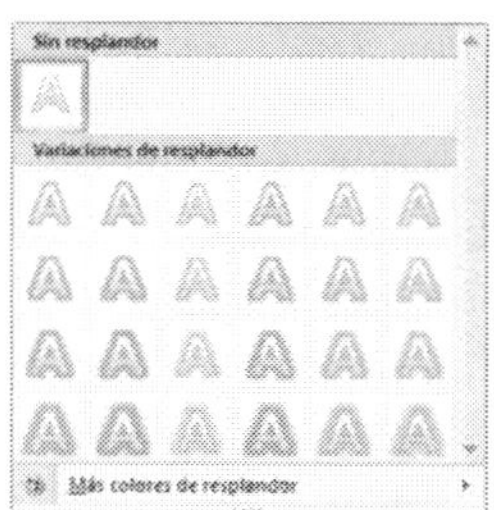

</td>
</tr>
</table>

<table>
<tr>
<td>
</td>
<td>Permite seleccionar el tipo de bisel que se va a aplicar sobre el texto.

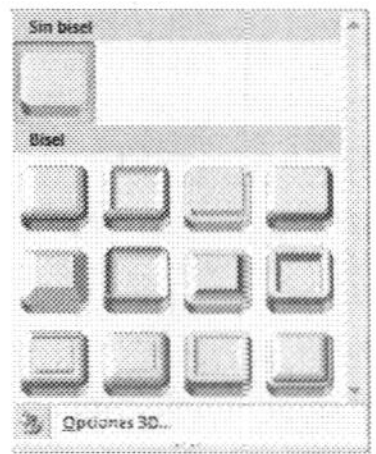

</td>
</tr>
<tr>
<td>
</td>
<td>El giro 3D puede aplicarse en paralelo, en perspectiva o en oblicuo.

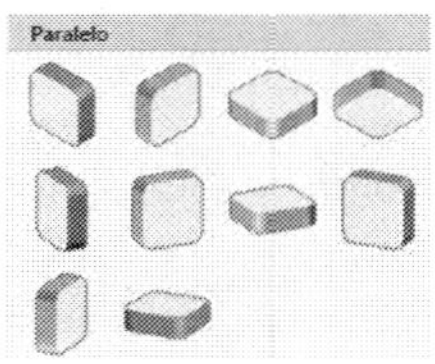

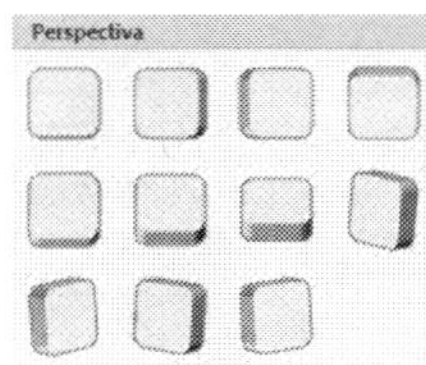

</td>
</tr>
<tr>
<td>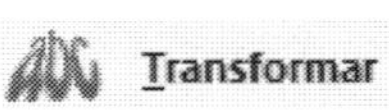
</td>
<td>La transformación posee 2 modalidades:

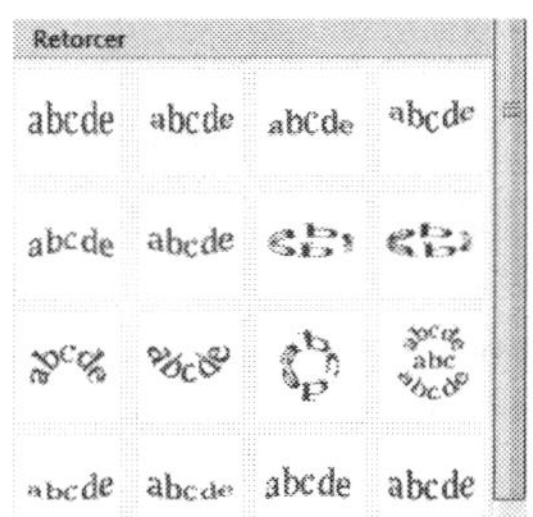

</td>
</tr>
</table>

Algunas de estas opciones permiten acceder también al cuadro de diálogo mencionado en el apartado **Estilos Rápidos** para afinar más el efecto deseado.

1.3.3 Organizar

Mediante este grupo de opciones se pueden manejar las formas y los textos indicando cómo se superponen o alinean entre sí, también permiten agrupar elementos para poder tratarlos de forma conjunta como si fueran uno solo.

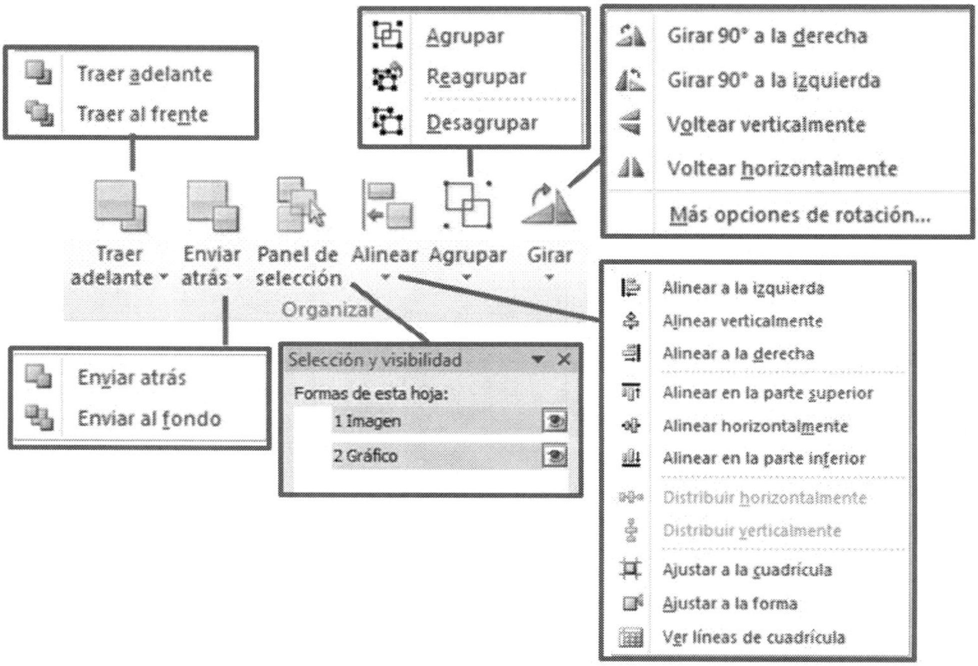

1.3.3.1 ENVIAR AL FONDO

Esta opción permite indicar a un objeto que ha de situarse al fondo de todos los objetos que puedan superponerse con él, o bien trasladarlo a la parte superior.

Supongamos que disponemos de 3 figuras superpuestas de una determinada forma. Veamos a continuación el efecto que producen las opciones Traer al frente, Traer adelante, Enviar al fondo y Enviar atrás.

<table>
<tr><th>Imagen</th><th>Comentario</th></tr>
<tr><td></td><td>Para mover el cuadrado de forma que quede superpuesto sobre el triángulo, seleccionaremos Traer adelante, y para colocarlo sobre todas las figuras, seleccionaremos Traer al frente:
<table>
<tr><th>Traer adelante</th><th>Traer al frente</th></tr>
<tr><td>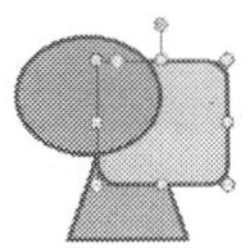</td><td></td></tr>
</table></td></tr>
<tr><td></td><td>Para mover el triángulo y colocarlo justo detrás del cuadrado, utilizaremos Enviar atrás. Para colocarlo detrás de todas las figuras, utilizaremos Enviar al fondo.
<table>
<tr><th>Enviar atrás</th><th>Enviar al fondo</th></tr>
<tr><td>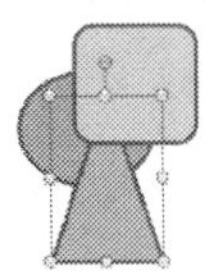</td><td>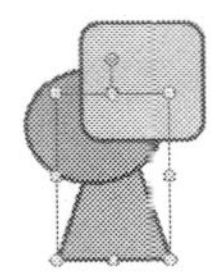</td></tr>
</table></td></tr>
</table>

1.3.3.2 PANEL DE SELECCIÓN

Esta opción permite mostrar el panel de selección, mediante el que se puede seleccionar cada una de las formas existentes en la hoja simplemente haciendo un clic sobre la misma.

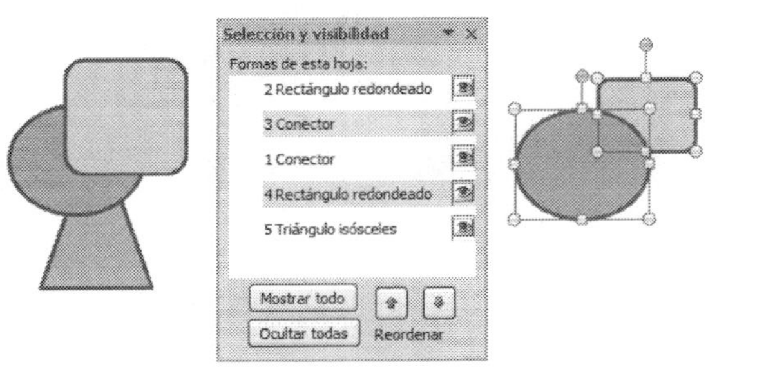

Asimismo, podemos indicar si queremos visualizar una forma o no haciendo clic sobre el icono en forma de ojo que está situado a la derecha del nombre de la forma. Podemos indicar si queremos mostrar u ocultar todas las formas y, también, mediante las flechas, indicar si queremos enviar la forma seleccionada al fondo o traerla al frente.

Para cambiar el nombre a una forma, basta con hacer clic sobre el nombre y mantener pulsado el ratón durante un pequeño tiempo. De esta forma, veremos que el nombre queda seleccionado y podemos editarlo:

1.3.3.3 ALINEAR

La alineación permite organizar la disposición de las formas y textos de forma elegante. Para realizar una alineación, necesitamos, al menos, seleccionar 2 formas o textos, ya que dicha alineación se realizará entre ambos teniendo en cuenta que la forma de referencia será la seleccionada en primer lugar.

Supongamos que disponemos de las siguientes formas, las cuales queremos alinear de alguna manera en concreto:

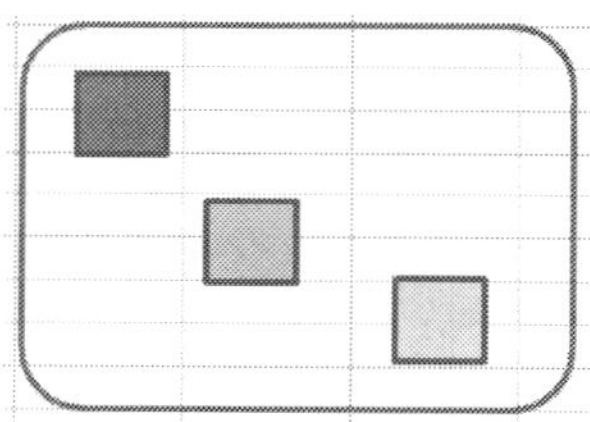

Alineación	Comentario	Alineación	Comentario
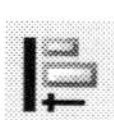	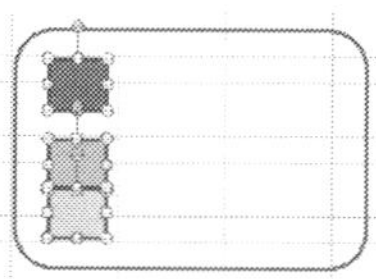		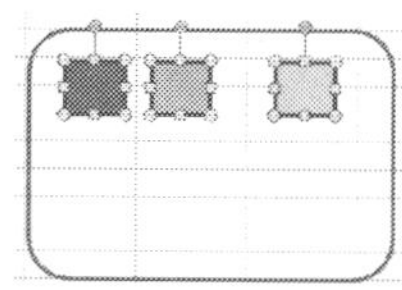
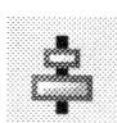	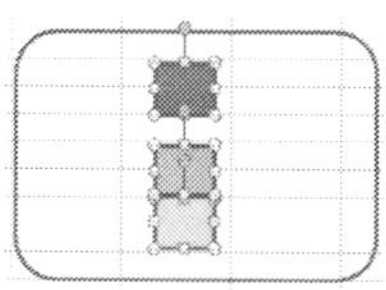	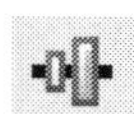	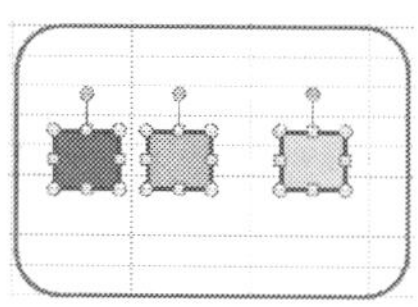

	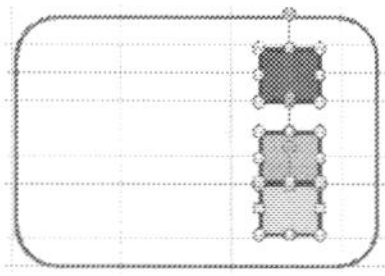		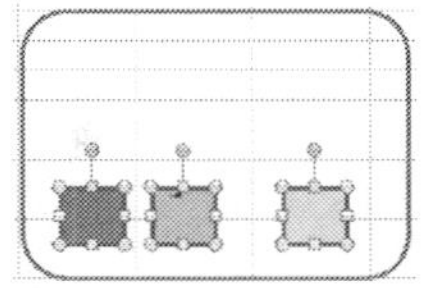
	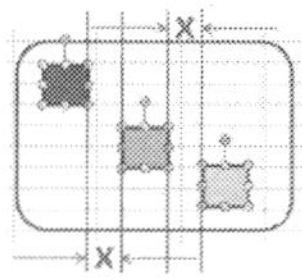		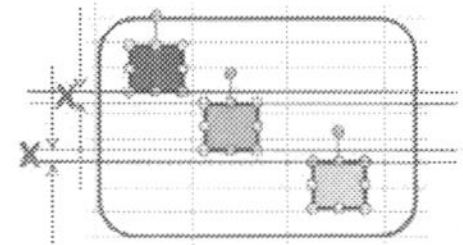

Alineación	**Comentario**
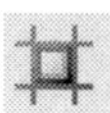	Permite ajustar a la cuadrícula cuando movemos la forma.
	Cuando aproximamos una forma a otra, permite ajustar la forma de tal manera que el contacto entre ambas es preciso.
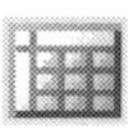	Oculta o visualiza las líneas de la cuadrícula.

1.3.3.4 AGRUPAR

Esta opción permite agrupar varias formas para poder tratarlas como si fueran una sola. Para poder realizar una agrupación, es necesario seleccionar al menos 2 formas.

Selección	**Comentario**
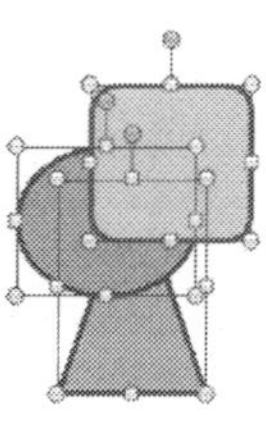	Para realizar una agrupación, hemos de seleccionar las formas que queremos agrupar y, posteriormente, hacer clic sobre el icono **Agrupar**: 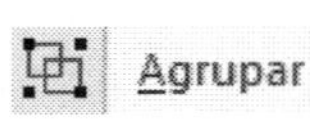 Para seleccionar las formas que queremos agrupar hemos de mantener pulsada la tecla **Mayúsculas** mientras vamos haciendo clic sobre cada una de ellas. Cada vez que hacemos clic sobre una forma, si no está

	seleccionada pasa a estarlo y, si ya lo estaba, deja de estar seleccionada. Cuando las formas están seleccionadas, podemos moverlas de golpe, simplemente pulsando con el ratón y manteniéndolo pulsado desplazándolo hacia el nuevo destino. Si mientras hacemos esta operación mantenemos pulsada la tecla **CTRL**, el resultado es el de copiar las formas seleccionadas sobre el lugar en el que soltemos el ratón.
	Para desagrupar una forma que a su vez contiene otras, basta con seleccionar la forma en cuestión y hacer clic sobre la opción Desagrupar: 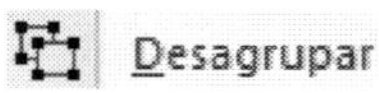 En ocasiones, es posible que necesitemos desagrupar una forma para realizar una acción exclusivamente sobre uno de los componentes. Si a continuación deseamos volver a agrupar el mismo conjunto de formas, basta con seleccionar de nuevo el componente modificado y ejecutar la acción **Reagrupar** para conseguir de nuevo la forma recientemente desagrupada: 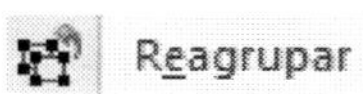

1.3.3.5 GIRAR

Esta opción permite girar la forma un determinado ángulo. Las opciones rápidas existentes en el grupo de opciones por defecto son:

Selección	Comentario
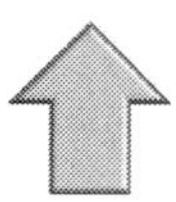	Posición original.
	Girar 90º a la derecha.

	Girar 90º a la izquierda.
	Voltear verticalmente.
	Voltear horizontalmente.
	Seleccionando **Más opciones de rotación** podemos acceder a un cuadro de diálogo mediante el cual se puede afinar diversos aspectos relacionados no sólo con el giro de la forma, sino también con el tamaño, la escala y el comportamiento cuando éste se redimensiona. El cuadro de diálogo asociado es el siguiente: 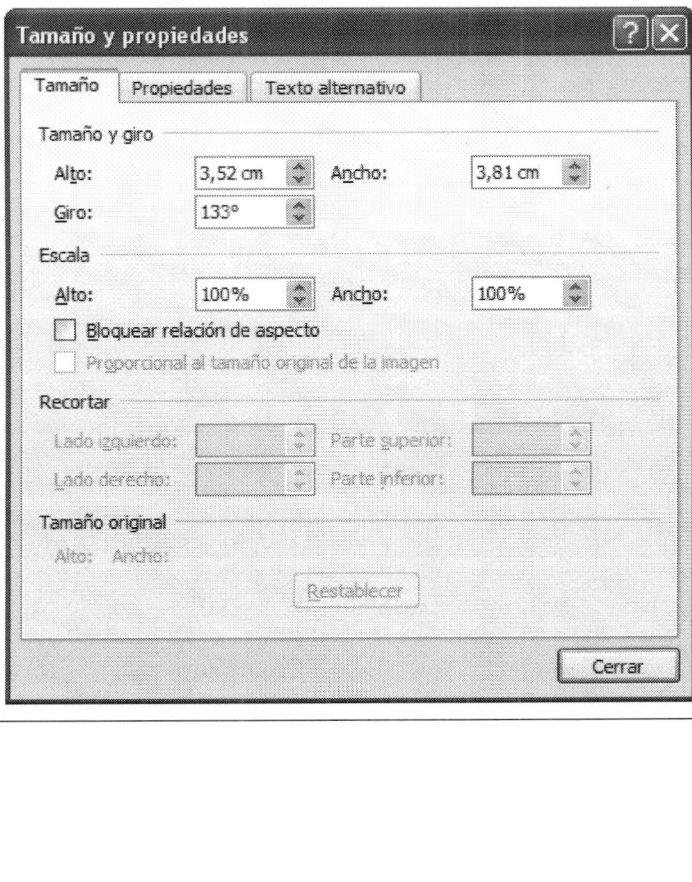

1.3.4 Tamaño

Mediante este grupo de controles podemos modificar el tamaño de la forma, la imagen o el texto.

Si pulsamos sobre el icono situado en la parte inferior derecha del grupo, accedemos a un cuadro de diálogo en el que podemos definir diferentes características.

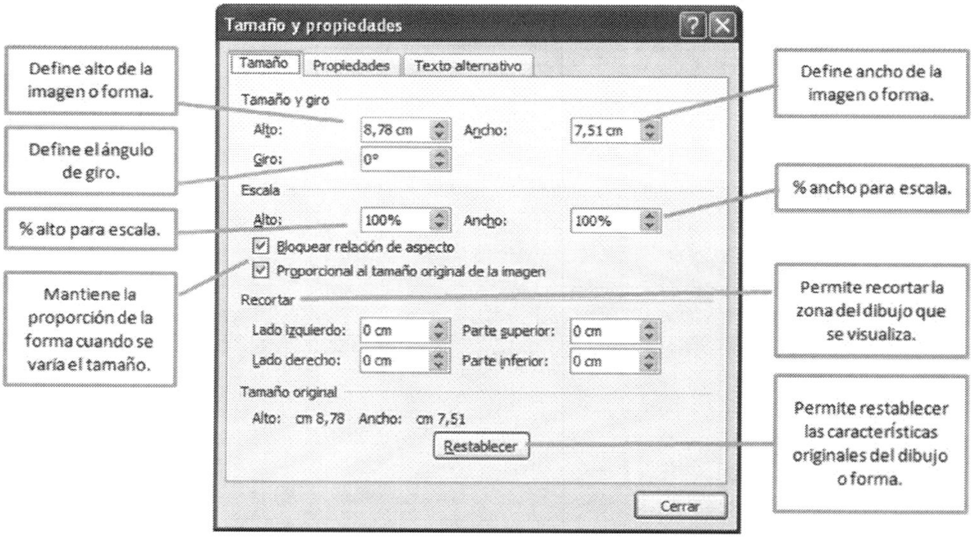

La casilla **Bloquear relación de aspecto** permite que al modificar el tamaño de la imagen utilizando las esquinas, la imagen se modifique tanto a lo ancho como a lo alto para mantener su aspecto sin que se deforme.

La casilla **Proporcional al tamaño original de la imagen** permite que los valores de Escala se mantengan actualizados o no con el % correspondiente a la modificación realizada.

Con respecto a la pestaña **Propiedades**, se pueden destacar las siguientes características:

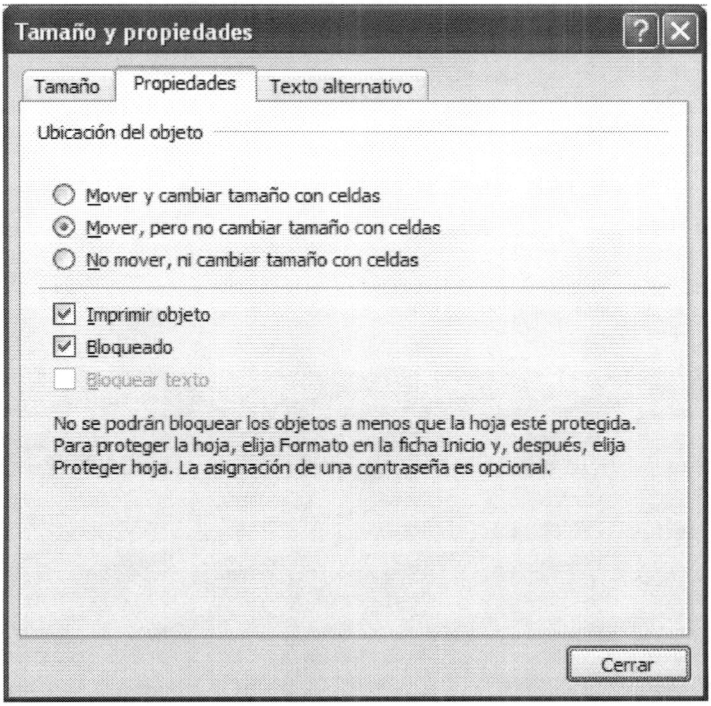

Ubicación del objeto	Comentario
Mover y cambiar el tamaño con celdas	Cuando se modifica el tamaño de las celdas o éstas se desplazan, la imagen varía su tamaño para adaptarse a la nueva situación. Es como si la imagen estuviese "pegada" a las celdas sobre las que está colocada.
Mover pero no cambiar el tamaño con celdas	Al mover celdas que se hallen bajo la imagen, la imagen se moverá de acuerdo con ellas pero no variará su tamaño.
No mover ni cambiar el tamaño con celdas	El tamaño y la situación de la imagen no variarán a pesar de que se inserte, elimine o modifique el tamaño de las celdas.

Otras propiedades:

Imprimir objeto	Si la casilla está marcada, cuando se imprima la hoja la imagen también se imprimirá. Si está desmarcada, no.
Bloqueado	Si la casilla está marcada, al bloquear la hoja, la imagen no podrá ser modificada. Si está desmarcada, sí se podrá modificar.

1.3.4.1 ALTO DE LA FORMA

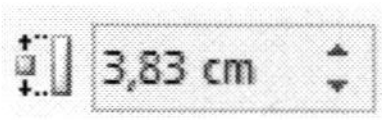

Esta opción permite modificar el alto de la imagen o forma.

1.3.4.2 ANCHO DE LA FORMA

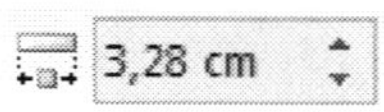

Esta opción permite modificar el ancho de la imagen o forma.

1.4 AUTOMÁTICO

Para generar un gráfico automáticamente, bastará con seleccionar el rango sobre el que nos interesa fabricar el gráfico y, a continuación, pulsar **ALT + F1**.

Supongamos que disponemos de la siguiente hoja de cálculo:

	A	B	C
1	**Persona**	**Importe**	**Tipo**
2	Luis	1000	A
3	Juan	1200	A
4	Paco	1400	B
5	Ramin	5000	A
6	Lola	4520	C
7	Maria	8520	C
8			

Si seleccionamos el rango A1:B4, observaremos que al pulsar **ALT + F1** se crea un gráfico como el siguiente:

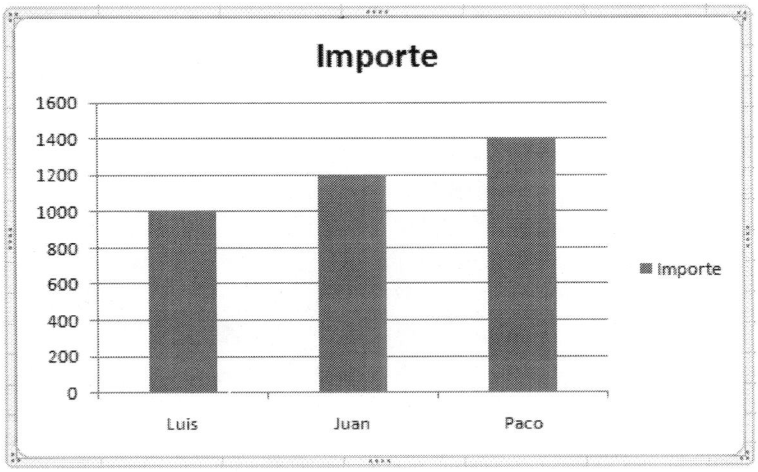

Capítulo 2

MINIGRÁFICOS

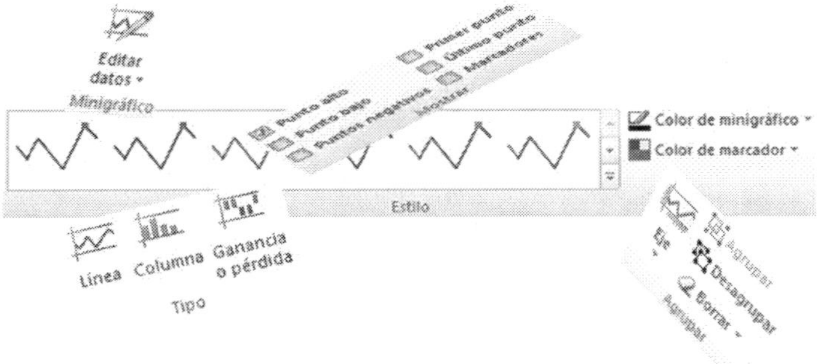

Los minigráficos permiten confeccionar gráficos muy pequeños y ubicarlos en una celda, de forma que, con un simple vistazo, podemos analizar la evolución o tendencia de los datos existentes en una tabla de datos o en un determinado rango.

A continuación, se muestra una tabla sobre la que se han insertado minigráficos en los totales por columna y en los totales por fila:

	A	B	C	D	E	F	G	H	I
1	Vendedor	Ene	Feb	Mar	Abr	May	Jun	Total	
2	**Eduardo**	1.210,80	3.006,81	776,17	1.883,95	834,99	595,76	**8.308,48**	
3	**Rafa**	3.263,40	2.727,47	2.282,09	1.155,28	1.866,54	657,68	**11.952,46**	
4	**Xavi**	2.445,00	-2.666,75	4.438,33	4.867,56	4.309,36	1.528,68	**14.922,18**	
5	**Jordi**	2.500,97	-1.902,74	3.589,35	4.135,54	4.506,17	611,52	**13.440,81**	
6	**Juanito**	3.737,85	3.072,36	1.230,16	-2.506,43	3.773,07	5.167,62	**14.474,63**	
7	**David**	4.178,27	-4.352,04	4.883,78	142,93	2.447,58	1.743,61	**9.044,13**	
8		**17.336,29**	**-114,89**	**17.199,88**	**9.678,83**	**17.737,71**	**10.304,87**	72.142,69	
9									

Para las filas, se han incluido minigráficos de tipo **Columna**. En ellos, se muestra un bloque para cada valor cuya altura es proporcional al valor más alto. Para las columnas, se ha elegido un minigráfico de tipo **Línea**.

2.1 TIPO

Tipo	Comentario
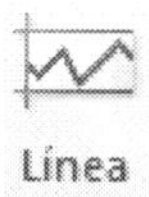	El minigráfico se muestra en forma de línea en la que se unen los puntos correspondientes a los valores tratados. 
	Se muestra una barra por cada columna. Los valores negativos se muestran en la parte inferior del gráfico. En el ejemplo se destaca el valor más alto. 
	Se muestran tantos bloques como valores tratados. Cada bloque tiene el mismo tamaño. Los valores negativos se muestran en la parte inferior del gráfico. En el ejemplo se destacan el valor más alto y el más bajo. 

2.2 EDITAR DATOS

2.2.1 Editar ubicación y datos del grupo...

Esta opción permite seleccionar el rango de datos que contiene los valores que se desean representar. Asimismo, permite indicar dónde ubicar el grupo de minigráficos que representarán a los mismos. El cuadro de diálogo correspondiente a esta opción es el siguiente:

2.2.2 Editar los datos de un minigráfico…

Esta opción permite indicar el rango asociado a un minigráfico en concreto.

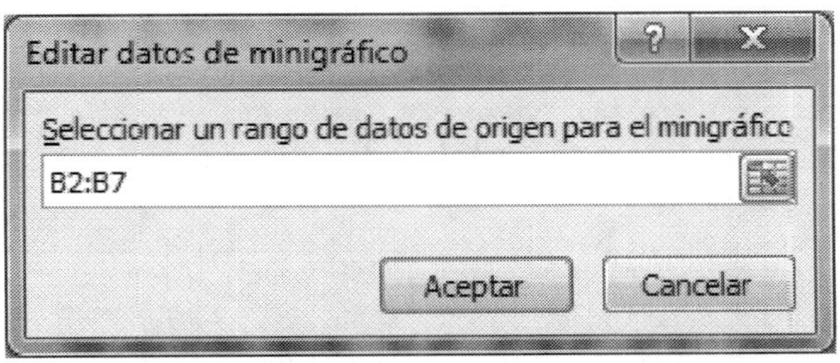

2.2.3 Celdas ocultas y vacías…

Esta opción permite especificar cómo se representarán las celdas ocultas o que estén vacías.

Al acceder a esta opción, aparece el siguiente cuadro de diálogo:

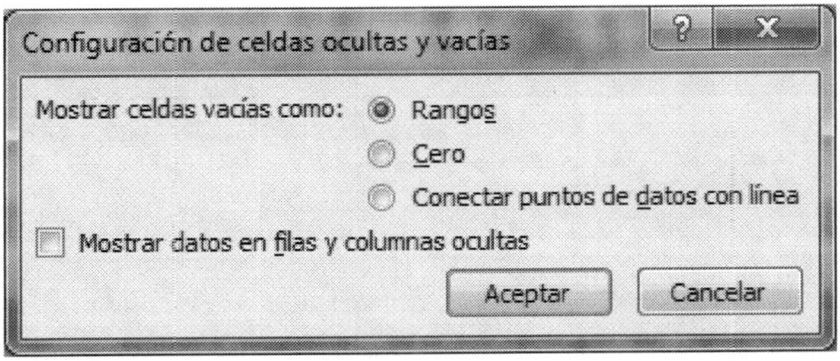

Para apreciar la diferencia entre las diferentes opciones, supongamos el siguiente rango:

A	B
Vendedor	Ene
Eduardo	1.210,80
Rafa	
Xavi	2.445,00
Jordi	2.500,97
Juanito	
David	4.178,27

<table>
<tr><th>Opción</th><th>Comentario</th></tr>
<tr><td>Rangos</td><td>Muestra sólo los tramos con información.
</td></tr>
<tr><td>Cero</td><td>Utiliza las celdas vacías como valores 0 y representa sus puntos en el gráfico.
</td></tr>
<tr><td>Conectar puntos de datos con línea</td><td>Representa la línea uniendo los puntos y sin tener en cuenta las celdas vacías.
</td></tr>
<tr><td>Mostrar datos en filas y columnas ocultas</td><td>Indica si se han de tener en cuenta los datos correspondientes a filas y columnas que se hallen ocultas o no. Si en el ejemplo anterior ocultamos las filas 4 y 5, obtenemos el siguiente resultado:
<table><tr><th>Mostrar</th><th>No mostrar</th></tr><tr><td></td><td></td></tr></table></td></tr>
</table>

2.2.4 Cambiar fila/columna

Esta opción permite indicar si los datos que se muestran corresponden a los valores que se hallan en la fila o a los de la columna. Esta opción sólo se puede utilizar cuando el rango de datos posee el mismo número de filas que de columnas.

Siguiendo con el ejemplo anterior, podemos observar que los minigráficos situados en cada columna representan los datos de cada una de las filas de la misma. Si utilizamos esta opción, veremos que dichos minigráficos adoptan una forma similar a la existente para cada fila.

Normal	Cambiando filas por columnas
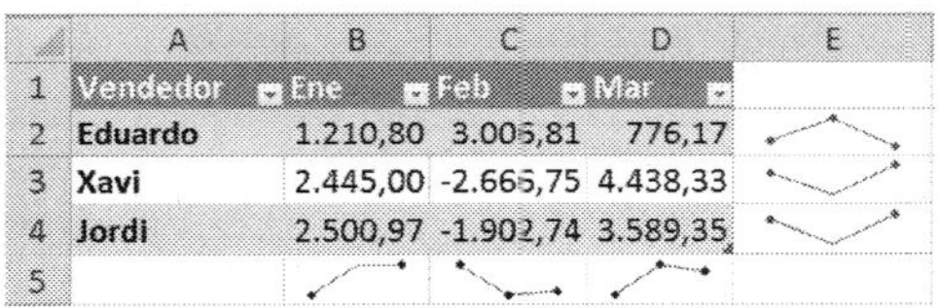	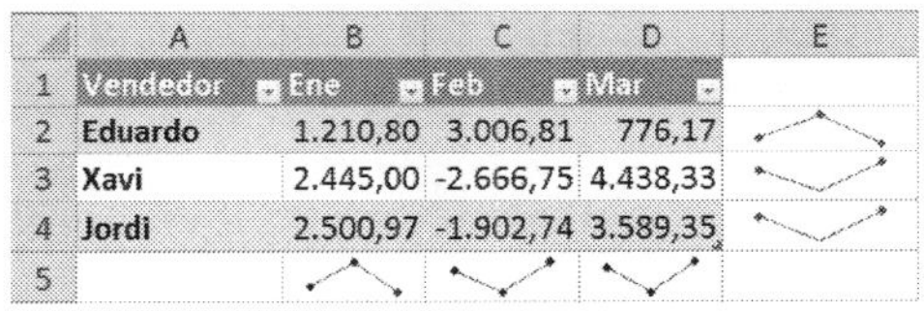

2.3 MOSTRAR

Permite destacar algunos de los valores tratados. En función del tipo de minigráfico, la representación puede hacerse mediante un punto o, simplemente, mediante un color. A continuación, vemos un ejemplo de cada uno de los valores que se pueden destacar y de su representación según el tipo de gráfico.

Elemento	Línea	Columna	Ganancia o pérdida
Punto alto		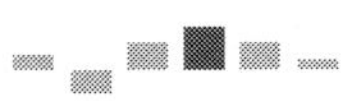	
Punto bajo		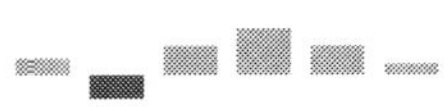	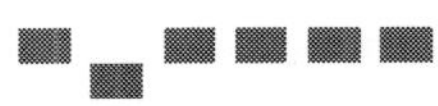
Puntos negativos			
Primer punto			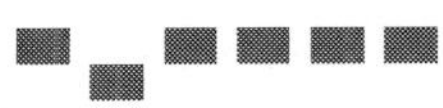

Último punto		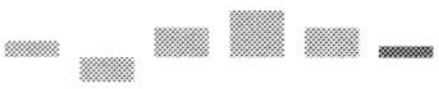	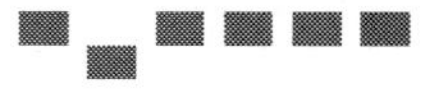
Marcadores		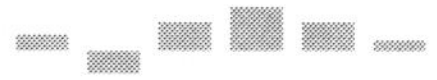	

2.4 ESTILO

2.4.1 Estilo del minigráfico

El estilo del minigráfico permite aplicar un conjunto de colores a cada uno de los valores, y variará en función de los puntos que tengamos seleccionados en el momento de aplicarlo y, lógicamente, del tipo de minigráfico seleccionado.

Para aplicar un estilo, basta con hacer clic sobre el estilo que más nos interese. En el siguiente ejemplo, se muestran un grupo de estilos para minigráficos de tipo columna:

Observaremos que, mediante las flechas 'arriba' ( ) y 'abajo' ( ) podemos ir visualizando grupos de estilos. Con el botón 'más' ( ) podemos visualizar todos los estilos de golpe:

Línea	Columna	Ganancia o pérdida
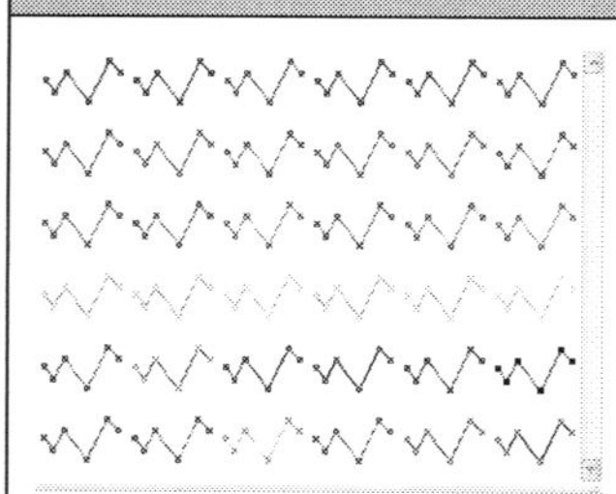	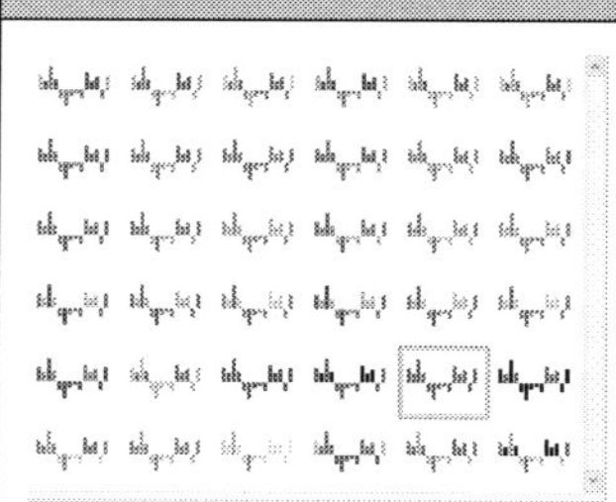	

2.4.2 Color del minigráfico

Mediante esta opción, podemos seleccionar el color y el grosor (en caso de tipo **Línea**) del minigráfico. Al acceder a la misma, se muestra el cuadro de diálogo estándar utilizado en general para la selección de un color o la definición de colores personalizados:

2.4.3 Color del marcador

Esta opción permite seleccionar un color para cada uno de los puntos que se pueden representar en el minigráfico.

Al invocar esta opción, aparece una lista de opciones mediante la cual podemos seleccionar el tipo de punto que queremos definir y, una vez seleccionado el punto, se mostrará el cuadro de diálogo para la selección del color:

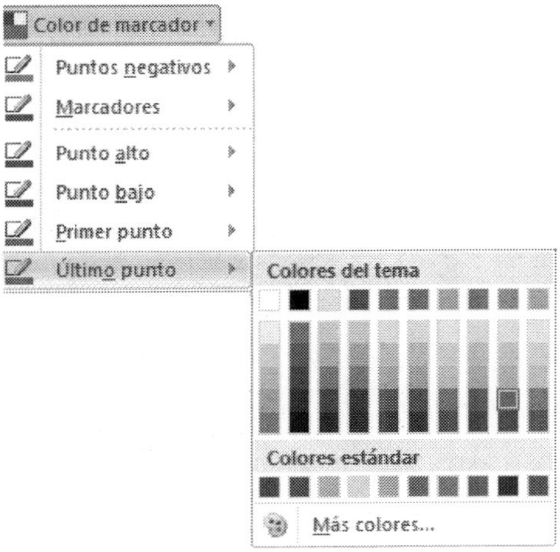

2.5 AGRUPAR

En este grupo de controles, se hallan diversas funcionalidades, las cuales permiten cambiar la escala de los ejes de los minigráficos tratados y también agruparlos, desagruparlos y borrarlos.

2.5.1 Eje

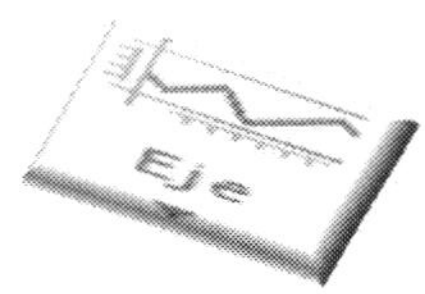

2.5.1.1 OPCIONES DEL EJE HORIZONTAL

Esta opción permite indicar si se desea mostrar el eje o no y si se desea que los datos se muestren de izquierda a derecha (opción por defecto) o de derecha a izquierda. Si los datos que hay que tratar poseen valores de fecha, es posible representar los valores a una distancia proporcional a la distancia entre fechas para evidenciar dichos saltos entre las mismas. A continuación, comentamos un poco más detalladamente estas opciones.

Para la explicación, utilizaremos el siguiente conjunto de valores:

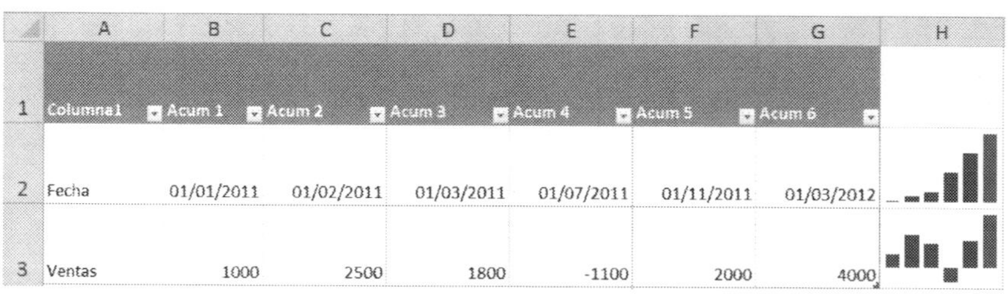

	A	B	C	D	E	F	G	H
1	Columna1	Acum 1	Acum 2	Acum 3	Acum 4	Acum 5	Acum 6	
2	Fecha	01/01/2011	01/02/2011	01/03/2011	01/07/2011	01/11/2011	01/03/2012	
3	Ventas	1000	2500	1800	-1100	2000	4000	

<table>
<tr><th>Opción</th><th>Comentario</th><th>Ejemplo</th></tr>
<tr><td>Tipo de eje general</td><td>Representa los valores separándolos entre sí a una misma distancia.</td><td>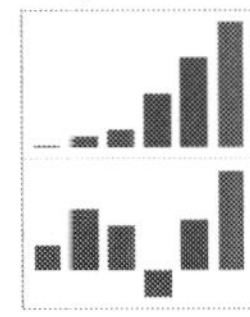</td></tr>
<tr><td>Tipo de eje de fecha...</td><td>Muestra los valores teniendo en cuenta la distancia entre fechas.</td><td>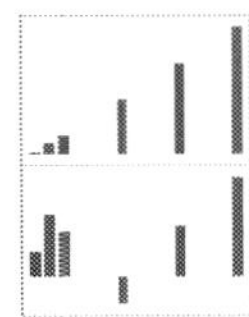</td></tr>
<tr><td>Mostrar eje</td><td>Permite visualizar o no el eje.</td><td>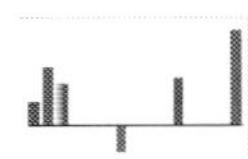</td></tr>
<tr><td>Trazar datos de derecha a izquierda</td><td>Permite cambiar el orden de representación de los datos.</td><td><table><tr><th>Normal</th><th>De derecha a izquierda</th></tr><tr><td>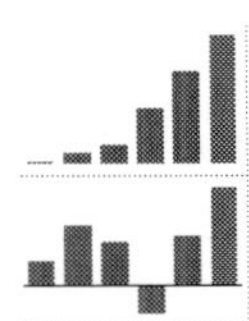</td><td>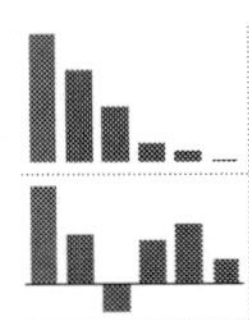</td></tr></table></td></tr>
</table>

2.5.1.2 OPCIONES DEL VALOR MÍNIMO DEL EJE VERTICAL

Permite que cada minigráfico tenga su propio valor mínimo, o bien permite establecer un valor mínimo común a un grupo de gráficos para que éstos puedan compararse de una forma más coherente.

Para la explicación utilizaremos el siguiente ejemplo:

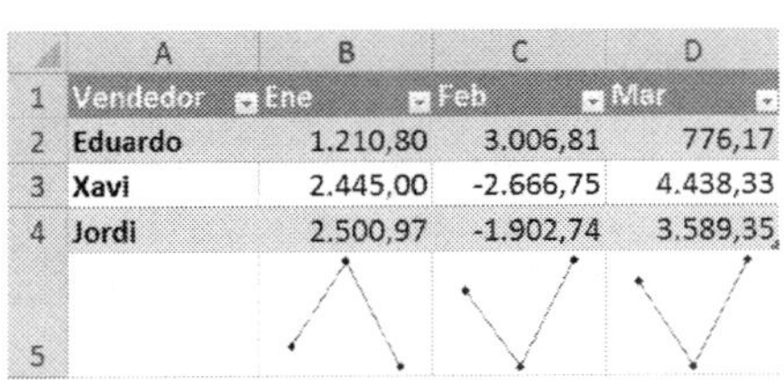

	A	B	C	D
1	Vendedor	Ene	Feb	Mar
2	Eduardo	1.210,80	3.006,81	776,17
3	Xavi	2.445,00	-2.666,75	4.438,33
4	Jordi	2.500,97	-1.902,74	3.589,35
5				

Opción	Comentario
Automático para cada minigráfico	Cada mínimo es independiente en cada minigráfico del grupo de minigráficos tratado. 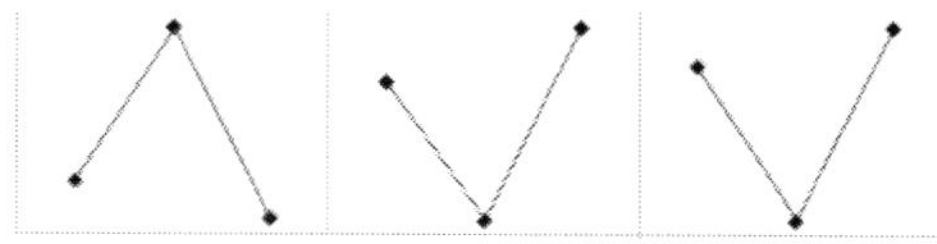
Igual para todos los minigráficos	Utiliza el mismo mínimo para todos los minigráficos del grupo. 
Valor personalizado...	Permite especificar un valor mínimo para que la representación de cada minigráfico se ajuste al mismo. Al acceder a esta opción aparece el siguiente cuadro de diálogo: 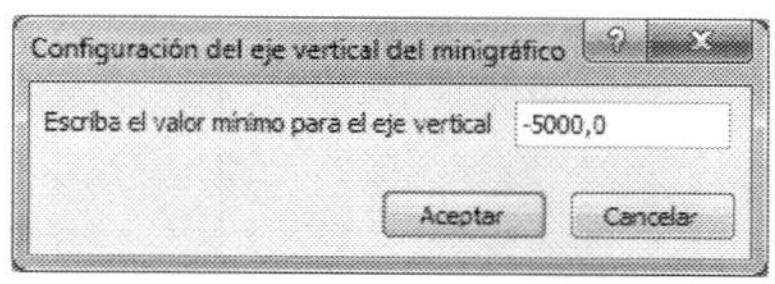 

2.5.1.3 OPCIONES DEL VALOR MÁXIMO DEL EJE VERTICAL

Opción	Comentario
Automático para cada minigráfico	Cada máximo es independiente en cada minigráfico del grupo de minigráficos tratado. 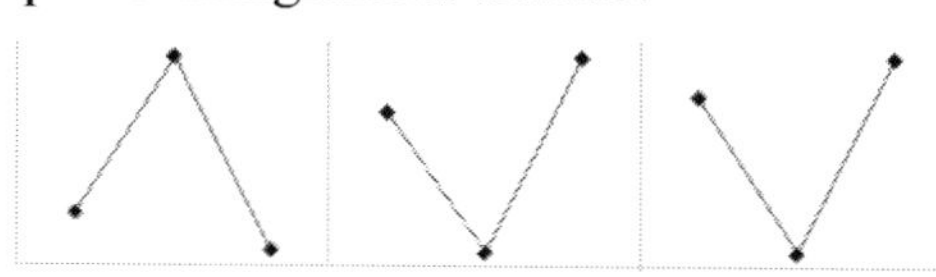

Igual para todos los minigráficos	Utiliza el mismo máximo para todos los minigráficos del grupo. 
Valor personalizado...	Permite especificar un valor máximo para que la representación de cada minigráfico se ajuste al mismo. Al acceder a esta opción, aparece el siguiente cuadro de diálogo: 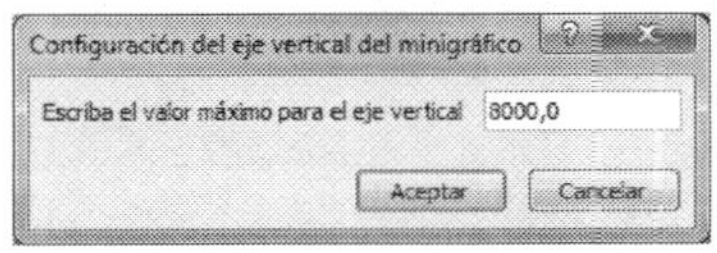 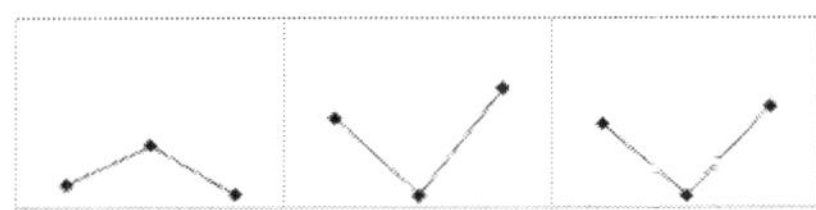

2.5.2 Agrupar/Desagrupar

Permite agrupar minigráficos para poder realizar acciones conjuntamente para todos ellos. Por ejemplo, si agrupamos minigráficos y cambiamos el tipo, todos cambian automáticamente a dicho tipo. De la misma manera, podemos incluir o eliminar puntos a mostrar simultáneamente en todos ellos, cambiar el color del minigráfico o el color de los marcadores.

2.5.3 Borrar

Esta opción permite borrar el minigráfico seleccionado, o bien el grupo de minigráficos seleccionado.

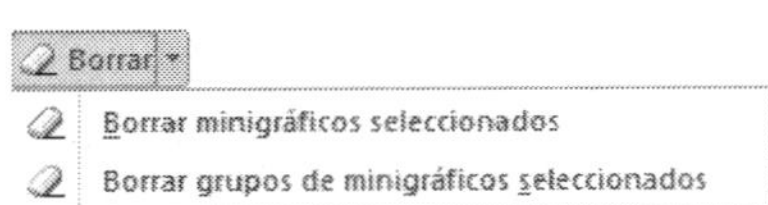

Capítulo 3

VARIOS

3.1 COMENTARIOS

Los comentarios son notas asociadas a una celda que permiten aportar claridad sobre el contenido de la misma. Podemos insertar un comentario utilizando la opción **Nuevo comentario**, que se halla dentro del grupo de controles **Comentarios** situado en la pestaña **Revisar**, o también mediante el menú flotante que aparece al hacer clic con el botón derecho del ratón sobre la celda deseada 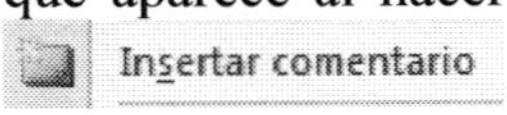

.

Al insertar un comentario, se abre una caja de texto en la que se puede escribir el texto que constituye la nota. Dicha caja de texto aparece con el nombre del usuario que se halla conectado al sistema y muestra una serie de puntos mediante los cuales podemos variar la dimensión de la misma.

Las celdas que poseen un comentario, poseen un pequeño triángulo en su esquina superior derecha para que sean fácilmente reconocibles.

Por defecto, el comentario de una celda aparece cuando colocamos el puntero del ratón sobre la misma. Sin embargo, es posible visualizar todos los comentarios mediante la opción de menú:

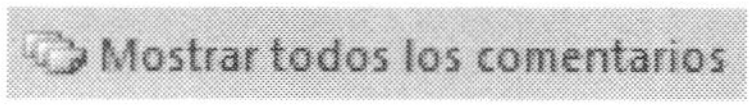

Para facilitar la consulta o edición de los comentarios, utilizaremos el grupo de controles **Comentarios**, el cual tiene destinados una serie de iconos relacionados con el tema, según puede observarse en la siguiente imagen:

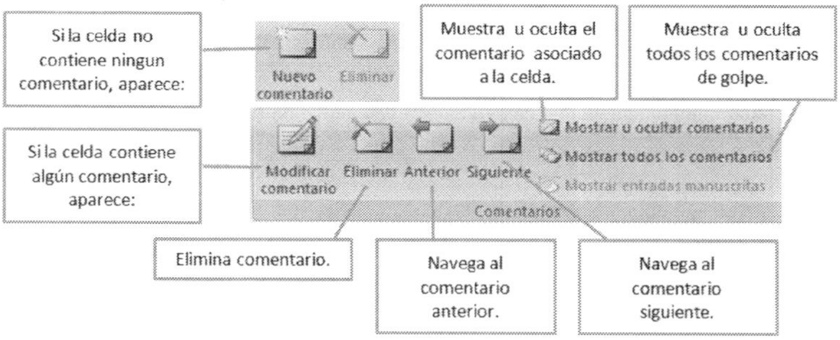

Para modificar el formato de un comentario (fuente, alineación, colores, márgenes, etc.), basta con seleccionar el texto que se desea modificar y aplicar directamente el formato mediante las opciones que se hallan accesibles en el grupo de controles de la pestaña Inicio, o bien invocando el cuadro de diálogo Formato de comentario haciendo clic con el botón derecho del ratón y seleccionando:

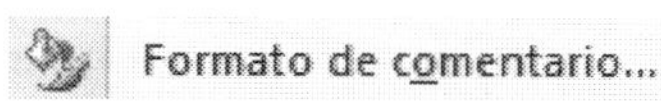

El cuadro de diálogo asociado al formato del comentario es el siguiente:

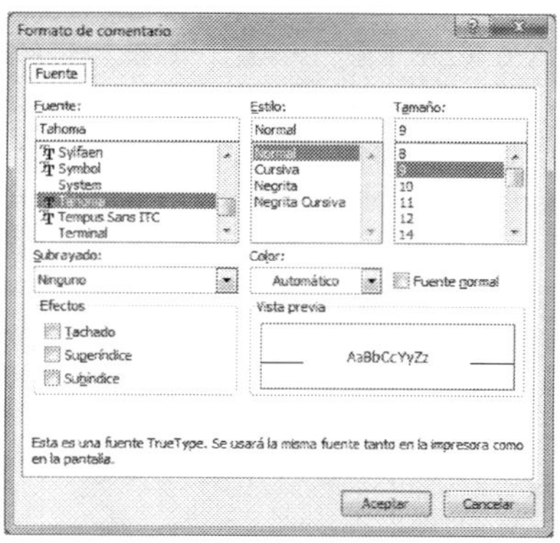

A la hora de imprimir la hoja, podemos decidir cómo imprimir los comentarios mediante el cuadro de diálogo que aparece al hacer clic sobre el icono ( ), situado en el grupo de controles **Configurar página** de la pestaña **Diseño de página**.

Las opciones de impresión con respecto a los comentarios son:

- No imprimir ningún comentario.
- Al final de la hoja.
- Como en la hoja.

3.2 FORMATO CONDICIONAL

El formato condicional nos permite aplicar un formato a un rango en función de una serie de reglas.

Para definir el formato condicional, hemos de acceder a la opción **Formato condicional**, que se halla en el grupo de controles **Estilos** situado en la pestaña **Inicio**:

Las opciones más inmediatas pueden observarse en la siguiente imagen:

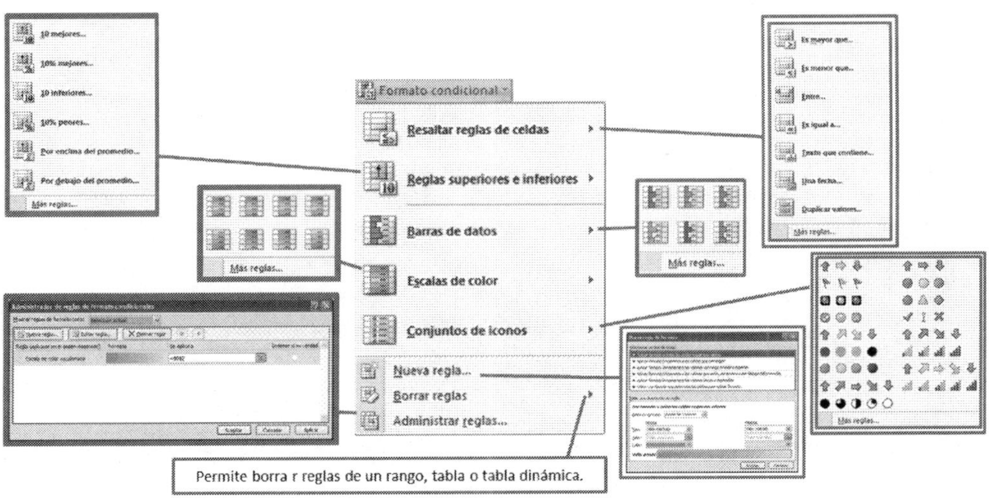

3.2.1 Resaltar reglas de celdas

Permite resaltar de forma sencilla las celdas que cumplen una determinada condición. A continuación se muestran las comparaciones más utilizadas.

Ubicación del objeto	Comentario
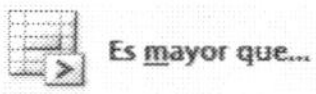	Permite aplicar un formato a aquellas celdas que contengan un valor mayor que el valor indicado. 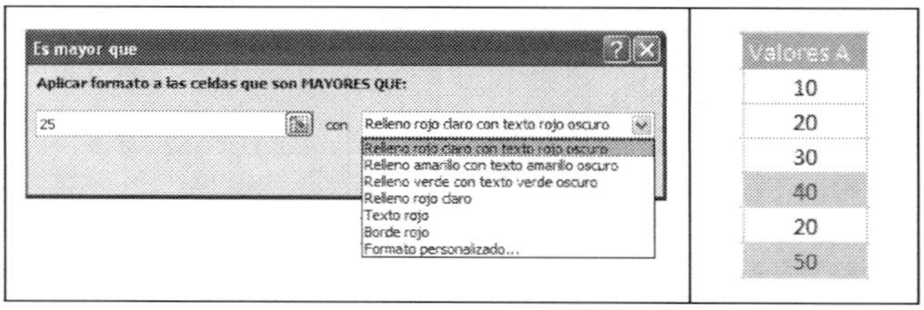 Si el formato que se desea aplicar no se encuentra en la lista de opciones, se puede seleccionar Formato personalizado y acceder a un cuadro de diálogo (explicado a continuación de esta tabla) para establecer mejor dicho formato.
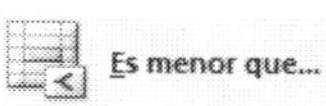	Permite aplicar un formato a aquellas celdas que contengan un valor menor que el valor indicado. 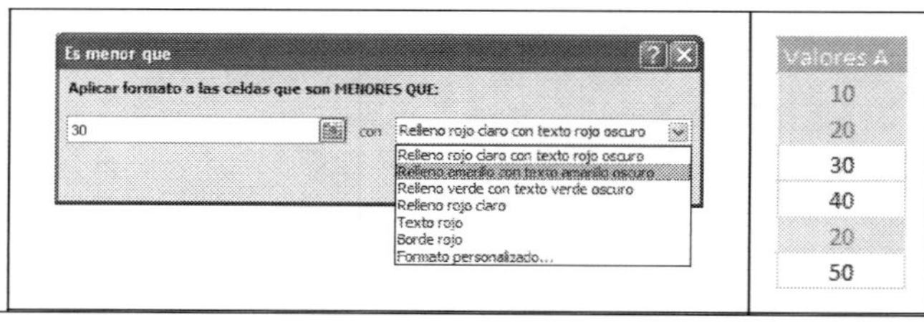
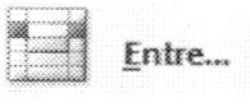	Permite aplicar un formato a aquellas celdas que contengan un valor comprendido entre 2 valores. 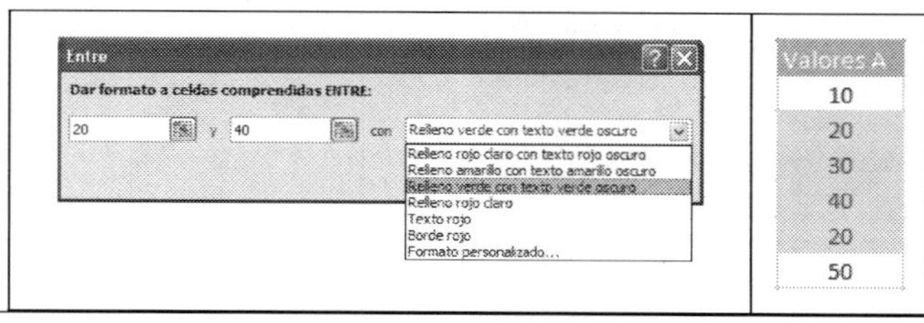

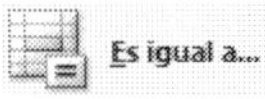

Permite aplicar un formato a aquellas celdas que contengan un valor igual que el valor indicado.

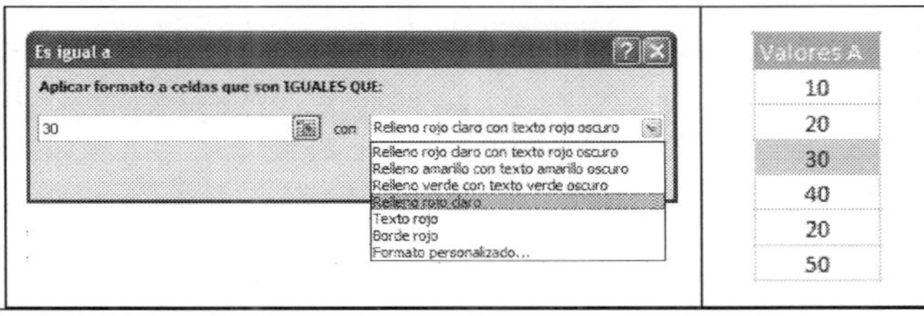

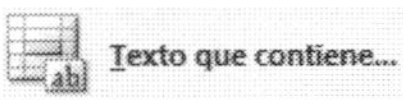

Permite aplicar un formato a aquellas celdas que contengan el texto indicado.

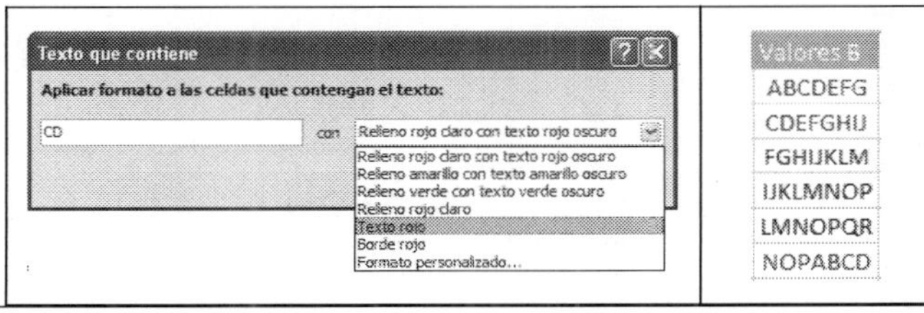

Permite aplicar un formato a aquellas celdas que contengan una fecha que coincida con el valor seleccionado de la lista desplegable (Ayer, Hoy, Mañana, etc.).

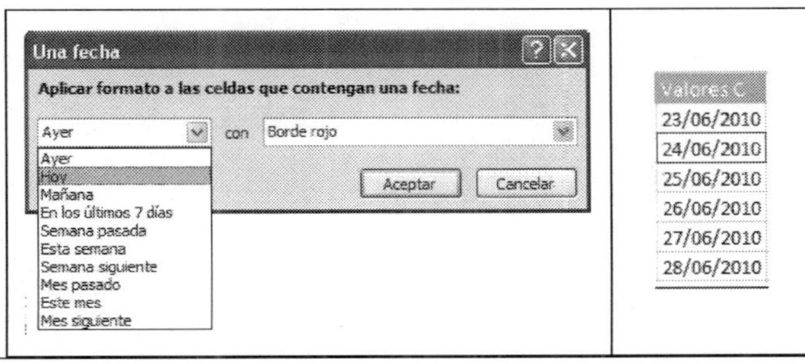

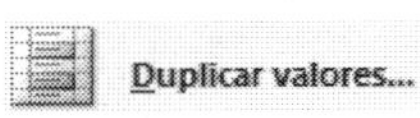

Permite aplicar un formato a aquellos valores que estén duplicados o sean únicos (dependiendo de lo que indiquemos).

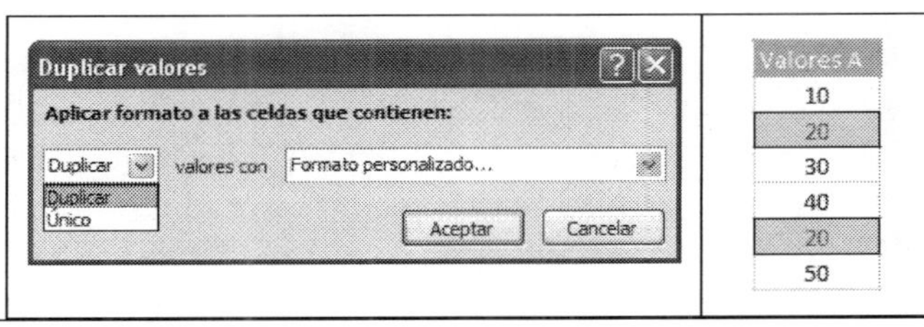

<table>
<tr>
<td>
</td>
<td>Permite aplicar un formato a aquellos valores que estén duplicados o sean únicos (dependiendo de lo que indiquemos).
<table>
<tr>
<td>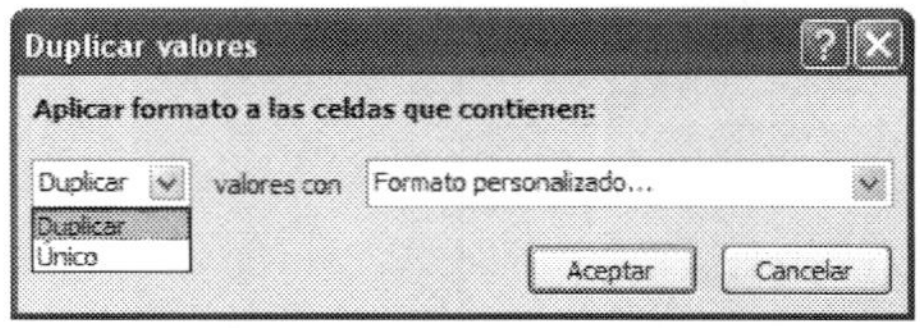
</td>
<td>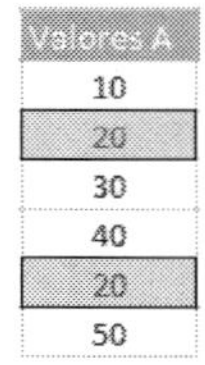
</td>
</tr>
</table>
</td>
</tr>
<tr>
<td>Más reglas…</td>
<td>Invoca el cuadro de diálogo Más reglas mediante el cual se pueden definir más criterios de comparación. Este cuadro es accesible desde todos los submenús explicados a continuación relacionados con Formato condicional.</td>
</tr>
</table>

3.2.1.1 FORMATO PERSONALIZADO

El cuadro de diálogo de formato personalizado posee 4 pestañas, mediante las cuales se puede definir un formato concreto tanto para el texto como para el fondo y los bordes de las celdas sobre las que se aplica el formato condicional.

Número	Fuente
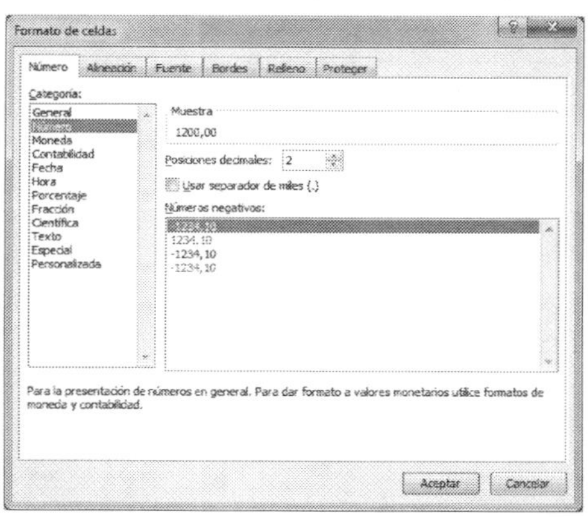	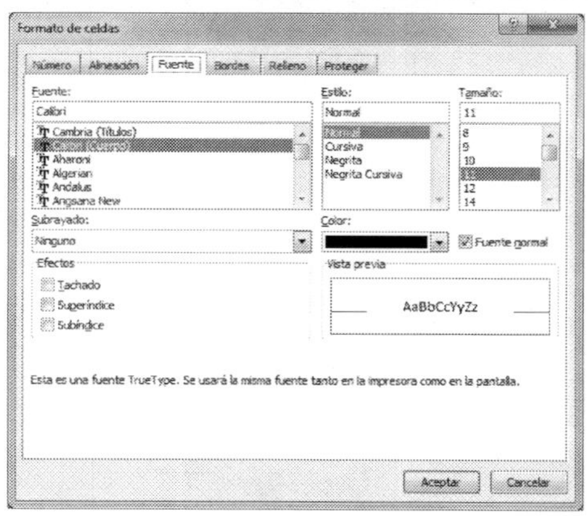

<table>
<tr><th>Bordes</th><th>Relleno</th></tr>
<tr><td>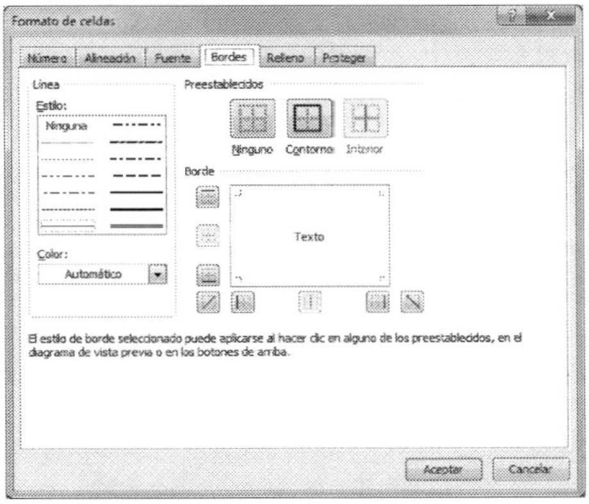</td><td>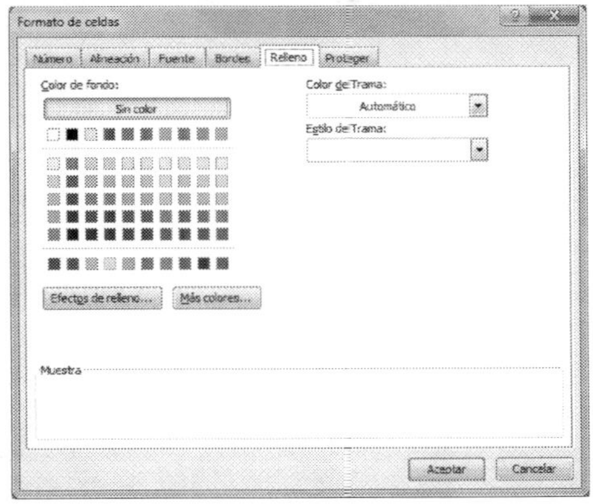</td></tr>
</table>

3.2.2 Reglas superiores e inferiores

Permite resaltar un determinado número de celdas que cumplen una condición de superioridad o inferioridad con respecto al rango seleccionado.

<table>
<tr><th>Tipos de reglas/formato</th><th>Comentario</th></tr>
<tr><td>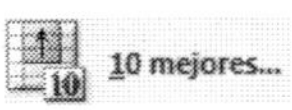
</td><td>Permite destacar un número de valores superiores. En el ejemplo, seleccionamos los 3 valores más altos.
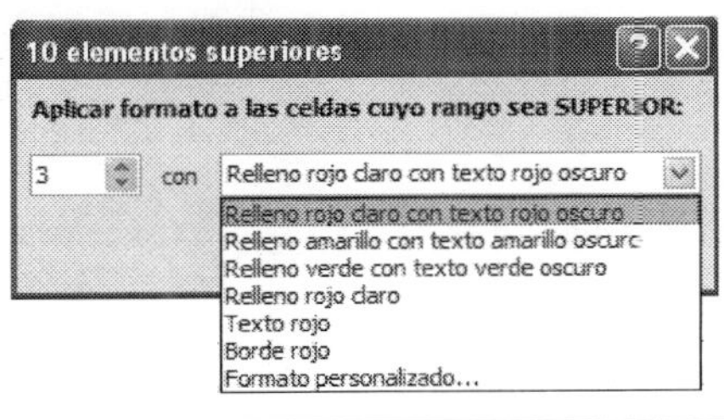

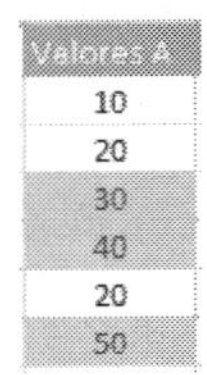
</td></tr>
</table>

<table>
<tr>
<td>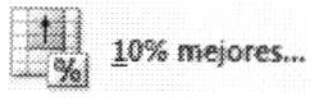
</td>
<td>Permite destacar un % de número de valores superiores. En el ejemplo, muestra el 40% de los números más altos.

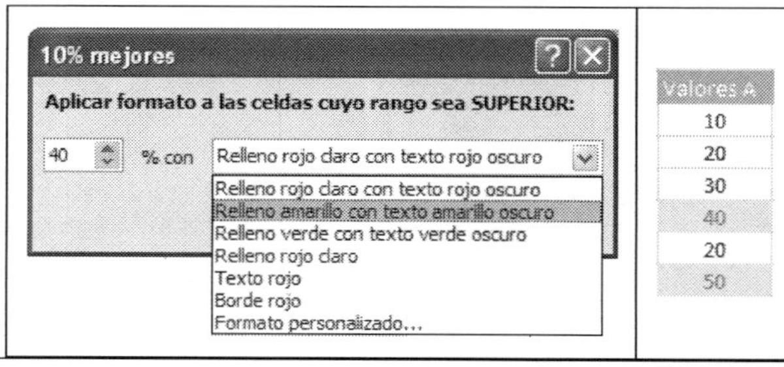
</td>
</tr>
<tr>
<td>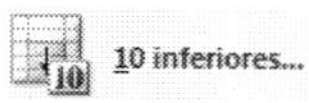
</td>
<td>Permite destacar un número de valores inferiores. En el ejemplo, seleccionamos los 3 valores más bajos.

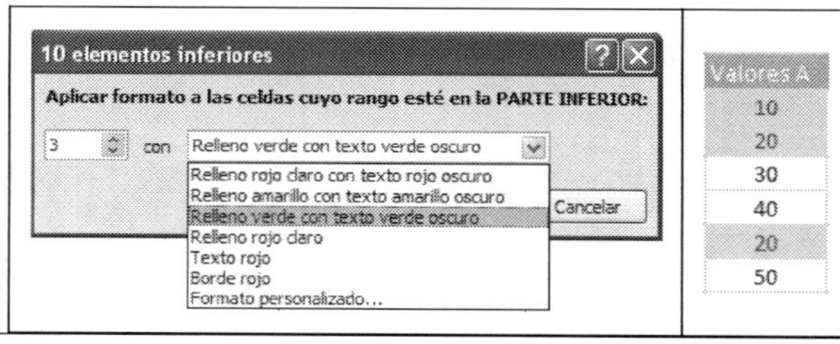
</td>
</tr>
<tr>
<td>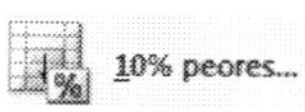
</td>
<td>Permite destacar un % de número de valores inferiores. En el ejemplo, muestra el 40% de los números más bajos.

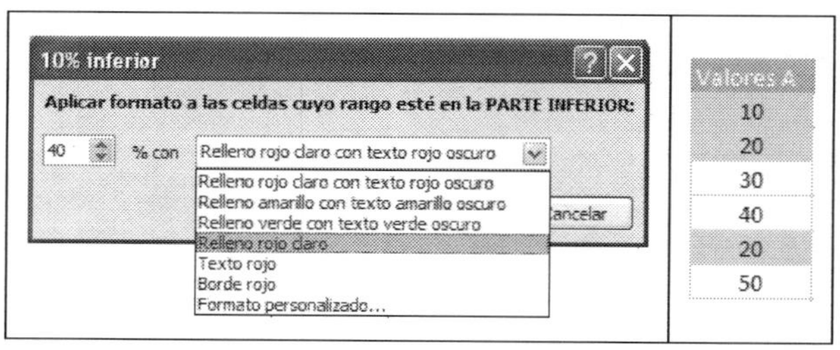
</td>
</tr>
</table>

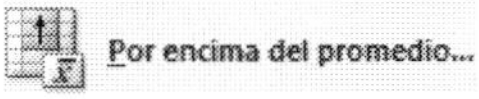	Permite resaltar valores que están por encima del promedio. 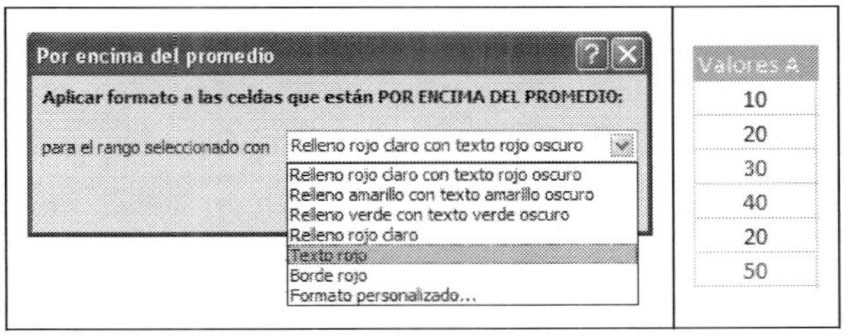
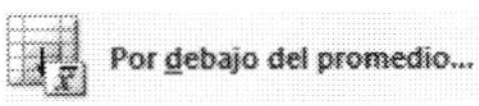	Permite resaltar valores que están por debajo del promedio. 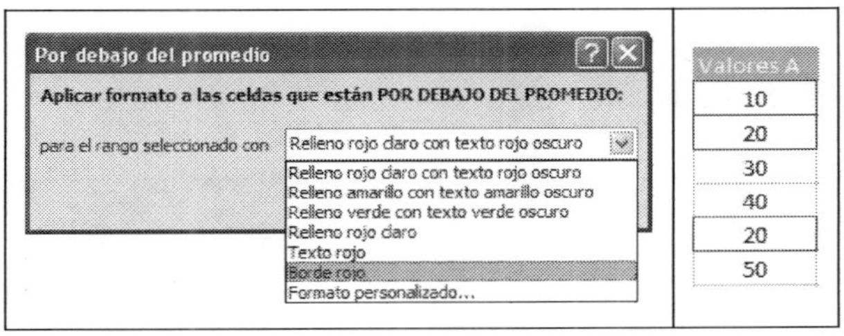
Más reglas...	Invoca el cuadro de diálogo Más reglas, mediante el cual se pueden definir más criterios de comparación. Este cuadro es accesible desde todos los submenús explicados a continuación relacionados con **Formato condicional**.

3.2.3 Barras de datos

Esta opción permite insertar un formato condicional en forma de barras. Es posible elegir entre mostrar los valores, sólo la barra o ambas cosas.

Tipos de reglas/formato	Comentario
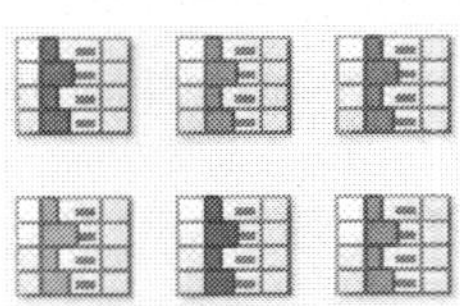	Ejemplo de uno de los formatos predeterminados.

	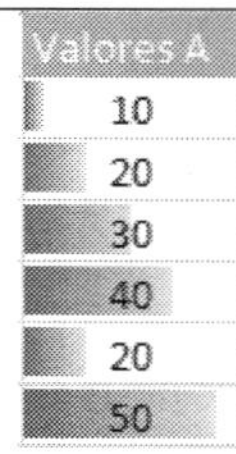
Más reglas…	Invoca el cuadro de diálogo Más reglas, mediante el cual se pueden definir más criterios de comparación.

3.2.4 Escalas de color

Esta opción permite aplicar un formato en forma de color. Excel analiza los valores y aplica un color en función de los mismos.

Tipos de reglas/formato	Comentario
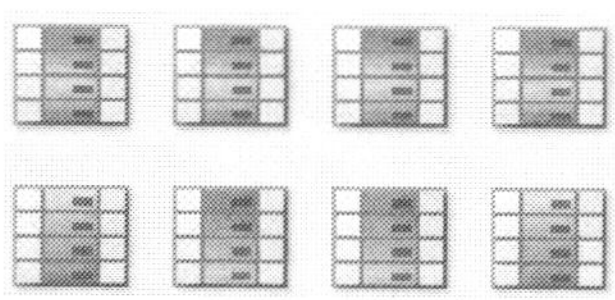	Ejemplo que utiliza los colores verde, amarillo y rojo. 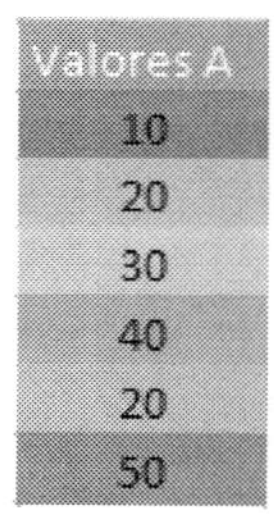
Más reglas…	Invoca el cuadro de diálogo Más reglas, mediante el cual se pueden definir más criterios de comparación.

3.2.5 Conjuntos de iconos

Esta función aplica un icono u otro en función del grupo de iconos seleccionado evidenciando cuál es el mejor y el peor valor del rango tratado.

Tipos de reglas/formato	Comentario
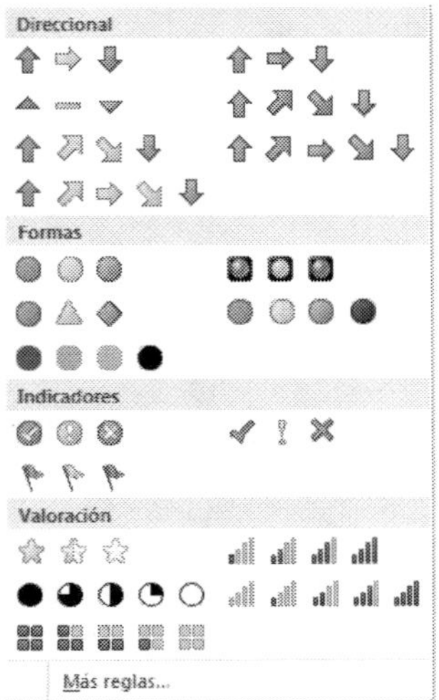	Ejemplo de estilo de icono de 3 símbolos (sin círculo). 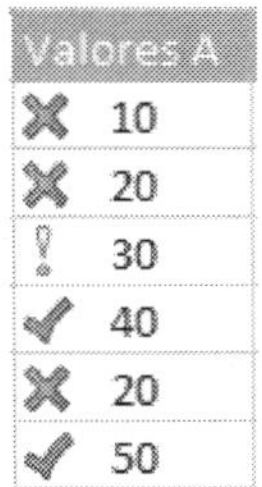
Más reglas…	Invoca el cuadro de diálogo Más reglas, mediante el cual se pueden definir más criterios de comparación.

3.2.6 Nueva regla…

Excel nos permite crear una nueva regla seleccionando un tipo y definiendo el criterio que hay que considerar para la aplicación de un formato. La siguiente imagen nos da una idea de las características que hay que definir en función del tipo de regla seleccionado.

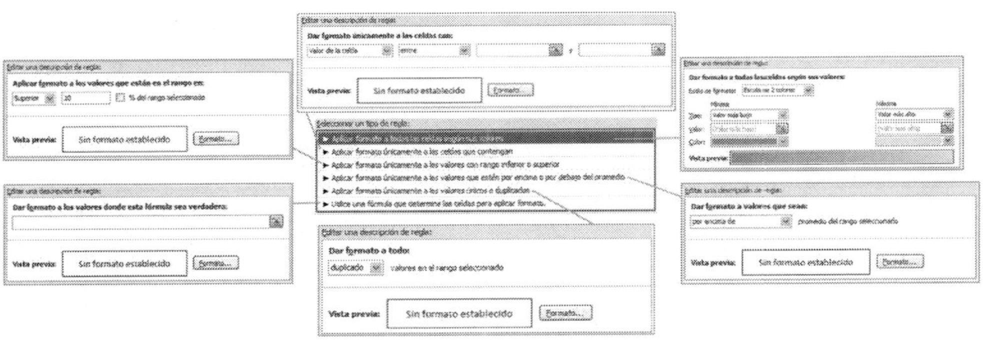

Dependiendo del tipo de regla, las opciones para crear una nueva regla pueden variar, pero, en general, todas persiguen la definición de un criterio y la aplicación de un formato que permita diferenciar sus diferentes valores. Veamos a continuación el detalle de los parámetros que se utilizan para la creación de una regla del tipo **Aplicar formato a las celdas según sus valores.**

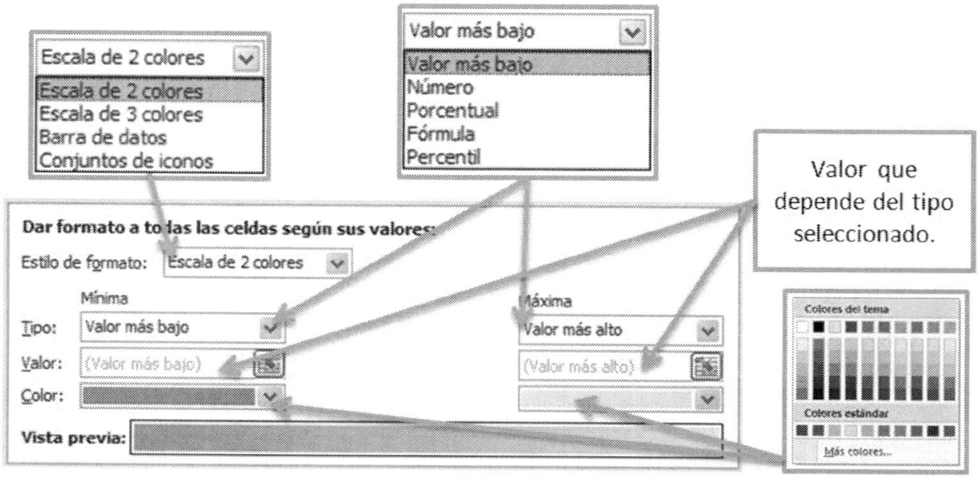

3.2.6.1 APLICAR FORMATO A LAS CELDAS SEGÚN SUS VALORES

Permite utilizar diversos estilos de formato preestablecidos y aplicarlos según el valor tratado.

<table>
<tr><th>Estilo del formato</th><th>Comentario</th></tr>
<tr><td>Escala de 2 colores</td><td>Aplica un formato mezclando 2 colores en más o menos proporción según el valor que representan.
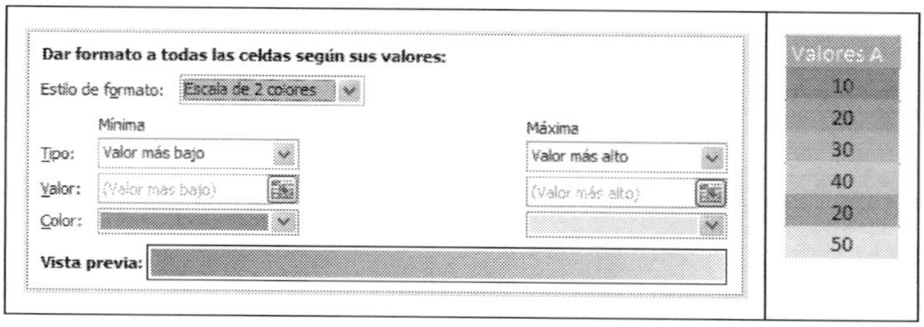
</td></tr>
</table>

Escala de 3 colores	Aplica un formato mezclando 3 colores en más o menos proporción según el valor que representan. 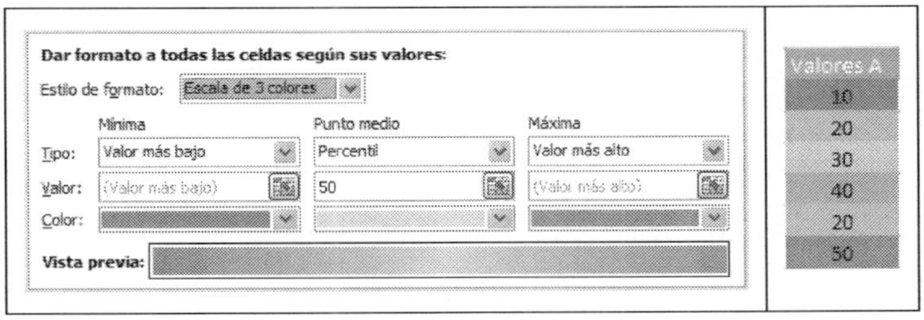
Barra de datos	Genera un formato de tipo barra teniendo en cuenta la distancia entre el valor más alto y el más bajo. Es posible mostrar sólo la barra, o bien la barra y el valor. 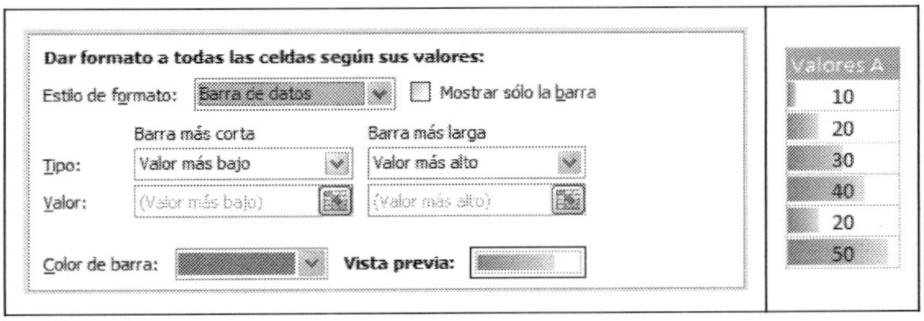
Conjuntos de iconos	Permite aplicar un formato basándose en iconos (semáforos, banderas, flechas, etc.). 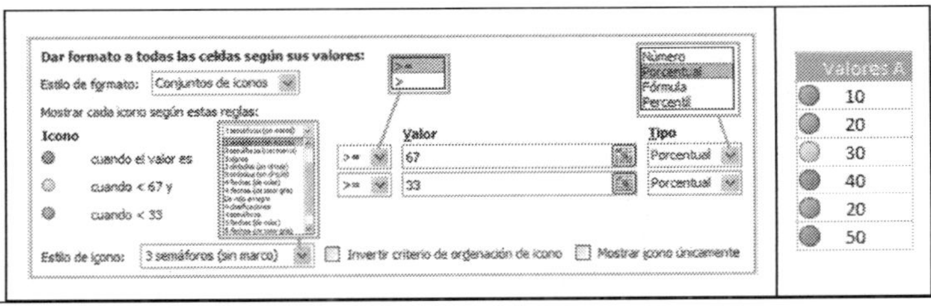

3.2.6.2 APLICAR FORMATO ÚNICAMENTE A LAS CELDAS QUE CONTENGAN

Esta opción permite aplicar un formato en función de su contenido.

<table>
<tr><th>Estilo del formato</th><th>Comentario</th></tr>
<tr><td>Valor de la celda</td><td>El formato se aplica según el valor de la celda.
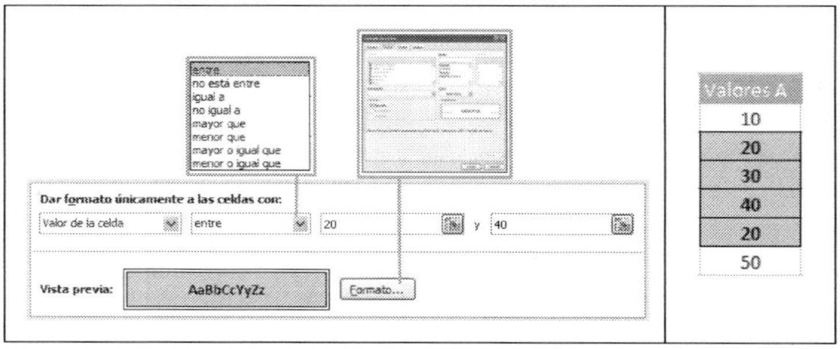
</td></tr>
<tr><td>Texto específico</td><td>El formato se aplica según el texto que contenga la celda.
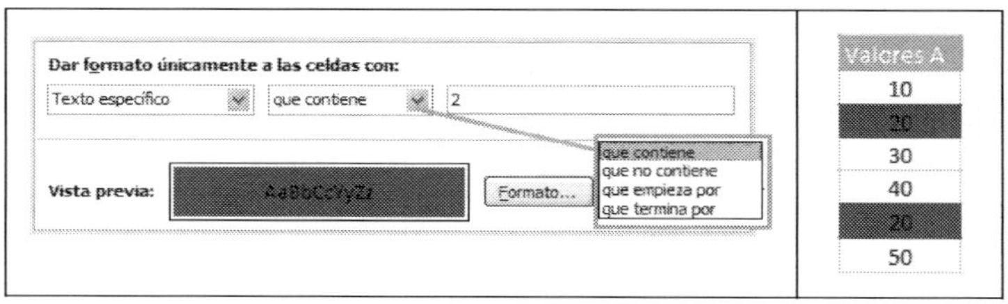
</td></tr>
<tr><td>Fechas</td><td>Aplica un formato comparándolo con un grupo de valores de tipo fecha en concreto.
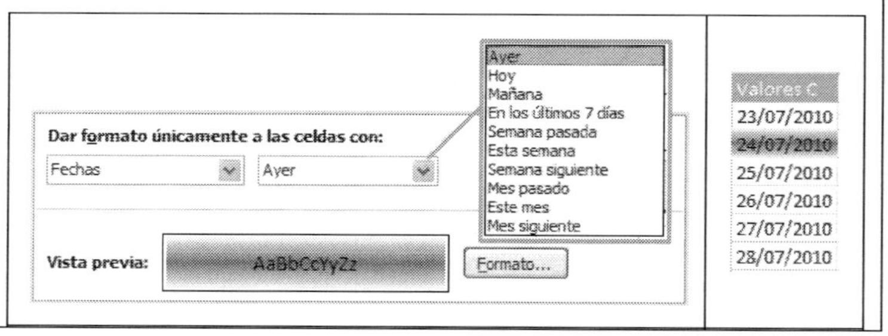
</td></tr>
</table>

Celdas en blanco	Aplica un formato a las celdas vacías. 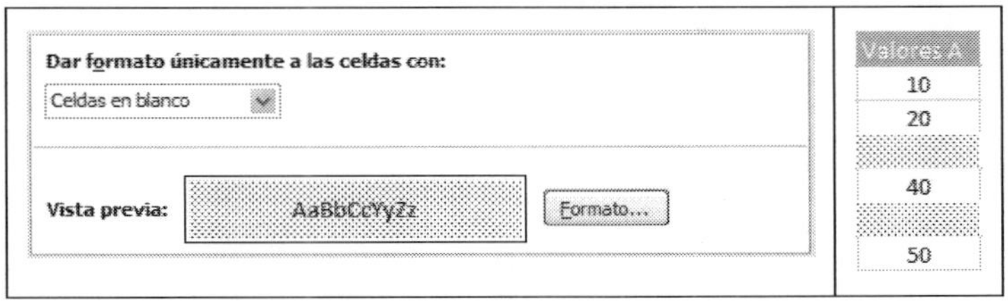
Sin espacios en blanco	Aplica un formato a las celdas que no están vacías. 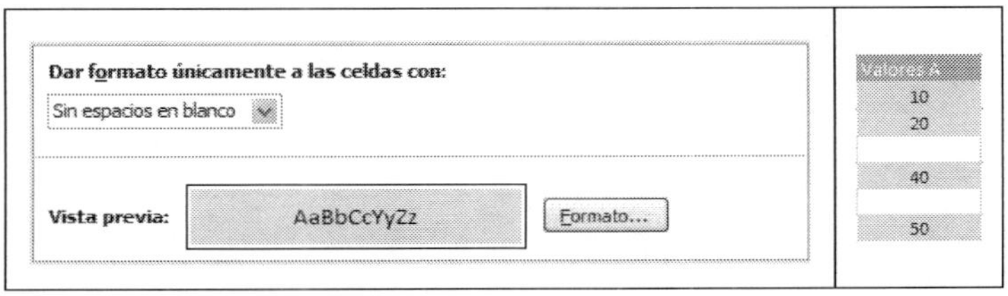
Errores	Aplica un formato a aquellas celdas que contienen un error. 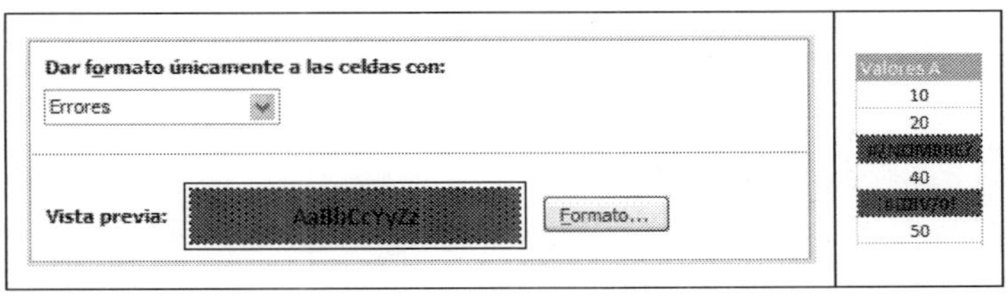
Sin errores	Aplica un formato a aquellas celdas que NO contienen un error. 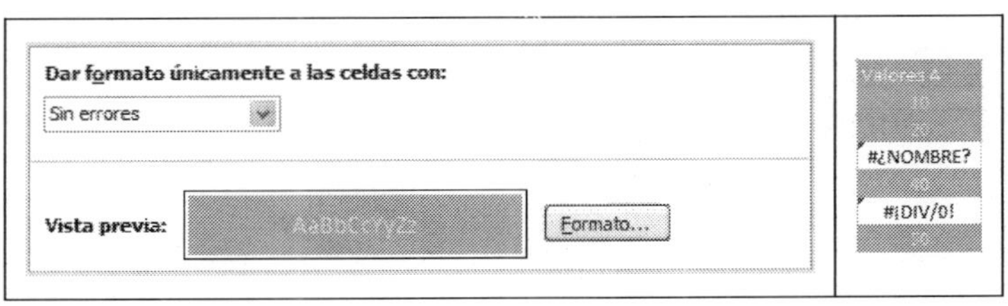

3.2.6.3 APLICAR FORMATO ÚNICAMENTE A LOS VALORES CON RANGO SUPERIOR O INFERIOR

Permite aplicar un formato al número de elementos indicados que posean el valor más alto o más bajo según se seleccione Superior o Abajo.

<table>
<tr><th>Estilo del formato</th><th>Comentario</th></tr>
<tr><td>Superior/Abajo</td><td>En el ejemplo, se seleccionan los 3 elementos con el valor más alto.

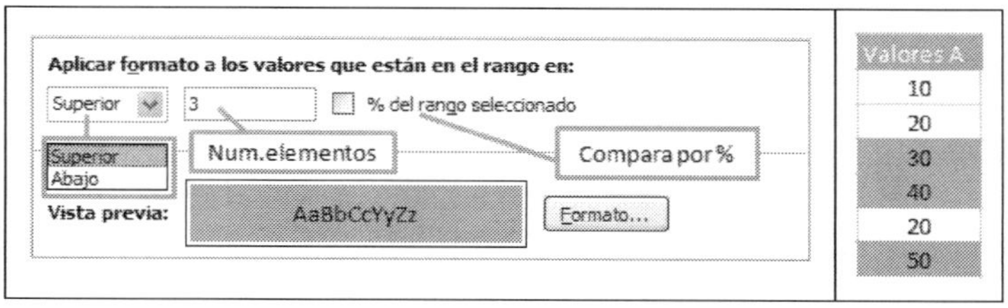

</td></tr>
</table>

3.2.6.4 APLICAR FORMATO ÚNICAMENTE A LOS VALORES QUE ESTÉN POR ENCIMA O POR DEBAJO DEL PROMEDIO

Aplica un formato en función del resultado de comparar cada valor tratado con el promedio de valores calculado según el rango seleccionado.

<table>
<tr><th>Estilo del formato</th><th>Comentario</th></tr>
<tr><td>Relativos al promedio</td><td>Ejemplo que aplica formato a los valores que se hallan por encima del promedio.

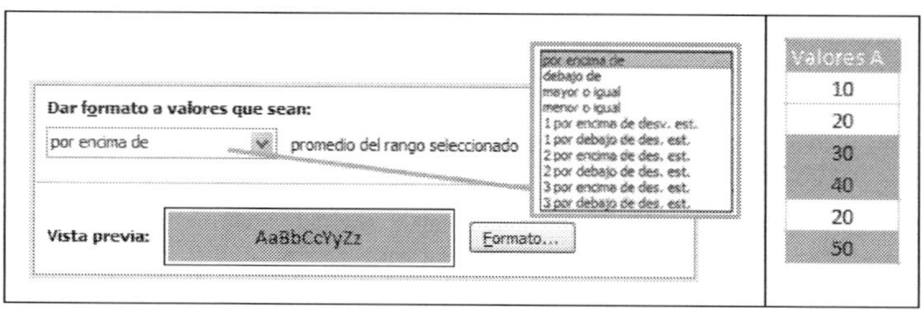

</td></tr>
</table>

3.2.6.5 APLICAR FORMATO ÚNICAMENTE A LOS VALORES ÚNICOS O DUPLICADOS

Permite aplicar un formato a aquellos valores que se hallen duplicados o bien que sean únicos.

Estilo del formato	Comentario
Duplicado/ único	Ejemplo que aplica formato a los valores duplicados existentes en el rango seleccionado. 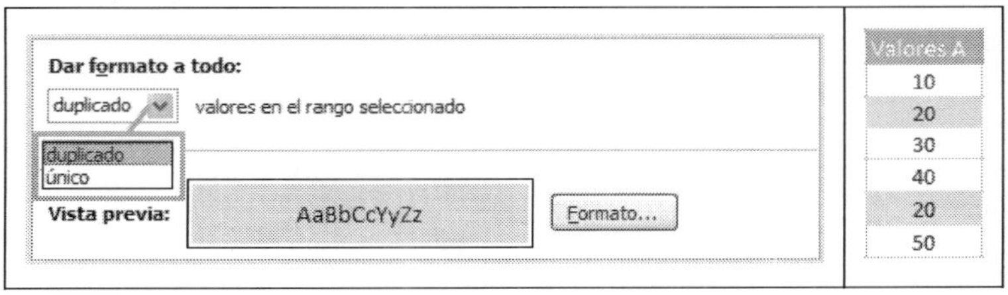

3.2.6.6 UTILICE UNA FÓRMULA QUE DETERMINE LAS CELDAS PARA APLICAR FORMATO

Permite aplicar un formato basándose en el resultado de una fórmula. Si el resultado de la fórmula es **VERDADERO**, se aplica el formato.

Estilo del formato	Comentario
Fórmula	Permite definir una fórmula para aplicar un formato o no. 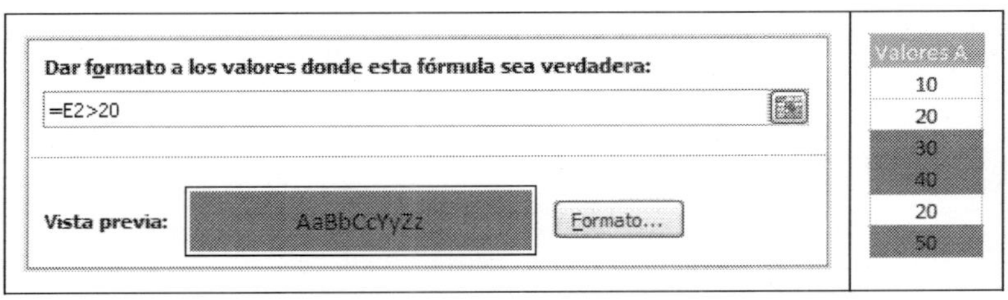

3.2.7 Borrar reglas...

Esta opción permite el borrado de las reglas que se hayan introducido para establecer un formato condicional. A la hora de borrar las reglas podemos seleccionar entre borrarlas todas, o bien ser selectivos. Las opciones para el borrado son:

- Borrar reglas de las celdas seleccionadas.
- Borrar reglas de toda la hoja.
- Borrar reglas de esta tabla.
- Borrar reglas de esta tabla dinámica.

Para efectuar el borrado de las tablas o tablas dinámicas, se ha de seleccionar previamente el objeto para que Excel pueda identificar cuál es el elemento sobre el que se desea aplicar el borrado.

3.2.8 Administrar reglas...

Mediante esta opción, podemos administrar las reglas de formato condicional que tengamos asociadas al libro y seleccionar el tratamiento de las reglas correspondientes a un rango, hoja o tabla en concreto.

Las opciones que se presentan invocan los diferentes cuadros de diálogo que han sido explicados anteriormente. Permiten, en definitiva, añadir, modificar o eliminar reglas, establecer la prioridad en la que éstas se aplicarán y simular su ejecución en versiones anteriores de Excel deteniendo las mismas en caso de que sean "verdad".

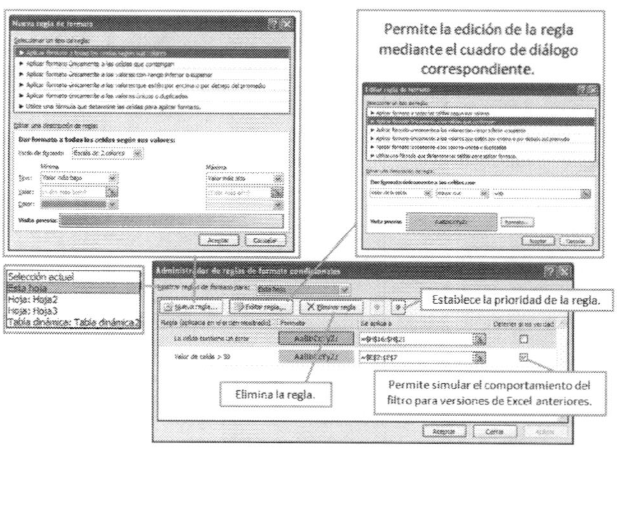

Capítulo 4

VALIDACIONES

4.1 USAR VALIDACIÓN DE DATOS

Las validaciones permiten depurar la entrada de datos en las celdas sobre las que se aplican. Podemos establecer una validación de datos accediendo a la pestaña **Datos** y localizando el grupo de controles correspondiente a **Herramientas de datos**:

Los tipos de datos válidos entre los que se puede escoger son:

Tipo de datos	Comentario
Números	Se puede indicar que el número sea entero o decimal. Asimismo, se puede indicar que el número esté incluido o excluido en un determinado rango, o bien se puede utilizar una fórmula para validarlo.
Fechas y horas	Ídem pero para fechas.

Longitud	Se puede definir un mínimo o un máximo de caracteres.
Lista de valores	La validación se apoya en una lista de valores previamente definida.
Personalizada	Puede basar la validación utilizando una fórmula.

La siguiente imagen muestra un ejemplo del cuadro de diálogo asociado a las validaciones:

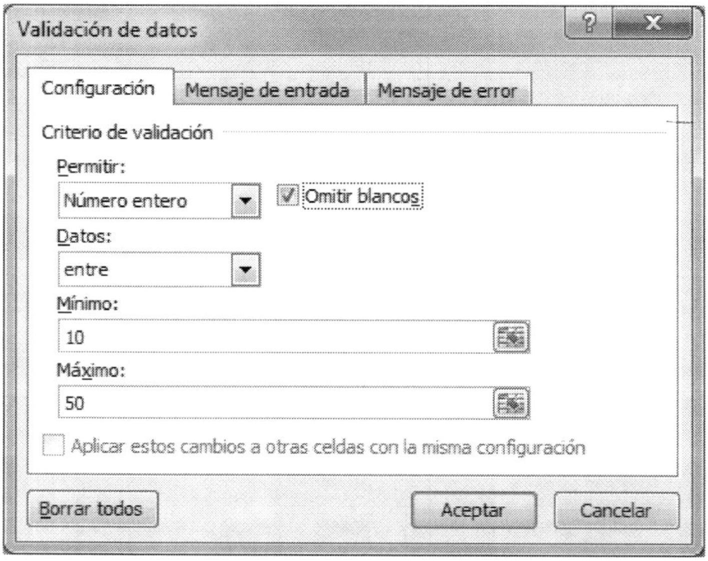

El ejemplo muestra las definiciones asociadas a la validación de un número entero.

El *check* **Omitir blancos** permite introducir cualquier valor durante la validación de datos, si los valores permitidos se basan en un rango de celdas con nombre definido y en el mismo existen celdas vacías (o nulas).

También es posible aplicar un cambio realizado a una celda a otras que posean la misma configuración de la validación activando la casilla **Aplicar estos cambios a otras celdas con la misma configuración**.

Es posible visualizar un mensaje cuando el cursor se sitúe sobre la celda ayudando a concretar qué tipo de valores, y otros detalles, deben introducirse en la misma.

Para ello, seleccionaremos la pestaña Mensaje entrante:

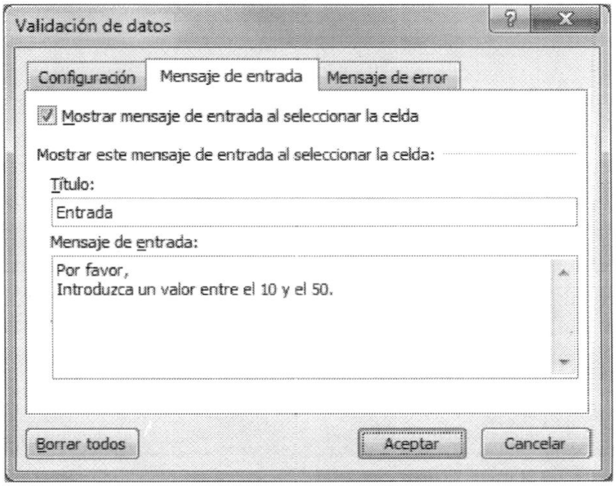

Vemos que el mensaje consta de un título y de un cuerpo. El resultado tiene un aspecto como el que se muestra en la siguiente imagen:

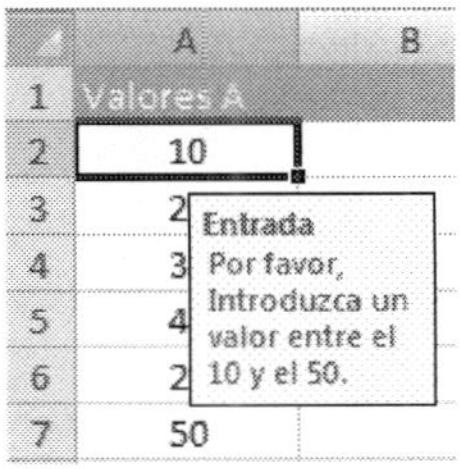

4.2 VALIDAR DATOS USANDO UNA LISTA

Para validar una entrada en función de una lista, en primer lugar se ha de seleccionar el tipo **Lista** del desplegable correspondiente al campo **Permitir**:

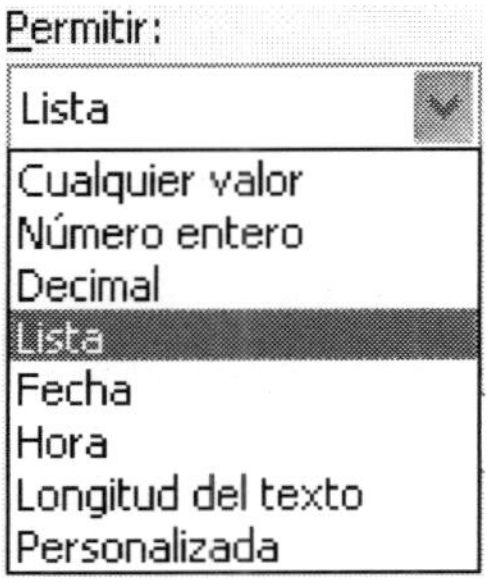

A continuación, se han de especificar cuáles son los valores que contiene la lista en el siguiente campo:

El origen puede ser un rango de una sola dimensión (fila o columna), como, por ejemplo, $G$2:$G$4, o bien una serie de valores separados por punto y coma (;) como, por ejemplo, A;B;C.

Tras la aplicación de la validación, cada vez que el cursor acceda a una celda que posea dicha validación, aparecerá una flechita indicando que posee asociada una lista de valores, tal y como se muestra en el siguiente ejemplo:

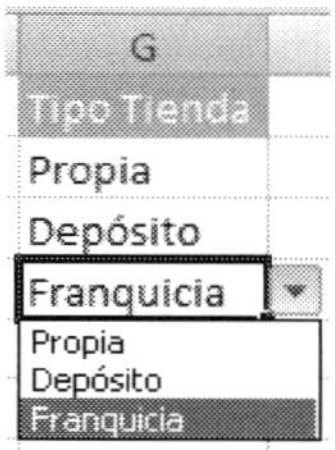

Para seleccionar un valor, basta con hacer clic sobre la flecha, desplegar la lista de valores y seleccionar el valor deseado. Si lo preferimos, podemos validar el dato sin necesidad de mostrar la lista asociada. Para ello, basta con desmarcar la casilla Celda con lista desplegable.

4.3 CRITERIOS DE VALIDACIÓN

Los criterios de validación pueden solicitar más o menos datos, según su funcionamiento, y son los siguientes:

Criterio de validación	Comentario
Cualquier valor	Permite introducir cualquier valor. 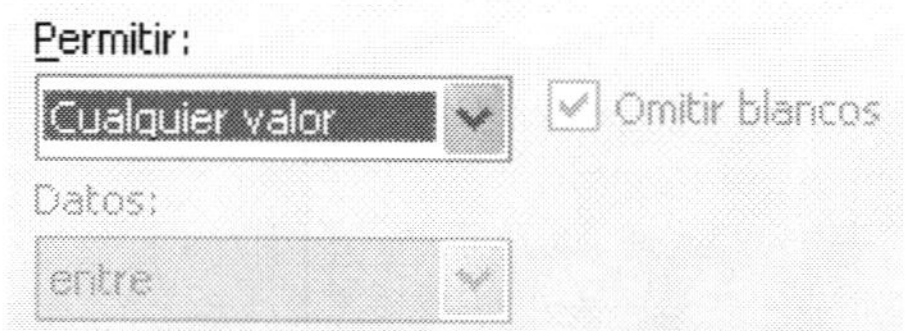

Número entero	Permite la introducción de números enteros que cumplan con el criterio seleccionado en el apartado **Datos**. 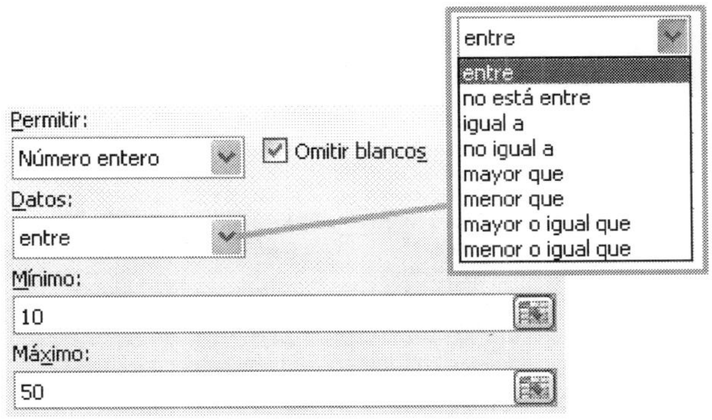
Decimal	Permite la introducción de valores decimales que cumplan con el criterio seleccionado en el apartado **Datos**. 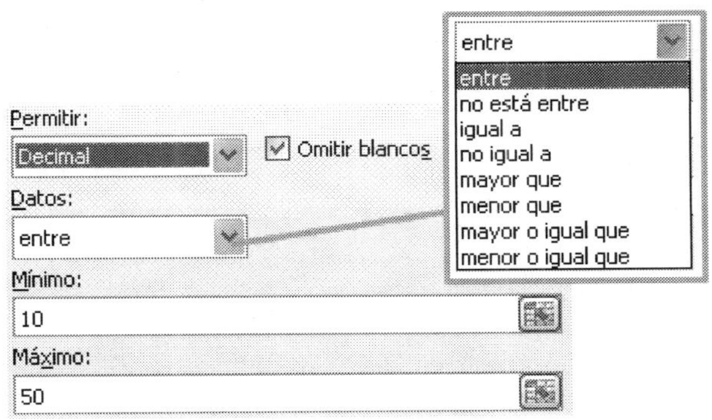
Lista	Permite introducir valores que estén definidos mediante el parámetro **Origen**. 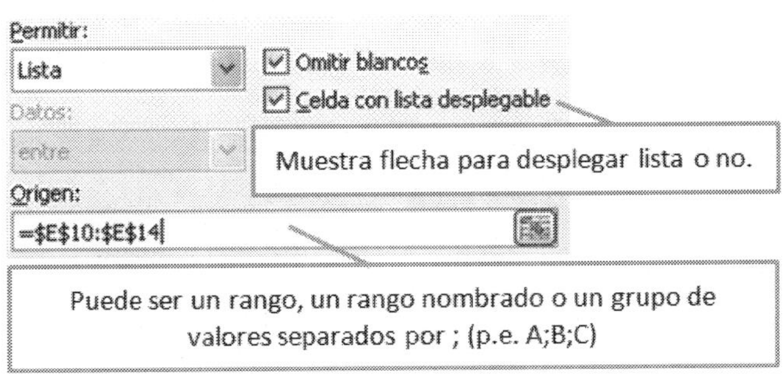

<table>
<tr>
<td>Fecha</td>
<td>Permite introducir fechas que cumplan con el criterio seleccionado en el apartado Datos.

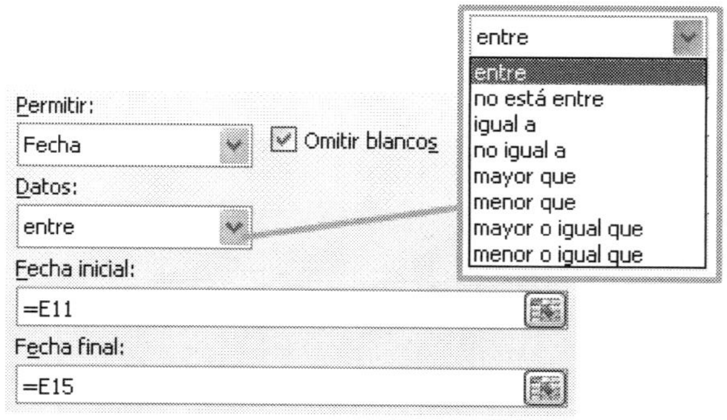

</td>
</tr>
<tr>
<td>Hora</td>
<td>Permite introducir horas que cumplan con el criterio seleccionado en el apartado Datos.

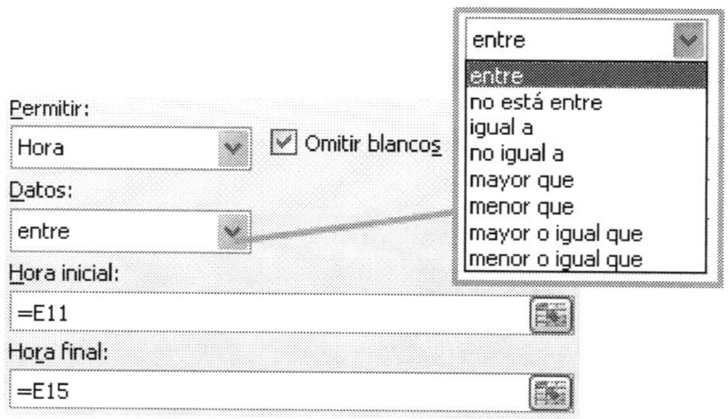

</td>
</tr>
<tr>
<td>Longitud del texto</td>
<td>Permite introducir una cadena de texto cuyo número de caracteres cumpla con el criterio seleccionado en el apartado Datos.

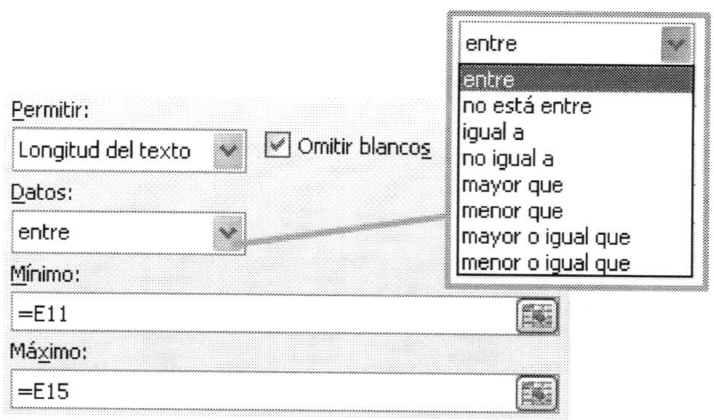

</td>
</tr>
</table>

Personalizada	Permite introducir valores siempre y cuando el resultado de la fórmula utilizada devuelva el valor **VERDADERO**. 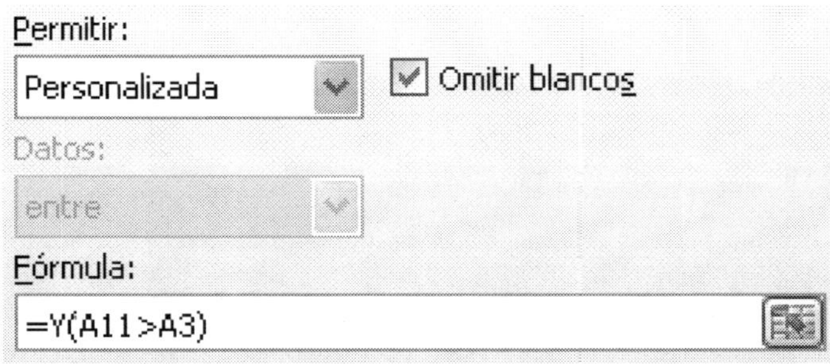

4.4 CREAR UN MENSAJE DE ERROR PERSONALIZADO

También es posible definir un mensaje de error en caso de que el valor introducido no cumpla con la validación impuesta sobre la celda. Dicho mensaje de error se define en la pestaña **Mensaje de error**.

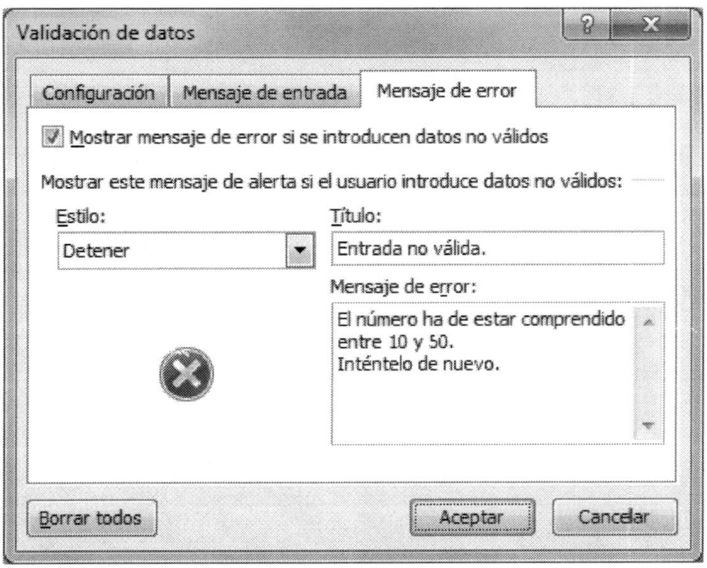

De forma similar a la descrita para el Mensaje de entrada, esta pestaña permite definir un título y un mensaje para el error y, además, un icono (estilo) entre los que se describen a continuación:

Icono	Significado
	Grave
	Información
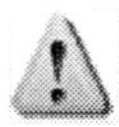	Advertencia

El resultado en pantalla es el siguiente:

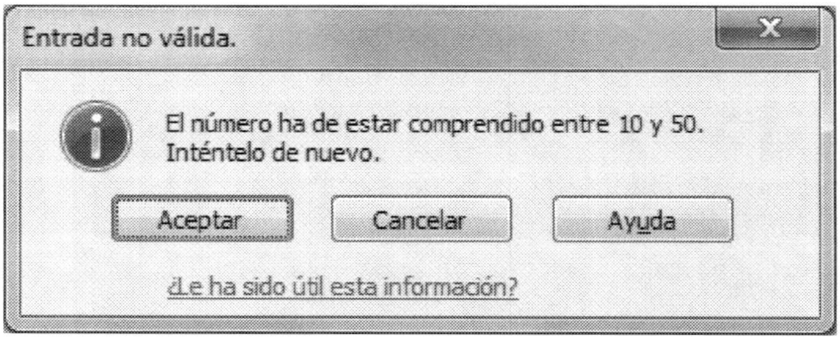

4.5 ELIMINAR LA VALIDACIÓN DE DATOS

Para eliminar dicha validación, basta con pulsar el botón **Borrar todos** en el siguiente cuadro de diálogo:

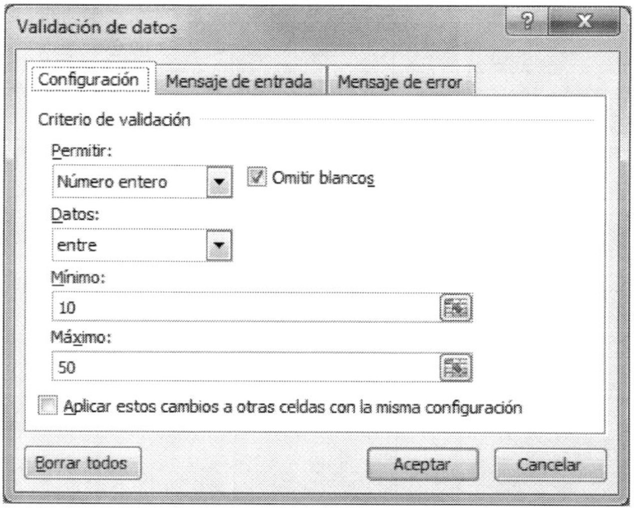

4.6 CÍRCULOS DE VALIDACIÓN

Es posible que, tras asociar una validación de datos a un determinado rango, nos interese destacar qué celdas no cumplen con el criterio de validación, para actuar en consecuencia. Para ello, podemos seleccionar la opción **Rodear con un círculo datos no válidos**, la cual aparece al desplegar la lista de opciones asociada a la opción de validación de datos…

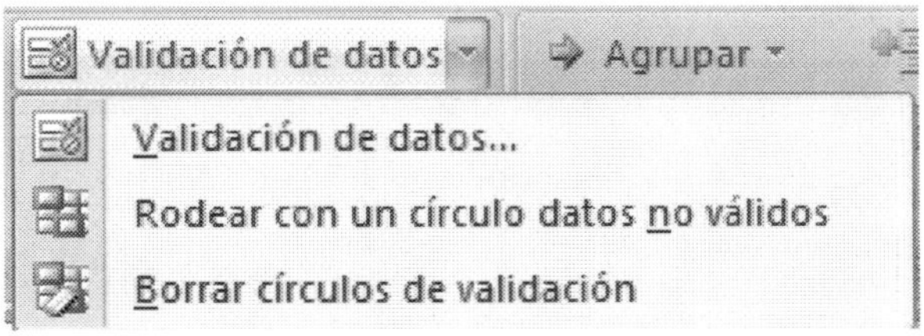

Por ejemplo, si aplicamos una validación de datos que implique permitir números enteros comprendidos entre 10 y 50 sobre un rango que contiene textos y fechas, podemos resaltar las celdas que no cumplen con la validación y obtener el siguiente resultado:

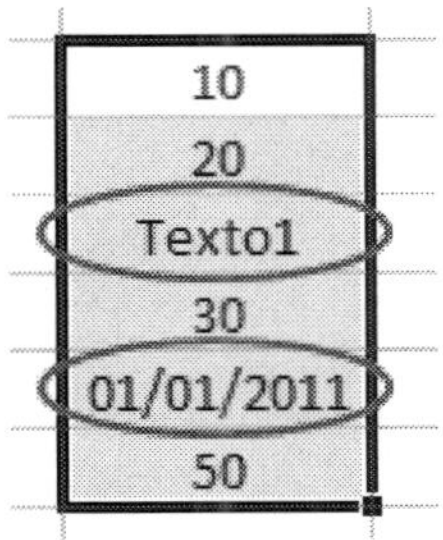

Para no visualizar los círculos, seleccionaremos la opción **Borrar círculos de validación**.

Capítulo 5

USAR AUTOFILTRO

5.1 ACTIVAR EL AUTOFILTRO

Para activar el autofiltro, basta con seleccionar el rango sobre el que se desea aplicar, acceder a la pestaña **Datos** y pulsar sobre el icono **Filtro** del grupo de controles **Ordenar y Filtrar**:

En este punto, veremos que cada una de las columnas implicadas incluye una flecha que indica que posee una lista de valores asociados, para que, al ser desplegada, podamos filtrar los datos y mostrar sólo aquellos que se correspondan con el valor seleccionado.

Los filtros de cada columna se condicionan entre sí. Es decir, si aplicamos un filtro sobre la columna A y, a continuación, aplicamos otro sobre la columna B, observaremos que, al aplicar el filtro de la columna B, el número de filas ya se había reducido como consecuencia de aplicar el filtro A.

Antes de aplicar el filtro			Después de aplicar el filtro		
	A	B		A	B
1	Op	Valor	1	Op	Val
2	Opcion1	10	2	Opcion1	10
3	Opcion2	20	3	Opcion2	20
4	Opcion3	30	4	Opcion3	30
5	Opcion4	40	5	Opcion4	40
6	Opcion5	50	6	Opcion5	50
7	Opcion6	60	7	Opcion6	60
8	Opcion7	70	8	Opcion7	70
9	Opcion8	80	9	Opcion8	80
10	Opcion9	90	10	Opcion9	90
11	Opcion10	100	11	Opcion10	100

Al usar el autofiltro, veremos que disponemos de las siguientes opciones:

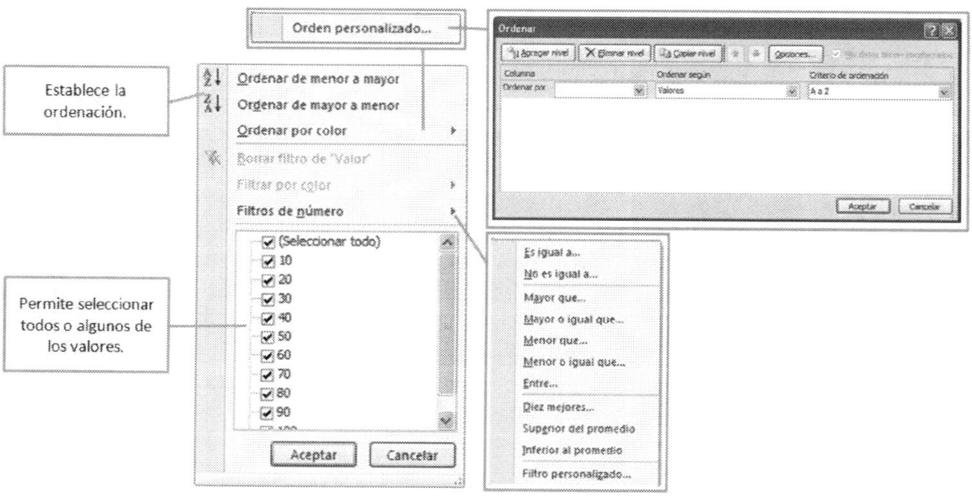

5.2 USAR AUTOFILTRO PARA FILTRAR UNA LISTA

Para filtrar una lista con autofiltro, basta con seleccionar el valor que se desea y observaremos como Excel sólo visualiza las filas que contienen dicho valor.

<table>
<tr><th>Valor seleccionado en el filtro</th><th>Después de aplicar el filtro</th></tr>
<tr><td>
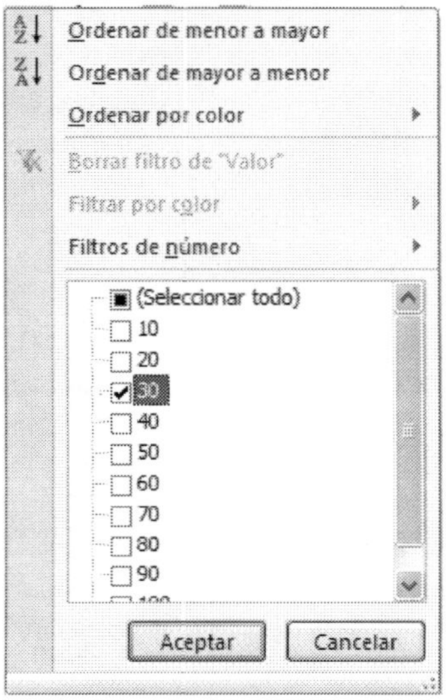

</td><td>
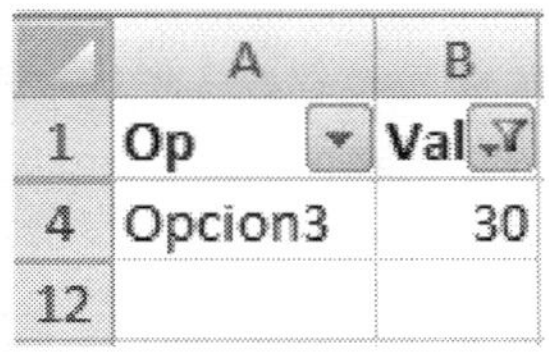

</td></tr>
</table>

Observaremos que la flecha correspondiente a la columna sobre la que se ha seleccionado un valor muestra un icono en forma de embudo para evidenciar que el filtro asociado a la misma está actuando.

También es posible indicar al autofiltro que muestre sólo un determinado número de filas (elementos) cuyos valores cumplan con alguno de los criterios ofrecidos por la opción **Filtros de número**, la cual conduce al siguiente cuadro de diálogo para su definición:

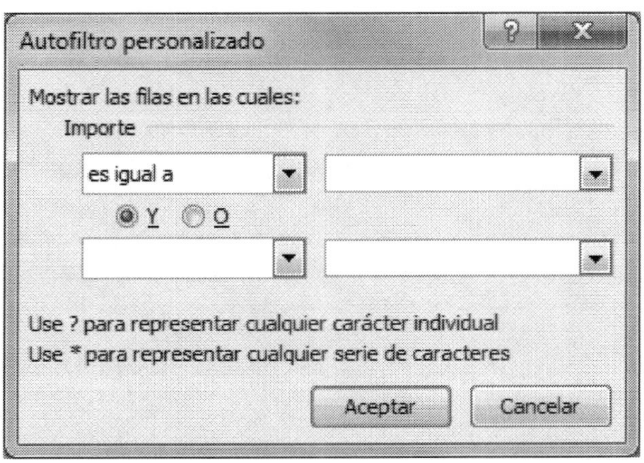

Por ejemplo, si queremos ver las 4 filas que poseen los valores más grandes, configuraremos el filtro seleccionando (**Diez mejores...**) con los siguientes valores:

<table>
<tr><th>Valores para autofiltro</th><th>Después de aplicar el filtro</th></tr>
<tr><td>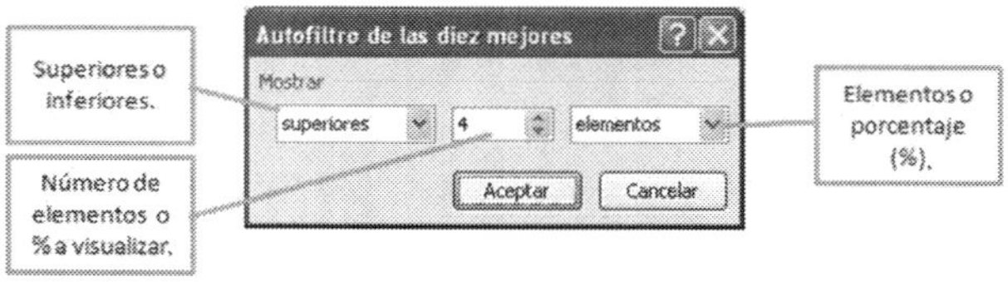
</td><td>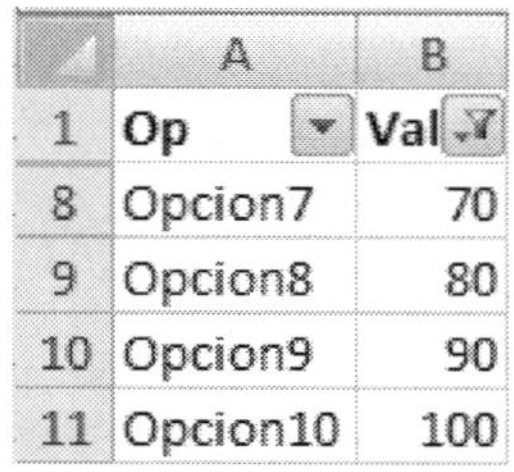
</td></tr>
</table>

5.3 ELIMINAR CRITERIOS DEL AUTOFILTRO

Para eliminar los criterios del autofiltro, basta con seleccionar la opción **Borrar filtro de valor**:

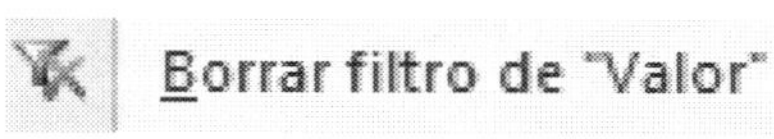

5.4 CREAR UN AUTOFILTRO PERSONALIZADO

Para crear un autofiltro personalizado, escogeremos la opción (**Personalizar...**).

Al seleccionar esta opción, aparece un cuadro de diálogo mediante el cual se pueden indicar hasta dos criterios para el filtrado. Dichos criterios pueden combinarse mediante los conectores 'Y' y 'O'. El conector 'Y' indica que ambos criterios deben cumplirse. El 'O' indica que basta que se cumpla cualquiera de los 2 criterios para que la fila sea seleccionada.

Vamos a aplicar un filtro simple y otro combinado (usando un "O").

Ejemplo 1

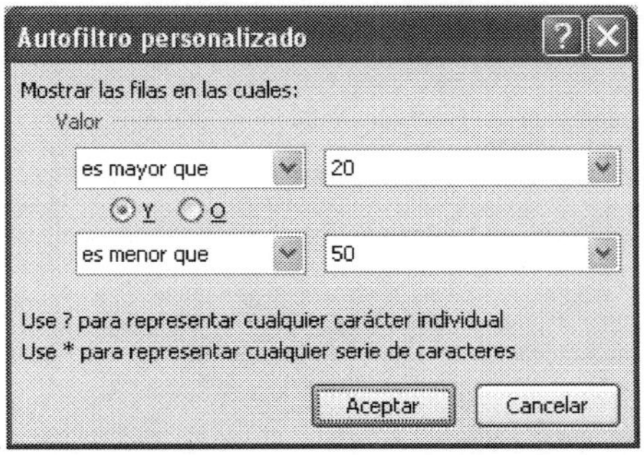

Ejemplo 2

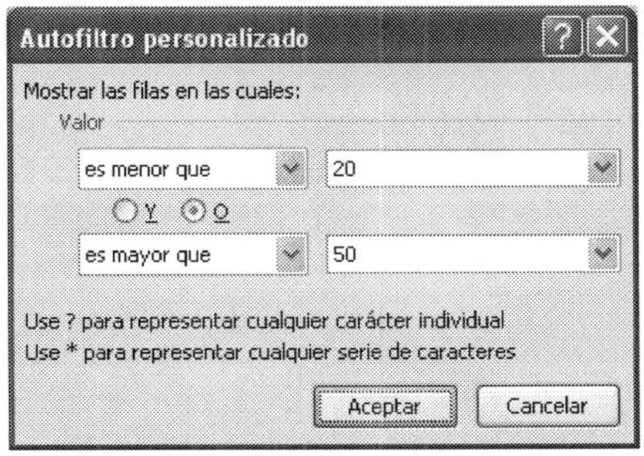

Resultado 1

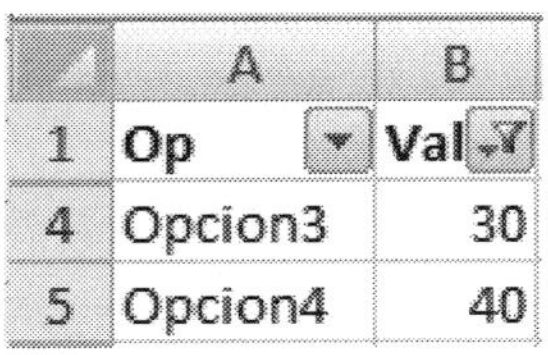

	A	B
1	Op	Val
4	Opcion3	30
5	Opcion4	40

Resultado 2

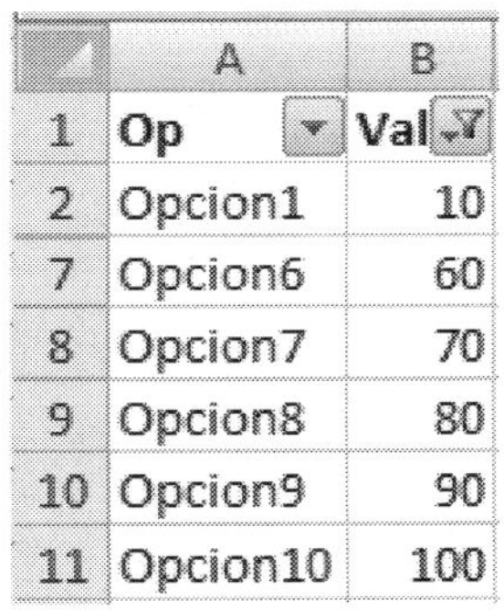

	A	B
1	Op	Val
2	Opcion1	10
7	Opcion6	60
8	Opcion7	70
9	Opcion8	80
10	Opcion9	90
11	Opcion10	100

5.5 DESACTIVAR EL AUTOFILTRO

Para desactivar el **autofiltro** bastará con acudir de nuevo a la pestaña **Datos** y pulsar sobre el icono **Filtro** del grupo de controles **Ordenar y Filtrar**, o bien pulsar la secuencia de teclas **CTRL + MAYÚSC + L** (quita o pone filtros).

Capítulo 6

TRABAJAR CON LISTAS Y FILTROS AVANZADOS

6.1 USAR AUTORRELLENO

Autorrelleno es una funcionalidad de Excel que permite rellenar un rango apoyándose en los valores que contenga una determinada celda. Por ejemplo, si lo que se desea es introducir los meses del año, podemos introducir Enero en la primera celda del rango, que contendrá dichos meses, y, a continuación, dejar que Autorrelleno rellene las celdas con los meses en cuestión.

6.1.1 Ejemplo

Introduzcamos 'Enero' en la celda A1 y, a continuación, pulsamos con el botón izquierdo del ratón en la esquina inferior derecha de la celda A1 asegurándonos de que el cursor del ratón muestra una cruz, tal y como se muestra a continuación.

Esquina sobre la que pulsar	Cursor del ratón indicando autorrelleno
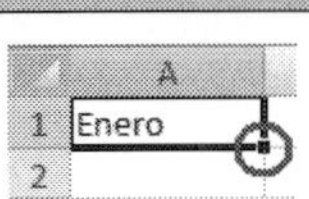	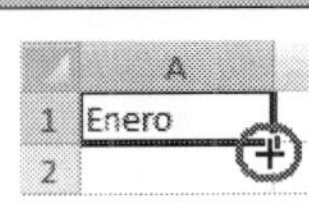

Manteniendo el botón izquierdo pulsado, arrastraremos el cursor hasta la celda que ocupará el último mes que se desea introducir. Observaremos que, mientras se va arrastrando el cursor del ratón, Excel visualiza el nombre de cada uno de los meses que irá depositando en cada celda hasta que, finalmente, al soltar el botón izquierdo del ratón sobre la última celda del rango que hay que rellenar, aparecen todos los meses ubicados cada uno en una celda.

Mientras se arrastra el ratón	Una vez soltado sobre la celda A12
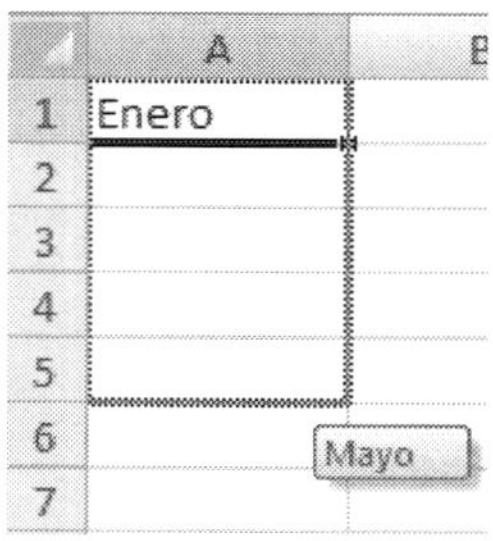	

Al igual que lo descrito con los meses, se pueden utilizar listas personalizadas, las cuales existen en el cuadro de diálogo **Modificar listas personalizadas**, accesible desde la pestaña Archivo->Opciones->Avanzadas:

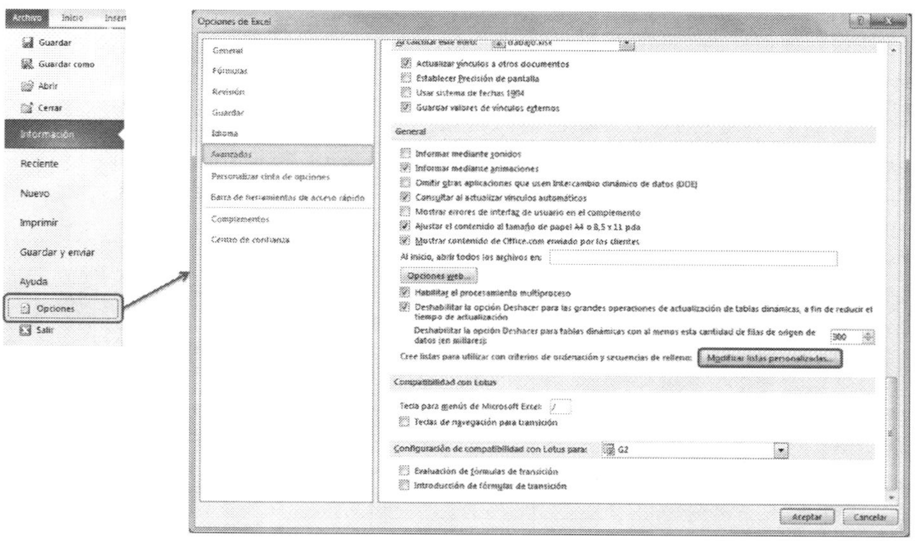

La siguiente imagen muestra el cuadro de diálogo indicado anteriormente:

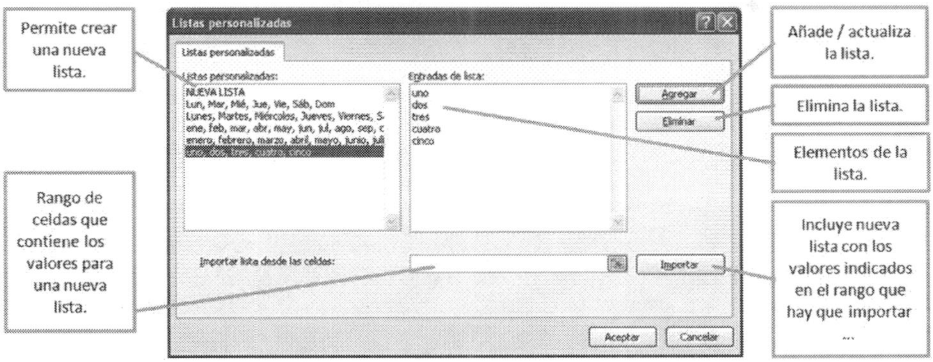

También es posible rellenar rangos con valores numéricos o fechas utilizando como referencia los valores que se hayan introducido en 2 celdas consecutivas, tomando como incremento la diferencia entre ambas.

Por ejemplo, supongamos que queremos rellenar una serie de celdas con números pares. Para ello, bastará con introducir los valores 2 y 4 de forma consecutiva y, posteriormente, seleccionar ambas celdas y arrastrar el cursor del ratón hasta la celda que se desee rellenar.

Situación inicial	Mientras se arrastra el ratón	Una vez soltado sobre la celda A9
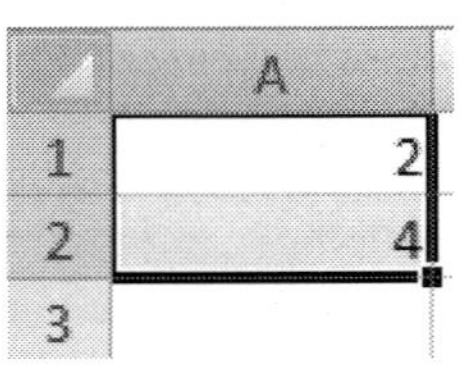	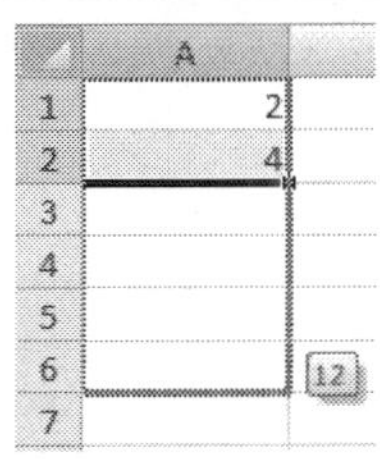	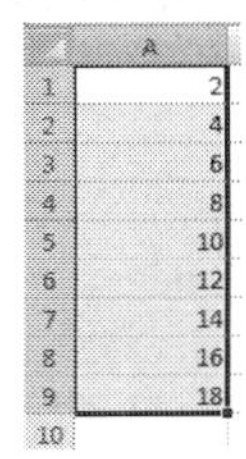

6.2 TRABAJAR CON LISTAS DE DATOS EN EXCEL

Las listas de datos son un subconjunto de datos de una hoja que permiten ser tratados de forma independiente de la hoja en la que están incluidos. Por ejemplo, se pueden ordenar, totalizar y reorganizar las celdas de una lista sin que las celdas que se hallan a su alrededor se vean afectadas. En Excel 2010, las listas son tratadas como tablas de datos.

Para crear una lista de datos, se ha de acceder a la pestaña **Insertar** y hacer clic sobre el icono **Tabla** existente dentro del grupo de controles **Tablas**:

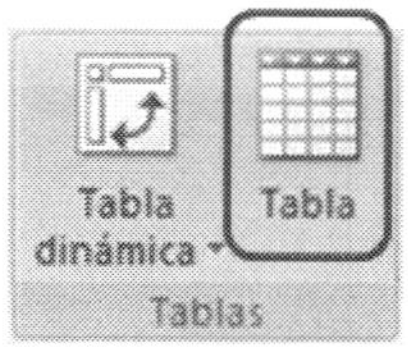

En ese momento, aparece el siguiente cuadro de diálogo, que nos permitirá seleccionar el rango que contiene dicha lista, así como indicar también si dicho rango posee rótulos de cabecera o no:

Rango para la creación de la lista

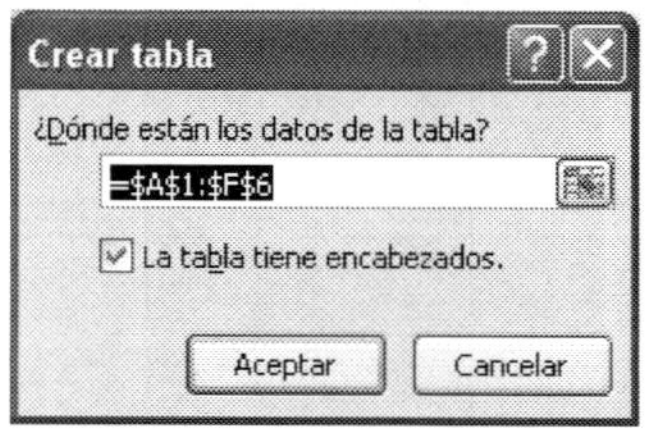

Antes de la creación de la lista

	A	B	C	D	E	F
1	Vendedor	Ventas T1	Ventas T2	Ventas T3	Ventas T4	Total
2	Juan	1.100	2.300	1.800	2.100	7.300
3	Luis	2.300	1.100	2.300	1.650	7.350
4	Maria	1.800	2.300	2.100	1.800	8.000
5	Paco	2.100	1.800	1.600	1.100	6.600
6	Susana	1.900	2.100	1.100	2.300	7.400

Después de la creación de la lista

	A	B	C	D	E	F
1	Vendedor	Ventas T1	Ventas T2	Ventas T3	Ventas T4	Total
2	Juan	1.100	2.300	1.800	2.100	7.300
3	Luis	2.300	1.100	2.300	1.650	7.350
4	Maria	1.800	2.300	2.100	1.800	8.000
5	Paco	2.100	1.800	1.600	1.100	6.600
6	Susana	1.900	2.100	1.100	2.300	7.400

Una vez creada la lista, observaremos que tenemos a nuestra disposición un grupo de funcionalidades destinadas a poder definir las diferentes características que posee una tabla.

6.2.1 Propiedades

Este grupo de controles permite renombrar la tabla y modificar el rango que contiene los datos de la tabla.

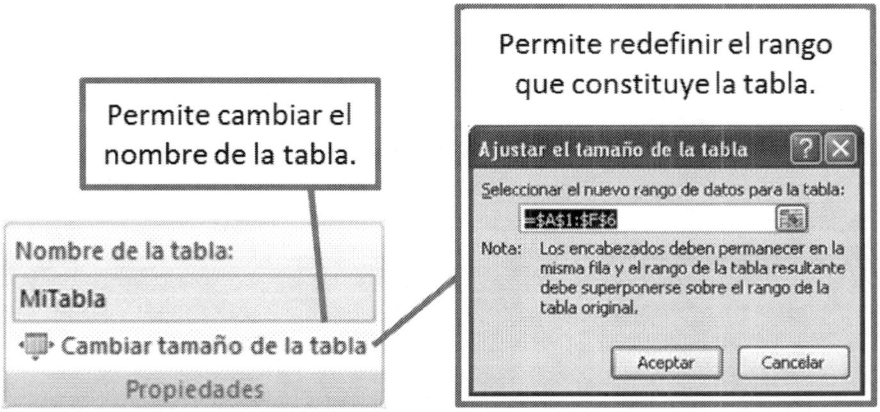

6.2.2 Herramientas

Mediante esta opción, podemos fabricar una tabla dinámica resumiendo los datos contenidos en la tabla, eliminar posibles duplicados y convertir la lista en un rango normal.

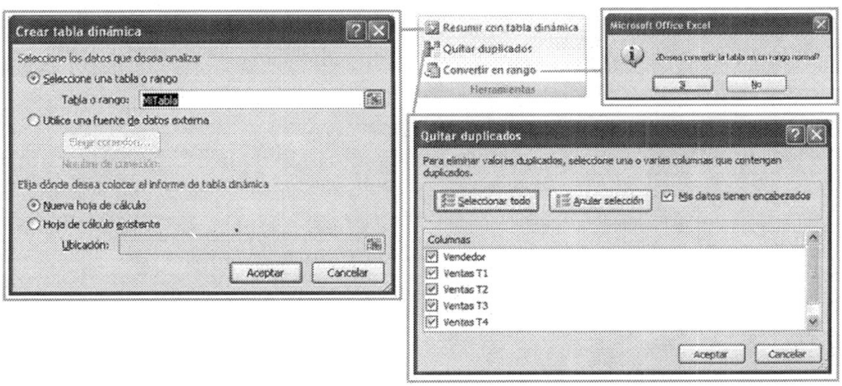

6.2.3 Datos externos de tabla

Mediante este grupo de controles podemos exportar la tabla a una lista de SharePoint o a un diagrama de Visio. También podemos actualizar los datos si éstos proceden de una conexión externa.

A continuación, se muestran esquemáticamente las opciones asociadas a este grupo de controles:

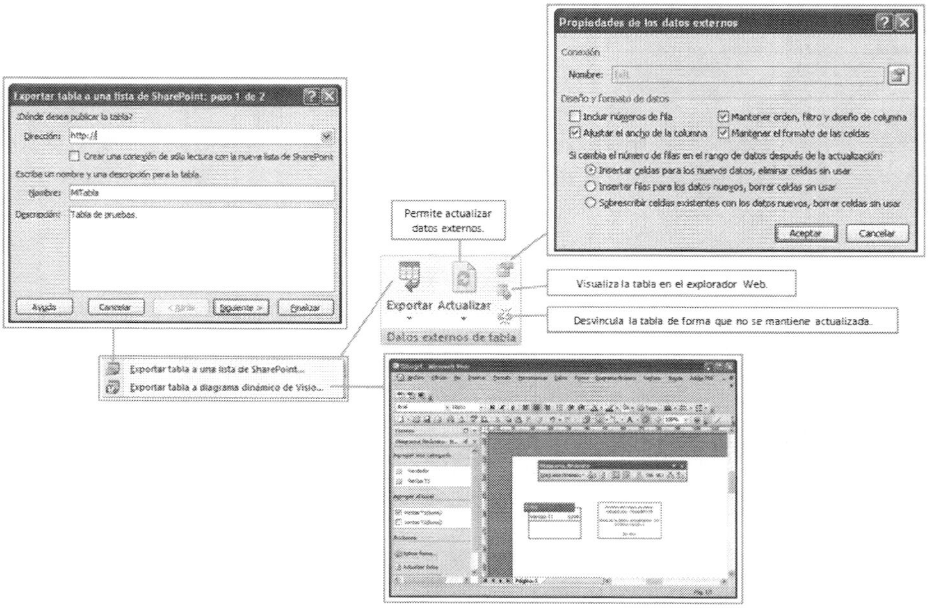

6.2.4 Opciones de estilo de tabla

Mediante estas opciones, podemos configurar el aspecto y el contenido de la tabla añadiendo o quitando filas de cabecera, totales o bien jugar con los colores de las filas o columnas.

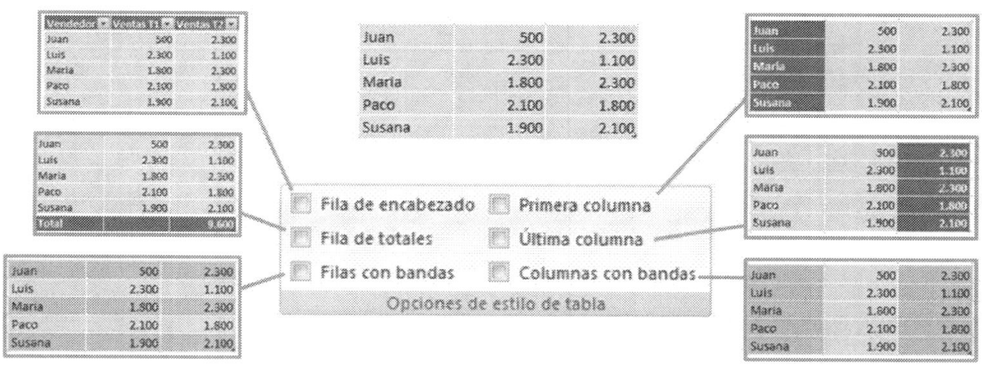

Si se visualiza la fila de totales, es posible seleccionar el tipo de función que se quiere aplicar a cada una de las celdas incluidas en dicha fila. Por tanto, para poder seleccionar qué función es la que se quiere aplicar, se incluye una lista desplegable mediante la cual realizar dicha selección. Dicho desplegable posee el siguiente aspecto:

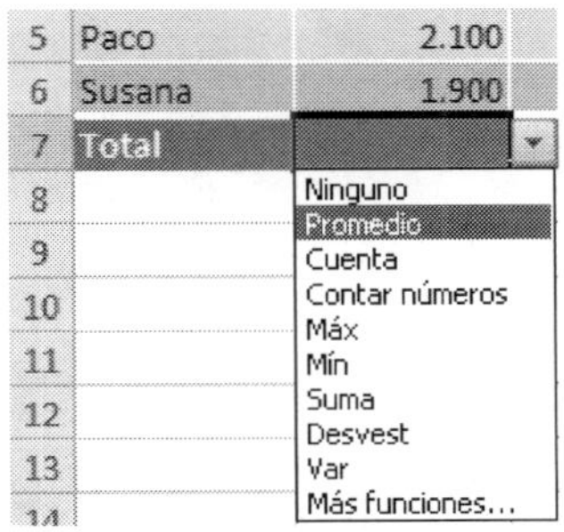

6.2.5 Estilos de tabla

Es posible aplicar un estilo de forma rápida mediante este grupo de controles. En principio, Excel visualiza una serie de estilos que vienen por defecto, pero podemos fabricar un estilo según nuestras preferencias variando el tamaño de las bandas, el tipo de fuente, los bordes y el relleno.

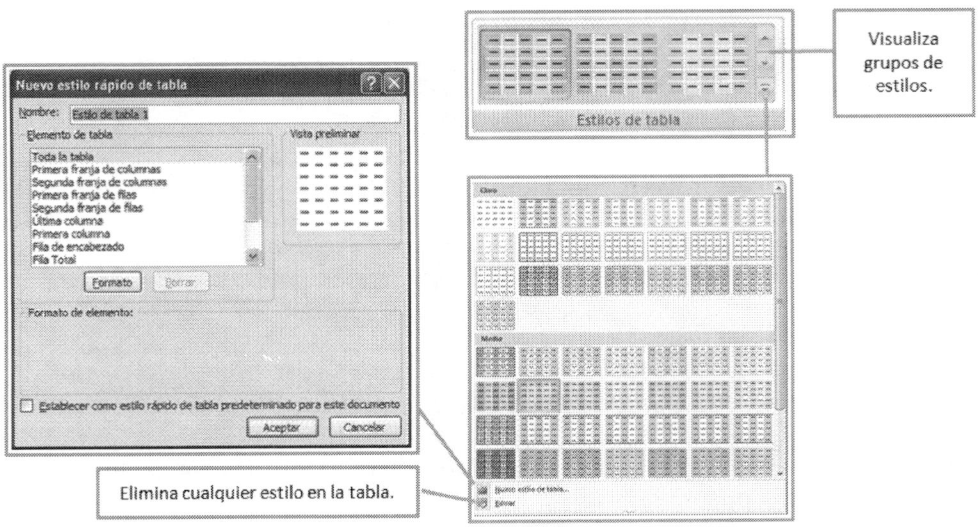

6.3 ORDENACIONES

La ordenación de las listas se realiza de igual forma que la ordenación sobre un rango. Se utiliza el mismo cuadro de diálogo **Ordenar**, mediante el cual se puede elegir el campo, el sentido y si el rango tiene encabezado o no.

El cuadro de diálogo **Ordenar** es el siguiente:

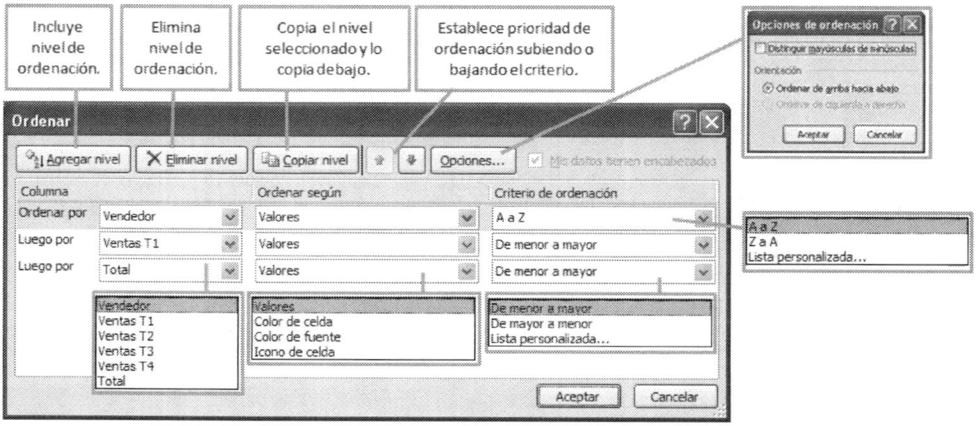

Es posible utilizar varios criterios de ordenación simultáneamente. Cada criterio se almacena en un nivel que podemos subir o bajar estableciendo la prioridad en la que se ordenará la tabla. Dependiendo del valor de la celda que hay que ordenar, se podrá ordenar alfabéticamente o de mayor a menor. También es posible utilizar una lista personalizada.

Las opciones nos permiten diferenciar entre mayúsculas o minúsculas y, también, determinar la orientación a la hora de ordenar.

Las columnas que participan de la ordenación muestran un icono que indica cuál es el orden utilizado:

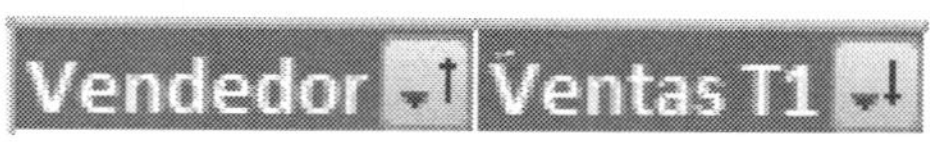

6.4 FILTROS AVANZADOS

Los filtros avanzados pueden apoyarse en criterios más complejos que los vistos hasta ahora con los autofiltros.

Para acceder a la definición de un filtro avanzado, hay que acceder a la opción **Avanzadas**, que se halla en el grupo de controles **Ordenar y filtrar** existente en la pestaña **Datos**:

Al acceder a esta opción de menú, aparece el siguiente cuadro de diálogo:

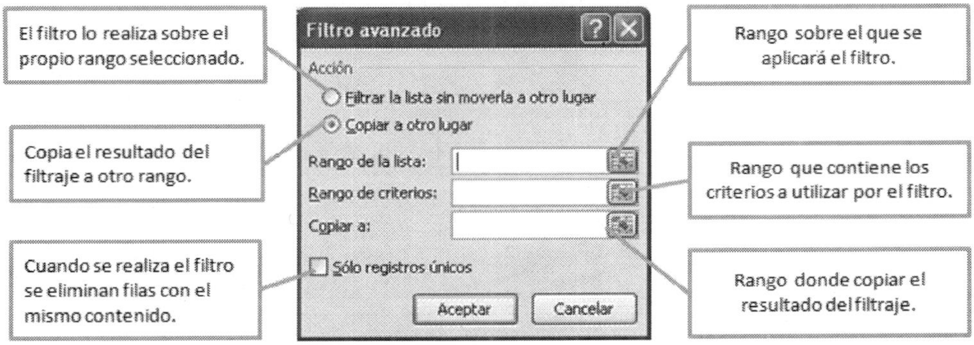

6.5 CREAR UN RANGO DE CRITERIOS

Un rango de criterios es un rango en el que se indican los criterios que van a ser utilizados por un filtro avanzado. Se definirá una columna por cada uno de los campos que participarán en el filtro y una celda por cada criterio que deba analizarse para cada campo.

El criterio se define en una celda mediante la expresión **="=valor"**, siendo valor el que queremos que sea tenido en cuenta cuando se aplique el criterio. Por ejemplo, si estamos buscando todas las celdas de una columna que posean el carácter 'A', la expresión que hay que introducir en la celda que formará parte del rango de criterios será **="=A"**.

Es posible introducir los clásicos comodines en la expresión para indicar que en el lugar de dichos comodines, puede existir cualquier carácter (caso del interrogante **'?'**) o cualquier número de caracteres (caso del asterisco **'*'**).

Por ejemplo, para preguntar por un nombre que empiece por cualquier letra, le siga una **'u'** y, a continuación, le siga cualquier conjunto de letras, se puede introducir la expresión **="=?u*"** (este caso resolvería Luis, Juan, Susana, etc.).

6.6 USAR UN RANGO DE CRITERIOS

Para utilizar un rango de criterios, bastará con indicarlo en el cuadro de diálogo comentado anteriormente para el filtro avanzado. Dicho rango se puede introducir manualmente, o bien haciendo clic sobre el campo **Rango de criterios** y, a continuación, realizando la selección del rango que contiene los criterios sobre la propia hoja de cálculo.

6.7 BORRAR

Mediante esta opción, se eliminan los filtros avanzados y se vuelven a visualizar todas las filas que se habían ocultado como consecuencia de la aplicación de los mismos.

Esta opción es accesible a través de la opción **Borrar**, situada en el mismo grupo de controles **Ordenar y filtrar**:

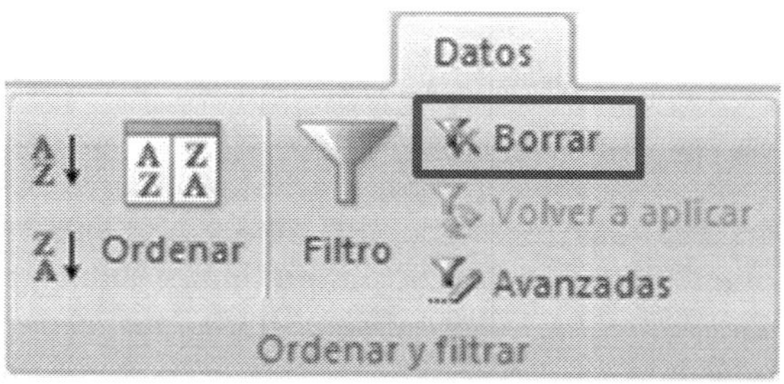

6.8 USAR CRITERIOS DE COMPARACIÓN

Es posible definir diversos criterios sobre diversos campos. Tal y como se ha indicado anteriormente, definiremos una columna por cada uno de los campos que participen en los criterios.

Cuando se necesita más de un criterio, debemos plantearnos si dichos criterios han de cumplirse simultáneamente o basta con que se cumpla cualquiera de los mismos. Es decir, hemos de pensar si los criterios se conectan con **'Y'** o con **'O'**.

Recordatorio:

Y	Cada uno de los criterios conectados con 'Y' deben cumplirse para que el resultado sea VERDADERO.
O	Si los criterios se conectan con 'O', será VERDADERO siempre que se cumpla cualquiera de ellos.

La forma más sencilla de entender cómo se relacionan los criterios es pensar que todos los criterios que se especifican en una misma fila se unen con el conector '**Y**', y, por tanto, todos deben cumplirse para que el resultado de la comparación sea **VERDADERO**.

Los criterios que se hallen en filas distintas se conectarán con **'O'**, lo cual significa que el resultado será verdadero siempre que se cumpla cualquiera de los criterios.

Retomando uno de los ejemplos utilizados anteriormente, podemos utilizar la siguiente tabla para explicar el funcionamiento de dichos criterios.

	A	B	C	D	E	F
1	**Vendedor**	**VentasT1**	**VentasT2**	**VentasT3**	**VentasT4**	**Total**
2	Juan	1.100	2.300	1.800	2.100	7.300
3	Luis	2.300	1.100	2.300	1.650	7.350
4	Maria	1.800	2.300	2.100	1.800	8.000
5	Paco	2.100	1.800	1.600	1.100	6.600
6	Susana	1.900	2.100	1.100	2.300	7.400

<table>
<tr><th>Rango de criterios</th><th>Criterio</th><th>Resultado</th></tr>
<tr>
<td><table><tr><th>H</th></tr><tr><td>VentasT1</td></tr><tr><td>>=1.800</td></tr></table></td>
<td>(VentasT1>=1.800)</td>
<td><table>
<tr><th></th><th>A</th><th>B</th><th>C</th><th>D</th><th>E</th><th>F</th></tr>
<tr><td>1</td><td>Vendedor</td><td>VentasT1</td><td>VentasT2</td><td>VentasT3</td><td>VentasT4</td><td>Total</td></tr>
<tr><td>3</td><td>Luis</td><td>2.300</td><td>1.100</td><td>2.300</td><td>1.650</td><td>7.350</td></tr>
<tr><td>4</td><td>Maria</td><td>1.800</td><td>2.300</td><td>2.100</td><td>1.800</td><td>8.000</td></tr>
<tr><td>5</td><td>Paco</td><td>2.100</td><td>1.800</td><td>1.600</td><td>1.100</td><td>6.600</td></tr>
<tr><td>6</td><td>Susana</td><td>1.900</td><td>2.100</td><td>1.100</td><td>2.300</td><td>7.400</td></tr>
</table>
Efectivamente, todos los valores de la columna B (VentasT1) son mayores o iguales a 1.800.</td>
</tr>
</table>

<table>
<tr>
<td>
<table>
<tr><th>H</th><th>I</th></tr>
<tr><td>VentasT1</td><td>VentasT2</td></tr>
<tr><td>>=2.100</td><td></td></tr>
<tr><td></td><td>>=2.300</td></tr>
</table>
</td>
<td>(VentasT1>=2.100)
O
(VentasT2 >=2.300)</td>
<td>Al estar los criterios en filas distintas, se conectarán con O.
<table>
<tr><th></th><th>A</th><th>B</th><th>C</th><th>D</th><th>E</th><th>F</th></tr>
<tr><td>1</td><td>Vendedor</td><td>VentasT1</td><td>VentasT2</td><td>VentasT3</td><td>VentasT4</td><td>Total</td></tr>
<tr><td>2</td><td>Juan</td><td>1.100</td><td>2.300</td><td>1.800</td><td>2.100</td><td>7.300</td></tr>
<tr><td>3</td><td>Luis</td><td>2.300</td><td>1.100</td><td>2.300</td><td>1.650</td><td>7.350</td></tr>
<tr><td>4</td><td>Maria</td><td>1.800</td><td>2.300</td><td>2.100</td><td>1.800</td><td>8.000</td></tr>
<tr><td>5</td><td>Paco</td><td>2.100</td><td>1.800</td><td>1.600</td><td>1.100</td><td>6.600</td></tr>
</table>
Se cumple que todos los valores de la columna B (VentasT1) son mayores o iguales a 2.100 o que los valores de la columna C (VentasT2) son mayores o iguales a 2.300.</td>
</tr>
<tr>
<td>
<table>
<tr><th>H</th><th>I</th></tr>
<tr><td>VentasT1</td><td>VentasT2</td></tr>
<tr><td>>=1.800</td><td>>=2.300</td></tr>
</table>
</td>
<td>(VentasT1>=1.800)
Y
(VentasT2 >=2.300)</td>
<td>Al estar los criterios en la misma fila, se conectarán con Y.
<table>
<tr><th></th><th>A</th><th>B</th><th>C</th><th>D</th><th>E</th><th>F</th></tr>
<tr><td>1</td><td>Vendedor</td><td>VentasT1</td><td>VentasT2</td><td>VentasT3</td><td>VentasT4</td><td>Total</td></tr>
<tr><td>4</td><td>Maria</td><td>1.800</td><td>2.300</td><td>2.100</td><td>1.800</td><td>8.000</td></tr>
</table>
Vemos que sólo María cumple con ambos criterios simultáneamente.</td>
</tr>
</table>

6.9 USAR UNA CONDICIÓN Y/O AVANZADA

Es posible combinar diferentes criterios con diferentes conectores atendiendo siempre a la regla de que **"misma fila => Y"** y **"filas distintas => O"**.

Supongamos que queremos localizar aquellas filas cuyo vendedor posea una 'a' en cualquier parte del nombre y unas ventasT1 mayores o iguales a 2.000 o bien, cuyo vendedor posea una 'u' en la segunda posición del nombre y cuyas ventasT2 sean mayores o iguales a 2.300.

Se ha de cumplir que:

Vendedor = "*a*" Y ventasT1 >= 2.000

O

Vendedor = "?u*" Y ventasT2 >= 2.300

El rango de filtros y los resultados quedarían de la siguiente manera:

<table>
<tr><th>Rango de criterios</th><th>Resultado</th></tr>
<tr><td>
<table>
<tr><th></th><th>H</th><th>I</th><th>J</th></tr>
<tr><td></td><td>Vendedor</td><td>VentasT1</td><td>VentasT2</td></tr>
<tr><td></td><td>=*a*</td><td>>=2.000</td><td></td></tr>
<tr><td></td><td>=?u*</td><td></td><td>>=2.300</td></tr>
</table>
</td><td>
<table>
<tr><th></th><th>A</th><th>B</th><th>C</th><th>D</th><th>E</th><th>F</th></tr>
<tr><td>1</td><td>Vendedor</td><td>VentasT1</td><td>VentasT2</td><td>VentasT3</td><td>VentasT4</td><td>Total</td></tr>
<tr><td>2</td><td>Juan</td><td>1.100</td><td>2.300</td><td>1.800</td><td>2.100</td><td>7.300</td></tr>
<tr><td>5</td><td>Paco</td><td>2.100</td><td>1.800</td><td>1.600</td><td>1.100</td><td>6.600</td></tr>
</table>
Efectivamente, Juan posee una ‘u’ en el segundo carácter del nombre y posee unas ventasT2 >= 2.300. También se cumple que Paco posee una ‘a’ en el nombre y unas ventasT1 >= 2.000.
</td></tr>
</table>

6.10 EXTRAER REGISTROS FILTRADOS

Para extraer los registros filtrados, puede utilizarse la opción **Copiar a otro lugar** existente en el cuadro de diálogo **Filtro avanzado**, según se muestra a continuación:

Una vez indicado el rango o celda a partir de la cual se copiará el resultado, se pincha sobre **Aceptar** y se obtiene el resultado en un rango diferente al que contiene los valores.

El resultado del ejemplo anterior sería el siguiente:

	A	B	C	D	E	F	G	H	I	J
1	Vendedor	VentasT1	VentasT2	VentasT3	VentasT4	Total		Vendedor	VentasT1	VentasT2
2	Juan	1.100	2.300	1.800	2.100	7.300		=*a*	>=2000	
3	Luis	2.300	1.100	2.300	1.650	7.350		=?u*		>=2300
4	María	1.800	2.300	2.100	1.800	8.000				
5	Paco	2.100	1.800	1.600	1.100	6.600				
6	Susana	1.900	2.100	1.100	2.300	7.400				
7										
8	Vendedor	VentasT1	VentasT2	VentasT3	VentasT4	Total				
9	Juan	1.100	2.300	1.800	2.100	7.300				
10	Paco	2.100	1.800	1.600	1.100	6.600				

Capítulo 7

FUNCIONES

7.1 "BÚSQUEDA Y REFERENCIA"

7.1.1 Función: BUSCAR

7.1.1.1 DESCRIPCIÓN

Esta función devuelve un valor como resultado de la comparación de un valor buscado en un vector (rango de una dimensión [columna o fila]) o en una matriz.

Los elementos del rango o matriz sobre el que se busca han de estar previamente ordenados o, de lo contrario, la función no funcionará correctamente.

BUSCAR trata de encontrar el valor buscado de forma que, si lo encuentra, devuelve el resultado asociado a la posición del vector resultado o de la última columna de la misma fila, según se esté trabajando con vectores o con matrices. Si no se puede encontrar el valor, BUSCAR devolverá el mayor de los valores que sea menor que el valor buscado. Es decir, si buscamos el número 5 en la colección de valores "1,3,7,9", la posición que se utilizará como resultado de la búsqueda será la segunda, ya que 3 es el mayor de los valores más pequeños que 5.

7.1.1.2 SINTAXIS:

BUSCAR(valor_buscado; vector_de_comparación; vector_resultado)

BUSCAR(valor_buscado; matriz)

7.1.1.3 ARGUMENTOS SINTAXIS 1

Argumento	Comentario
valor_buscado	Valor buscado.
vector_de_comparación	Vector en el que buscará el valor buscado.
vector_resultado	Vector del cual se extraerá el resultado según la posición en la que se haya encontrado el valor buscado en la matriz de comparación.

7.1.1.4 ARGUMENTOS SINTAXIS 2

Argumento	Comentario
valor_buscado	Valor buscado.
matriz	Matriz sobre la que se buscará el valor.

7.1.1.5 EJEMPLO 1

	A	B	C	D	E	F	G
1	**Orden**	**Día**		**Valor a buscar**	5		
2	1	Lunes		**Resultado**	Viernes		
3	2	Martes		**Fórmula**	=BUSCAR(E1;A2:A8;B2:B8)		
4	3	Miércoles					
5	4	Jueves		**Valor a buscar**	0		
6	5	Viernes		**Resultado**	#N/A		
7	6	Sábado		**Fórmula**	=BUSCAR(E5;A6:A12;B6:B12)		
8	7	Domingo					

En este ejemplo, se busca el número 5 (E1) en el vector A2:A8 y, al localizarlo en la posición 5, devuelve el valor situado en la posición 5 del vector B2:B8 que en este caso es viernes.

También podemos observar que si buscamos un valor inferior (en este caso el 0) al primero de los valores del vector de búsqueda, se devuelve el error #N/A, ya que no existe ningún valor que se pueda devolver.

7.1.1.6 EJEMPLO 2

	A	B	C	D
1	**Valor a buscar**	5		
2	**Resultado**	Tres		
3	**Fórmula**	=BUSCAR(B1;{1;"Uno"\2;"dos"\3;"Tres"})		
4				
5	**Valor a buscar**	0		
6	**Resultado**	#N/A		
7	**Fórmula**	=BUSCAR(B5;{1;"Uno"\2;"dos"\3;"Tres"})		

En este ejemplo se ha buscado un valor (5) que no existe en la matriz {1;"Uno"\2;"dos"\3;"Tres"} y, por tanto, se ha devuelto el mayor de los valores más pequeños, que en este caso es el 3.

Vemos que al buscar 0, y no existir un valor inferior al mismo, la función devuelve el error #N/A.

7.1.2 Función: BUSCARV/BUSCARH

7.1.2.1 DESCRIPCIÓN

Estas funciones devuelven un valor como resultado de la comparación de un valor buscado en un rango.

Se puede realizar una búsqueda exacta o aproximada. Es decir, si el valor que se busca ha de existir exactamente, los valores en el rango pueden estar desordenados, ya que si dicho valor no se encuentra, se devolverá #N/A. Si la búsqueda es aproximada, los valores de la columna o fila sobre la que se busca dentro del rango han de estar ordenados, ya que, de lo contrario, puede producirse un error.

Si la búsqueda es exacta, se devolverá el resultado correspondiente al primer valor encontrado dentro del vector de búsqueda. Si la búsqueda no es exacta, se devolverá el mayor de los valores más pequeños al buscado.

BUSCARV y BUSCARH poseen un funcionamiento idéntico y lo único en que se diferencian es que la V indica que la búsqueda es vertical y la H horizontal.

7.1.2.2 SINTAXIS:

BUSCARV(valor_buscado;matriz_buscar_en;indicador_columnas;ordenado)

BUSCARH(valor_buscado;matriz_buscar_en;indicador_filas; ordenado)

7.1.2.3 ARGUMENTOS SINTAXIS 1

Argumento	Comentario
valor_buscado	Valor buscado dentro de la primera columna de la matriz.
matriz_buscar_en	Rango sobre el que se buscará, formado por 2 o más columnas.
indicador_columnas **indicador_filas**	Columna (fila) que contiene el valor que hay que devolver dentro del rango en el que se busca.
ordenado	Si VERDADERO, se indica que la coincidencia ha de ser exacta o aproximada. Si FALSO, sólo se busca una coincidencia exacta.

Consideraciones a tener en cuenta:

- Si valor_buscado es inferior al menor de los valores de la primera columna de matriz_buscar_en, se devuelve al valor de error '#N/A'.
- Si indicador_columnas es menor que 1, se devuelve el valor '#VALUE!'.

- Si indicador_columnas es mayor que el número de columnas del rango, se devuelve el valor '#REF!'.
- Si ordenado es VERDADERO, se devuelve el valor correspondiente a una coincidencia exacta o aproximada. Si la coincidencia es aproximada, se utiliza como referencia el mayor de los valores más pequeños al buscado. En este caso se requiere que los valores estén ordenados.
- Si ordenado es FALSO se buscará una coincidencia exacta. No es necesario ordenar los valores previamente. En caso de que el valor buscado exista más de una vez, se devuelve el valor asociado a la primera ocurrencia encontrada. Si no se halla el valor, de devuelve '#N/A'.

7.1.2.4 EJEMPLO BUSCARV

	A	B	C	D	E	F	G	H	I
1	Val1	Val2	Val3	Val4	Valor buscado	Ind_col	Ord	Resultado	Formulas
2	1	Ene	Lunes	Enero	2	1	1	2	=BUSCARV(E2;$A$2:$D$13;F2;G2)
3	2	Feb	Martes	Febrero	2	2	1	Feb	=BUSCARV(E3;$A$2:$D$13;F3;G3)
4	3	Mar	Miércoles	Marzo	2	3	1	Martes	=BUSCARV(E4;$A$2:$D$13;F4;G4)
5	4	Abr	Jueves	Abril	2	4	1	Febrero	=BUSCARV(E5;$A$2:$D$13;F5;G5)
6	5	May	Viernes	Mayo	5	4	1	Mayo	=BUSCARV(E6;$A$2:$D$13;F6;G6)
7	6	Jun	Sábado	Junio	0	3	1	#N/A	=BUSCARV(E7;$A$2:$D$13;F7;G7)
8	7	Jul	Domingo	Julio	13	3	1	Viernes	=BUSCARV(E8;$A$2:$D$13;F8;G8)
9	8	Ago	Lunes	Agosto	13	3	0	#N/A	=BUSCARV(E9;$A$2:$D$13;F9;G9)
10	9	Sep	Martes	Septiembre	2	0	1	#¡VALOR!	=BUSCARV(E10;$A$2:$D$13;F10;G10)
11	10	Oct	Miércoles	Octubre	2	8	1	#¡REF!	=BUSCARV(E11;$A$2:$D$13;F11;G11)
12	11	Nov	Jueves	Noviembre					
13	12	Dic	Viernes	Diciembre					

Las fórmulas que se indican son las que se hallan en la columna H.

7.1.2.5 EJEMPLO BUSCARH

	A	B	C	D	E	F	G	H
1	Val1	1	2	3	4	5	6	7
2	Val2	Lunes	Martes	Miércoles	Jueves	Viernes	Sábado	Domingo
3	Val3	LUN	MAR	MIÉ	JUE	VIE	SÁB	DOM
4	Val4	M	N	O	P	Q	R	S
5								
6								
7	Valor busc	Ind_fil	Ord	Resultado	Formulas			
8	2	1	1	2	=BUSCARH(A8;$A$1:$G$4;B8;C8)			
9	2	2	1	Martes	=BUSCARH(A9;$A$1:$G$4;B9;C9)			
10	2	3	1	MAR	=BUSCARH(A10;$A$1:$G$4;B10;C10)			
11	2	4	1	N	=BUSCARH(A11;$A$1:$G$4;B11;C11)			
12	0	4	1	#N/A	=BUSCARH(A12;$A$1:$G$4;B12;C12)			
13	8	4	1	S	=BUSCARH(A13;$A$1:$G$4;B13;C13)			
14	8	4	0	#N/A	=BUSCARH(A14;$A$1:$G$4;B14;C14)			

Las fórmulas que se indican son las que se hallan en la columna D.

7.1.3 Función: IMPORTARDATOSDINAMICOS

7.1.3.1 DESCRIPCIÓN

Esta función permite recuperar datos de una tabla dinámica siempre y cuando los valores que hay que recuperar estén presentes.

Si el dato que hay que recuperar no está disponible o no existe se devuelve '#¡REF!'.

7.1.3.2 SINTAXIS:

IMPORTARDATOSDINAMICOS(campo_datos,tabla_dinámica,campo1,elemento1,campo2,elemento2,...)

7.1.3.3 ARGUMENTOS SINTAXIS

Argumento	Comentario
campo_datos	Campo que se desea recuperar.
tabla_dinámica	Referencia a una celda cualquiera que se halle en el rango que contiene el informe de la tabla dinámica que hay que tratar.
campo1, elemento1	Nombre de campo y elemento que hay que recuperar dentro de la tabla dinámica.
campo2, elemento2, ...	Resto de parejas que permiten indicar el dato que hay que recuperar.

7.1.3.4 EJEMPLO 1

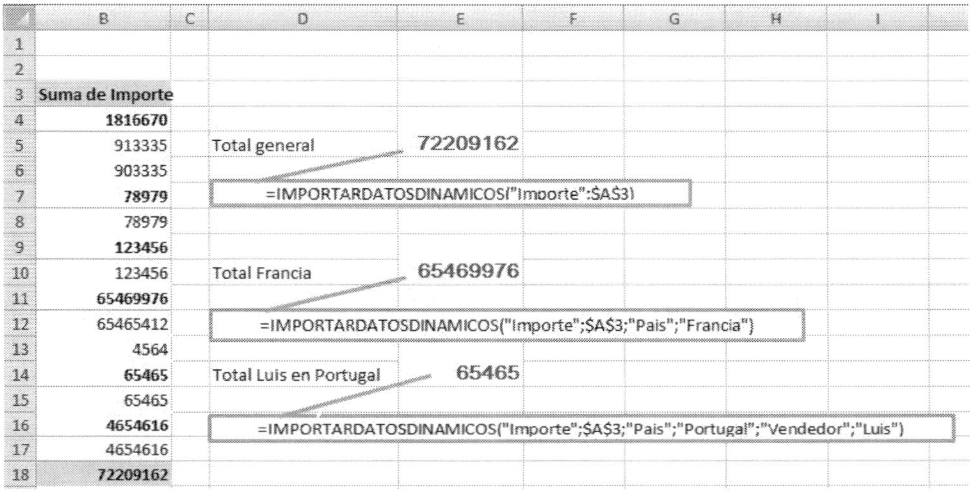

7.1.4 Función: COINCIDIR

7.1.4.1 DESCRIPCIÓN

Esta función busca un determinado valor en un rango dado y devuelve la posición en la que se halla. En función del orden en el que se hallen los valores dentro del rango y del tipo de coincidencia indicado, podemos obtener diferentes resultados.

7.1.4.2 SINTAXIS:

COINCIDIR(valor_buscado; matriz_buscada; tipo_de_coincidencia])

7.1.4.3 ARGUMENTOS

Argumento	Comentario	Obligatorio
valor_ buscado	Valor que se desea buscar en la matriz buscada. Admite los comodines ? y *, los cuales indican que puede haber un carácter cualquiera en una posición concreta o una cadena de texto cualquiera respectivamente.	S

	Por ejemplo, para buscar el número 123 utilizando comodines se puede indicar 1?3, o bien*3. Si lo que se desea buscar es precisamente un ? o un *, se ha de anteponer la tilde (~) a dichos caracteres. No se distinguen mayúsculas de minúsculas en las búsquedas.	
matriz_ **buscada**	Rango de celdas en el que se buscará el valor indicado. Este rango ha de ser unidimensional (los valores han de estar indicados en una fila o en una columna).	S
tipo_de_ **coincidencia**	Indica cómo ha de coincidir el valor buscado con los valores de la matriz buscada. Por defecto el valor es 1.	N

Tipo de coincidencia

Tipo	Explicación
1	Los valores de la matriz que hay que buscar deben estar ordenados ascendentemente. Devuelve la posición del elemento cuyo valor es igual o menor, siendo éste el mayor del resto de elementos de la matriz. Por ejemplo, si buscamos el valor 6 en la colección 0,4,6,8,9, el resultado será 3, ya que el 6 está en la tercera posición. Si buscamos el valor 5, el resultado será 2, ya que el 4 es el mayor de los valores más pequeños que 5.
0	Devuelve la posición del primer elemento cuyo valor coincida exactamente con el mismo valor que se está buscando. El orden de los elementos en la matriz buscada es indiferente.
-1	Los valores de la matriz que hay que buscar deben estar ordenados descendentemente.

	Devuelve la posición del elemento cuyo valor es igual o mayor, siendo éste el menor del resto de elementos de la matriz. Por ejemplo, si buscamos el valor 6 en la colección 9,8,7,6,4,-1, el resultado será 4, ya que el 6 está en la cuarta posición. Ahora bien, si buscamos el valor 2 dentro de la colección de valores, el resultado será 5 ya que en la posición 5 se halla el valor 4, que es el primer valor mayor que 3.

7.1.4.4 EJEMPLO

	A	B	C	D	E	F	G
1		RangVal		Tipo búsqueda	Valor buscado	Resultado	Fórmulas
2	V	1		1	6	4	=COINCIDIR(E2;B2:B8;D2)
3	A	3		0	6	#N/A	=COINCIDIR(E3;B2:B8;D3)
4	L	4		-1	6	#N/A	=COINCIDIR(E4;B2:B8;D4)
5	O	5					
6	R	7		Tipo búsqueda	Valor buscado	Resultado	Fórmulas
7	E	8		1	7	5	=COINCIDIR(E7;B2:B8;D7)
8	S	9		0	7	5	=COINCIDIR(E8;B2:B8;D8)
9				-1	7	#N/A	=COINCIDIR(E9;B2:B8;D9)

En este ejemplo, se pueden observar los resultados correspondientes a la búsqueda de un valor inexistente (6) en el rango de valores (B2:B8) y de otro valor existente (7). Observamos que el resultado del tipo de búsqueda (-1) en ambos casos es '#N/A', ya que la lista no está ordenada descendentemente.

7.1.5 Función: ELEGIR

7.1.5.1 DESCRIPCIÓN

Esta función devuelve un valor de una lista de argumentos en función del argumento **num_indice**.

7.1.5.2 SINTAXIS:

ELEGIR(núm_índice;valor1;valor2;...)

7.1.5.3 ARGUMENTOS

Argumento	Comentario	Obligatorio
num_indice	Indica la posición de la lista de valores en la que se halla el valor a devolver. El índice ha de estar comprendido entre 1 y 254. Si el índice es menor que 1 o su valor es mayor que el número de valores existentes, la función devuelve '#¡VALOR!'. Si el índice no es un número entero, su valor se truncará antes de ser utilizado.	S
valor1;valor2; ...;valorN	Cada uno de los valores que puede devolver la función.	S

7.1.5.4 EJEMPLO 1

	A	B	C	D
1		Indice	Resultado	Fórmulas
2		2	FEB	=ELEGIR(B2;"ENE";"FEB";"MAR";"ABR";"MAY""JUN")
3		4	ABR	=ELEGIR(B3;"ENE";"FEB";"MAR";"ABR";"MAY""JUN")
4		8	#¡VALOR!	=ELEGIR(B4;"ENE";"FEB";"MAR";"ABR";"MAY""JUN")
5		3	MAR	=ELEGIR(B5;"ENE";"FEB";"MAR";"ABR";"MAY""JUN")
6		1	ENE	=ELEGIR(B6;"ENE";"FEB";"MAR";"ABR";"MAY""JUN")

En este ejemplo, se puede observar como el índice (B4), cuyo valor es 8, devuelve como resultado '#¡VALOR!' ya que la función no posee tantos valores definidos.

7.1.5.5 EJEMPLO 2

	A	B	C	D	E
1	10		Indice	Resultado	Fórmulas
2	20		4	90	=SUMA(ELEGIR(C2;A1:A2;A2:A3;A3:A4;A4:A5))
3	30		2	50	=SUMA(ELEGIR(C3;A1:A2;A2:A3;A3:A4;A4:A5))
4	40		3	70	=SUMA(ELEGIR(C4;A1:A2;A2:A3;A3:A4;A4:A5))
5	50		1	30	=SUMA(ELEGIR(C5;A1:A2;A2:A3;A3:A4;A4:A5))
6					
7			1	60	=ELEGIR(C7;SUMA(A1:A3);SUMA(A2:A4);SUMA(A3:A5))
8			3	120	=ELEGIR(C8;SUMA(A1:A3);SUMA(A2:A4);SUMA(A3:A5))
9			2	90	=ELEGIR(C9;SUMA(A1:A3);SUMA(A2:A4);SUMA(A3:A5))

En este ejemplo, podemos observar que ELEGIR decide qué rango es el que se ha de sumar (ver fórmulas en D2:D5) en función del índice, o bien cuál es la suma que debe realizarse (fórmulas en D7:D9).

7.1.6 Función: HIPERVÍNCULO

7.1.6.1 DESCRIPCIÓN

Esta función permite crear un acceso directo a un documento o recurso almacenado en nuestro PC, o bien en la red (Intranet o Internet) a la que tengamos acceso.

Para acceder al recurso, bastará con hacer clic sobre la celda que contiene dicho hipervínculo.

7.1.6.2 SINTAXIS:

HIPERVINCULO(ubicación_del_vínculo;nombre_descriptivo)

7.1.6.3 ARGUMENTOS

Argumento	Comentario	Obligatorio
ubicación_del_vínculo	URL o dirección en la que se halla el documento o recurso al que se desea acceder.	S
nombre_descriptivo	Texto que aparecerá como descripción del hipervínculo. En el caso de no indicar un nombre descriptivo, se utiliza la propia ubicación del recurso.	N

7.1.6.4 EJEMPLO

	A	B
1	Web de Ra-Ma	=HIPERVINCULO("http://www.ra-ma.es/";"Web de Ra-Ma")
2	Directorio temporal	=HIPERVINCULO("c:\Temp";"Directorio temporal")
3	c:\Temp	=HIPERVINCULO("c:\Temp")
4	Temporal	=HIPERVINCULO(B6;B7)
5		
6	Dirección	C:\Windows\System32\notepad.exe
7	Rótulo	Temporal

En el primer caso (A1) accederíamos a la web de Ra-Ma. En los 2 siguientes (A2 y A3) se abriría un directorio con el explorador. En el último caso (A4) se abriría el Bloc de Notas (Notepad.exe).

7.2 "MATEMÁTICAS Y TRIGONOMÉTRICAS"

7.2.1 Función: SUMAR.SI

7.2.1.1 DESCRIPCIÓN

Esta función permite sumar los valores de un rango que cumplen una determinada condición.

Es posible sumar los valores de un rango aplicando el criterio que determina si se ha de sumar o no a otro rango distinto.

7.2.1.2 SINTAXIS:

SUMAR.SI(rango,criterio,[rango_suma])

7.2.1.3 ARGUMENTOS SINTAXIS 1

Argumento	Comentario	Obligatorio
rango	Rango de celdas que hay que evaluar.	S
criterio	Criterio que hay que evaluar.	S
rango_suma	Rango que contendrá los valores que hay que sumar.	N

Consideraciones a tener en cuenta:

- Los valores en blanco y los de texto no se tienen en cuenta a la hora de aplicar el criterio de comparación.
- Si el rango_suma no tiene el mismo tamaño que rango, se calculará el tamaño que ha de tratarse a partir de la celda inicial del mismo más las filas y columnas existentes en rango.
- Es posible utilizar los comodines en las comparaciones para indicar cualquier carácter en una determinada posición ('?') o cualquier número de caracteres ('*').
- Se puede utilizar una celda en la comparación utilizando expresiones como =SUMAR.SI(A2:B7;">"&E7;A2:B7), donde la comparación requiere que el valor sea mayor que el contenido de la celda E7.

7.2.1.4 EJEMPLO

	A	B	C	D	E	F
1	Val1	Val2	Val3	Val4	Resultado	Fórmulas
2	5	35	A	C	30	=SUMAR.SI(A2:A7;">20")
3	10	40	B	Paco	60	=SUMAR.SI(A2:A7;">20";B2)
4	15		C	B	95	=SUMAR.SI(C3:C8;"B";B3)
5	20	50	Juan	C	240	=SUMAR.SI(A2:B7;">"&E7;A2:B7)
6		55	B	C	80	=SUMAR.SI(C2:D7;"*u*";A2:B7)
7	30	60	C	Juan	30	=SUMAR.SI(A2:B7;"<=15")

7.2.2 Función: ABS

7.2.2.1 DESCRIPCIÓN

Esta función devuelve el valor absoluto de un número, es decir, el número sin su signo.

7.2.2.2 SINTAXIS:

ABS(número)

7.2.2.3 ARGUMENTOS

Argumento	Comentario	Obligatorio
número	Valor sobre el que se le quiere eliminar el signo.	S

7.2.2.4 EJEMPLO

	A	B	C
1	Valor	Resultado	Fórmula
2	123	123	=ABS(A2)
3	-123	123	=ABS(A3)
4	0,123	0,123	=ABS(A4)
5	-0,123	0,123	=ABS(A5)
6		56	=ABS(-56)

7.2.3 Función: ENTERO

7.2.3.1 DESCRIPCIÓN

Esta función redondea un número hasta su entero inferior más próximo.

7.2.3.2 SINTAXIS:

ENTERO(número)

7.2.3.3 ARGUMENTOS

Argumento	Comentario	Obligatorio
número	Valor que se quiere redondear.	S

7.2.3.4 EJEMPLO

	A	B	C
1	Valor	Resultado	Fórmula
2	123	123	=ENTERO(A2)
3	-123	-123	=ENTERO(A3)
4	0,123	0	=ENTERO(A4)
5	-0,123	-1	=ENTERO(A5)
6		123	=ENTERO(123,123)
7		-124	=ENTERO(-123,123)

Se puede observar que el entero inferior más próximo a -0.123 es el -1.

7.2.4 Función: REDONDEAR/REDONDEAR.MAS /REDONDEAR.MENOS

7.2.4.1 DESCRIPCIÓN

Este grupo de funciones permite redondear un valor numérico en función del número de decimales que interese expresar.

El redondeo normal (REDONDEAR) funciona de manera que si el primer dígito que se va a despreciar es mayor o igual a 5, el digito que le precede se incrementa en una unidad. Si el primer dígito que hay que despreciar es menor que 5, se desprecia sin más.

REDONDEAR.MAS fuerza a que el redondeo sea ‘al alza’.

REDONDEAR.MENOS redondea ‘a la baja’.

7.2.4.2 SINTAXIS:

REDONDEAR(número; núm_decimales)

REDONDEAR.MAS(número; núm_decimales)

REDONDEAR.MENOS(número; núm_decimales)

7.2.4.3 ARGUMENTOS

Argumento	Comentario	Obligatorio
número	Valor que se quiere redondear.	S
núm_decimales	Número de decimales a los que se quiere redondear el número indicado.	S

7.2.4.4 EJEMPLOS

	A	B	C	D
1	Valor	Num.Decimales	Resultado	Fórmula
2	12345,12345	2	12345,12	=REDONDEAR(A2;B2)
3	-12345,5678	3	-12345,568	=REDONDEAR(A3;B3)
4	0,12345	3	0,123	=REDONDEAR(A4;B4)
5	0,5678	1	0,6	=REDONDEAR(A5;B5)
6	12345,5678	-2	12300	=REDONDEAR(A6;B6)
7	1234567,56	-4	1230000	=REDONDEAR(A7;B7)
8				
9	Valor	Num.Decimales	Resultado	Fórmula
10	12345,12345	2	12345,13	=REDONDEAR.MAS(A10;B10)
11	-12345,5678	3	-12345,568	=REDONDEAR.MAS(A11;B11)
12	0,12345	3	0,124	=REDONDEAR.MAS(A12;B12)
13	0,567	1	0,6	=REDONDEAR.MAS(A13;B13)
14	12345,5678	-2	12400	=REDONDEAR.MAS(A14;B14)
15	1234567,56	-4	1240000	=REDONDEAR.MAS(A15;B15)
16				
17	Valor	Num.Decimales	Resultado	Fórmula
18	12345,12345	2	12345,12	=REDONDEAR.MENOS(A10;B10)
19	-12345,5678	3	-12345,567	=REDONDEAR.MENOS(A11;B11)
20	0,12345	3	0,123	=REDONDEAR.MENOS(A12;B12)
21	0,5678	1	0,5	=REDONDEAR.MENOS(A13;B13)
22	12345,5678	-2	12300	=REDONDEAR.MENOS(A14;B14)
23	1234567,56	-4	1230000	=REDONDEAR.MENOS(A15;B15)

7.2.5 Función: TRUNCAR

7.2.5.1 DESCRIPCIÓN

Esta función permite truncar un número despreciando una serie de dígitos según el argumento indicado.

7.2.5.2 SINTAXIS:

TRUNCAR(número; núm_decimales)

7.2.5.3 ARGUMENTOS

Argumento	Comentario	Obligatorio
número	Valor que se quiere truncar.	S
núm_decimales	Número de decimales a los que se quiere truncar el número indicado. Un número de decimales positivo provocará que se desprecien los decimales que queden a la derecha de dicha posición. Un número de decimales negativo significa que el truncamiento se produce a la izquierda de la coma decimal, teniendo en cuenta que las unidades corresponden al num_decimal 0, las decenas al num_decimal 1 y así sucesivamente. Si no se indica ningún número de decimales, se asume 0.	N

7.2.5.4 EJEMPLOS

	A	B	C	D
1	Valor	Num.Decimales	Resultado	Fórmula
2	12345,12345	2	12345,12	=TRUNCAR(A2;B2)
3	-12345,678	0	-12345	=TRUNCAR(A3;B3)
4	0,12345	3	0,123	=TRUNCAR(A4;B4)
5	0,5678	1	0,5	=TRUNCAR(A5;B5)
6	12345,5678	-2	12300	=TRUNCAR(A6;B6)
7	1234567,56	-4	1230000	=TRUNCAR(A7;B7)

7.2.6 Función: BDSUMAPRODUCTO

7.2.6.1 DESCRIPCIÓN

Esta función multiplica elementos entre matrices y devuelve la suma de sus productos.

7.2.6.2 SINTAXIS:

SUMAPRODUCTO(matriz1;matriz2;matriz3; ...)

7.2.6.3 ARGUMENTOS

Argumento	Comentario
matriz1;matriz2;...	Cada una de las matrices que hay que multiplicar.

7.2.6.4 OBSERVACIONES

Los valores no numéricos son considerados como 0.

Las matrices han de tener el mismo rango o se producirá el error '#¡VALOR!'.

7.2.6.5 EJEMPLO BDSUMAPRODUCTO

	A	B	C	D	E	F
1	10	2	20	1	10	3
2	20	4	80	2	40	4
3	30	6	180	3	90	a
4	40	8	320	4	160	6
5	50	10	500	5	250	b
6			**1100**		**550**	
7						
8	**Resultado**	**Fórmula**				
9	**1100**	=SUMAPRODUCTO(B1:B5;C1:C5)				
10	**550**	=SUMAPRODUCTO(B1:B5;{1\2\3\4\5})				
11	**350**	=SUMAPRODUCTO(A1:A5;F1:F5)				
12	**#¡VALOR!**	=SUMAPRODUCTO(A1:A5;B1:B3)				

7.2.7 Función: POTENCIA

7.2.7.1 DESCRIPCIÓN

Esta función devuelve el resultado de elevar un número (base) a otro (exponente).

7.2.7.2 SINTAXIS:

POTENCIA(número;exponente)

7.2.7.3 ARGUMENTOS

Argumento	Comentario
número	Número que hay que elevar (base).
exponente	Numero al que se eleva la base.

7.2.7.4 OBSERVACIONES

También es posible sustituir esta función por el uso del acento circunflejo (^).

7.2.7.5 EJEMPLO POTENCIA

	A	B	C	D
1	Base	Exponente	Resultado	Fórmulas
2	3	2	9	=POTENCIA(A2;B2)
3	9	1/2	3	=POTENCIA(A3;B3)
4	2	-2	0,25	=POTENCIA(A4;B4)
5	64	5/2	32768	=POTENCIA(A5;B5)
6	32768	2/5	64	=POTENCIA(A6;B6)
7	3	2	9	=A7^B7

7.2.8 Función: RESIDUO

7.2.8.1 DESCRIPCIÓN

Esta función devuelve el resto de la división de un número (dividendo) por otro (divisor).

7.2.8.2 SINTAXIS:

RESIDUO(número;num_divisor)

7.2.8.3 ARGUMENTOS

Argumento	Comentario
número	Dividendo.
num_divisor	Divisor.

7.2.8.4 OBSERVACIONES

Si el divisor es 0, se produce el error '#¡DIV/0!'.

7.2.8.5 EJEMPLO POTENCIA

	A	B	C	D
1	Dividendo	Divisor	Resultado	Fórmulas
2	3	2	**1**	=RESIDUO(A2;B2)
3	9	4	**1**	=RESIDUO(A3;B3)
4	5	-2	**-1**	=RESIDUO(A4;B4)
5	64	5	**4**	=RESIDUO(A5;B5)
6	32768	123	**50**	=RESIDUO(A6;B6)
7	6	0	**#¡DIV/0!**	=RESIDUO(A7;B7)

7.3 "BASES DE DATOS"

7.3.1 Función: BDCONTAR/BDCONTARA

7.3.1.1 DESCRIPCIÓN

Esta función permite contar el número de celdas que cumplen una determinada condición y que contienen números (BDCONTAR) o celdas no vacías (BDCONTARA).

7.3.1.2 SINTAXIS:

BDCONTAR(base_de_datos;nombre_de_campo;criterios)

BDCONTARA(base_de_datos;nombre_de_campo;criterios)

7.3.1.3 ARGUMENTOS SINTAXIS

Argumento	Comentario
base_de_datos	Rango de celdas que representa la base de datos (filas y columnas).
nombre_de_campo	Rótulo que representa la columna sobre la que se contarán las celdas con valores numéricos (BDCONTAR) o celdas no vacías (BDCONTARA). También se puede indicar un número representando el número de la columna dentro del rango.
criterios	Rangos que contienen los criterios que hay que evaluar.

Consideraciones a tener en cuenta:

- Cada campo que hay que tratar en el criterio se indica en una columna.
- Si un mismo campo se ha de utilizar varias veces en un criterio 'Y' se ha de indicar en varias columnas. (Por ejemplo, Vtas>=10 Y Vtas<=20.)
- Los criterios que han de tratarse como 'Y' deben situarse en la misma fila.
- Los criterios que se tratan como 'O' se indican en filas distintas.

7.3.1.4 EJEMPLO BDCONTAR

Base de datos:

	A	B	C	D	E	F	G
1	**Vendedor**	**VentasT1**	**Eval**	**VentasT2**	**VentasT3**	**VentasT4**	**Total**
2	Juan	1.100		2.300	1.800	2.100	7.300
3	Luis	2.300	a	1.100	2.300	1.650	7.350
4	Maria	1.800	2	2.300	1.600	1.800	7.502
5	Paco	2.100		1.800	1.600	1.100	6.600
6	Susana	1.900	1	2.100	1.100	2.300	7.401

Criterios:

I	J	K
Vendedor	VentasT1	VentasT2
=*a*	>=1500	
=?u*		>=2300
VentasT1	VentasT2	VentasT3
>1500	>=2300	<2000

Resultados:

8	Resultado	Fórmula
9	2	=BDCONTAR(A1:C6;"Eval";I1:J2)
10		Vendedor con alguna 'a' y VentasT1>=1500
11		
12	2	=BDCONTAR(A1:C6;C1;I1:J2)
13		Vendedor con alguna 'a' y VentasT1>=1500
14		
15	2	=BDCONTAR(A1:D6;C1;I1:K3)
16		Vendedor con alguna 'a' y VentasT1>=1500 o Vendedor con 'u' en la segunda letra y VentasT2>=2300
17		
18	1	=BDCONTAR(A1:E6;C1;I6:K7)
19		VentasT1>1500 Y VentasT2>=2300 Y VentasT3<2000

7.3.1.5 EJEMPLO BDCONTARA

Base de datos:

	A	B	C	D	E	F	G
1	Vendedor	VentasT1	Eval	VentasT2	VentasT3	VentasT4	Total
2	Juan	1.100	4	2.300	1.800	1.600	6.804
3	Luis	2.300		1.100	2.300	1.650	7.350
4	Maria	1.800	a	2.300	1.600	1.500	7.200
5	Paco	2.100	b	1.800	1.600	1.100	6.600
6	Susana	1.900		2.100	1.100	2.300	7.400

Criterios:

I	J	K
Vendedor	VentasT1	VentasT2
=*a*	>=1500	
=?u*		>=2300
VentasT1	VentasT2	VentasT3
>1500	>=2300	<2000

Resultados BDCONTARA:

8	Resultado	Fórmula
9	2	=BDCONTARA(A1:C6;"Eval";I1:J2)
10		Vendedor con alguna 'a' y VentasT1>=1500
11		
12	2	=BDCONTARA(A1:C6;C1;I1:J2)
13		Vendedor con alguna 'a' y VentasT1>=1500
14		
15	3	=BDCONTARA(A1:D6;C1;I1:K3)
16		Vendedor con alguna 'a' y VentasT1>=1500 o Vendedor con 'u' en la segunda letra y VentasT2>=2300
17		
18	1	=BDCONTARA(A1:E6;C1;I6:K7)
19		VentasT1>1500 Y VentasT2>=2300 Y VentasT3<2000

7.3.2 Función: BDEXTRAER

7.3.2.1 DESCRIPCIÓN

Esta función permite extraer el valor que cumple con unas determinadas condiciones.

7.3.2.2 SINTAXIS:

BDEXTRAER(base_de_datos;nombre_de_campo;criterios)

7.3.2.3 ARGUMENTOS SINTAXIS

Argumento	Comentario
base_de_datos	Rango de celdas que representa la base de datos (filas y columnas).
nombre_de_campo	Rótulo que representa la columna sobre la que se obtendrá el valor a devolver.
criterios	Rangos que contienen los criterios que hay que evaluar.

Consideraciones que hay que tener en cuenta:

- Si no hay ningún registro que coincida con los criterios indicados, se devolverá '#¡VALOR!'.

- Si existe más de un registro que cumpla con el criterio, se devolverá '#¡NUM!'.

7.3.2.4 EJEMPLO

Ejemplo BDEXTRAER:

Base de datos:

	A	B	C	D	E	F	G
1	Vendedor	VentasT1	Eval	VentasT2	VentasT3	VentasT4	Total
2	Juan	1.100	4	2.300	1.800	1.600	6.804
3	Luis	2.300		1.100	2.300	1.650	7.350
4	Maria	1.800	a	2.300	1.600	1.500	7.200
5	Paco	2.100	b	1.800	1.600	1.100	6.600
6	Susana	1.900		2.100	1.100	2.300	7.400

Criterios

I	J	K
Vendedor	VentasT1	VentasT2
=Juan	<=1500	
=?u*		>=2300
VentasT1	VentasT2	VentasT3
=1100	>=2300	<2000
Vendedor		
Paco		

Resultados

	Resultado	Fórmula
9	4	=BDEXTRAER(A1:C6;"Eval";I1:J2)
10		Vendedor con nombre 'Juan' y VentasT1<=1500
11		
12	Juan	=BDEXTRAER(A1:C6;A1;I6:I7)
13		Vendedor con VentasT1=1100
14		
15	4	=BDEXTRAER(A1:D6;C1;I1:K3)
16		Vendedor con alguna 'a' y VentasT1<=1500 o Vendedor con 'u' en la segunda letra y VentasT2>=2300
17		
18	6600	=BDEXTRAER(A1:G6;"Total";I9:I10)
19		VentasT1>1000 Y VentasT2>=2300 Y VentasT3<2000

7.3.3 Función: BDMAX/BDMIN

7.3.3.1 DESCRIPCIÓN

Estas funciones devuelven el valor máximo (BDMAX) o mínimo (BDMIN) que cumple con unas determinadas condiciones dentro de un rango (base de datos) de valores.

7.3.3.2 SINTAXIS:

BDMAX(base_de_datos;nombre_de_campo;criterios)

BDMIN(base_de_datos;nombre_de_campo;criterios)

7.3.3.3 ARGUMENTOS SINTAXIS

Argumento	Comentario
base_de_datos	Rango de celdas que representa la base de datos (filas y columnas).
nombre_de_campo	Rótulo que representa la columna sobre la que se obtendrá el valor a devolver.
criterios	Rangos que contienen los criterios que hay que evaluar.

Consideraciones a tener en cuenta:

- Si no hay ningún registro que coincida con los criterios indicados, se devolverá '#¡VALOR!'.
- Si existe más de un registro que cumpla con el criterio, se devolverá '#¡NUM!'.

7.3.3.4 EJEMPLO BDMAX/BDMIN

Base de datos:

	A	B	C	D	E	F	G
1	Vendedor	VentasT1	Eval	VentasT2	VentasT3	VentasT4	Total
2	Juan	1.100	4	2.300	1.800	1.600	6.804
3	Luis	2.300		1.100	2.300	1.650	7.350
4	Maria	1.800	a	2.300	1.600	1.500	7.200
5	Paco	2.100	b	1.800	1.600	1.100	6.600
6	Susana	1.900		2.100	1.100	2.300	7.400

Criterios:

I	J	K
Vendedor	VentasT1	VentasT2
=*a*	>=1500	
=?u*		>=2300
VentasT1	VentasT2	VentasT3
>1500	>=2300	<2000

Resultados:

8	Resultado	Fórmula
9	2.100	=BDMAX(A1:B6;"VentasT1";I1:I2)
10		Vendedor con alguna 'a'.
11		
12	7200	=BDMAX(A1:G6;G1;I6:J7)
13		Vendedor con VentasT1>=1500 y VentasT2>=2300
14		
15	1100	=BDMIN(A1:G6;B1;K6:K7)
16		Vendedor VentasT3<2000
17		
18	7200	=BDMIN(A1:G6;G1;I6:K7)
19		VentasT1>1500 Y VentasT2>=2300 Y VentasT3<2000

7.3.4 Función: BDPRODUCTO

7.3.4.1 DESCRIPCIÓN

Esta función multiplica los valores de una columna de una base de datos cuyas filas cumplan con unas determinadas condiciones.

7.3.4.2 SINTAXIS:

BDPRODUCTO(base_de_datos;nombre_de_campo;criterios)

7.3.4.3 ARGUMENTOS SINTAXIS

Argumento	Comentario
base_de_datos	Rango de celdas que representa la base de datos (filas y columnas).
nombre_de_campo	Rótulo que representa la columna que se utilizará para multiplicar los valores que pertenezcan a las filas que cumplen con los criterios.
criterios	Rangos que contienen los criterios que hay que evaluar.

7.3.4.4 EJEMPLO 1

Ejemplo BDPRODUCTO:

	A	B	C	D	E	F	G
1	Criterio	Val1	Val2		Criterio	Criterio	Criterio
2	Dias semana	7	5		=Meses	=Meses	=Dias semana
3	Meses	12	11		=Semanas mes	=Dias mes	=Horas
4	Dias mes	30	31			=Horas	
5	Horas	24	8				
6	Semanas mes	4	5				
7							
8	Resultado	Fórmula					
9	48	=BDPRODUCTO($A$1:$B$6;"Val1";E1:E3)					
10		Total de semanas					
11							
12	360	=BDPRODUCTO($A$1:$B$6;"Val1";F1:F3)					
13		Total de días año					
14							
15	8.640	=BDPRODUCTO($A$1:$B$6;"Val1";F1:F4)					
16		Total horas anuales					
17							
18	40	=BDPRODUCTO(A1:C6;"Val2";G1:G3)					
19		Total horas de trabajo semanales					

7.3.5 Función: BDSUMA

7.3.5.1 DESCRIPCIÓN

Esta función suma los valores de una columna de una base de datos cuyas filas cumplan con unas determinadas condiciones.

7.3.5.2 SINTAXIS:

BDSUMA(base_de_datos;nombre_de_campo;criterios)

7.3.5.3 ARGUMENTOS SINTAXIS

Argumento	Comentario
base_de_datos	Rango de celdas que representa la base de datos (filas y columnas).
nombre_de_campo	Rótulo que representa la columna que se utilizará para multiplicar los valores que pertenezcan a las filas que cumplen con los criterios.
criterios	Rangos que contienen los criterios que hay que evaluar.

7.3.5.4 EJEMPLO

Ejemplo BDSUMA:

	A	B	C	D	E	F	G	H	I	J	K
1	Nombre	Sexo	Edad	Peso	Puntos		Sexo	Edad	Edad	Puntos	Sexo
2	Juan	H	15	55	9		=H	>=16	<20	<8	
3	Luis	H	16	60	8						=M
4	Maria	M	20	58	6						
5	Paco	H	18	78	7						
6	Susana	M	17	62	9						
7											
8	Resultado			Fórmula							
9	193	=BDSUMA($A$1:$E$6;"Peso";K1:K3)									
10		Suma el peso de todos los hombres.									
11											
12	138	=BDSUMA($A$1:$E$6;"Peso";G1:I2)									
13		Suma el peso de todos los hombres cuya edad es mayor o igual a 16 y menor que 20.									
14											
15	13	=BDSUMA($A$1:$E$6;E1;J1:J2)									
16		Suma los puntos de todas las personas que tengan menos de 8 puntos.									
17											
18	198	=BDSUMA($A$1:$E$6;"Peso";J1:K3)									
19		Suma los puntos de todas las personas que tengan menos de 8 puntos o que sean mujeres.									

7.4 "TEXTO"

7.4.1 Función: CONCATENAR

7.4.1.1 DESCRIPCIÓN

Mediante esta función, es posible concatenar 2 ó más cadenas de texto dando como resultado una única cadena.

También es posible concatenar 2 cadenas de texto utilizando el símbolo & de forma que, =A1&A2 equivale a =CONCATENAR(A1;A2).

7.4.1.2 SINTAXIS:

CONCATENAR (texto1;texto2; ...)

7.4.1.3 ARGUMENTOS

Argumento	Comentario	Obligatorio
texto1;texto2;...;textoN	Cadenas de texto que serán concatenadas. No se pueden concatenar más de 255 cadenas de texto.	N

7.4.1.4 EJEMPLO

	A	B	C
1	**Cadenas de texto**	**Resultado**	**Fórmulas**
2	Esto	Estoesunaprueba	=CONCATENAR(A2;A3;A4;A5)
3	es	Esto es una prueba	=CONCATENAR(A2;A6;A3;A6;A4;A6;A5)
4	una	una prueba Esto es	=CONCATENAR(A4;A6;A5;A6;A2;A6;A3)
5	prueba	Esto es una prueba	=CONCATENAR(A2;" ";A3;" ";A4;" ";A5)
6		Esto es una prueba	=A2&A6&A3&A6&A4&A6&A5

La celda A6 contiene un espacio en blanco (aunque en la imagen no se pueda ver).

7.4.2 Función: DECIMAL

7.4.2.1 DESCRIPCIÓN

Esta función devuelve una cadena de texto a partir de un número al que da formato según el número de decimales indicado separando o no los millares

7.4.2.2 SINTAXIS:

DECIMAL(número;decimales;no_separar_millares)

7.4.2.3 ARGUMENTOS

Argumento	Comentario	Obligatorio
número	Número que se desea formatear.	N
decimales	Indica el número de decimales que queremos visualizar.	N
no_separar_millares	Admite los valores VERDADERO o FALSO para admitir que no se separen los miles o viceversa, respectivamente.	N

7.4.2.4 EJEMPLO

	A	B	C	D	E
1	**Número**	**Decimales**	**No_Separar_miles**	**Resultado**	**Fórmulas**
2	12345,12345	0	VERDADERO	12345	=DECIMAL(A2;B2;C2)
3	12345,12345	2	FALSO	12.345,12	=DECIMAL(A3;B3;C3)
4	-12345,1235	1	VERDADERO	-12345,1	=DECIMAL(A4;B4;C4)
5	12345,12345	3	FALSO	12.345,123	=DECIMAL(A5;B5;C5)

7.4.3 Función: DERECHA/IZQUIERDA

7.4.3.1 DESCRIPCIÓN

Estas funciones devuelven los últimos (DERECHA) o los primeros (IZQUIERDA) caracteres de una cadena de texto en función de un parámetro indicado por el usuario.

7.4.3.2 SINTAXIS:

DERECHA(texto;núm_de_caracteres)

7.4.3.3 ARGUMENTOS

Argumento	Comentario	Obligatorio
texto	Texto al que se desea extraer los caracteres.	N
núm_de_caracteres	Núm_de_caracteres debe ser mayor o igual a cero. Si el número de caracteres indicado es mayor a la longitud del texto, se devolverá todo el texto. Si no se especifica, como número de caracteres se interpretará 1.	N

7.4.3.4 EJEMPLO

	A	B	C	D
1	**Cadena**	**Num Car**	**Resultado**	**Fórmula**
2	1234567890	3	890	=DERECHA(A2;B2)
3	PRUEBA	4	UEBA	=DERECHA(A3;B3)
4	HOLA MUNDO		O	=DERECHA(A4)
5				
6	**Cadena**	**Num Car**	**Resultado**	
7	1234567890	3	123	=IZQUIERDA(A7;B7)
8	PRUEBA	4	PRUE	=IZQUIERDA(A8;B8)
9	HOLA MUNDO		H	=IZQUIERDA(A9)

7.4.4 Función: ESPACIOS

7.4.4.1 DESCRIPCIÓN

Elimina espacios superfluos de una cadena

7.4.4.2 SINTAXIS:

ESPACIOS(texto)

7.4.4.3 ARGUMENTOS

Argumento	Comentario	Obligatorio
texto	Texto al que se desea eliminar los espacios que no interesan.	N

7.4.4.4 EJEMPLO

	A	B	C
1	**Texto**	**Resultado**	**Fórmulas**
2	esta es una prueba	esta es una prueba	=ESPACIOS(A2)
3	esta es una prueba	esta es una prueba	=ESPACIOS(A3)

7.4.5 Función: EXTRAE

7.4.5.1 DESCRIPCIÓN

Extrae un número de caracteres de una cadena a partir de una posición inicial.

7.4.5.2 SINTAXIS:

EXTRAE(texto;posición_inicial;núm_de_caracteres)

7.4.5.3 ARGUMENTOS

Argumento	Comentario	Obligatorio
texto	Texto al que se desea extraer los caracteres.	N
posición_inicial	Posición a partir de la cual se desea extraer caracteres. Este valor ha de ser 1 o mayor.	S
núm_de_caracteres	Número de caracteres que hay que extraer. No puede ser negativo.	N

7.4.5.4 EJEMPLO

	A	B	C	D	E
1	**Cadena**	**Pos.Inicial**	**Num Car**	**Resultado**	**Fórmula**
2	1234567890	2	3	234	=EXTRAE(A2;B2;C2)
3	PRUEBA	3	4	UEBA	=EXTRAE(A3;B3;C3)
4	HOLA MUNDO	1	2	HO	=EXTRAE(A4;B4;C4)
5	HOLA MUNDO	-1	2	#¡VALOR!	=EXTRAE(A5;B5;C5)
6	HOLA MUNDO	2	20	OLA MUNDO	=EXTRAE(A6;B6;C6)

7.4.6 Función: HALLAR

7.4.6.1 DESCRIPCIÓN

Esta función busca una cadena de texto dentro de otra y devuelve la posición donde empieza la cadena buscada.

7.4.6.2 SINTAXIS

HALLAR(texto_buscado;dentro_del_texto;[num_inicial])

7.4.6.3 ARGUMENTOS

Argumento	Comentario	Obligatorio
texto_buscado	Texto que se está buscando.	N
dentro_del_texto	Texto sobre el que se desea buscar.	N
[num_inicial]	Número de carácter a partir del cual se desea realizar la búsqueda. Si no se indica nada, se asume 1 por defecto.	N

7.4.6.4 EJEMPLO

	A	B	C	D	E
1	Texto buscado	Dentro del texto	Pos.Inicial	Resultado	Fórmula
2	234	1234567890	1	2	=HALLAR(A2;B2;C2)
3	UE	PRUEBA	1	3	=HALLAR(A3;B3;C3)
4	ND	HOLA MUNDO	1	8	=HALLAR(A4;B4;C4)
5	NADA	HOLA MUNDO	1	#¡VALOR!	=HALLAR(A5;B5;C5)
6	A M	HOLA MUNDO	1	4	=HALLAR(A6;B6;C6)
7	ES	ES LO QUE ES	2	11	=HALLAR(A7;B7;C7)

Observe que el texto existente en la celda A7 (ES) es localizado en la posición 11 del texto que contiene B7 (ES LO QUE ES) ya que como posición inicial se ha indicado 2.

7.4.7 Función: IGUAL

7.4.7.1 DESCRIPCIÓN

Compara 2 cadenas de texto y devuelve VERDADERO sin son exactamente iguales. Si no son iguales, devuelve FALSO. Tiene en cuenta mayúsculas y minúsculas pero no formatos.

7.4.7.2 SINTAXIS:

IGUAL(texto1;text2)

7.4.7.3 ARGUMENTOS

Argumento	Comentario	Obligatorio
texto1	Texto a comparar 1.	N
texto2	Texto a comparar 2.	N

7.4.7.4 EJEMPLO

	A	B	C	D
1	**Texto1**	**Texto2**	**Resultado**	**Fórmulas**
2	UNO	UNO	VERDADERO	=IGUAL(A2;B2)
3	UNO	Uno	FALSO	=IGUAL(A3;B3)
4	12.345,00	12345	VERDADERO	=IGUAL(A4;B4)
5	12/10/2009	lunes, 12 de octubre de 2009	VERDADERO	=IGUAL(A5;B5)

7.4.8 Función: LARGO

7.4.8.1 DESCRIPCIÓN

Esta función devuelve el número de caracteres que compone una cadena.

7.4.8.2 SINTAXIS:

LARGO(texto)

7.4.8.3 ARGUMENTOS

Argumento	Comentario	Obligatorio
texto	Texto a medir.	N

7.4.8.4 EJEMPLO

	A	B	C
1	**Texto**	**Resultado**	**Fórmula**
2	12345	5	=LARGO(A2)
3		0	=LARGO(A3)
4	Es una prueba de largo	22	=LARGO(A4)

7.4.9 Función: LIMPIAR

7.4.9.1 DESCRIPCIÓN

Esta función permite eliminar los caracteres no imprimibles que pueda contener una cadena de texto. En ocasiones, es posible que al copiar un texto en una celda, se incluyan caracteres de control y otros especiales que suelen existir en los documentos al principio, al final o para provocar saltos de página, etc.

Normalmente, estos caracteres corresponden a los caracteres de la tabla ASCII del 0 al 31.

7.4.9.2 SINTAXIS:

LIMPIAR(texto)

7.4.9.3 ARGUMENTOS

Argumento	Comentario	Obligatorio
texto	Texto a limpiar.	N

7.4.9.4 EJEMPLO

	A	B	C
1	**Texto**	**Resultado**	**Fórmula**
2	Es □ una prueba	Es una prueba	=LIMPIAR(A2)
3	Es □ otra □ prueba	Es otra prueba	=LIMPIAR(A3)

Para conseguir introducir un carácter no imprimible, se ha utilizado la siguiente expresión:

="Es "&CARACTER(9)&" otra "&CARACTER(9)&" prueba"

7.4.10 Función: MAYUSC/MINUSC

7.4.10.1 DESCRIPCIÓN

Estas funciones convierten a mayúsculas o minúsculas todos los caracteres de una cadena de texto.

7.4.10.2 SINTAXIS:

MAYUSC(texto)

MINUSC(texto)

7.4.10.3 ARGUMENTOS

Argumento	Comentario	Obligatorio
texto	Texto a limpiar.	N

7.4.10.4 EJEMPLO

	A	B	C
1	**Texto**	**Resultado**	**Fórmula**
2	Es una prueba de MAYUSC	ES UNA PRUEBA DE MAYUSC	=MAYUSC(A2)
3	AbCdEfGhIj	ABCDEFGHIJ	=MAYUSC(A3)
4			
5	**Texto**	**Resultado**	**Fórmula**
6	Es una prueba de MAYUSC	es una prueba de mayusc	=MINUSC(A6)
7	AbCdEfGhIj	abcdefghij	=MINUSC(A7)

7.4.11 Función: NOMPROPIO

7.4.11.1 DESCRIPCIÓN

Esta función convierte a mayúsculas las primeras letras de cada palabra y a minúsculas el resto. Además de la primera palabra de la cadena de texto, también convierte aquellas que van precedidas de un carácter que no sea una letra.

7.4.11.2 SINTAXIS:

NOMPROPIO (texto)

7.4.11.3 ARGUMENTOS

Argumento	Comentario	Obligatorio
texto	Texto a convertir.	N

7.4.11.4 EJEMPLO

	A	B	C
1	**Texto**	**Resultado**	**Fórmula**
2	Es una prueba de MAYUSC	Es Una Prueba De Mayusc	=NOMPROPIO(A2)
3	AbCdEfGhIj	Abcdefghij	=NOMPROPIO(A3)
4	otra/prueba;de-nompropio	Otra/Prueba;De-Nompropio	=NOMPROPIO(A4)

7.4.12 Función: REEMPLAZAR

7.4.12.1 DESCRIPCIÓN

Reemplaza una cadena de texto en función del número de caracteres indicado.

7.4.12.2 SINTAXIS:

REEMPLAZAR(texto_original;núm_inicial;núm_de_caracteres;texto_nuevo)

7.4.12.3 ARGUMENTOS

Argumento	Comentario	Obligatorio
texto_original	Texto sobre el que se efectuará el reemplazo.	N
núm_inicial	Posición a partir de la cual se procederá a reemplazar.	S
núm_de_caracteres	Número de caracteres a reemplazar.	N
texto_nuevo	Texto que sustituye a los caracteres reemplazados.	N

7.4.12.4 EJEMPLO

	A	B	C	D	E	F
1	Texto original	N.Inicial	N.Caracteres	Texto Nuevo	Resultado	Fórmula
2	ABCDEFGHIJK	6	2	*TN*	ABCDE*TN*HIJK	=REEMPLAZAR(A2;B2;C2;D2)
3	Es una prueba	4	3	otra	Es otra prueba	=REEMPLAZAR(A3;B3;C3;D3)
4	LUN MAR MIE JUE VIE	9	3	123	LUN MAR 123 JUE VIE	=REEMPLAZAR(A4;B4;C4;D4)

7.4.13 Función: T

7.4.13.1 DESCRIPCIÓN

Esta función analiza el valor que se le pasa como argumento, de forma que si el argumento es un texto, devuelve dicho texto, pero, en caso de que no sea texto (un número o VERDADERO) devuelve un nulo.

7.4.13.2 SINTAXIS:

T(texto)

7.4.13.3 ARGUMENTOS

Argumento	Comentario	Obligatorio
texto	Texto a analizar.	N

7.4.13.4 EJEMPLO

	A	B	C
1	Texto	Resultado	Fórmula
2	Es un texto	Es un texto	=T(A2)
3	123		=T(A3)
4	12/10/2009		=T(A4)
5	VERDADERO		=T(A5)
6	*/,	*/,	=T(A6)

7.5 "LÓGICAS"

7.5.1 Función: FALSO

7.5.1.1 DESCRIPCIÓN

Esta función devuelve el valor lógico FALSO.

También es posible escribir FALSO en las fórmulas directamente, ya que Excel lo interpretará como dicho valor lógico.

7.5.1.2 SINTAXIS:

FALSO()

7.5.1.3 ARGUMENTOS

No tiene.

7.5.1.4 EJEMPLO

	A	B	C
1	**Valor**	Comparación	**Fórmula**
2	123	FALSO	=IGUAL(A2;FALSO)
3	FALSO	VERDADERO	=IGUAL(A3;FALSO())
4	FALSO	VERDADERO	=IGUAL(A4;FALSO())

7.5.2 Función: NO

7.5.2.1 DESCRIPCIÓN

Esta función invierte el valor lógico del argumento.

Si el argumento es 0, lo interpreta como FALSO y al invertir su valor devuelve VERDADERO. Si el argumento es un número distinto de 0, lo interpreta como verdadero y, por tanto, al invertir su valor devolverá FALSO.

Si el argumento es alfanumérico, devolverá el texto '#¡VALOR!'.

7.5.2.2 SINTAXIS:

NO(valor_logico)

7.5.2.3 ARGUMENTOS

Argumento	Comentario	Obligatorio
valor_logico	Valor a invertir.	N

7.5.2.4 EJEMPLO

	A	B	C
1	**Valor**	Resultado	**Fórmula**
2	0	VERDADERO	=NO(A2)
3	123	FALSO	=NO(A3)
4	VERDADERO	FALSO	=NO(A4)
5	FALSO	VERDADERO	=NO(A5)
6	ABC	#¡VALOR!	=NO(A6)

7.5.3 Función: O

7.5.3.1 DESCRIPCIÓN

Esta función devuelve VERDADERO si alguno de los argumentos analizados es VERDADERO. Si todos los argumentos son falsos, devolverá FALSO.

7.5.3.2 SINTAXIS:

O(valor_logico1;valor_logico2;...)

7.5.3.3 ARGUMENTOS

Argumento	Comentario	Obligatorio
valor_logico1;valor_logico2;...	Valor a analizar.	N

7.5.3.4 EJEMPLO

	A	B	C	D	E
1	VL1	VL2	VL3	Resultado	Fórmula
2	VERDADERO	FALSO	FALSO	VERDADERO	=O(A2;B2;C2)
3	FALSO	FALSO	FALSO	FALSO	=O(A3;B3;C3)
4	FALSO	FALSO	VERDADERO	VERDADERO	=O(A4;B4;C4)
5	VERDADERO	VERDADERO	VERDADERO	VERDADERO	=O(A5;B5;C5)

7.5.4 Función: SI

7.5.4.1 DESCRIPCIÓN

Esta función permite devolver un valor u otro en función de si el primer argumento es verdadero o falso.

7.5.4.2 SINTAXIS:

SI(prueba_lógica;valor_si_verdadero;valor_si_falso)

7.5.4.3 ARGUMENTOS

Argumento	Comentario	Obligatorio
prueba_lógica	Valor que ha de indicar si es VERDADERO o FALSO.	N
valor_si_verdadero	Valor que devolverá si el resultado de la prueba lógica es VERDADERO.	N
valor_si_falso	Valor que devolverá si la prueba lógica resulta FALSO.	N

7.5.4.4 EJEMPLO

	A	B	C	D
1	Valor1	Valor2	Resultado	Fórmula
2	A	A	IGUALES	=SI(A2=B2;"IGUALES";"DIFERENTES")
3	10	20	MENOR	=SI(A3>B3;"MAYOR";"MENOR")
4	VERDADERO	FALSO	DIFERENTES	=SI(A4=B4;"IGUALES";"DIFERENTES")
5	-10		10	=SI(A5>0;A5;-A5)

7.5.5 Función: VERDADERO

7.5.5.1 DESCRIPCIÓN

Esta función devuelve el valor lógico VERDADERO.

También es posible escribir VERDADERO en las fórmulas directamente, ya que Excel lo interpretará como dicho valor lógico.

7.5.5.2 SINTAXIS:

VERDADERO()

7.5.5.3 ARGUMENTOS

No tiene.

Argumento	Comentario	Obligatorio
texto	Texto a analizar	N

7.5.5.4 EJEMPLO

	A	B	C
1	Valor	Comparación	Fórmula
2	123	FALSO	=IGUAL(A2;VERDADERO)
3	VERDADERO	VERDADERO	=IGUAL(A3;VERDADERO())
4	VERDADERO	VERDADERO	=IGUAL(A4;VERDADERO())

7.5.6 Función: Y

7.5.6.1 DESCRIPCIÓN

Esta función devuelve VERDADERO si todos sus argumentos son VERDADEROS. Si alguno de sus argumentos es falso, devolverá FALSO.

7.5.6.2 SINTAXIS:

Y(valor_logico1;valor_logico2;...)

7.5.6.3 ARGUMENTOS

Argumento	Comentario	Obligatorio
valor_logico1;valor_logico2;...	Valor a analizar.	N

7.5.6.4 EJEMPLO

	A	B	C	D	E
1	**VL1**	**VL2**	**VL3**	**Resultado**	**Fórmula**
2	VERDADERO	FALSO	FALSO	FALSO	=Y(A2;B2;C2)
3	FALSO	FALSO	FALSO	FALSO	=Y(A3;B3;C3)
4	FALSO	FALSO	VERDADERO	FALSO	=Y(A4;B4;C4)
5	VERDADERO	VERDADERO	VERDADERO	VERDADERO	=Y(A5;B5;C5)

7.6 "INFORMACIÓN"

7.6.1 Función: CELDA

7.6.1.1 DESCRIPCIÓN

Esta función devuelve VERDADERO si todos sus argumentos son VERDADEROS. Si alguno de sus argumentos es falso, devolverá FALSO.

7.6.1.2 SINTAXIS:

CELDA (tipo_de_info;[referencia])

7.6.1.3 ARGUMENTOS

Argumento	Comentario	Obligatorio
tipo_de_info	Tipo de información que se desea obtener.	S
[referencia]	Se utiliza para indicar sobre qué celda se desea la información. Si no se especifica, se utiliza como referencia la última celda cambiada. En el caso de especificar un rango, se utilizará la celda de la esquina superior del mismo como referencia.	N

Tipo de información

Tipo	Comentario
ANCHO	Ancho de la columna.
NOMBREARCHIVO	Nombre del archivo en el que se halla la celda. Devuelve nulo si el archivo aún no se ha guardado.
COLOR	Devuelve 1 si posee formato de color para negativos.
COLUMNA	Número de columna.
CONTENIDO	Valor que contiene la celda.
DIRECCION	Devuelve la referencia en forma de texto.

<table>
<tr><td>FILA</td><td>El número de fila de la referencia.</td></tr>
<tr><td>FORMATO</td><td>Texto que devuelve el tipo de formato que posee la celda.</td></tr>
<tr><td>PARENTESIS</td><td>Devuelve 1 si el formato de la celda es con paréntesis para valores positivos.</td></tr>
<tr><td>PREFIJO</td><td>Devuelve un valor que indica el tipo de alineación del texto. Los valores son:
<table>
<tr><th>Valor</th><th>Alineación</th></tr>
<tr><td>‘</td><td>Izquierda.</td></tr>
<tr><td>“</td><td>Derecha.</td></tr>
<tr><td>^</td><td>Centrado.</td></tr>
<tr><td>\</td><td>De relleno.</td></tr>
<tr><td>Nulo</td><td>Cualquier otro valor.</td></tr>
</table></td></tr>
<tr><td>PROTEGER</td><td>Devuelve 1 si la celda está bloqueada y 0 en caso contrario.</td></tr>
<tr><td>TIPO</td><td>Indica el tipo contenido de la celda. Puede ser:
<table>
<tr><th>Tipo</th><th>Contenido</th></tr>
<tr><td>b</td><td>Celda vacía (blanco).</td></tr>
<tr><td>r</td><td>Contiene rótulos (textos fijos).</td></tr>
<tr><td>v</td><td>Contiene valores.</td></tr>
</table></td></tr>
</table>

7.6.1.4 EJEMPLO

	A	B	C	D	E	F	G	H
1	**Valor**	**Tipo Info.**	**Resultado**					
2	-12.345,12	ANCHO	10					
3		NOMBREARCHIVO	C:_Formacion\segunda_tanda\Ej_Excel\[funciones_medio.xls]CELDA					
4		COLOR	1					
5		COLUMNA	1					
6		CONTENIDO	-12345,12					
7		DIRECCION	$A$2					
8		FILA	2					
9		FORMATO	.2-					
10		PARENTESIS	0					
11		PREFIJO						
12		PROTEGER	1					
13		TIPO	v					

La celda de referencia en todos los casos analizados por 'Tipo.Info' es la celda A2.

7.6.2 Función: ESBLANCO

7.6.2.1 DESCRIPCIÓN

Esta función devuelve VERDADERO si el valor analizado es nulo (por ejemplo, el que tiene una celda vacía). En caso contrario, devuelve FALSO.

7.6.2.2 SINTAXIS:

ESBLANCO(valor)

7.6.2.3 ARGUMENTOS

Argumento	Comentario	Obligatorio
valor	Valor a analizar.	N

7.6.2.4 EJEMPLO

	A	B	C
1	Valor	Resultado	Fórmula
2		VERDADERO	=ESBLANCO(A2)
3		FALSO	=ESBLANCO(A3)
4	123	FALSO	=ESBLANCO(A4)

En la celda A2 se ha introducido el carácter espacio y, por esa razón, la función devuelve FALSO.

7.6.3 Función: ESERROR

7.6.3.1 DESCRIPCIÓN

Esta función devuelve VERDADERO si el valor analizado contiene un error de cualquiera de los tipos: '#N/A', '#¡VALOR!', '#¡REF!', '#¡DIV/0!', '#¡NUM!', '#¿NOMBRE?' o '#¡NULO!'.

7.6.3.2 SINTAXIS:

ESERROR(valor)

7.6.3.3 ARGUMENTOS

Argumento	Comentario	Obligatorio
valor	Valor a analizar.	N

7.6.3.4 EJEMPLO

	A	B	C	D
1	Contenido columna 'Valor'	Valor	Resultado	Fórmula
2	=1/0	#¡DIV/0!	VERDADERO	=ESERROR(B2)
3	=a^3	#¿NOMBRE?	VERDADERO	=ESERROR(B3)
4	=COINCIDIR("A";A2:A3;0)	#N/A	VERDADERO	=ESERROR(B4)
5	=2+2	4	FALSO	=ESERROR(B5)

7.6.4 Función: ESNUMERO/ESTEXTO

7.6.4.1 DESCRIPCIÓN

Estas funciones devuelven VERDADERO si el valor analizado contiene un número o un texto (respectivamente para ESNUMERO y ESTEXTO).

7.6.4.2 SINTAXIS:

ESNUMERO(valor)

ESTEXTO(valor)

7.6.4.3 ARGUMENTOS

Argumento	Comentario	Obligatorio
valor	Valor a analizar.	N

7.6.4.4 EJEMPLO

	A	B	C
1	Valor	Resultado	Fórmula
2	12345,12	VERDADERO	=ESNUMERO(A2)
3	ABCDEFG	FALSO	=ESNUMERO(A3)
4	12/10/2009	VERDADERO	=ESNUMERO(A4)
5			
6	Valor	Resultado	Fórmula
7	12345,12	FALSO	=ESTEXTO(A2)
8	ABCDEFG	VERDADERO	=ESTEXTO(A3)
9	12/10/2009	FALSO	=ESTEXTO(A4)

7.6.5 Función: N

7.6.5.1 DESCRIPCIÓN

Esta función devuelve un número a partir de un valor. Los resultados irán en función de las siguientes consideraciones:

- Si el valor es numérico, devuelve el propio valor.
- Si es un valor lógico, devuelve 1 para VERDADERO y 0 para FALSO.
- Si se trata de una fecha, devuelve el número que representa dicha fecha en formato interno (número de días transcurridos desde el 01/01/1900).
- Si se trata de un error. Devuelve el propio error.
- En cualquier otro caso, devuelve un 0.

7.6.5.2 SINTAXIS:

N(valor)

7.6.5.3 ARGUMENTOS

Argumento	Comentario	Obligatorio
valor	Valor a convertir en número.	N

7.6.5.4 EJEMPLO

	A	B	C
1	**Valor**	**Resultado**	**Fórmula**
2	12345,12	12345,12	=N(A2)
3	VERDADERO	1	=N(A3)
4	FALSO	0	=N(A4)
5	12/10/2009	40098	=N(A5)
6	ABC	0	=N(A6)
7	#¡DIV/0!	#¡DIV/0!	=N(A7)

7.7 "ESTADÍSTICAS"

7.7.1 Función: CONTAR

7.7.1.1 DESCRIPCIÓN

Esta función cuenta el número de celdas que contienen números a partir de una serie de argumentos que representan rangos. Para tener en cuenta un valor como numérico, se atienden las siguientes consideraciones:

- Se cuentan como valores numéricos los números, fechas y los valores indicados expresamente como argumentos que sean valores lógicos o números entre comillas.
- No se cuentan los valores con error.
- No se cuentan celdas vacías.

7.7.1.2 SINTAXIS:

CONTAR(valor1; [valor2],...)

7.7.1.3 ARGUMENTOS

Argumento	Comentario	Obligatorio
valor1;valor2;...	Valores que representan a los rangos sobre los que hay que contar.	N

7.7.1.4 EJEMPLO

	A	B	C	D
1	**Valor**	**Resultado1**	**Resultado2**	**Fórmula**
2	12345,12	1	2	=CONTAR(A2:A8)
3	VERDADERO	0	1	=CONTAR(A3:A9)
4	FALSO	0	4	=CONTAR(A2;A5;VERDADERO;VERDADERO)
5	12/10/2009	1	2	=CONTAR(A2:A3;A5:A6)
6	ABC	0	11	=CONTAR(A2:B10)
7	#¡DIV/0!	0	1	=CONTAR(A3:A5)
8		0	2	=CONTAR(A5:A8;VERDADERO)
9	"1"	0	1	=CONTAR(A6:A9;VERDADERO)
10	"1"	0	0	=CONTAR(A7:A10)

7.7.2 Función: CONTAR.BLANCO

7.7.2.1 DESCRIPCIÓN

Esta función cuenta el número de celdas en blanco que existen en un rango. Si una celda contiene una función que devuelve una celda vacía, también será contada.

7.7.2.2 SINTAXIS:

CONTAR.BLANCO(rango)

7.7.2.3 ARGUMENTOS

Argumento	Comentario	Obligatorio
rango	Rango sobre el que se contarán las celdas en blanco existentes.	N

7.7.2.4 EJEMPLO

	A	B	C	D
1	**Val1**	**Val2**	**Resultados**	**Fórmula**
2	1	c	0	=CONTAR.BLANCO(A2)
3	2		1	=CONTAR.BLANCO(A2:B3)
4		d	1	=CONTAR.BLANCO(A2:A6)
5	a	3	3	=CONTAR.BLANCO(A2:B6)
6	b		2	=CONTAR.BLANCO(B2:B6)

7.7.3 Función: CONTAR.SI

7.7.3.1 DESCRIPCIÓN

Esta función cuenta el número de celdas que cumplen un determinado criterio en un rango. Si una celda contiene una función que devuelve una celda vacía, también será contada.

7.7.3.2 SINTAXIS:

CONTAR.SI(rango;criterio)

7.7.3.3 ARGUMENTOS

Argumento	Comentario	Obligatorio
rango	Rango sobre el que se contarán las celdas en blanco existentes.	S
criterio	Expresión que contiene el criterio que se va a utilizar para contar las celdas. Puede ser una referencia a celda.	S

7.7.3.4 EJEMPLO

	A	B	C	D	E
1	Val1	Val2	Criterio	Resultados	Fórmula
2	3	2		1	=CONTAR.SI(A2;">1")
3	2	A		3	=CONTAR.SI(A2:B3;">1")
4		d		5	=CONTAR.SI(A2:B4;"<>"&"")
5	a	3		2	=CONTAR.SI(A2:B5;"=a")
6	b		>2	2	=CONTAR.SI(A2:B6;C6)

7.7.4 Función: CONTARA

7.7.4.1 DESCRIPCIÓN

Esta función cuenta el número de celdas que no están vacías en un rango. Si una celda contiene una función que devuelve una celda vacía, también será contada.

7.7.4.2 SINTAXIS:

CONTARA(valor1;[valor2];...)

7.7.4.3 ARGUMENTOS

Argumento	Comentario	Obligatorio
valor1	Rango sobre el que se contarán las celdas que no están vacías.	S
valor2;...	Rangos sobre los que contar celdas no vacías.	N

7.7.4.4 EJEMPLO

	A	B	C	D
1	**Val1**	**Val2**	**Resultados**	**Fórmula**
2	1	c	1	=CONTARA(A2)
3	2		3	=CONTARA(A2:B3)
4		d	7	=CONTARA(A2:A6;B2:B6)
5	a	3	7	=CONTARA(A2:B6)
6	b		3	=CONTARA(A1;A3;A6)

7.7.5 Función: MAX/MIN

7.7.5.1 DESCRIPCIÓN

Estas funciones devuelven el valor máximo (MAX) o mínimo (MIN) existente entre los valores indicados como argumentos. Se atenderán las siguientes consideraciones:

- Los argumentos pueden ser números, nombres de rangos y referencias.
- Valores lógicos o representaciones textuales de valores numéricos, siempre que éstos estén escritos directamente en la lista de argumentos.
- No se tienen en cuenta los valores alfanuméricos ni las celdas vacías.
- Si los valores analizados no contienen números, se devuelve 0.

7.7.5.2 SINTAXIS:

MAX(numero1;numero2;...)

MIN(numero1;numero2;...)

7.7.5.3 ARGUMENTOS

Argumento	Comentario	Obligatorio
numero1	Rango sobre el que se averiguará el valor mayor (MAX) o menor (MIN).	S
numero2;...	Otros rangos sobre los que también se contarán celdas no vacías. La lista de números no puede exceder de 255.	N

7.7.5.4 EJEMPLO

	A	B	C	D
1	Val1	Val2	Resultados	Fórmula
2	1	c	3	=MAX(A2:B6)
3	2		0	=MAX(B2;B3)
4		d	25	=MAX(A2;B2;A3;A4;B5;25)
5	a	3	1	=MAX(A2:B2;A4:B4;A6:B6)
6	b		3	=MAX(MIRANGO1)
7				
8	Val1	Val2	Resultados	Fórmula
9	1	c	-5	=MIN(A2:B6)
10	2		0	=MIN(B2;B3)
11	-5	d	-25	=MIN(A2;B2;A3;A4;B5;-25)
12	a	3	-5	=MIN(A2:B2;A4:B4;A6:B6)
13	b		1	=MIN(MIRANGO1)

MIRANGO1 es un nombre de rango que representa al rango A2:B5.

7.7.6 Función: MAXA/MINA

7.7.6.1 DESCRIPCIÓN

Estas funciones devuelven el valor máximo (MAXA) o mínimo (MINA) existente entre los valores indicados como argumentos. Su funcionamiento es idéntico al de las funciones MAX y MIN pero permite utilizar valores lógicos reemplazando VERDADERO por 1 y FALSO por 0.

7.7.6.2 SINTAXIS:

MAXA(numero1;numero2;...)

MINA(numero1;numero2;...)

7.7.6.3 ARGUMENTOS

Argumento	Comentario	Obligatorio
numero1	Rango sobre el que se averiguará el valor mayor (MAXA) o menor (MINA).	S
numero2;...	Otros rangos sobre los que también se contarán celdas no vacías. La lista de números no puede exceder de 255.	N

7.7.6.4 EJEMPLO

	A	B	C	D
1	**Val1**	**Val2**	**Resultados**	**Fórmula**
2	VERDADERO		3	=MAXA(A2:B6)
3	2		0	=MAXA(B2;B3)
4		d	25	=MAXA(A2;B2;A3;A4;B5;25)
5	a	3	1	=MAXA(A2:B2;A4:B4;A6:B6)
6	b		3	=MAXA(MIRANGO1)
7				
8	**Val1**	**Val2**	**Resultados**	**Fórmula**
9	VERDADERO	c	-5	=MINA(A2:B6)
10	2	FALSO	0	=MINA(B2;B3)
11	-5	d	-25	=MINA(A2;B2;A3;A4;B5;-25)
12	a	3	-5	=MINA(A2:B2;A4:B4;A6:B6)
13	b		0	=MINA(MIRANGO1)

MIRANGO1 es un nombre de rango que representa al rango A2:B5.

Capítulo 8

HERRAMIENTAS DE AUDITORÍA

En determinadas circunstancias, es necesario poder analizar el conjunto de celdas y valores que participan directa o indirectamente en una determinada fórmula o función.

En hojas de cálculo con cierta complicación, se hace indispensable poder rastrear qué celdas participan en un cálculo, bien porque se ha producido un error, o simplemente para poder entender cómo funciona el mismo.

Para realizar estos análisis, Excel dispone de una serie de herramientas denominadas 'de auditoría', que nos ayudarán a localizar errores fácilmente.

8.1 AUDITORÍA DE FÓRMULAS

El grupo de controles de auditoría posee las siguientes funcionalidades:

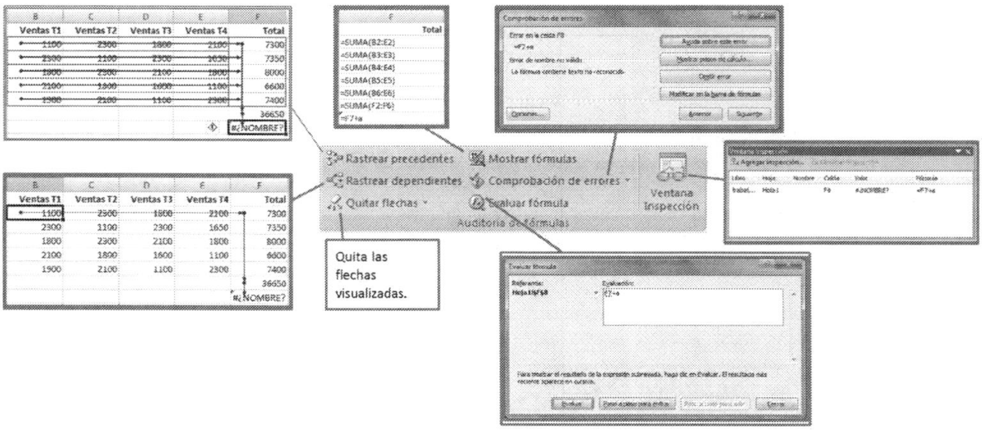

La **ventana de inspección** nos permite tener a la vista el valor de una serie de celdas de las que nos puede interesar observar permanentemente cómo van cambiando. Para insertar una celda en la ventana de inspección, basta con pulsar un clic en el botón **Agregar inspección** y, a continuación, indicar qué celda es la que se desea añadir (por ejemplo, haciendo clic sobre la celda en cuestión).

8.1.1 Agregar inspección

Supongamos que, en la celda F8, introducimos la fórmula **=F7+a** y que queremos inspeccionar los valores que va tomando cada vez que se produce un cálculo en el que se ve afectada.

Mediante la ventana de inspección, podemos **Agregar inspección** o **Eliminar inspección** para poder comprobar la evolución de los cálculos en un golpe de vista.

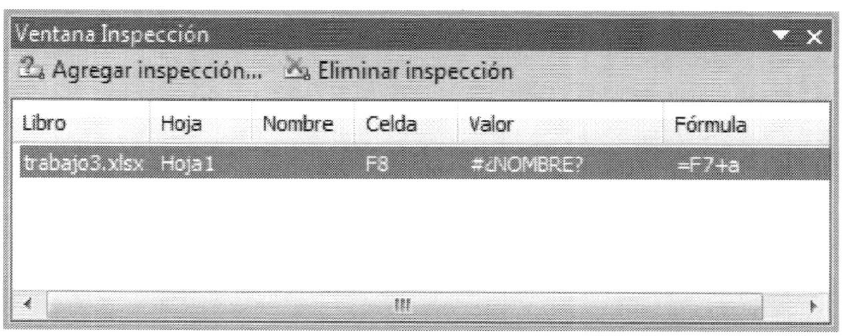

8.1.2 Evaluación paso a paso

La ventana de evaluación de fórmulas nos permite evaluar paso a paso la fórmula seleccionada y detectar en qué momento se produce cada cálculo o error.

En el ejemplo, la celda F8 contiene un error, porque estamos sumando un valor numérico con la letra 'a' (carácter alfanumérico). Con la evaluación paso a paso, podemos ver exactamente en qué momento se produce. Para ello, colocamos el cursor en la celda que queremos evaluar y ejecutamos **Evaluar** fórmula: 

Veremos que aparece el siguiente cuadro de diálogo:

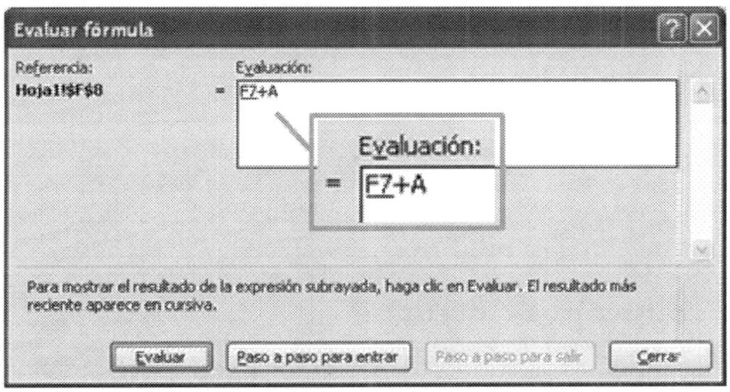

Podemos observar que la celda F7 está subrayada. Eso significa que será la primera en evaluar su resultado. Si queremos analizar más en detalle cómo se produce el cálculo, podemos pulsar en el botón **Paso a paso para entrar**, con lo que veremos que se produce una sustitución de F7 por la función que contiene, y en pantalla aparece un nivel más de información:

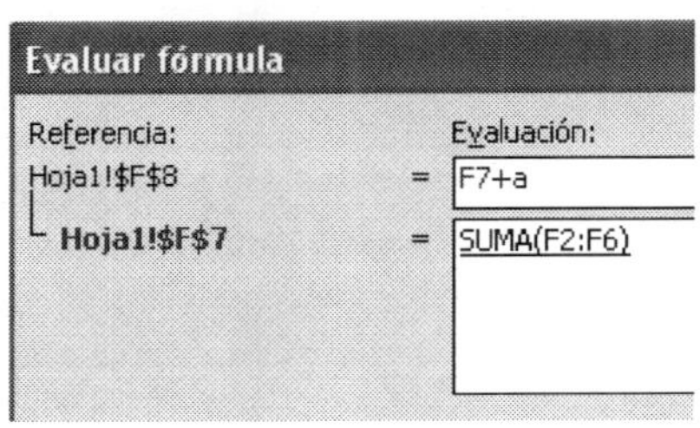

Ahora, al pulsar en **Paso a paso para salir**, se resolverá la función SUMA(F2;F6) y su resultado se colocará en la expresión inicial en lugar de F7, pasando a subrayar el siguiente operando (a), que será el que se evaluará a continuación:

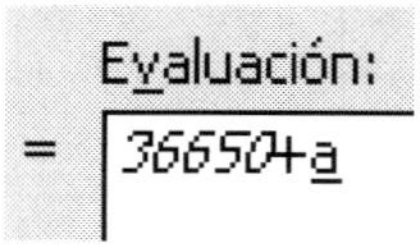

Al pulsar sobre **Evaluar**, vemos que el valor a es sustituido por un error (#¿NOMBRE?) y, ahora, la expresión que hay que resolver es la suma de un valor numérico con un error:

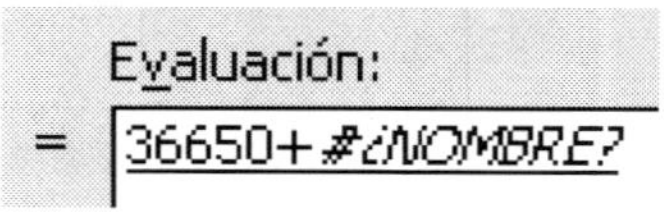

Por último, al pulsar sobre **Evaluar**, se consigue el resultado final, que, evidentemente, será un error:

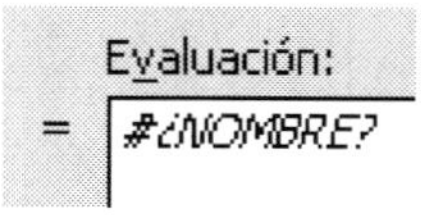

8.1.3 Comprobación de errores

Para comprobar un error, podemos colocarnos sobre la celda que contiene el error y pulsar sobre el icono , situado en el grupo de controles **Auditoría de fórmulas** ubicado en la pestaña **Fórmulas**.

En este punto aparece el cuadro de diálogo **Comprobación errores**, el cual se muestra en la siguiente imagen:

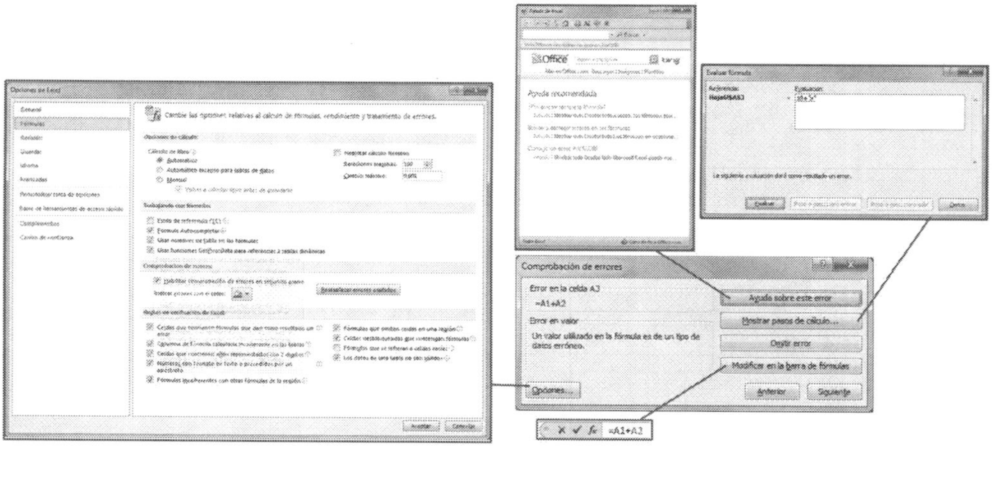

8.1.4 Rastreo de errores

A continuación, mostramos un ejemplo en el que se ha producido un error al tratar de multiplicar un valor numérico por una letra.

Concretamente, la celda E9 posee el valor 'A' y provoca un error en la celda E10, la cual contiene la fórmula: =F7+F7*E9/100.

	A	B	C	D	E	F
1	**Vendedor**	**Ventas T1**	**Ventas T2**	**Ventas T3**	**Ventas T4**	**Total**
2	Juan	1.234	2.300	1.800	2.100	**7.434**
3	Luis	2.300	1.100	2.300	1.650	**7.350**
4	Maria	1.800	2.300	2.100	1.800	**8.000**
5	Paco	2.100	1.800	1.600	1.100	**6.600**
6	Susana	1.900	2.100	1.100	2.300	**7.400**
7		**9.334**	**9.600**	**8.900**	**8.950**	**36.784**
8						
9				**Incremento**	A	
10				**Total**	#¡VALOR!	

Al hacer clic sobre el icono de **Rastrear error** (Rastrear error), observamos que aparecen unas flechas indicando cuáles son las celdas que intervienen en la fórmula, tal y como se muestra en la siguiente imagen:

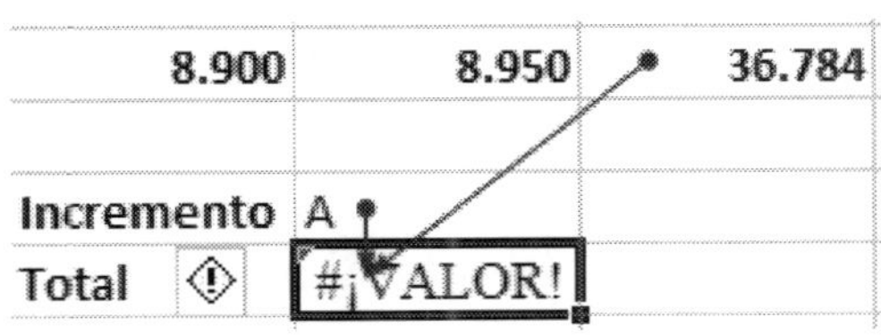

Si hacemos otro clic, se resaltan las celdas que participan en el cálculo de las celdas que preceden a los valores usados en la fórmula. También es posible ir visualizando las celdas precedentes utilizando la función **Rastrear precedentes** ( ).

Cada vez que hacemos un clic para rastrear errores, irán apareciendo flechas enlazando resultados con celdas precedentes hasta que ya no haya más celdas que asociar. A continuación, se muestran las flechas que aparecen al hacer un segundo y tercer clic sobre **Rastrear error**.

Segundo clic	Tercer clic

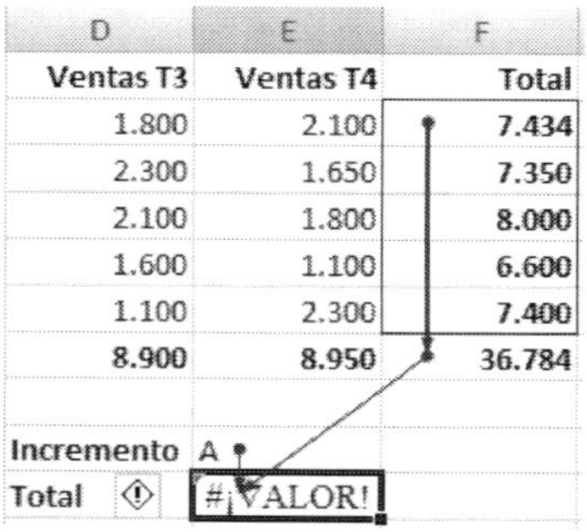

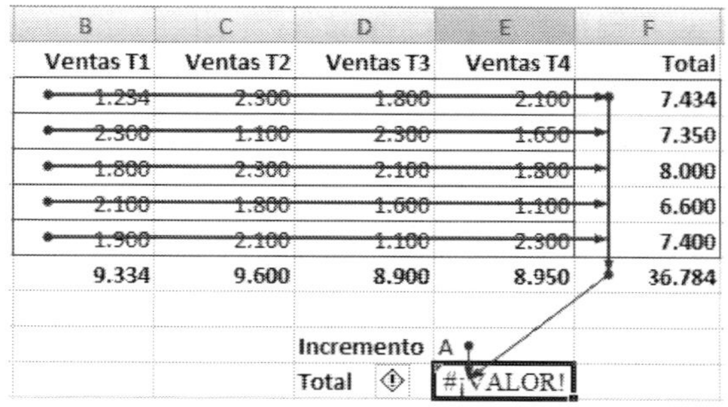

Para eliminar flechas, podemos utilizar el conjunto de opciones asociadas al icono **Quitar flechas**:

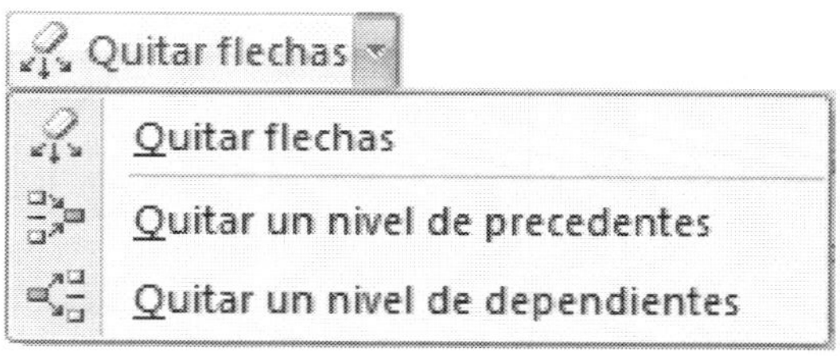

Para ir eliminando grupos de flechas precedentes, se debe utilizar la función **Quitar un nivel de precedentes** ( ). Si se desea eliminar todas las flechas, se utilizará la función **Quitar todas las flechas** ( ).

8.1.5 Rastreo de fórmulas que utilizan el valor de la celda activa

Para averiguar cuáles son las celdas sobre las que afecta el valor de una celda en concreto, podemos utilizar la función **Rastrear dependientes** ( ).

Basándonos en el ejemplo anterior, supongamos que queremos saber a qué fórmulas afecta el valor situado en la celda B2. Al igual que para el rastreo de errores, observaremos que, al ir haciendo clic sobre **Rastrear dependientes**, van apareciendo flechas que relacionan la celda en cuestión con las celdas en las que existe alguna fórmula que se verá afectada por un cambio en la misma.

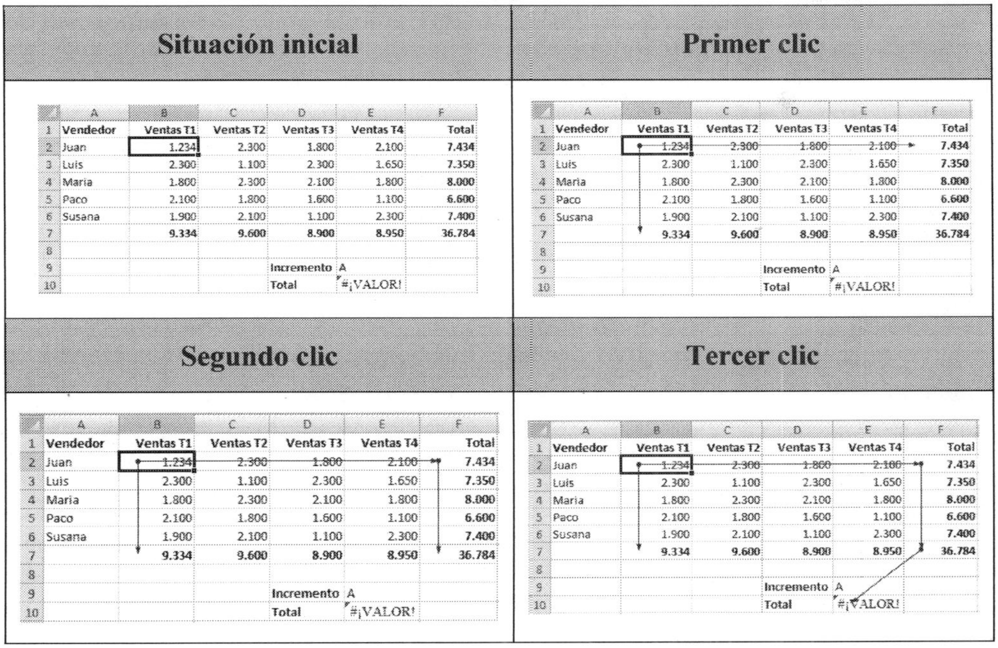

8.1.6 Buscar las celdas que crean una referencia circular

Es posible que, por error, una fórmula se referencie a sí misma en un cálculo. Cuando esto sucede, se produce un bucle (o iteración) que provoca lo que se denomina 'referencia circular'. Excel posee un valor de iteraciones por defecto, el cual impide que un cálculo se ejecute indefinidamente como consecuencia de este error.

Junto al icono de comprobación de errores, podemos observar que se halla una flechita indicando que existen más opciones asociadas a la comprobación de errores, y que sirven para rastrear un error o para detectar referencias circulares. Supongamos que en la celda E13 colocamos una fórmula que genera una referencia circular (se referencia a sí misma), tal y como indicamos a continuación:

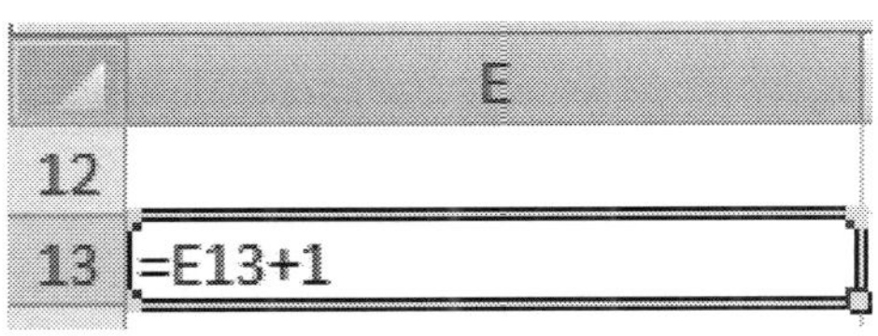

Si pulsamos sobre la flechita que existe junto al icono de comprobación de errores, veremos las siguientes opciones:

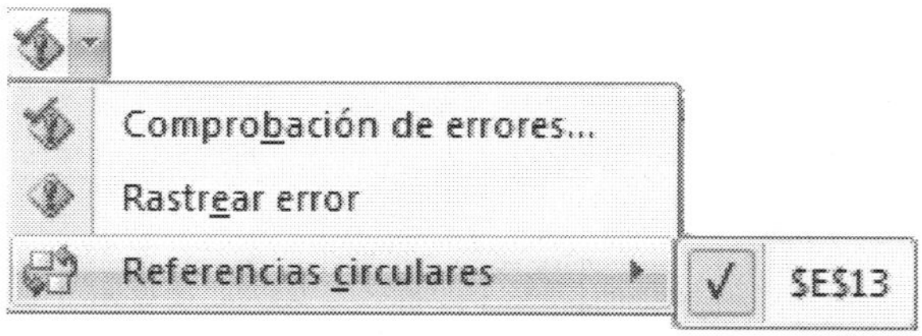

Podemos observar que la opción **Referencias circulares** nos muestra la celda que contiene la que hemos provocado en el ejemplo.

Capítulo 9

CREAR Y REVISAR TABLAS DINÁMICAS

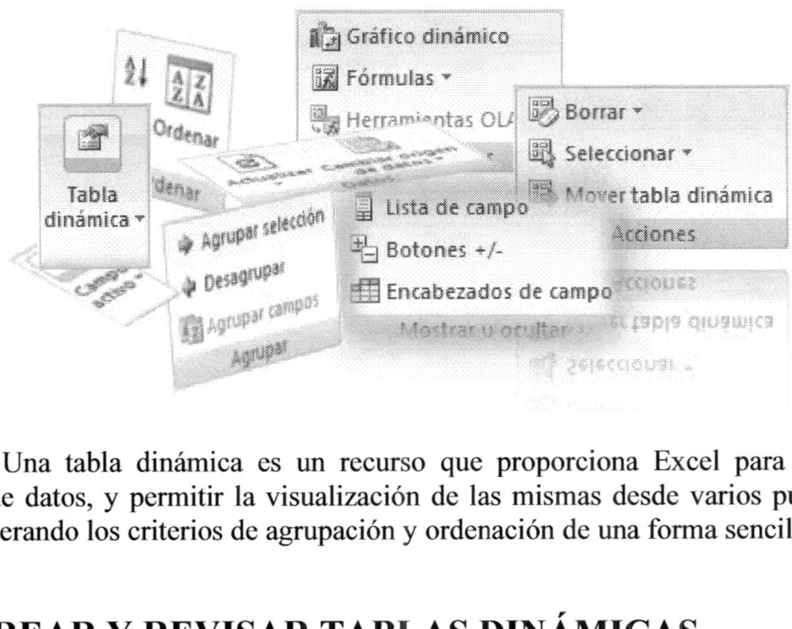

Una tabla dinámica es un recurso que proporciona Excel para resumir tablas de datos, y permitir la visualización de las mismas desde varios puntos de vista alterando los criterios de agrupación y ordenación de una forma sencilla.

9.1 CREAR Y REVISAR TABLAS DINÁMICAS

Para insertar una tabla dinámica, accederemos a la opción **Tabla dinámica**, existente en el grupo de controles **Tablas** en la pestaña **Insertar**, tal y como se destaca en la siguiente imagen:

Al hacer clic sobre el icono correspondiente a **Tabla dinámica**, aparece un cuadro de diálogo mediante el cual podemos seleccionar la fuente de datos y la ubicación de la tabla que vamos a fabricar. La opción que por defecto se propone es la de utilizar como fuente de datos una tabla o un rango.

9.1.1 Selección de una tabla o rango

Si ya hemos seleccionado un rango antes de invocar esta función, éste será el rango que determine la fuente de datos que hay que utilizar. Si no hemos seleccionado ningún rango, Excel analizará el conjunto de datos que se hallan alrededor de la celda que contenga el foco y, seguidamente, sugerirá un rango por defecto. En las siguientes imágenes, podemos comprobar cuál es el rango propuesto por defecto a partir de haber situado el foco en la celda B5:

Muestra de datos	Cuadro de diálogo
	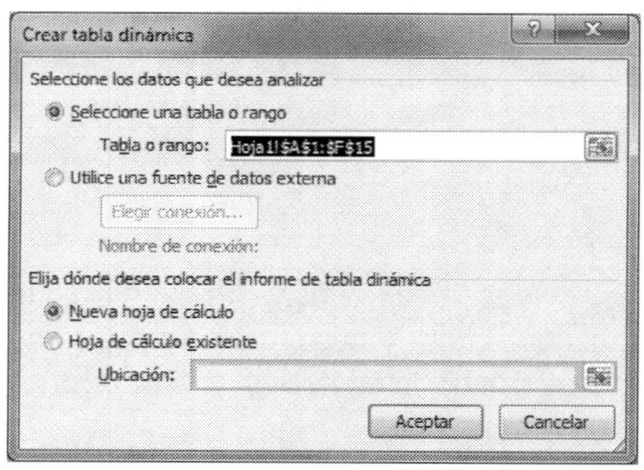

	A	B	C	D	E	F
1	Vendedor	Provincia	Articulo	Cantidad	Precio	Importe
2	Luis	Barcelona	Lapiz	1000	1,2	1200
3	Juanto	Madrid	Goma	1500	0,8	1200
4	Paco	Valencia	Celo	2000	3,5	7000
5	Ramón	Barcelona	Cubo	600	2	1200
6	Lola	Valencia	Paq. Folios	750	3	2250
7	Maria	Madrid	Lapiz	4250	1,2	5100
8	Juanto	Barcelona	Goma	300	0,8	240
9	Paco	Valencia	Lapiz	100	1,2	120
10	Ramón	Madrid	Goma	500	0,8	400
11	Lola	Barcelona	Celo	2000	3,5	7000
12	Maria	Madrid	Cubo	800	2	1600
13	Luis	Valencia	Paq. Folios	1200	3	3600
14	Juanto	Madrid	Lapiz	900	1,2	1080
15	Paco	Valencia	Goma	650	0,8	520

9.1.2 Selección de fuente de datos externa

Si deseamos obtener los datos a partir de una fuente de datos externa, podemos seleccionar la opción **Utilice una fuente de datos externa**.

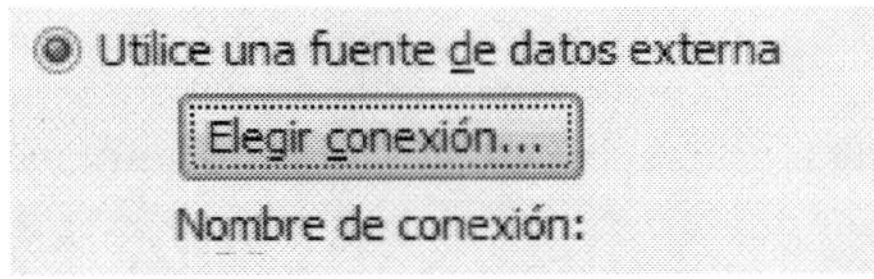

En cuyo caso nos mostrará el siguiente cuadro de diálogo:

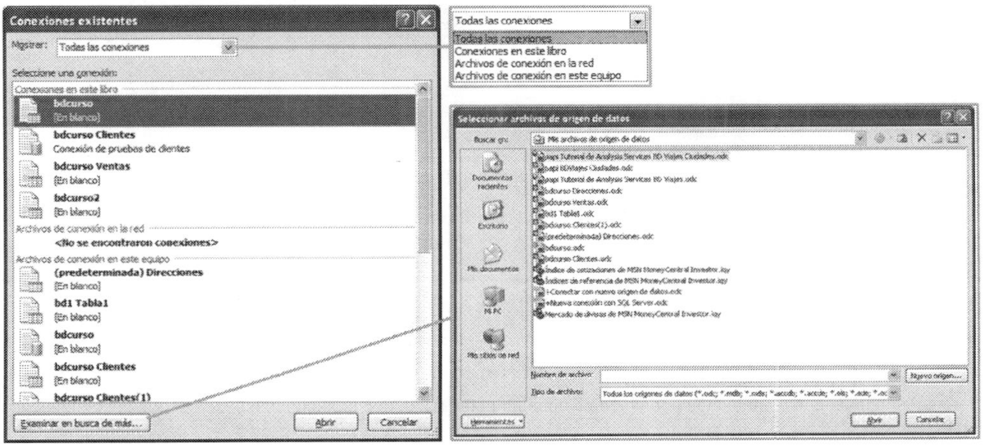

Si deseamos trabajar con una base de datos que no tengamos previamente referenciada, podemos incluirla pulsando en el botón **Examinar en busca de más...**, en cuyo caso aparecerá un asistente mediante el cual podremos ir seleccionando paso a paso el origen y ubicación de la fuente de datos en cuestión. A continuación, se muestra una imagen:

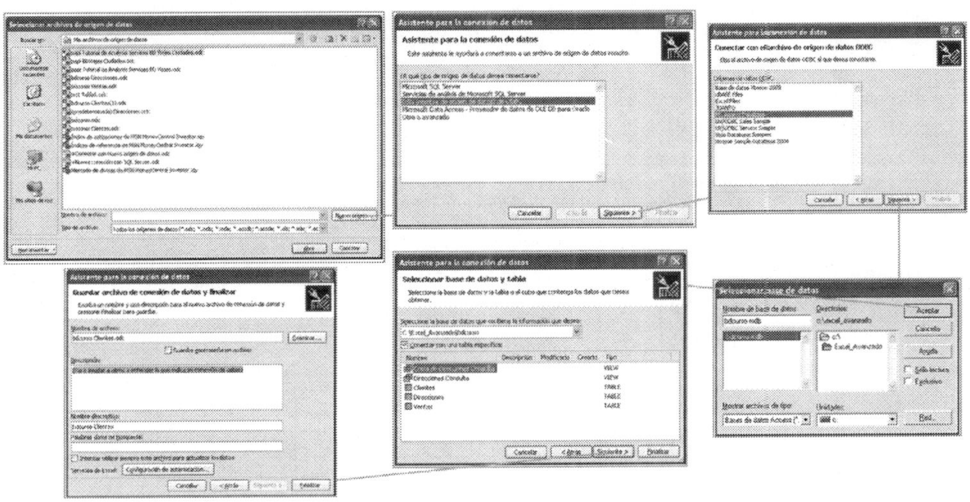

9.1.3 Ubicación de la tabla dinámica

Con respecto a la ubicación de la tabla dinámica, podemos elegir entre colocarla en una nueva hoja de cálculo, o bien seleccionar alguna ya existente (incluso de otro libro de trabajo). En el siguiente ejemplo, estamos indicando que la tabla se sitúe en la hoja 2 del libro de trabajo **Resultados**.

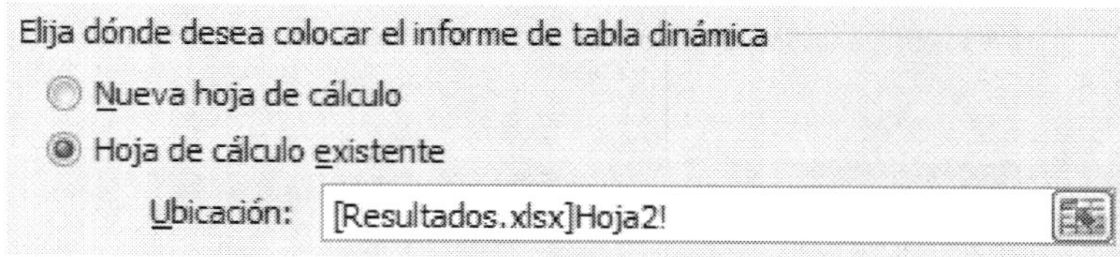

Una vez seleccionada la ubicación, pulsaremos sobre el botón **Aceptar**.

9.2 AGREGAR CAMPOS A LA TABLA DINÁMICA

Una vez creada la tabla dinámica, nos encontraremos 2 elementos fundamentales en la hoja que hayamos determinado como ubicación de destino de la tabla dinámica:

<table>
<tr><th>Área que representa la ubicación de la tabla dinámica sobre la hoja</th><th>Panel con la lista de campos y con las diferentes áreas de filtros, rótulos y funciones a implementar</th></tr>
<tr><td>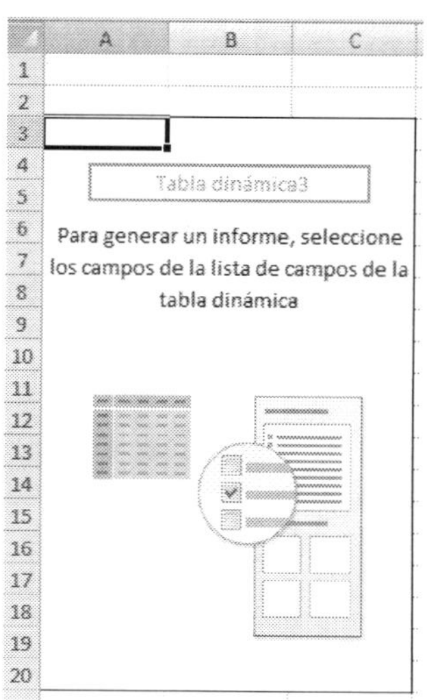
</td><td>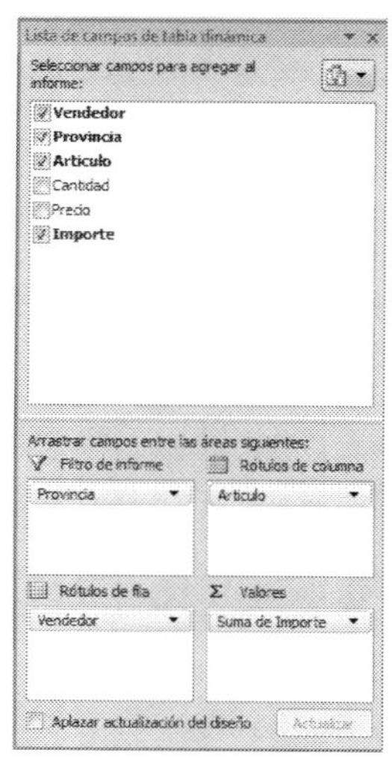
</td></tr>
</table>

Mediante el panel de Lista de campos de la tabla dinámica, podemos ir fabricando la tabla dinámica simplemente arrastrando cada uno de los campos que nos interesen al área correspondiente.

En la siguiente imagen, se puede apreciar la utilidad de cada una de las zonas del panel.

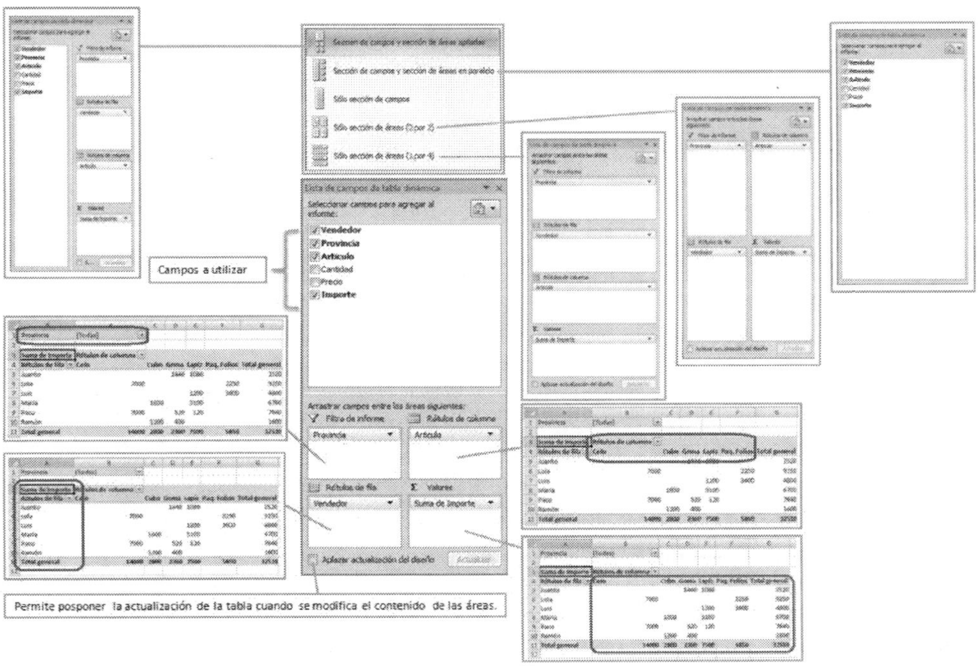

Cada una de las áreas que aparecen en el panel posee las siguientes opciones:

Opción	Comentario
Subir	Permite subir la posición del campo en la lista de campos que contiene el área.
Bajar	Permite bajar la posición del campo en la lista de campos que contiene el área.
Mover al principio	Permite colocar el campo al principio de la lista de campos que contiene el área.

Mover al final	Permite colocar el campo al final de la lista de campos que contiene el área.
Mover al filtro de informe	Traslada el campo al área de filtros de informe.
Mover a rótulos de fila	Traslada el campo al área de rótulos de fila.
Mover a rótulos de columna	Traslada el campo al área de rótulos de columna.
Σ Mover a valores	Traslada el campo al área de rótulos de valores.
Quitar campo	Quita el campo del área.
Configuración de campo...	Permite modificar ciertos aspectos sobre la función, el formato de los números, etc.

La opción **Configuración de campo** variará en función del área que contenga el campo que hay que tratar y, en general, nos permite seleccionar la función que queremos utilizar para resumir los datos del campo seleccionado. Dichas funciones son: **Suma**, **cuenta**, **promedio**, **Max**, **Min**, **Producto**, **Contar números**, **Desvest**, **Desvestp**, **Var**, **Varp**.

Supongamos que vamos a analizar el campo Suma de Importe, situado en el área de valores. Observaremos que también es posible mostrar los valores en relación a una función diferencial o porcentual entre un valor referencia y cada uno de los valores restantes. Por ejemplo, supongamos que disponemos de la siguiente tabla dinámica en la que se reflejan las ventas de una serie de artículos por vendedor:

	A	B	C	D	E	F	G
1	Provincia	(Todas)					
2							
3	**Suma de Importe**	**Rótulos de columna**					
4	**Rótulos de fila**	**Celo**	**Cubo**	**Goma**	**Lapiz**	**Paq. Folios**	**Total general**
5	Juanto			1440	1080		2520
6	Lola	7000				2250	9250
7	Luis				1200	3600	4800
8	Maria		1600		5100		6700
9	Paco	7000		520	120		7640
10	Ramón		1200	400			1600
11	**Total general**	**14000**	**2800**	**2360**	**7500**	**5850**	**32510**

Si quisiéramos, podríamos expresar los valores como una diferencia entre los importes vendidos por Juanto y cada uno del resto de vendedores. Para ello, seleccionaríamos el campo Suma de Importes del área de valores y, a continuación, la opción de Configuración de campo de valor. Una vez que aparece el cuadro de diálogo asociado, seleccionaríamos la pestaña Mostrar valores como y, a continuación, desplegando la lista de valores asociada al campo **Mostrar valores como**, seleccionaríamos la función **Diferencia de**.

En este punto, seleccionaríamos como **campo base** Vendedor y como **Elemento base** Juanto, tal y como se muestra en el siguiente cuadro de diálogo:

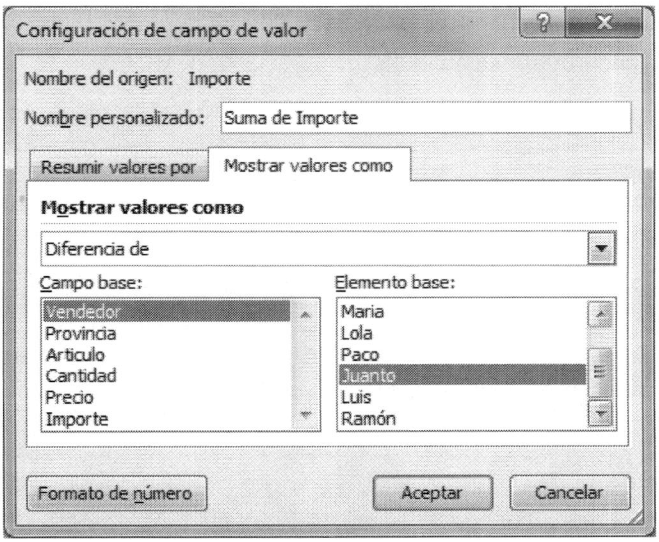

Aceptando la selección, veremos que los resultados de la tabla dinámica han cambiado para mostrar las diferencias tal y como esperábamos, según puede apreciarse en la siguiente imagen:

	A	B	C	D	E	F	G
1	Provincia	(Todas)					
2							
3	**Suma de Importe**	**Rótulos de columna**					
4	**Rótulos de fila**	**Celo**	**Cubo**	**Goma**	**Lapiz**	**Paq. Folios**	**Total general**
5	Juanto						
6	Lola	7000	0	-1440	-1080	2250	6730
7	Luis	0	0	-1440	120	3600	2280
8	Maria	0	1600	-1440	4020	0	4180
9	Paco	7000	0	-920	-960	0	5120
10	Ramón	0	1200	-1040	-1080	0	-920
11	**Total general**						

Efectivamente, podemos comprobar que Paco posee un importe inferior en la venta de Gomas (-920) con respecto a Juanto.

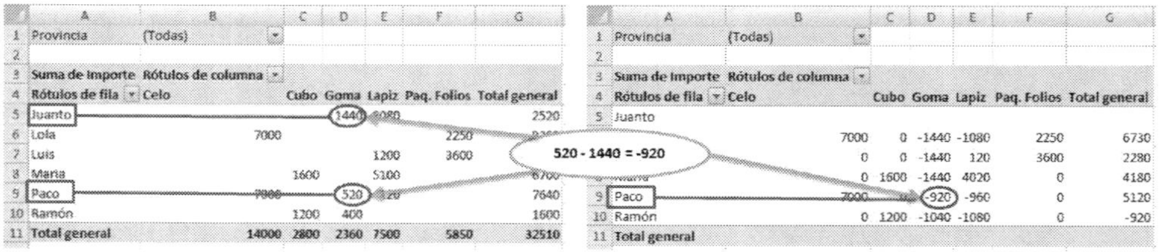

Si elegimos la opción **Configuración de campo** sobre un campo ubicado en otra área (por ejemplo, el campo Artículo ubicado en el área **Rótulos de columna**), nos encontramos con el siguiente cuadro de diálogo:

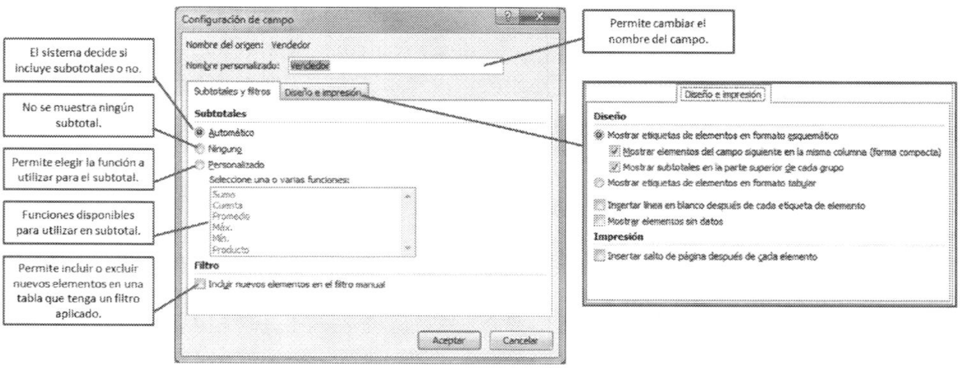

Con respecto a **Diseño e impresión**, analizamos a continuación mediante un ejemplo, cómo podemos configurar el aspecto de la tabla. Vamos a utilizar el campo Provincia del ejemplo anterior.

Mostrar etiquetas de elementos en formato esquemático	Mostrar etiquetas de elementos en formato tabular

Si elegimos la opción **Mostrar etiquetas de elementos en formato esquemático**, podemos observar el efecto de marcar o desmarcar los siguientes *checks*:

Mostrar elementos del campo siguiente en la misma columna (forma compacta)

Marcado	Desmarcado

Marcado:

Suma de Cantidad	Artículos		
Rótulos de fila	Celo	Cubo	Goma
Barcelona	4000		300
Juanto			300
Lola	2000		
Luis			
Paco	2000		
Madrid		800	2000
Juanto			1500
Maria		800	
Ramón			500
Valencia			650

Desmarcado:

Suma de Cantidad		Artículos		
Rótulos de fila	Vendedor	Celo	Cubo	Goma
Barcelona		4000		300
	Juanto			300
	Lola	2000		
	Luis			
	Paco	2000		
Madrid			800	2000
	Juanto			1500
	Maria		800	
	Ramón			500
Valencia				650

Mostrar subtotales en la parte superior de cada grupo

Marcado	Desmarcado

Marcado:

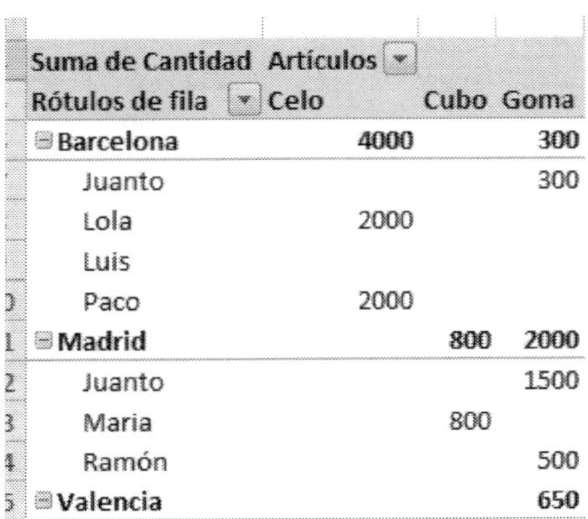

Suma de Cantidad	Artículos		
Rótulos de fila	Celo	Cubo	Goma
Barcelona	4000		300
Juanto			300
Lola	2000		
Luis			
Paco	2000		
Madrid		800	2000
Juanto			1500
Maria		800	
Ramón			500
Valencia			650

Desmarcado:

Suma de Cantidad	Artículos	
Rótulos de fila	Celo	Cubo
Barcelona		
Juanto		
Lola	2000	
Luis		
Paco	2000	
Total Barcelona	4000	
Madrid		
Juanto		
Maria		800
Ramón		
Total Madrid		800

Insertar línea en blanco después de cada etiqueta de elemento

Marcado

Suma de Cantidad	Artículos	
Rótulos de fila	Celo	Cubo
Barcelona	**4000**	
Juanto		
Lola	2000	
Luis		
Paco	2000	
Madrid		**800**
Juanto		
Maria		800
Ramón		
Valencia		

Desmarcado

Suma de Cantidad	Artículos	
Rótulos de fila	Celo	Cubo
Barcelona	**4000**	
Juanto		
Lola	2000	
Luis		
Paco	2000	
Madrid		**800**
Juanto		
Maria		800
Ramón		
Valencia		

Mostrar elementos sin datos

Si incluimos un filtro en artículos para que sólo visualice las cantidades de celo, tenemos:

Marcado

Suma de Canti	Artícul	
Rótulos de f	Celo	Total general
Barcelona	**4000**	**4000**
Lola	2000	2000
Paco	2000	2000
Madrid		
Juanto		
Lola		
Luis		
Maria		
Paco		
Ramón		
Valencia		
Juanto		
Lola		
Luis		
Maria		
Paco		
Ramón		
Lugo		
Juanto		
Lola		
Luis		
Maria		
Paco		
Ramón		
Total general	**4000**	**4000**

Desmarcado

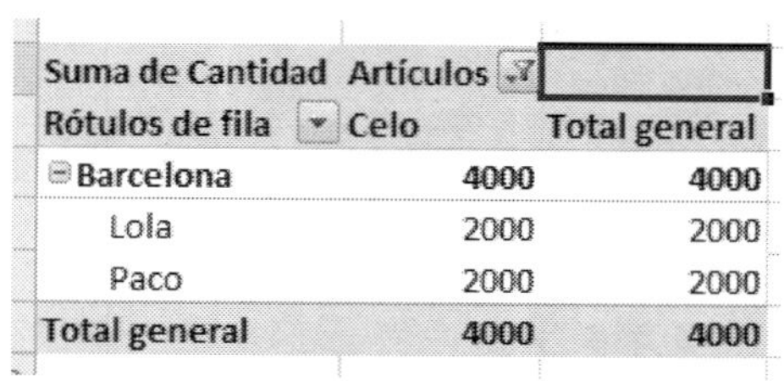

Suma de Cantidad	Artículos	
Rótulos de fila	Celo	Total general
Barcelona	**4000**	**4000**
Lola	2000	2000
Paco	2000	2000
Total general	**4000**	**4000**

Insertar salto de página después de cada elemento

Para comprobar el comportamiento de esta funcionalidad, mostraremos el resultado de la Vista previa de salto de página.

Marcado	Desmarcado

Marcado

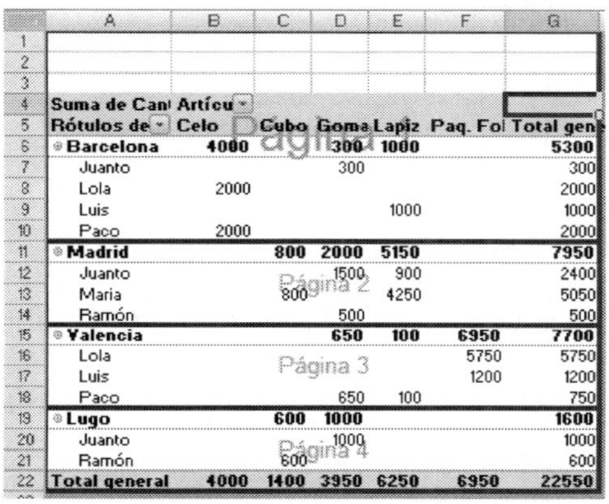

Desmarcado

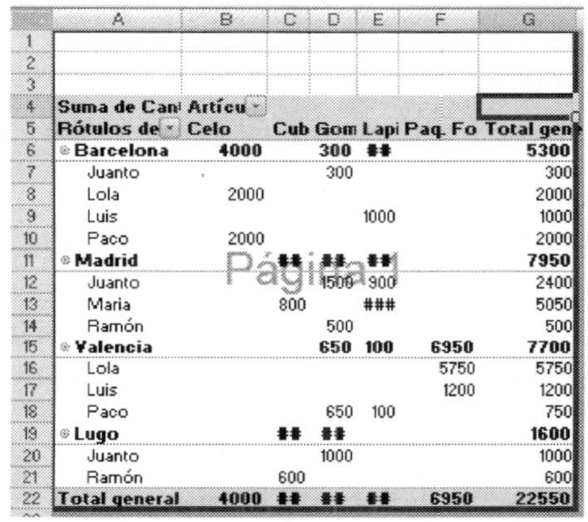

9.3 HERRAMIENTAS DE TABLA DINÁMICA

Este grupo de opciones permite configurar todos los aspectos de una tabla dinámica. Desde su nombre hasta el formato que va a tener, pasando por la ordenación, filtrado y obtención de los datos que la componen.

La pestaña Opciones se encarga de la definición de la tabla en sí misma, así como de sus campos, orden, etc. La pestaña Diseño permite manejar la forma en la que se muestra el informe, su estilo y, también, si se visualizan subtotales y/o totales y en qué forma.

9.3.1 Tabla dinámica

Las opciones de este grupo de controles permiten modificar el nombre de la tabla y también acceder a las opciones generales de la misma. Tras el icono principal de este grupo, encontramos las siguientes opciones:

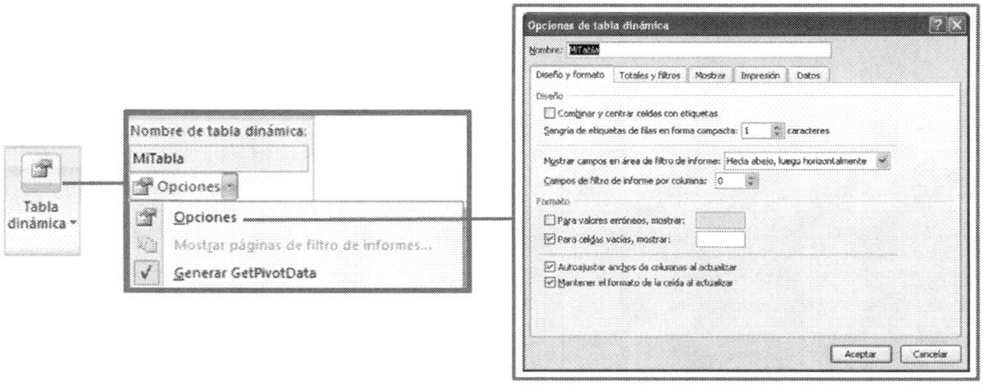

9.3.1.1 OPCIONES DE TABLA DINÁMICA

Este cuadro de diálogo reúne muchas características generales de la tabla dinámica. Además de permitir modificar el nombre de la tabla, ofrece los siguientes grupos de opciones:

- Diseño y formato
- Totales y filtros
- Mostrar
- Impresión
- Datos. Diseño y formato

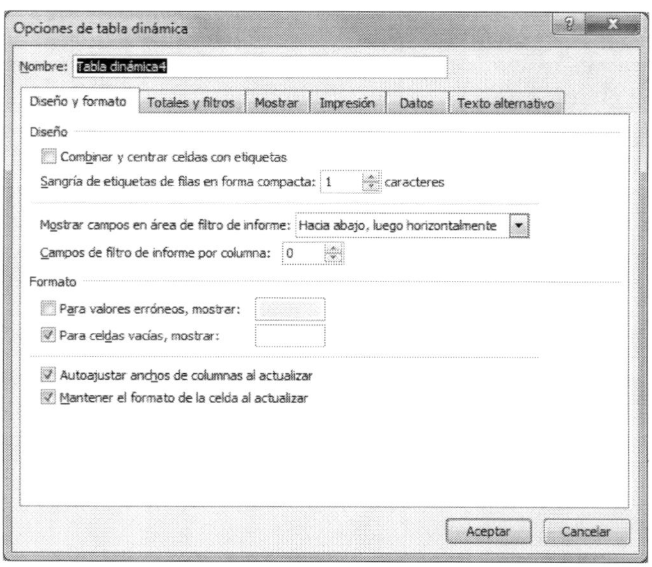

9.3.1.1.1 Diseño

Combinar y centrar celdas con etiquetas

Ejemplo:

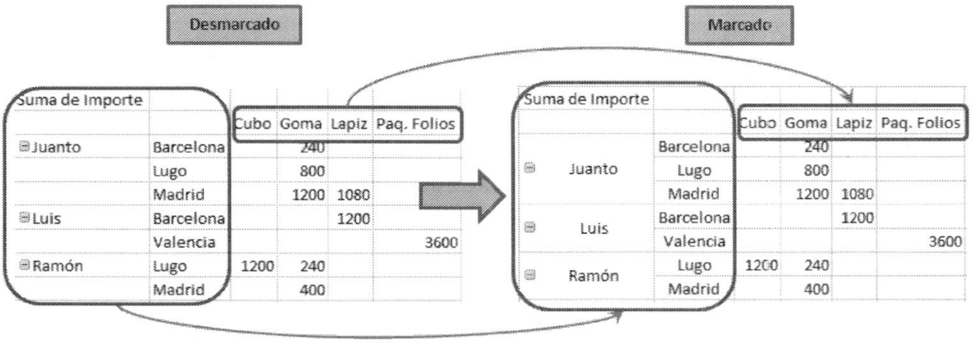

Sangría de etiquetas de filas en forma compacta

Ejemplo:

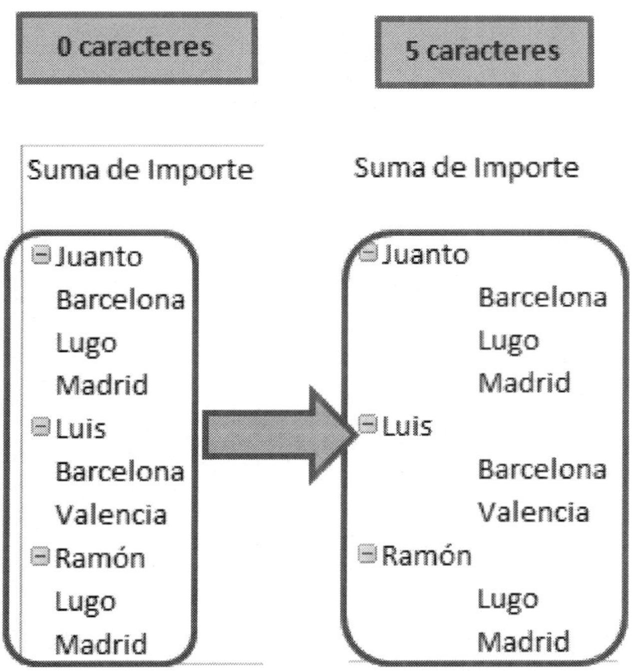

Mostrar campos en área de filtro de informe

Campos de filtro de informe por columna, fila

En función de cómo se haya decidido mostrar los campos en el área de filtro de informe, podremos establecer un máximo de campos por fila o por columna.

Si se ha decidido mostrar **Hacia abajo, luego horizontalmente**, el máximo de campos de filtro a indicar será por fila. En el caso de **Horizontalmente, luego hacia abajo**, será por columna.

Ejemplo:

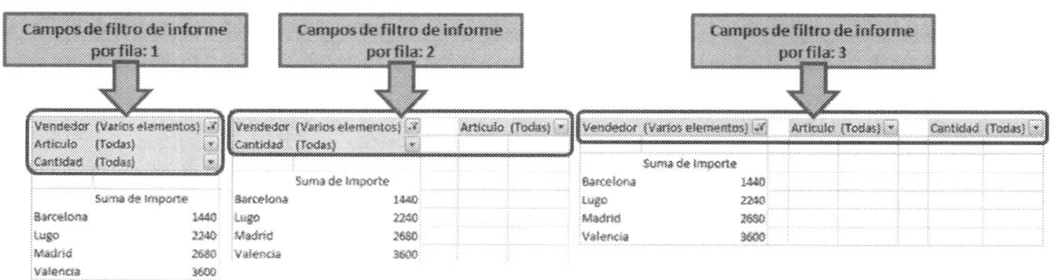

9.3.1.1.2 Formato

Para valores erróneos, mostrar

Si marcamos este *check*, podemos indicar el texto a visualizar cuando se produzca un error. En el ejemplo, se ha introducido un elemento calculado realizando una división por 0 para provocar un error.

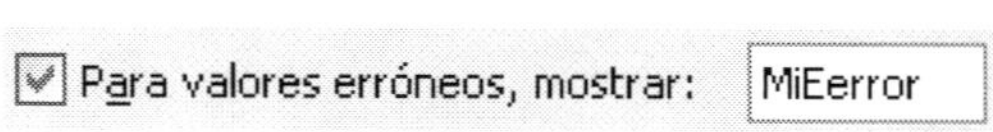

	Marcado	Desmarcado
Suma de Importe		
Barcelona	1440	1440
Lugo	2240	2240
Madrid	2680	2680
Valencia	3600	3600
Fórmula1	MiEerror	#¡DIV/0!

Para celdas vacías, mostrar

Para las celdas vacías, es posible indicar que aparezca un determinado texto. Basta con marcar la casilla y definir el texto a visualizar.

☑ Para celdas vacías, mostrar: <->!!

Marcado

Suma de Importe Rótulos de fila	Rótulos de columna Celo	Cubo	Goma	Lápiz	Paq. Folios
Barcelona	14.000	<->!!	240	1.200	<->!!
Lugo	<->!!	1.200	1.040	<->!!	<->!!
Madrid	<->!!	1.600	1.600	6.180	<->!!
Valencia	<->!!	<->!!	520	120	20.850

Desmarcado

Suma de Importe Rótulos de fila	Rótulos de columna Celo	Cubo	Goma	Lápiz	Paq. Folios
Barcelona	14.000		240	1.200	
Lugo		1.200	1.040		
Madrid		1.600	1.600	6.180	
Valencia			520	120	20.850

Autoajustar anchos de columnas al actualizar

Si mantenemos marcada esta casilla, la tabla ajustará automáticamente el ancho de la columnas en función de los nuevos datos, de tal manera que si una columna necesita un tamaño mayor, dicho dato no se truncará mostrando la clásica máscara #####.

Antes de la actualización		Cubo	Goma	Lápiz
	14.000		240	1.200
		1.200	1.040	
		1.600	1.600	6.180
			520	120
Desmarcado		Cubo	Goma	Lápiz
	14.000		240	1.200
		####	1.040	
		1.600	1.600	6.180
			520	120
Marcado		Cubo	Goma	Lápiz
	14.000		240	1.200
		120.000	1.040	
		1.600	1.600	6.180
			520	120

Mantener el formato de la celda al actualizar

Esta opción permite mantener el formato y el diseño de la tabla cada vez que se realiza una operación. Por ejemplo, si aplicamos un color como relleno de una celda, dependiendo de si mantenemos el formato o no, comprobaremos que al actualizar efectivamente se mantiene o se pierde.

	Marcado	**Desmarcado**
Antes de actualizar	⊟Lugo 300 1.000 6.000 ⊟Madrid 500	⊟Lugo 300 1.000 6.000 ⊟Madrid 500

Después de actualizar	⊟ Lugo 300 1.000 6.000 ⊟ Madrid 500	⊟ Lugo 300 1.000 6.000 ⊟ Madrid 500

9.3.1.1.3 Totales y filtros

Totales generales

Mostrar totales generales de las filas

Desmarcado

Suma de Importe	Artículos				
Pronvincias	Celo	Cubo	Goma	Lapiz	Paq. Folios
Barcelona	14.000		240	3.720	
Lugo		1.200	1.040		
Madrid		1.600	1.600	6.180	
Valencia			520	120	20.850

Marcado

Suma de Importe	Artículos					
Pronvincias	Celo	Cubo	Goma	Lapiz	Paq. Folios	Total general
Barcelona	14.000		240	3.720		17.960
Lugo		1.200	1.040			2.240
Madrid		1.600	1.600	6.180		9.380
Valencia			520	120	20.850	21.490

Mostrar totales generales de las columnas

Desmarcado

Suma de Importe	Artículos				
Pronvincias	Celo	Cubo	Goma	Lapiz	Paq. Folios
Barcelona	14.000		240	3.720	
Lugo		1.200	1.040		
Madrid		1.600	1.600	6.180	
Valencia			520	120	20.850

Marcado

Suma de Importe	Artículos				
Pronvincias	Celo	Cubo	Goma	Lapiz	Paq. Folios
Barcelona	14.000		240	3.720	
Lugo		1.200	1.040		
Madrid		1.600	1.600	6.180	
Valencia			520	120	20.850
Total general	14.000	2.800	3.400	10.020	20.850

Filtros

Subtotales de elementos filtrados de página

En aquellas tablas cuyo origen de datos es OLAP, se pueden incluir o excluir elementos filtrados por informes.

Permitir varios filtros por campo

Esta opción permite que podamos aplicar varios filtros a un mismo campo. Por ejemplo, si queremos seleccionar los vendedores cuyo nombre empieza por M y cuyo importe sea mayor o igual que 1.000, debemos marcar esta casilla. Si aplicamos estos filtros, podremos comprobar lo siguiente:

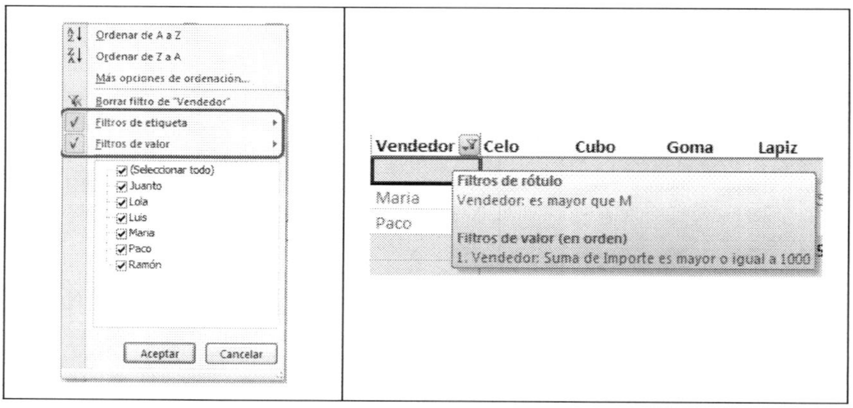

Al intentar desmarcar este casillero, nos advierte de que se eliminarán los filtros aplicados a estos campos.

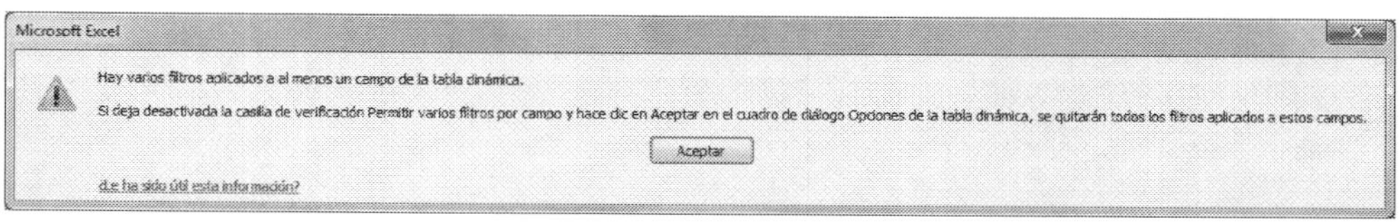

Ordenación

Usar listas personalizadas al ordenar

Podemos utilizar una lista personalizada para ordenar un campo. Por ejemplo, el campo Vendedores, al ser alfanumérico, normalmente se ordena de A a Z o viceversa. Sin embargo, mediante esta opción, podríamos ordenarlo de una forma más particular.

En el siguiente ejemplo, vemos cómo se puede indicar que ordene el campo Vendedores utilizando una lista personalizada:

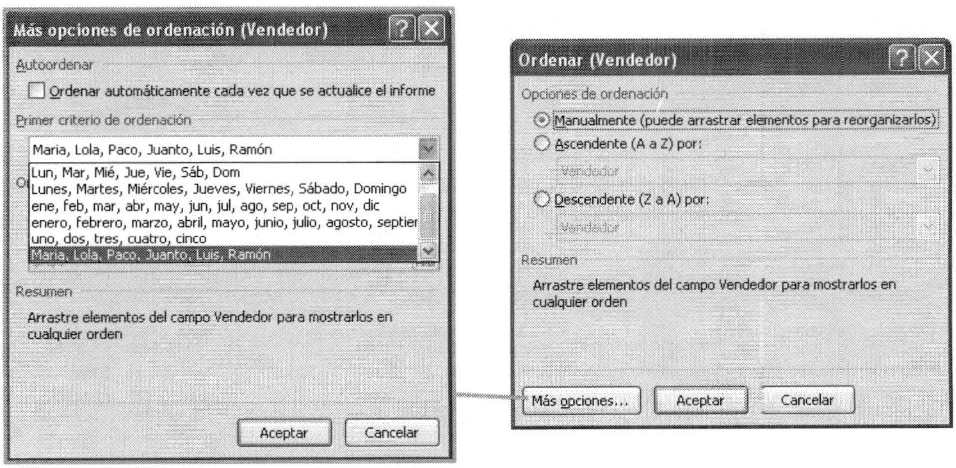

Orden normal (A a Z)

Suma de Importe	Articulo
Vendedor	Celo
Juanto	
Lola	7.000
Luis	
Maria	
Paco	7.000
Ramón	
Total general	**14.000**

Orden que utiliza lista personalizada

Suma de Importe	Articulo
Vendedor	Celo
Maria	
Lola	7.000
Paco	7.000
Juanto	
Luis	
Ramón	
Total general	**14.000**

9.3.1.1.4 Mostrar

Mostrar

Mostrar botones para expandir y contraer

<table>
<tr><th>Marcado</th><th>Desmarcado</th></tr>
<tr><td>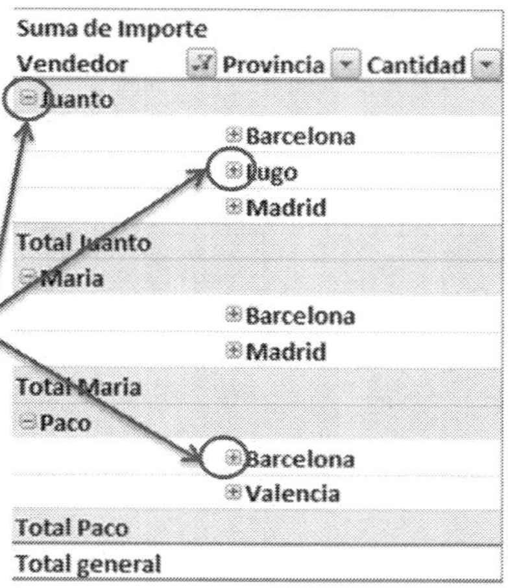
</td><td>
</td></tr>
</table>

Mostrar información contextual sobre herramientas

Si está marcado, al colocar el puntero del ratón sobre el botón asociado al campo, aparece un *tooltip* indicando ciertas características aplicadas sobre el campo (filtro, ordenación, información del campo, etc.). Si no está marcado, no aparece ninguna información al pasar sobre el campo.

<table>
<tr><th>Marcado</th><th>Desmarcado</th></tr>
<tr><td>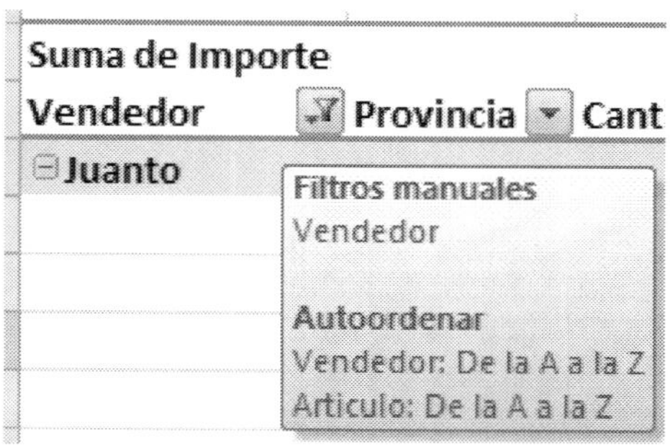
</td><td>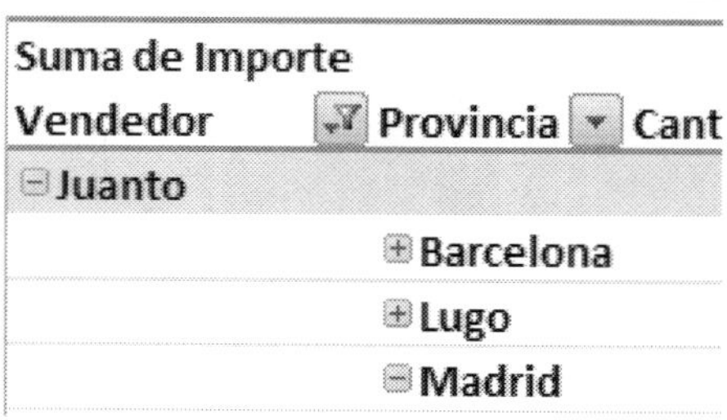
</td></tr>
</table>

Mostrar propiedades en información sobre herramientas

En este caso, las propiedades a las que nos referimos, reflejan la información asociada a un campo procedente de cubos OLAP y consultas de datos multidimensionales.

Marcando esta casilla, al trabajar con este tipo de datos podemos mostrar la información asociada al mismo, siempre y cuando se hayan asociado en el origen al realizar la consulta.

Mostrar títulos de campos y filtrar listas desplegables

Marcado	Desmarcado
	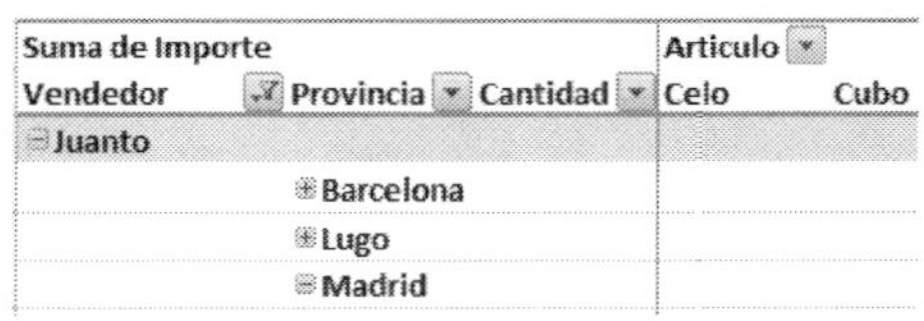

Diseño de tabla dinámica clásica (permite arrastrar campos en la cuadrícula).

Si se marca esta opción, se pueden incluir o eliminar campos simplemente arrastrándolos desde la lista de campos hasta la tabla o viceversa, respectivamente. Esta funcionalidad es la que se utiliza en Excel 2003 y, entre otras cosas, facilita previsualizar dónde se colocará el campo, ya que el puntero del ratón colorea en azul la zona en la que se colocará cuando lo soltemos. En la siguiente imagen, puede observarse como se elimina el campo **Artículo** simplemente arrastrándolo desde la tabla a la lista de campos de la tabla dinámica.

Mostrar elementos sin datos en las filas/columnas

Estas opciones sólo están disponibles para los orígenes de datos OLAP. Permiten ocultar o mostrar elementos que no tienen valores.

Mostrar las etiquetas de los elementos cuando no haya campos en el área de valores

Esta opción sólo está disponible para tablas creadas con una versión anterior. En Excel 2007, los elementos siempre aparecen, aunque no se hayan indicado campos en el área de valores.

A continuación, recordamos cómo se comportaba Excel 2003.

<table>
<tr><th>Marcado</th><th>Desmarcado</th></tr>
<tr><td>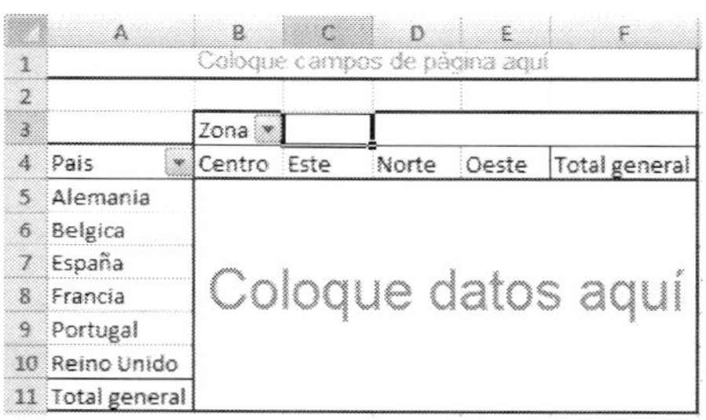
</td><td>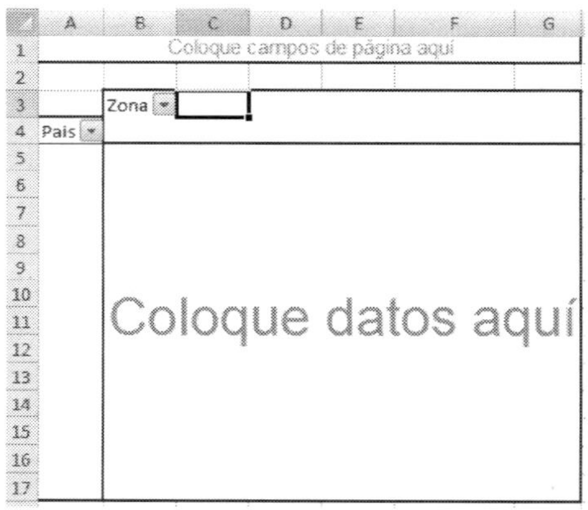
</td></tr>
</table>

Lista de campos

Ordenar de A a Z

Es posible seleccionar el orden en el que aparece la lista de campos del cuadro de diálogo **Lista de campos de tabla dinámica**. Si esta casilla está marcada, los campos se ordenarán alfabéticamente. Si no está marcada, los campos aparecerán en el mismo orden en el que se reciben de la fuente de datos.

Ordenar de A a Z	Ordenar según origen de datos
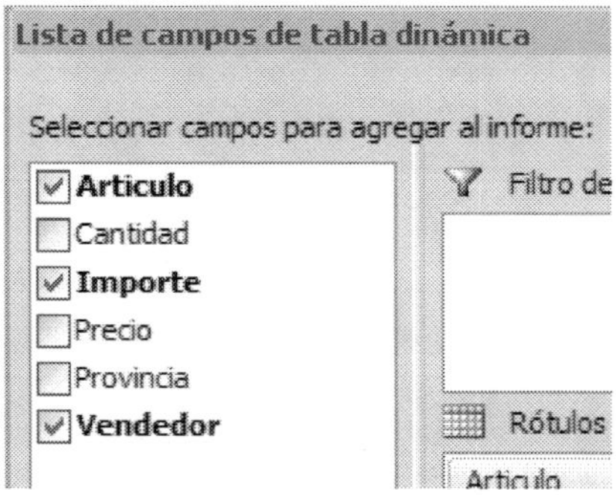	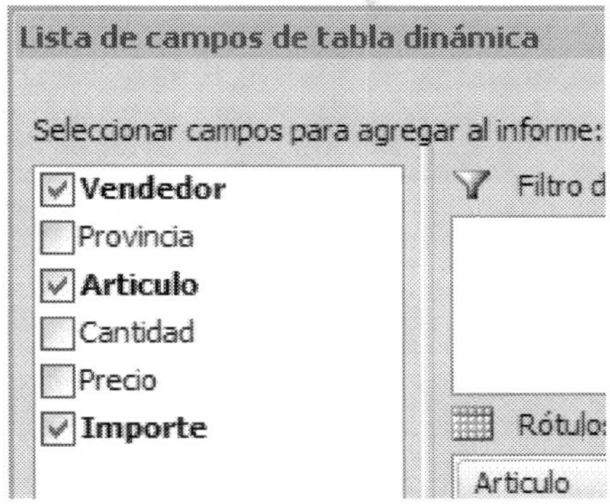

9.3.1.1.5 Impresión

Imprimir botones para expandir o contraer al mostrarlos en una tabla dinámica

Si nos interesa que aparezcan los botones a la hora de imprimir la tabla para indicar que cierta información contiene detalle, hemos de marcar esta casilla.

Marcado	Desmarcado

Repetir etiquetas de fila en cada página impresa e imprimir títulos

Estas casillas permiten repetir las etiquetas de filas y títulos en cada una de las páginas que se imprimen. De esta forma, cuando un informe no cabe en una sola página, es más fácil relacionar los datos con sus elementos.

Marcado	Desmarcado

Marcado

Página 12

Suma de Importe

Vendedor	Provincia	Cantidad	Total general
Raul	Total Lugo		4800
	⊟Madrid	500	800
		800	3200
		900	1080
	Total Madrid		5080
	⊟Valencia	100	120
	Total Valencia		120
Total Raul			25200
Total general			408560

Desmarcado

Página 8

1600	400			5080
				120
				120
1600	400			25200
52340	2560	5040	8440	408560

En este ejemplo, mostramos la última página del informe. Puede apreciarse que, cuando imprimimos títulos, lógicamente necesitamos más páginas (pág.12), pero la información queda mucho más clara. Si no imprimimos títulos, relacionar los valores con sus etiquetas y títulos se hace mucho más difícil.

9.3.1.1.6 Datos

Datos de la tabla dinámica

Guardar datos de origen con el archivo

Esta opción permite guardar los datos procedentes de una fuente de datos externa junto con el libro.

Si no guardamos los datos externos junto con el libro, es posible que obtengamos el siguiente mensaje:

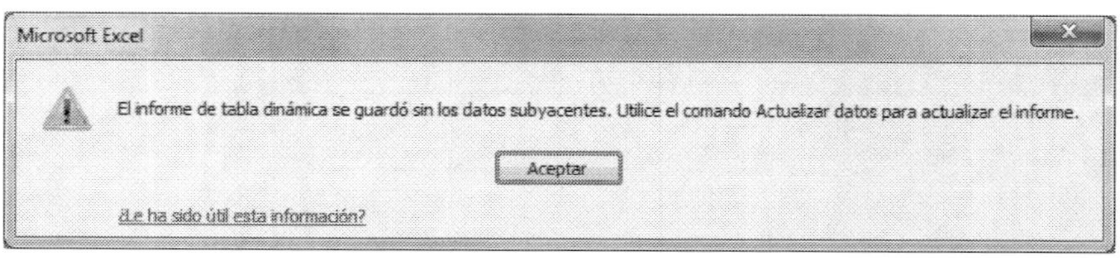

Actualizar al abrir el archivo

Esta opción fuerza la actualización de los datos al abrir el archivo sin necesidad de lanzarla manualmente desde la opción **Actualizar** del grupo de controles **Datos** de la pestaña **Opciones** de las **Herramientas de tabla dinámica**.

Mantener los elementos eliminados del origen de datos

Número de elementos que desea conservar por campo

Esta opción permite indicar a la tabla si queremos mantener o no los elementos que se eliminan de la fuente de datos original.

Por ejemplo, supongamos que en nuestra base de datos original disponíamos de un vendedor llamado Arturo, pero que ahora ha cambiado de zona y ya no aparece en nuestros datos.

Si tratamos de realizar un filtro en el campo vendedor, encontraremos que Arturo todavía aparece en la lista de valores. Si esto nos interesa, podemos elegir entre las opciones Automático o Máx. Si, por el contrario, sólo queremos visualizar los elementos que actualmente están en la base de datos, hemos de seleccionar Ninguno.

Mantiene elementos	NO mantiene elementos
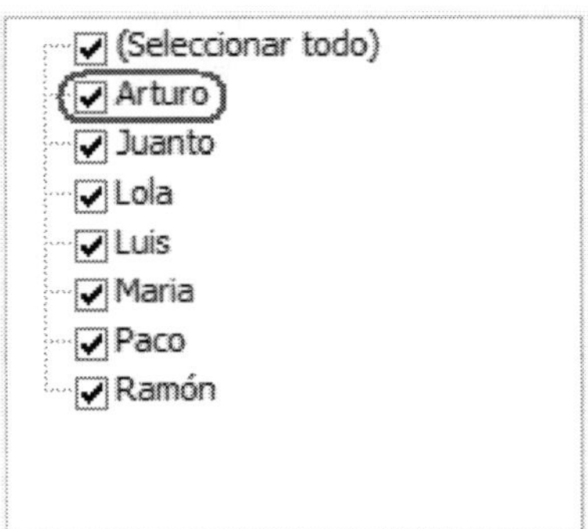	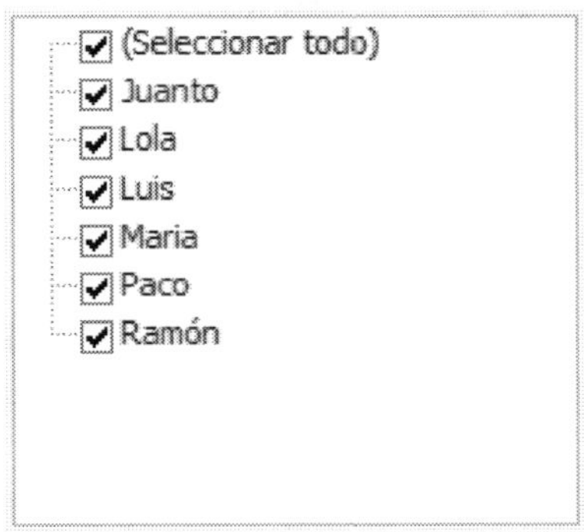

Así pues, para indicar el número de elementos que cada campo almacenará en la caché temporalmente con el libro, tenemos las siguientes opciones:

Opción	Comentario
Automático	Para cada campo, utilizará un número predeterminado de elementos.
Ninguno	No conservará ningún elemento.
Máx	Guardará el máximo número de elementos únicos para cada campo.

9.3.2 Campo activo

Este grupo de controles permite renombrar el campo utilizado, acceder a su configuración para especificar detalles sobre subtotales y totales y detalles sobre el diseño e impresión, también permite expandir o contraer el campo para mostrar más o menos detalle.

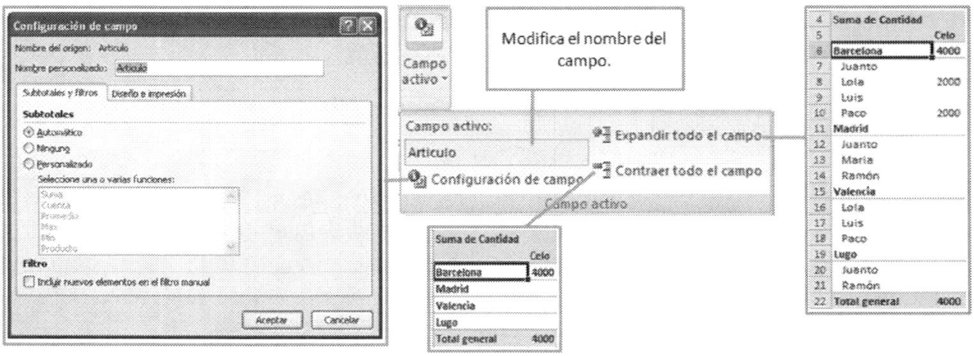

La configuración de campo permite, básicamente, determinar si se desea utilizar subtotales o no y, en caso afirmativo, qué función es la que se necesita. Puede revisar la explicación detallada que se ha incluido en el apartado **Agregar campos a la tabla dinámica**.

9.3.3 Agrupar

Esta opción nos permite agrupar ciertos elementos en grupos que permiten simplificar aún más el resumen de datos.

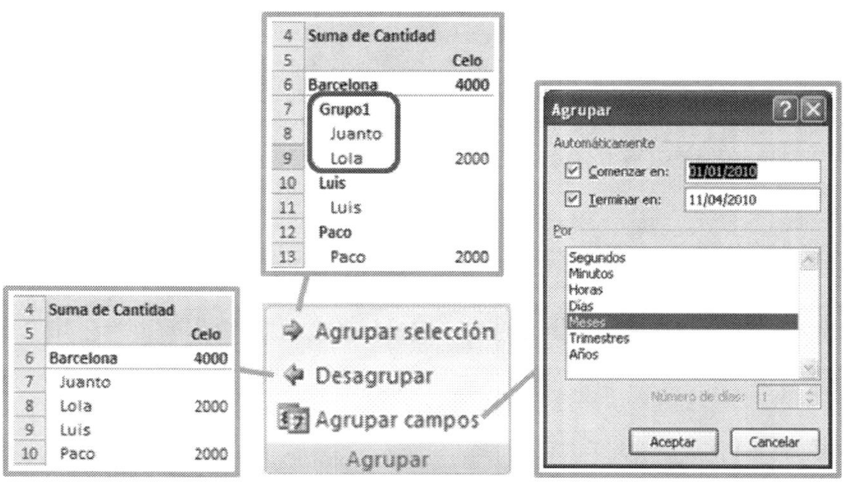

Esta opción es muy útil cuando de lo que se trata es de resumir elementos de fecha u hora en semestres, trimestres, etc.

Cuando agrupamos elementos, podemos establecer un nombre para el grupo y tratarlos como si fueran uno solo.

9.3.4 Ordenar

La ordenación nos permite mostrar los elementos en una determinada secuencia. Podemos ordenar de forma manual, o bien en función de los valores del campo de forma alfabética, o de menor a mayor (o viceversa). También es posible utilizar una ordenación basándose en una lista personalizada.

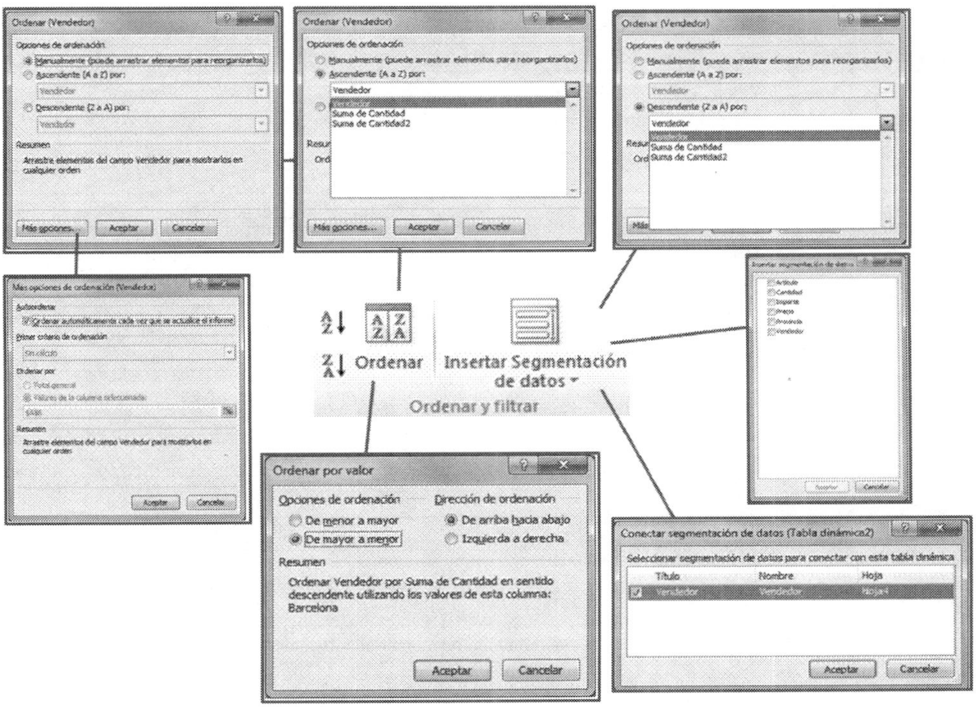

Es posible mover los elementos de un campo de forma manual. Dependiendo del tipo de campo (de fila, de columna o de página), al hacer clic con el botón derecho del ratón y elegir la opción **Mover** del menú flotante que aparece, podemos desplazar el campo al principio, al final o antes o después del campo que le precede o sucede.

<table>
<tr><th>Inicio</th><th>Mover hacia abajo</th><th>Final</th></tr>
<tr>
<td>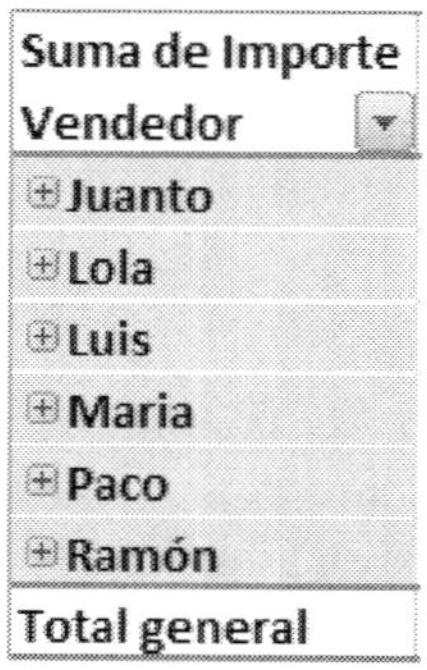
</td>
<td>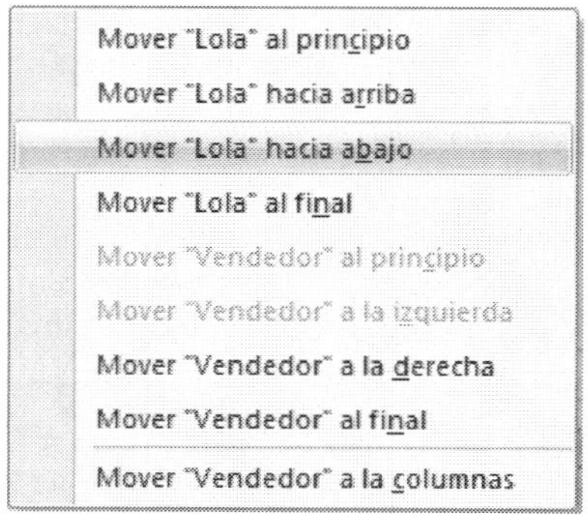
</td>
<td>
</td>
</tr>
</table>

9.3.5 Insertar segmentación de datos

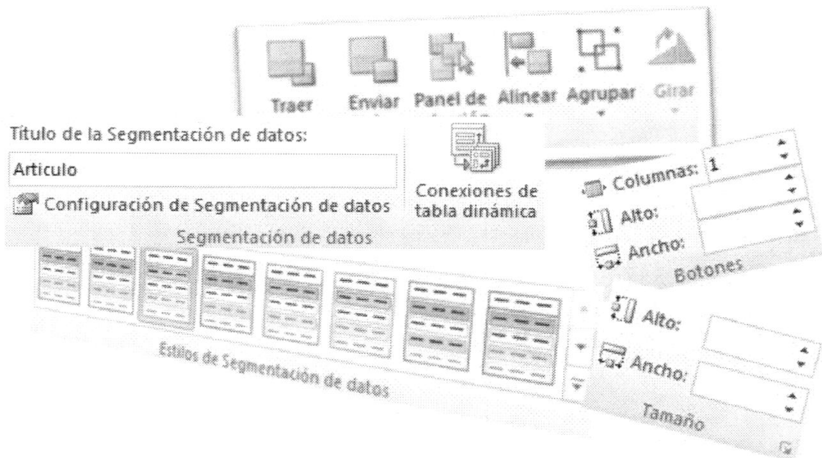

La segmentación de datos permite filtrar la información de manera interactiva.

9.3.5.1 INSERTAR SEGMENTACIÓN DE DATOS...

Permite segmentar la información basándose en campos que puedan filtrarse.

Al hacer clic sobre esta opción aparece un cuadro de diálogo con los campos que pueden utilizarse para realizar dicha segmentación:

Si marcamos los campos Vendedor y Articulo, veremos que aparecen 2 paneles con los diferentes valores detectados en la tabla.

A partir de este momento, se puede visualizar uno o varios segmentos de información simplemente haciendo clic sobre el valor que se desee mostrar.

Si se desea mostrar más de un valor, puede pulsarse CTRL+clic botón izquierdo del *mouse* para marcar valores no contiguos, o bien MAYUSCULAS + clic botón izquierdo en cada uno de los valores que delimiten el rango a mostrar, es decir, en el primer y último valor a seleccionar.

Ejemplo:

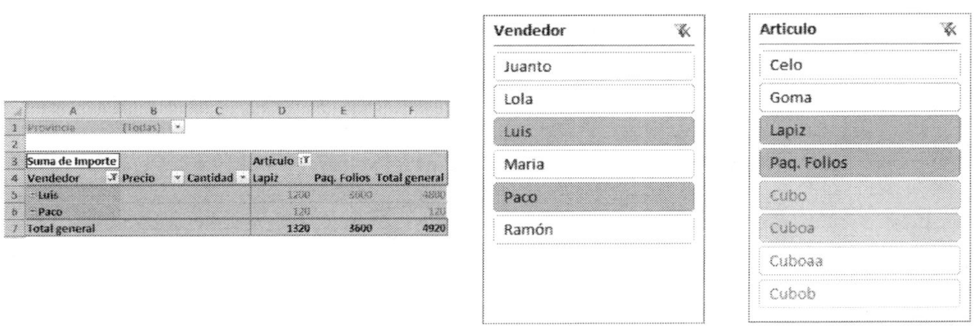

9.3.5.2 CONEXIONES DE SEGMENTACIÓN DE DATOS...

Permite utilizar una segmentación de datos ya existente en otra tabla dinámica.

Al seleccionar esta opción, aparece una ventana en la que se muestran las segmentaciones existentes en el libro para poder seleccionar la que nos pueda interesar. A continuación, vemos un ejemplo en el que se muestra la segmentación que se halla en la hoja 'Hoja7' del libro en curso.

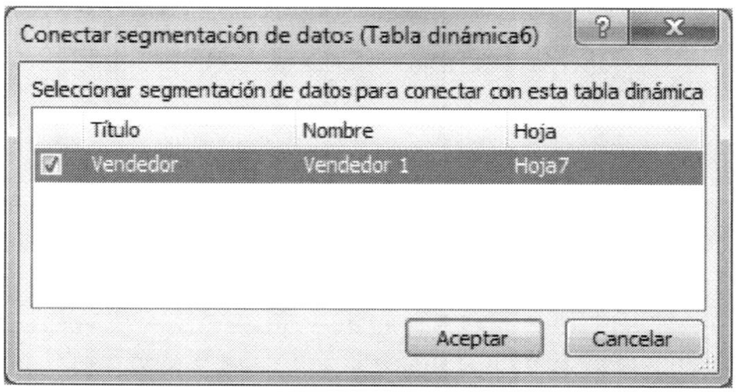

9.3.5.3 SEGMENTACIÓN DE DATOS

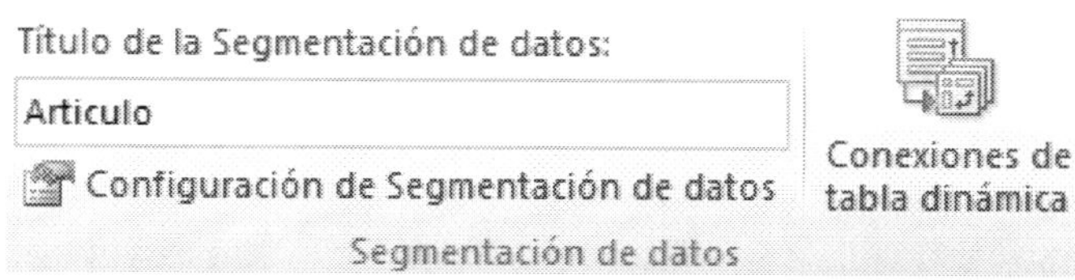

Opción	Comentario
Título de la Segmentación de datos	Permite modificar el título que aparece en la cabecera del panel de la Segmentación de datos. 

<table>
<tr>
<td>Configuración de la Segmentación de datos</td>
<td>Permite configurar ciertos aspectos sobre la segmentación, como cuál es el nombre de la misma a efectos de fórmulas, si se desea mostrar el encabezado o no, cuál es el título del encabezado, cómo se desean ordenar los elementos que aparecen, si se desean mostrar elementos sin datos o en qué posición mostrarlos (al final o no), etc.

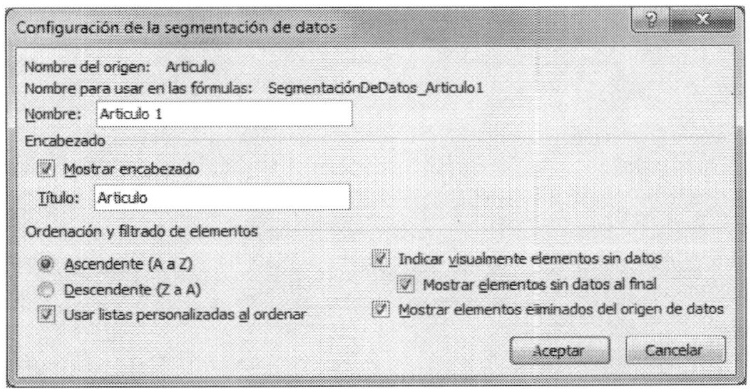
</td>
</tr>
<tr>
<td>Conexiones de tabla dinámica</td>
<td>Muestra los diferentes segmentos existentes en otras tablas dinámicas.

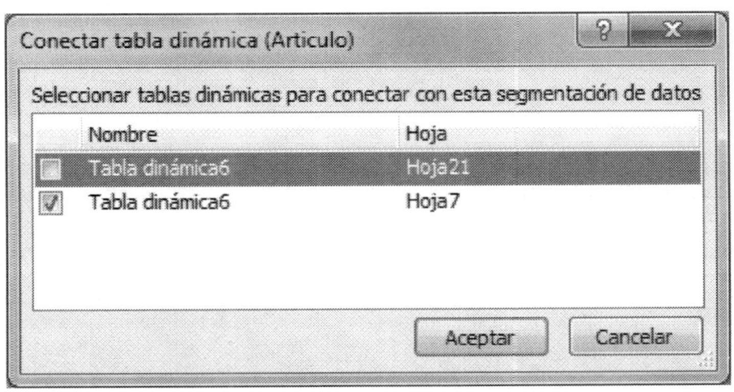
</td>
</tr>
</table>

9.3.5.4 ESTILOS DE SEGMENTACIÓN DE DATOS

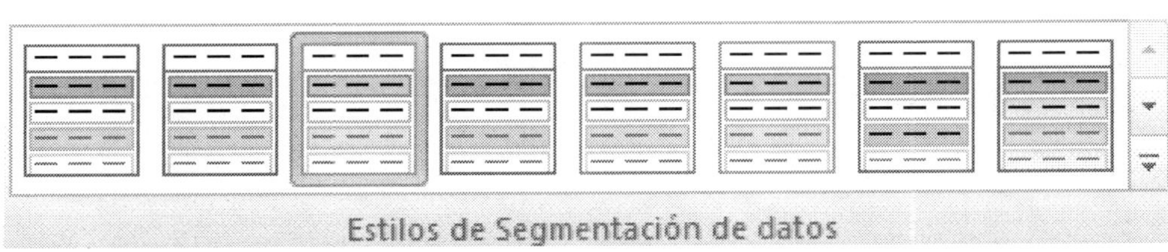

Permite cambiar la presentación de la segmentación. A continuación, mostramos algunos ejemplos:

Es posible crear un nuevo estilo de Segmentación de datos. Para ello, hay que hacer clic sobre el botón del cuadro de Estilos de Segmentación y desplegar el siguiente cuadro:

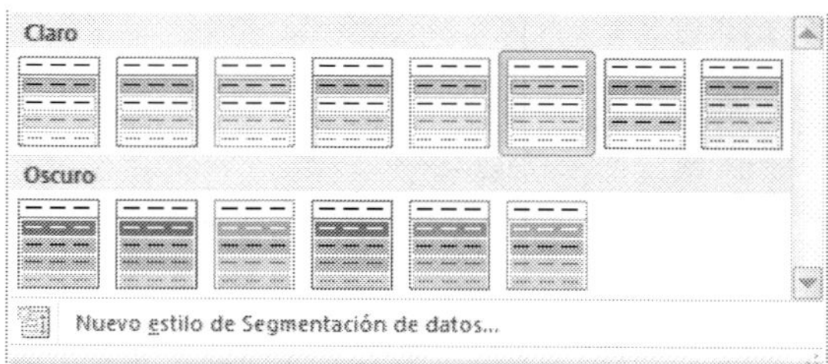

Una vez en este punto, haremos clic sobre la opción de **Nuevo estilo de Segmentación de datos** y aparecerá el siguiente cuadro de diálogo:

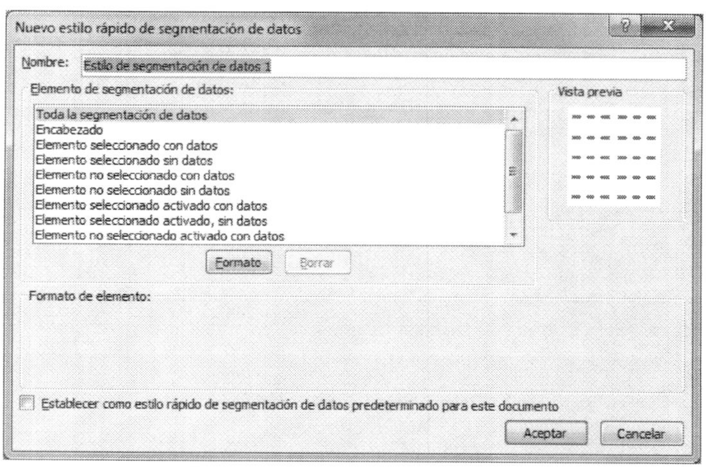

Para cada elemento del estilo, podemos definir su formato, haciendo clic sobre el botón **Formato**, que da paso al siguente cuadro de diálogo mediante el cual podemos definir el tipo de Fuente, los Bordes y el Relleno:

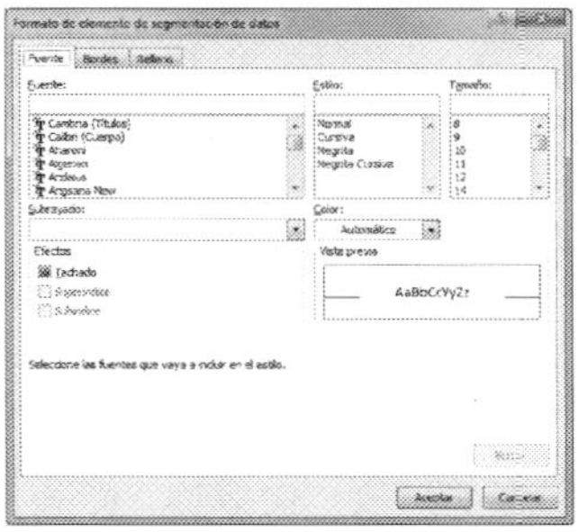
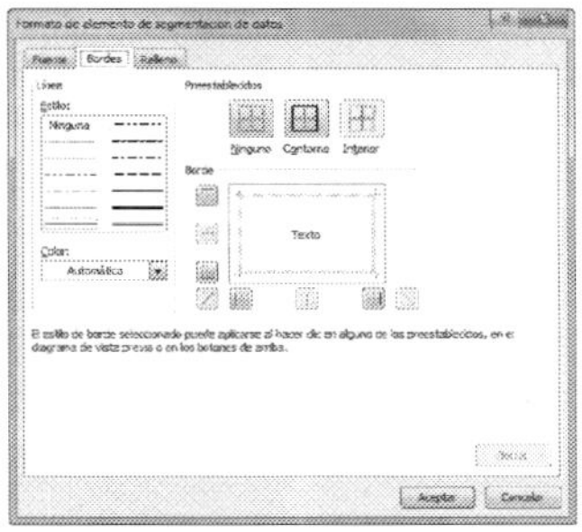
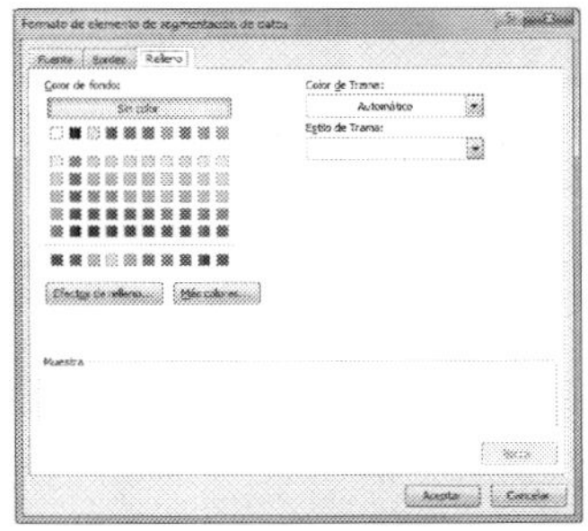

9.3.5.5 ORGANIZAR

Este grupo de controles permite organizar visualmente las Segmentaciones de datos:

Opción	Comentario
	Permite indicar al panel que se sitúe sobre el panel que tiene justo encima o sobre todos los paneles existentes. 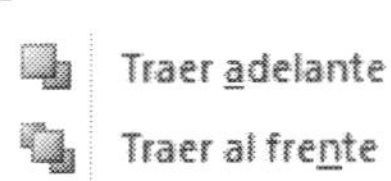
	Permite indicar al panel que se sitúe bajo el panel que tiene justo debajo o bajo todos los paneles existentes. 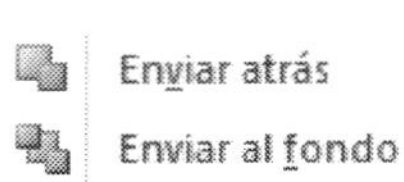

<table>
<tr>
<td>

</td>
<td>
Permite visualizar el panel de selección para poder seleccionar más fácilmente el panel que nos interese:

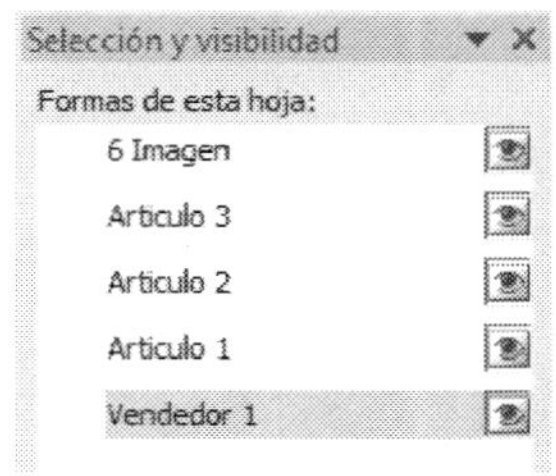

</td>
</tr>
<tr>
<td>
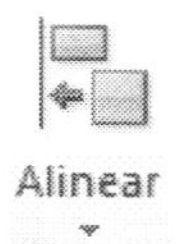

</td>
<td>
Muestra el típico panel de alineación de objetos que permite alinear los paneles de segmentación de datos.

</td>
</tr>
<tr>
<td>

</td>
<td>
Permite la agrupación de paneles, la reagrupación en caso de que ya se hubiese realizado alguna agrupación y la desagrupación.

</td>
</tr>
<tr>
<td>

</td>
<td>
Permite girar el objeto 90° hacia la derecha, hacia la izquierda, verticalmente, horizontalmente, o bien invocar el cuadro de diálogo para afinar la rotación con otros parámetros más concretos.

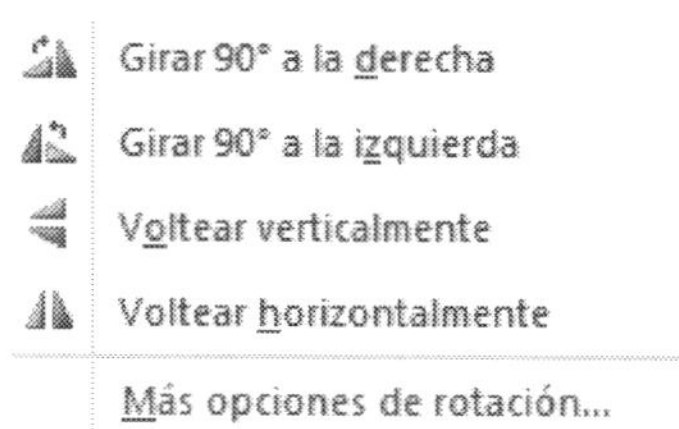

</td>
</tr>
</table>

9.3.5.6 BOTONES

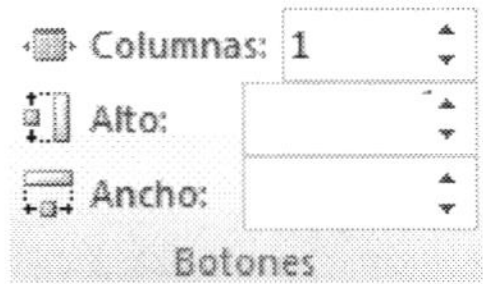

Opción	Comentario
Columnas: 1	Permite especificar el número de columnas en el panel seleccionado. 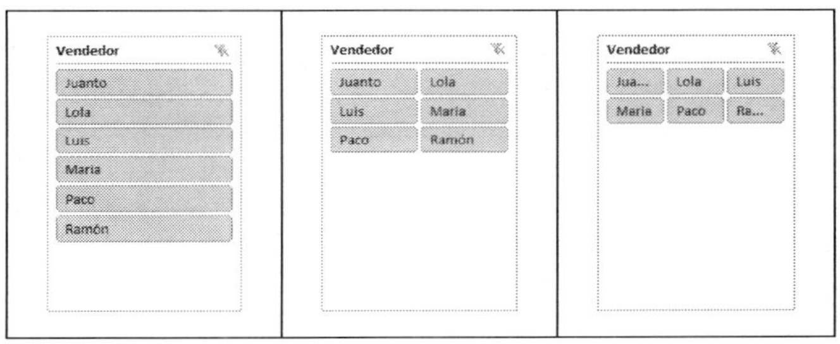
Alto: 0,67 cm	Permite especificar el alto del panel. 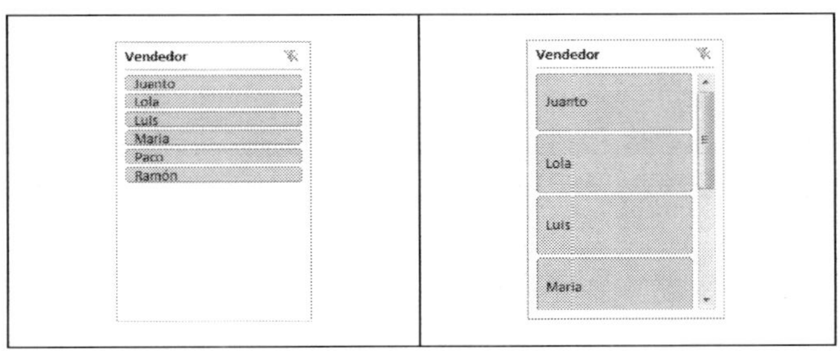
Ancho: 4,6 cm	Permite especificar el ancho del panel. 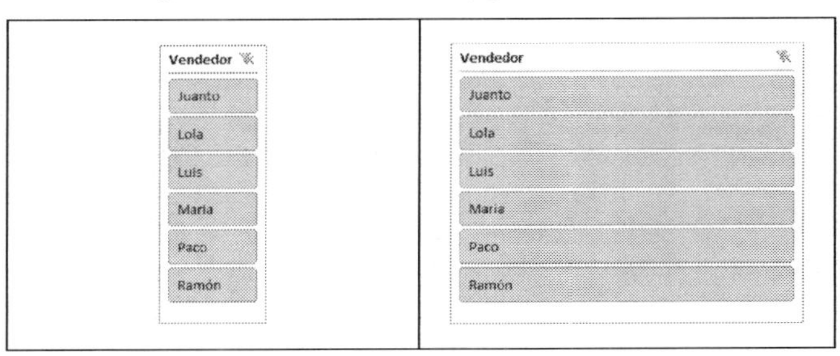

9.3.5.7 TAMAÑO

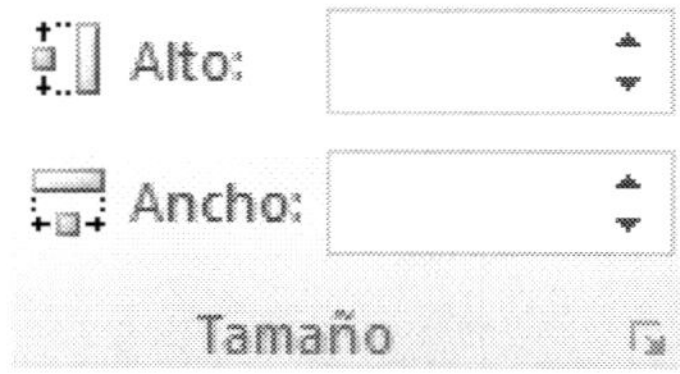

<table>
<tr><th>Opción</th><th>Comentario</th></tr>
<tr><td>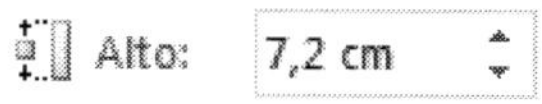
</td><td>Permite modificar el alto del panel de Segmentación de datos.
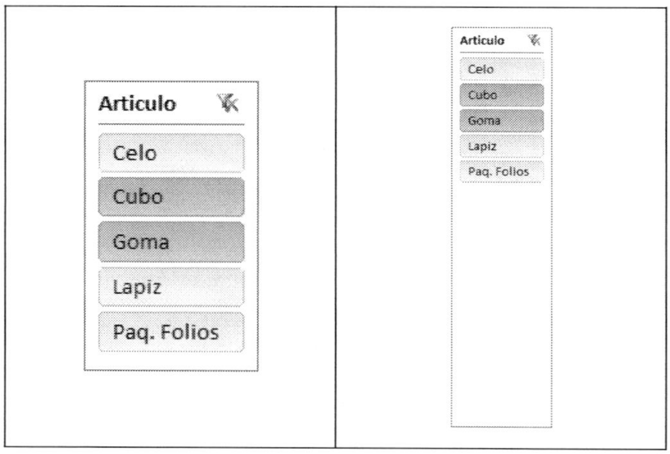
</td></tr>
<tr><td>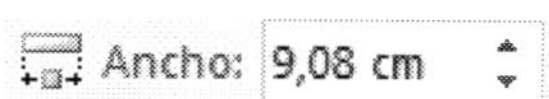
</td><td>Permite modificar el ancho del panel de Segmentación de datos.
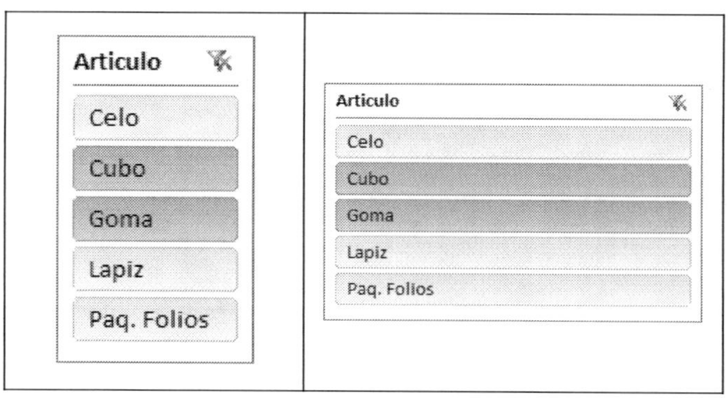
</td></tr>
</table>

<table>
<tr>
<td>

</td>
<td>
Mediante esta opción, se puede acceder a un cuadro de diálogo con los siguentes grupos de controles:

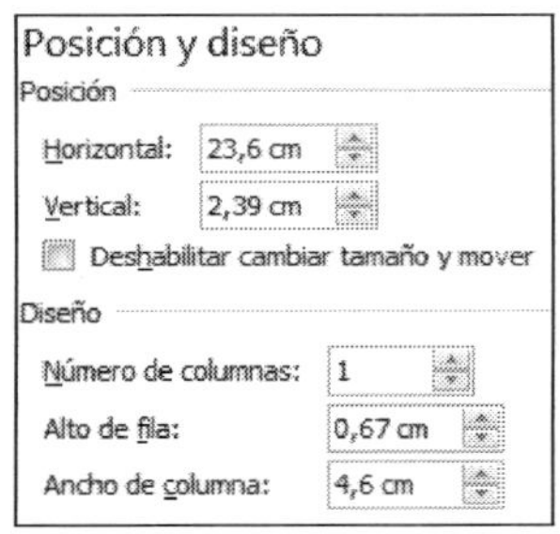

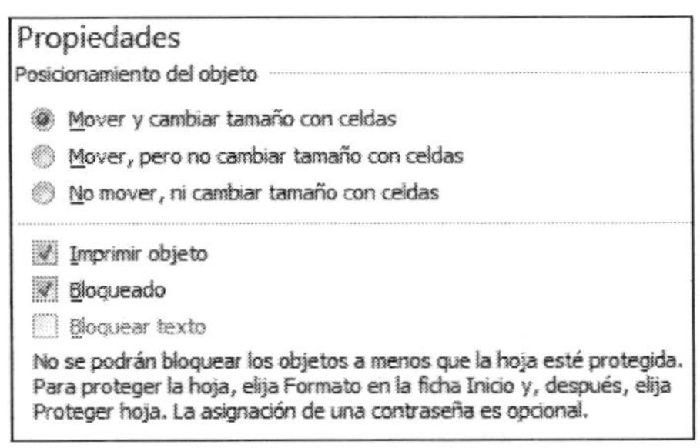

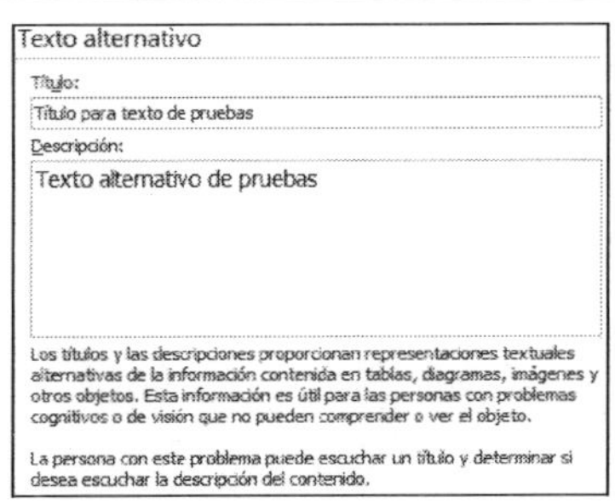

</td>
</tr>
</table>

9.3.6 Datos

Este grupo de controles permite mantener actualizada la tabla de datos y manejar la fuente de datos que la soporta.

La siguiente imagen muestra algunos de los cuadros de diálogo u opciones asociadas a los iconos que se relacionan en el grupo Datos.

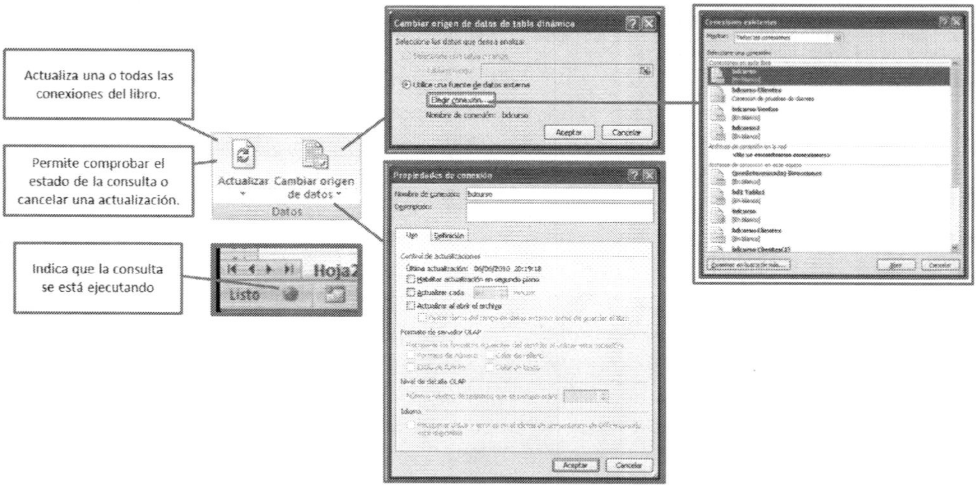

En la imagen se puede asociar una pequeña vista que muestra el icono que aparece cuando se está ejecutando una consulta, y sobre el que se puede interactuar para detener o averiguar datos sobre la consulta en curso.

9.3.7 Acciones

Esta opción permite borrar los filtros de la tabla dinámica que estén activos, seleccionar grupos de elementos de la tabla o toda ella, o bien moverla de sitio cambiándola de ubicación a otra hoja o posición.

A continuación, mostramos las partes de la tabla que reaccionan en función de la opción:

Opción	Comentario

Etiquetas y valores

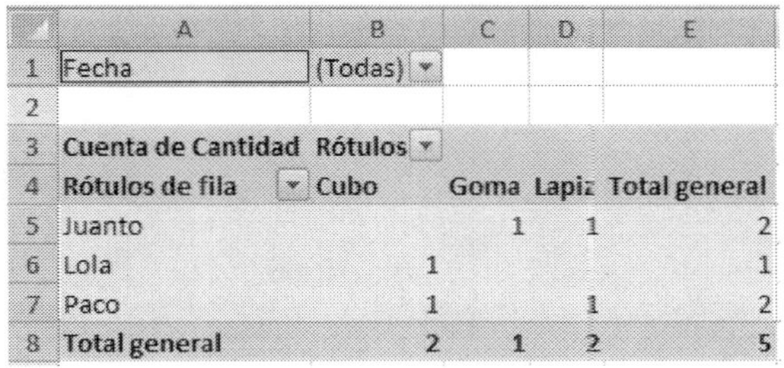

	A	B	C	D	E
1	Fecha	(Todas)			
2					
3	Cuenta de Cantidad	Rótulos			
4	Rótulos de fila	Cubo	Goma	Lapiz	Total general
5	Juanto		1	1	2
6	Lola	1			1
7	Paco	1		1	2
8	Total general	2	1	2	5

Valores

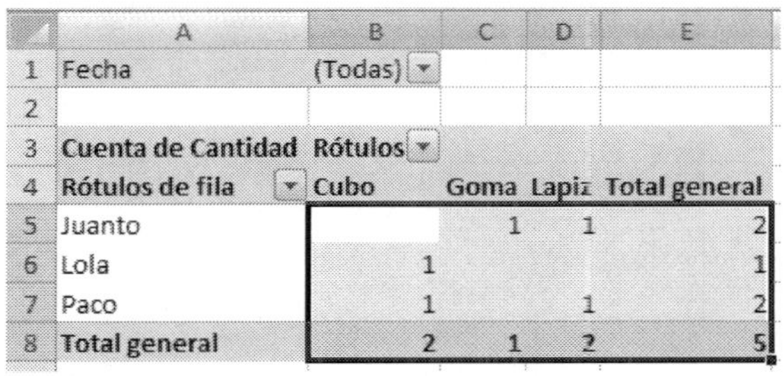

	A	B	C	D	E
1	Fecha	(Todas)			
2					
3	Cuenta de Cantidad	Rótulos			
4	Rótulos de fila	Cubo	Goma	Lapiz	Total general
5	Juanto		1	1	2
6	Lola	1			1
7	Paco	1		1	2
8	Total general	2	1	2	5

Etiquetas

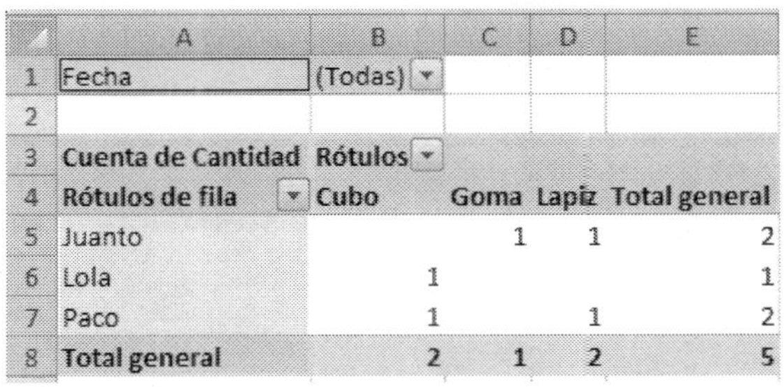

	A	B	C	D	E
1	Fecha	(Todas)			
2					
3	Cuenta de Cantidad	Rótulos			
4	Rótulos de fila	Cubo	Goma	Lapiz	Total general
5	Juanto		1	1	2
6	Lola	1			1
7	Paco	1		1	2
8	Total general	2	1	2	5

Toda la tabla dinámica

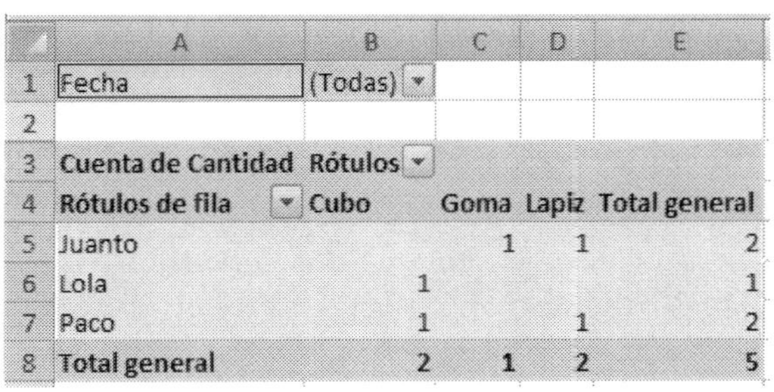

	A	B	C	D	E
1	Fecha	(Todas)			
2					
3	Cuenta de Cantidad	Rótulos			
4	Rótulos de fila	Cubo	Goma	Lapiz	Total general
5	Juanto		1	1	2
6	Lola	1			1
7	Paco	1		1	2
8	Total general	2	1	2	5

	Permite seleccionar regiones de la tabla mediante un clic del ratón. Si está seleccionada esta opción, vemos que el cursor del ratón cambia adoptando la forma de una flechita. 

9.3.8 Cálculos

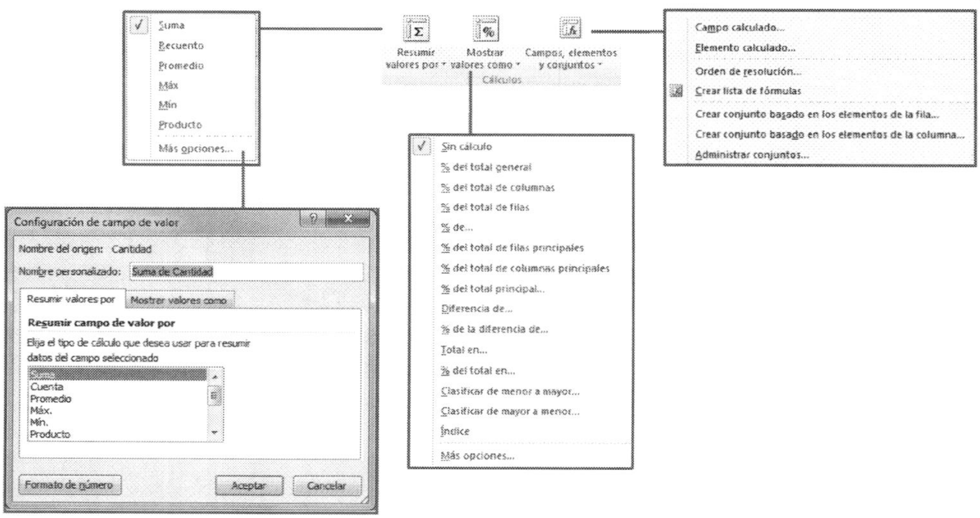

9.3.8.1 RESUMIR POR

Permite seleccionar la función que hay que utilizar para resumir la información de la tabla. La lista de funciones propuestas son las más frecuentes, pero seleccionando la opción **Más opciones...** podemos acceder a un cuadro de diálogo mediante el cual se puede personalizar más dicho resumen.

9.3.8.2 MOSTRAR VALORES COMO

Mediante esta opción podemos elegir cómo se han de mostrar los valores y, en general, consiste en mostrar el % o diferencia que el valor posee en relación a otro campo (por ejemplo, la diferencia) o a un total o subtotal.

9.3.8.3 CAMPOS, ELEMENTOS Y CONJUNTOS

9.3.8.3.1 Campo calculado

Campo que se construye utilizando campos que se hallen en la tabla dinámica.

Por ejemplo, para realizar una previsión de las unidades que se venderán durante el próximo período, suponiendo que en éste se venderá un 10% más de lo vendido actualmente, podemos definir un campo calculado denominado **Previsión** que calcule un incremento del 10% y lo sume al campo **Cantidad** de la siguiente manera:

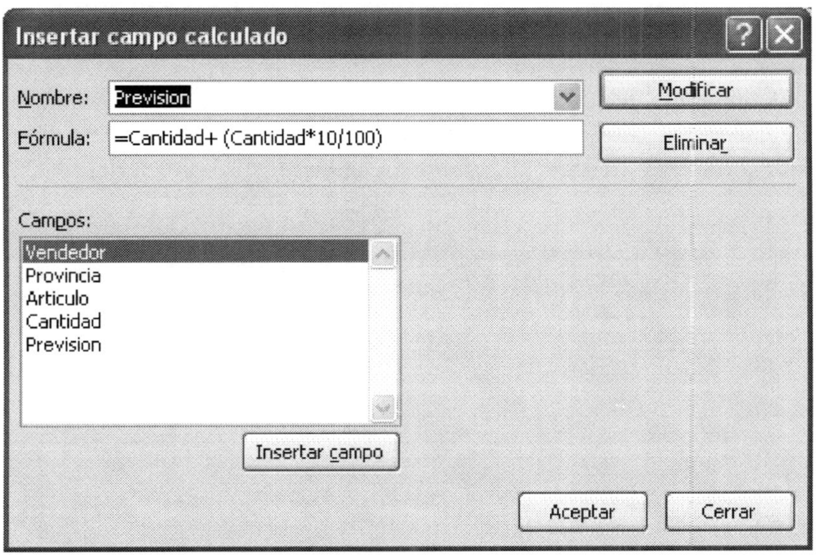

El nuevo campo calculado se llama **Previsión**, y vemos que en la fórmula se acumula al campo **Cantidad** el resultado de calcular su 10%.

Vemos que, efectivamente, este campo calculado aparece en la lista de campos del informe y en la tabla se refleja de la siguiente manera:

Resultado

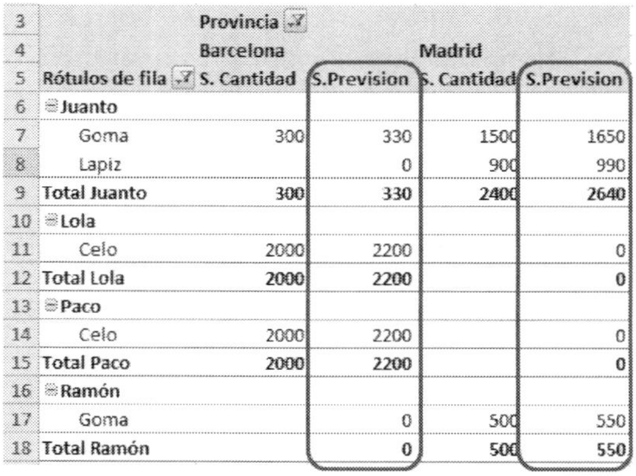

	Provincia			
	Barcelona		Madrid	
Rótulos de fila	S. Cantidad	S.Prevision	S. Cantidad	S.Prevision
Juanto				
Goma	300	330	1500	1650
Lapiz		0	900	990
Total Juanto	**300**	**330**	**2400**	**2640**
Lola				
Celo	2000	2200		0
Total Lola	**2000**	**2200**		**0**
Paco				
Celo	2000	2200		0
Total Paco	**2000**	**2200**		**0**
Ramón				
Goma		0	500	550
Total Ramón		**0**	**500**	**550**

Lista de campos

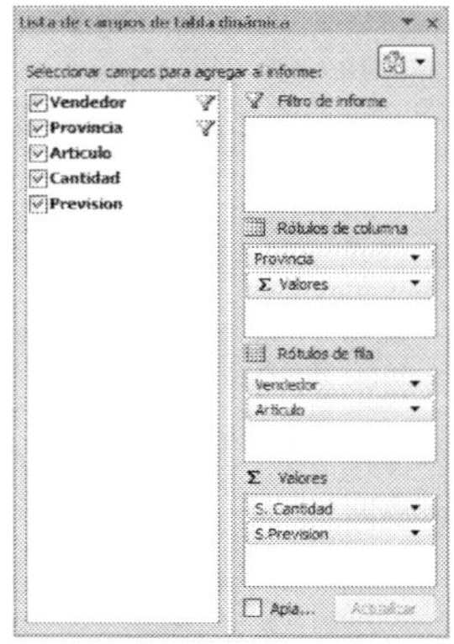

9.3.8.3.2 Elemento calculado

Un elemento calculado se fabrica a partir de los valores de otros elementos. Para definirlo, basta con invocar el cuadro de diálogo **Elemento calculado** e introducir la fórmula que define dicho elemento.

Supongamos que queremos disponer de un par de elementos que reflejen la diferencia entre los importes vendidos entre Juanto y Maria y, también, entre Juanto y Paco. Para definir la diferencia entre Juanto y Maria, definimos lo siguiente:

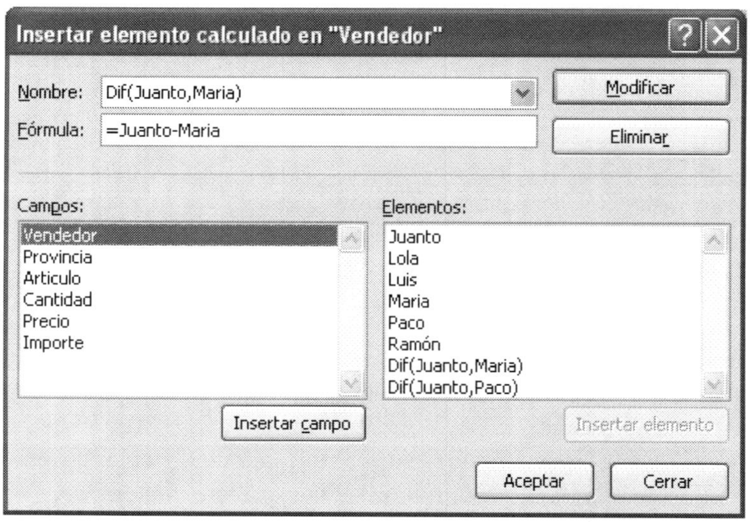

Si hacemos lo mismo para definir la diferencia entre Juanto y Paco, al final obtendremos 2 nuevos elementos calculados, que se reflejarán de la siguiente manera:

3	Suma de Importe	Articulos				
4	Rótulos de fila	Celo	Cubo	Goma	Lapiz	Paq. Folios
5	Juanto			2240	1080	
6	Lola	7000				17250
7	Luis				1200	3600
8	Maria		1600		5100	
9	Paco	7000		520	120	
10	Ramón		1200	640		
11	Dif(Juanto,Maria)	0	-1600	2240	-4020	0
12	Dif(Juanto,Paco)	-7000	0	1720	960	0

9.3.8.3.3 Orden de resolución

Esta opción permite determinar el orden en el que se resuelven las fórmulas. El cuadro de diálogo asociado es el siguiente:

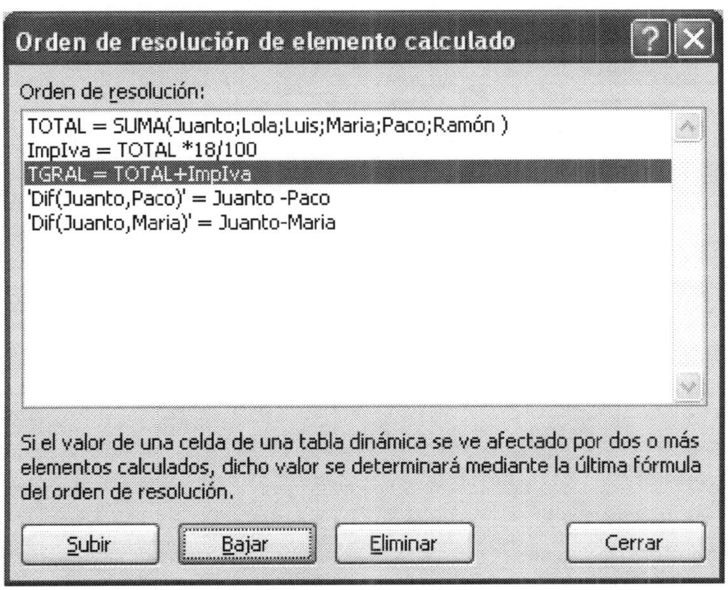

Mediante los botones **Subir** y **Bajar**, podemos establecer el orden. El botón **Eliminar** elimina el elemento calculado. Al cerrar el cuadro de diálogo, se recalculan de nuevo los elementos calculados.

9.3.8.3.4 Crear lista de fórmulas

Mediante esta opción, podemos crear una lista de las fórmulas que definen los campos y elementos calculados, y el orden de resolución previsto para los mismos.

Al seleccionar esta opción, automáticamente se crea una hoja de cálculo con el siguiente aspecto:

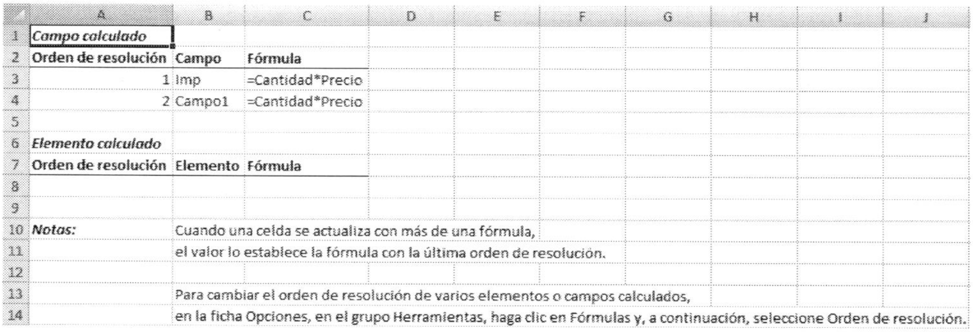

	A	B	C
1	*Campo calculado*		
2	Orden de resolución	Campo	Fórmula
3	1	Imp	=Cantidad*Precio
4	2	Campo1	=Cantidad*Precio
5			
6	*Elemento calculado*		
7	Orden de resolución	Elemento	Fórmula
8			
9			
10	*Notas:*	Cuando una celda se actualiza con más de una fórmula,	
11		el valor lo establece la fórmula con la última orden de resolución.	
12			
13		Para cambiar el orden de resolución de varios elementos o campos calculados,	
14		en la ficha Opciones, en el grupo Herramientas, haga clic en Fórmulas y, a continuación, seleccione Orden de resolución.	

9.3.8.3.5 Crear conjunto basado en los elementos de la fila

Al acceder a esta opción, aparece el sigeunte cuadro de diálogo:

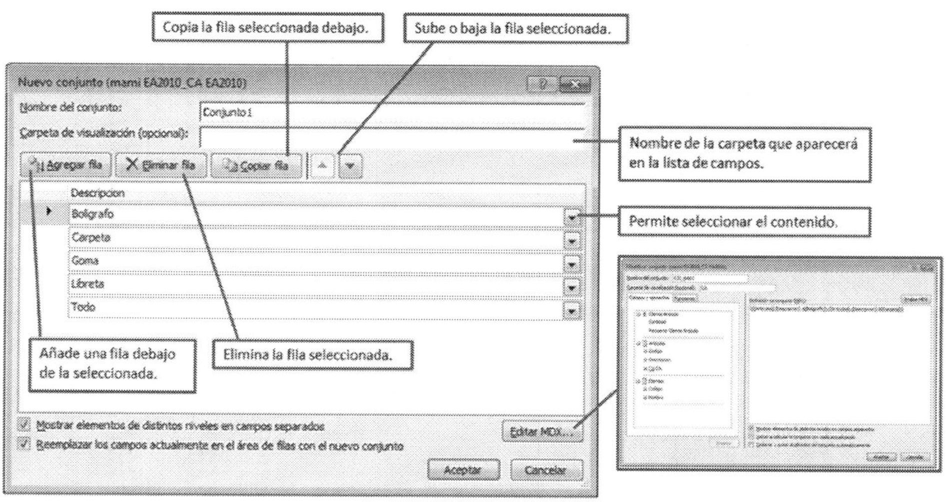

Definiremos el nombre del conjunto, la carpeta de visualización y eliminamos las filas goma y libreta dejando la siguiente definición:

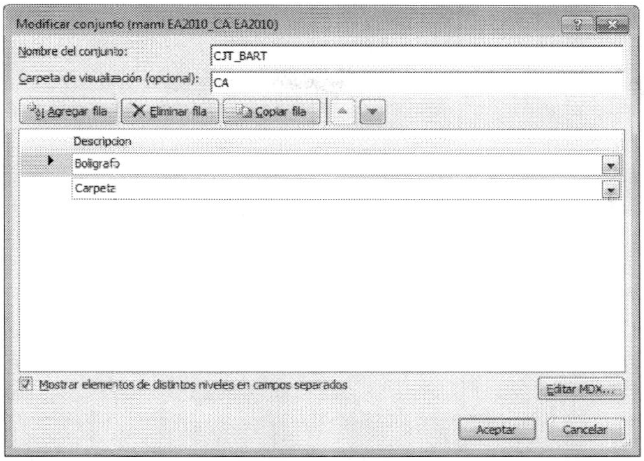

Si pulsamos el botón Editar MDX, accederemos a un cuadro de diálogo, mediante el cual podríamos redefinir la consulta en dicho lenguaje:

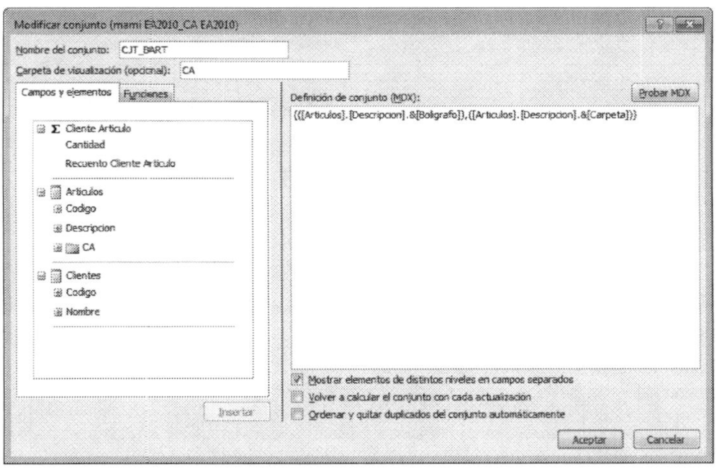

Una vez cerrado este cuadro de diálogo, pincharemos Aceptar en el diálogo de definición de conjunto , y observaremos el siguiente resultado:

	A	B	C	D	E
1	Cantidad	Etiquetas de columna			
2	Etiquetas de fila	Juanto	Maria	Paco	Total general
3	Boligrafo	10		40	50
4	Carpeta	20	60		80

9.3.8.3.6 Crear conjunto basado en los elementos de la columna

De modo similar al descrito para la creación de conjuntos basados en filas, al pulsar sobre esta opción, aparecerá el siguiente cuadro de diálogo:

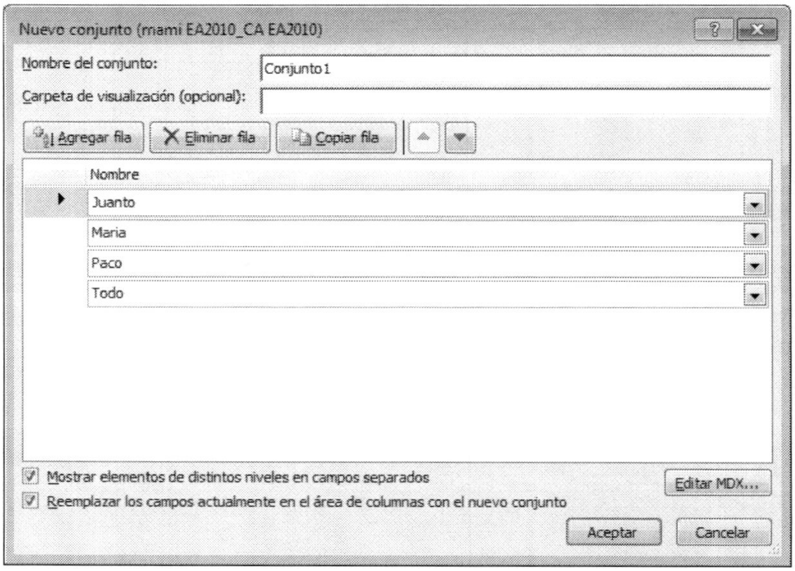

En este caso, cada una de las filas indicadas en el mismo corresponden en realidad a las columnas que se desean tratar. Para el ejemplo en curso, eliminaremos Paco y Todo y definiremos el nombre del conjunto y de la carpeta de visualización:

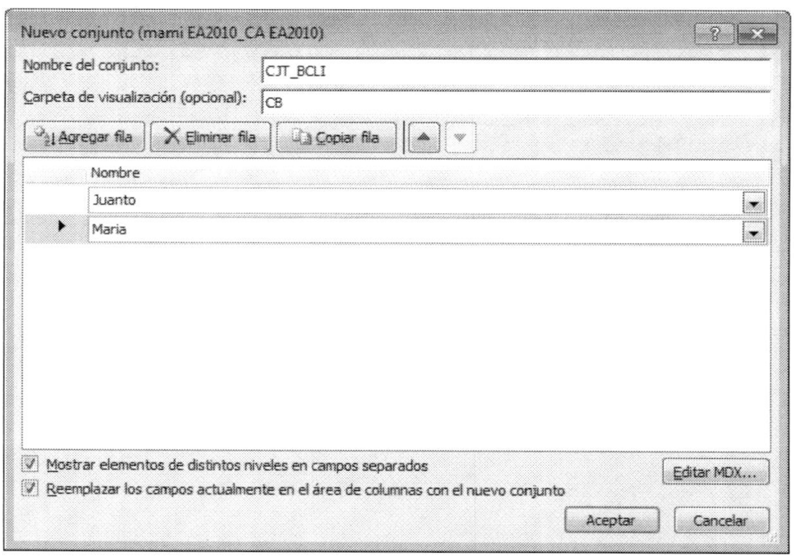

Si hacemos clic sobre Editar MDX, encontraremos el siguiente cuadro de diálogo:

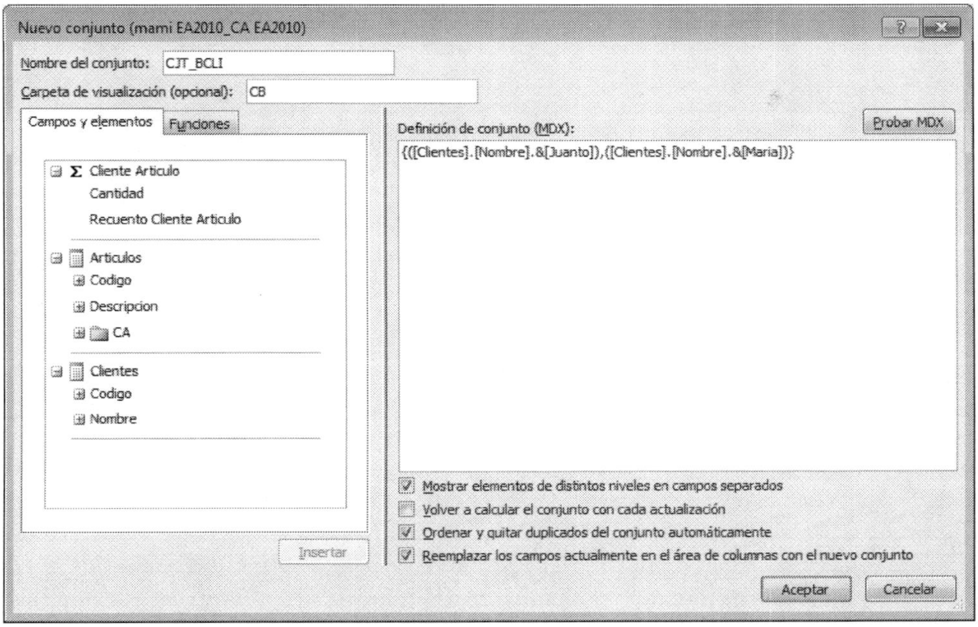

Si cerramos este cuadro, y aceptamos la definición del conjunto observaremos el siguente resultado:

	A	B	C
1	Cantidad	Etiquetas de columna	
2	Etiquetas de fila	Juanto	Maria
3	Boligrafo	10	
4	Carpeta	20	60

A partir de este momento, si creásemos una tabla utilizando la misma base de datos en otra hoja, observaríamos que la lista de campos muestra los conjuntos creados en los pasos anteriores y, al utilizarlos, obtendríamos el siguiente resultado:

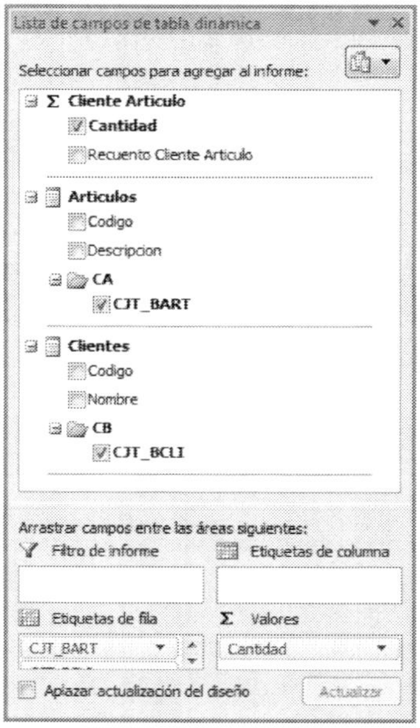

9.3.8.3.7 Administrar conjuntos...

Mediante esta opción, podemos crear, modificar o eliminar los conjuntos existentes. El cuadro de diálogo correspondiente a esta opción es el siguiente:

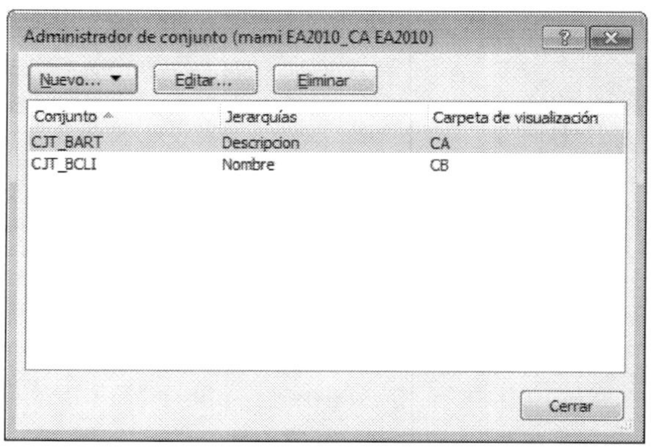

La opción **Nuevo...** ofrece las siguientes posibilidades:

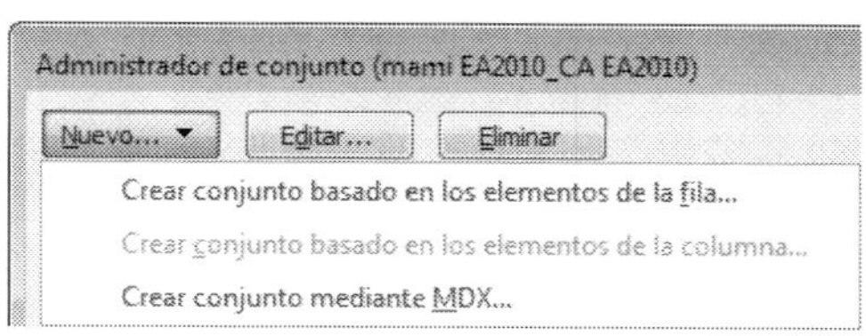

La opción **Crear conjunto mediante MDX...** se apoya en el siguiente cuadro de diálogo:

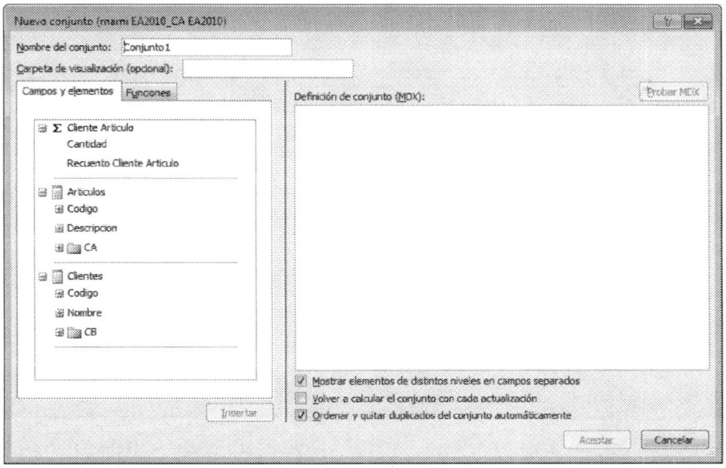

9.3.9 Herramientas

Este grupo de controles se utiliza para crear un gráfico dinámico, definir ciertos elementos y campos calculados, trabajar con datos procedentes de tablas OLAP y para realizar análisis de hipótesis.

9.3.9.1 GRÁFICO DINÁMICO

Mediante esta opción, podemos crear un gráfico dinámico a partir de una tabla dinámica existente. Al pulsar sobre esta opción, se abre un cuadro de diálogo para que seleccionemos el tipo de gráfico que pretendemos fabricar:

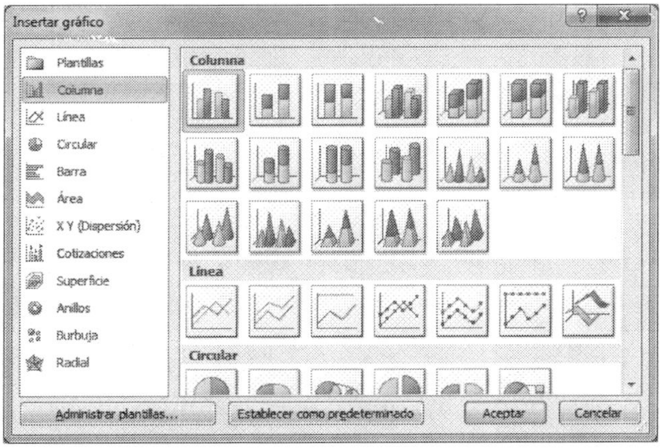

Una vez seleccionado el tipo de gráfico, aceptaremos dando paso a la creación del mismo. A continuación, vemos un ejemplo de tabla dinámica y de gráfico creado a partir de la misma:

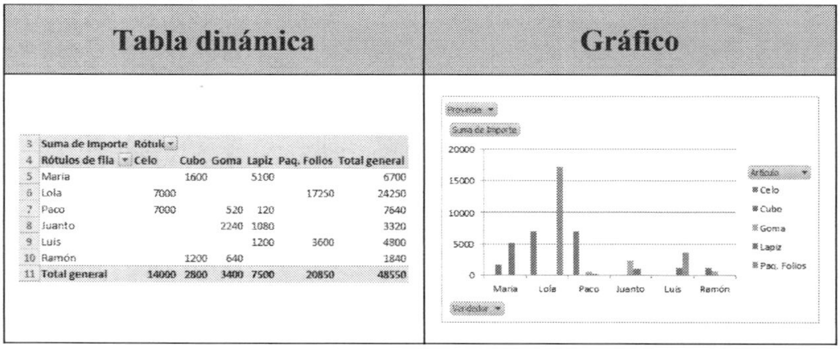

Suma de Importe	Rótulc					
Rótulos de fila	Celo	Cubo	Goma	Lapiz	Paq. Folios	Total general
María		1600		5100		6700
Lola	7000				17250	24250
Paco	7000		520	120		7640
Juanto			2240	1080		3320
Luis				1200	3600	4800
Ramón		1200	640			1840
Total general	14000	2800	3400	7500	20850	48550

Observaremos que, en el gráfico, aparece un botón por cada uno de los campos incluidos en el mismo, de forma que, haciendo clic sobre cada uno de ellos, podemos aplicar filtros y ordenar los valores según nos interese.

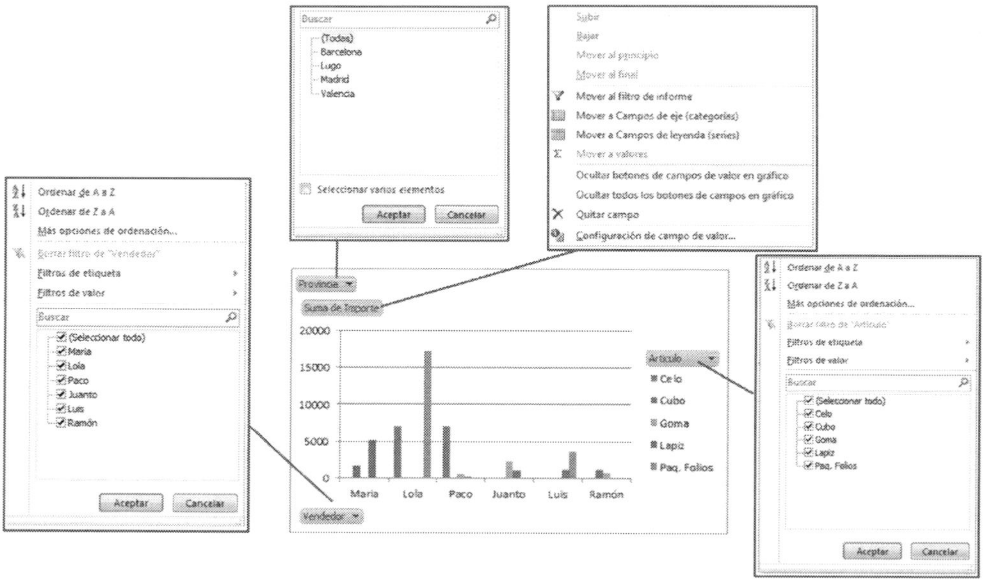

Para más información sobre el tratamiento de gráficos dinámicos, consulte el apartado **Herramientas del gráfico dinámico**, situado al final de este capítulo.

Una buena idea sería mover el gráfico a una hoja independiente para darle más vistosidad. Para ello, bastaría con mover dicho gráfico utilizando la opción Mover gráfico, que encontraremos en el grupo de opciones **Ubicación**, dentro de la pestaña **Diseño**, o bien haciendo clic con el botón derecho del ratón sobre el borde del gráfico. Esta opción muestra el siguiente cuadro de diálogo:

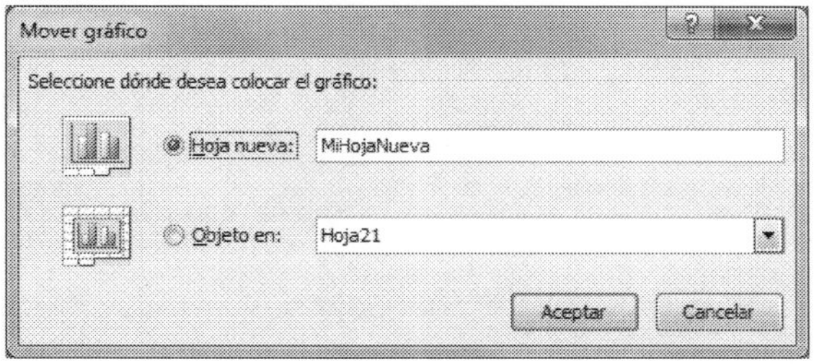

9.3.9.2 HERRAMIENTAS OLAP

Permite trabajar con tablas dinámicas cuyos orígenes de datos son bases de datos OLAP.

9.3.9.2.1 Campos de propiedad

Permite mostrar las propiedades de los miembros en forma de datos dentro de la tabla dinámica. Para poder utilizar esta funcionalidad, los campos han de tener definidas sus propiedades en el cubo, ya que, de otra forma, al intentar acceder a las mismas nos encontraremos con el siguiente mensaje de error:

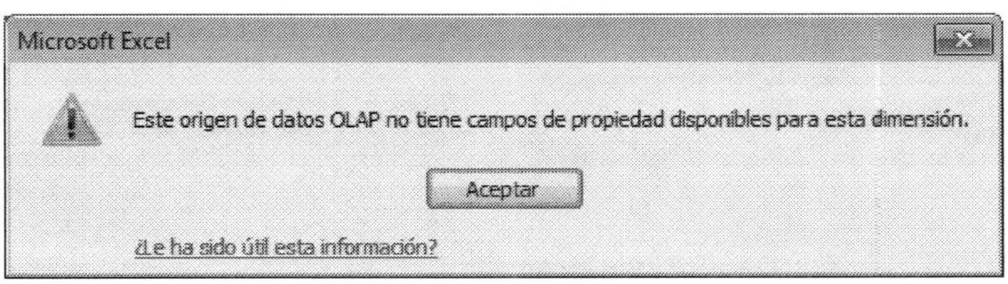

Recordando uno de los ejemplos comentados en la fabricación de la BBDD OLAP, tendríamos una tabla dinámica con el siguente contenido:

	A	B	C	D	E	F
1	Importe	Etiquetas de columna				
2	Etiquetas de fila	Boligrafo	Carpeta	Goma	Libreta	Total general
3	⊟Juanto	1200	1200	1200	1200	1200
4	8	1200	1200	1200	1200	1200
5	⊟Maria	1800	1800	1800	1800	1800
6	1	1800	1800	1800	1800	1800
7	⊟Paco	1500	1500	1500	1500	1500
8	28	1500	1500	1500	1500	1500
9	Total general	4500	4500	4500	4500	4500

Si accedemos a Herramientas OLAP y seleccionamos la opción Campos de propiedad, veremos el siguiente cuadro de diálogo mediante el cual podremos elegir los campos de propiedad para dimensión:

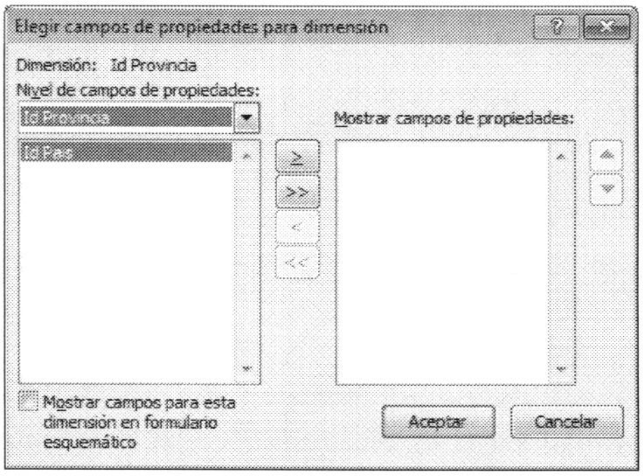

En este caso, lo que mostraremos es el campo País asociado a la provincia, y el resultado será el siguiente:

	A	B	C	D	E	F	G
1	Importe		Etiquetas de columna				
2	Etiquetas de fila	Id Pais	Boligrafo	Carpeta	Goma	Libreta	Total general
3	⊟ Juanto		1200	1200	1200	1200	1200
4	8	11	1200	1200	1200	1200	1200
5	⊟ Maria		1800	1800	1800	1800	1800
6	1	11	1800	1800	1800	1800	1800
7	⊟ Paco		1500	1500	1500	1500	1500
8	28	11	1500	1500	1500	1500	1500
9	Total general		4500	4500	4500	4500	4500

9.3.9.2.2 OLAP sin conexión…

En ocasiones, es posible que no estemos conectados en red o que no tengamos acceso al servidor que contiene los datos utilizados en la tabla dinámica. En esos casos, podemos trabajar sin conexión creando un archivo de datos (cubo).

Al acceder a esta opción, se muestra un cuadro de diálogo que nos indica si tenemos la tabla configurada para trabajar con conexión o no.

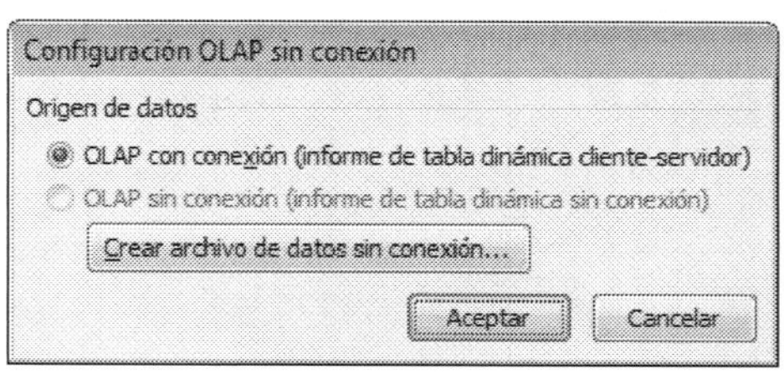

Para crear un archivo de datos, hemos de hacer clic sobre el botón **Crear archivo de datos sin conexión...**, que da paso a un asistente mediante el cual podremos completar la tarea fácilmente.

La primera pantalla del asistente simplemente nos explica cuál es el propósito del mismo y cómo se comportará con respecto a los datos procedentes del servidor:

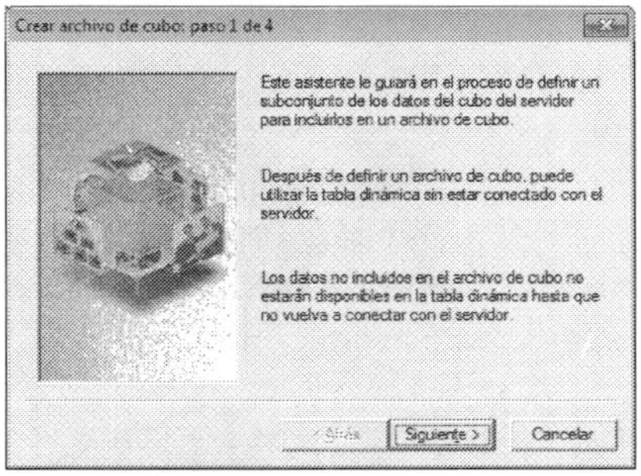

A continuación, nos ofrece los niveles existentes para cada dimensión para que podamos decidir qué queremos incluir en el archivo:

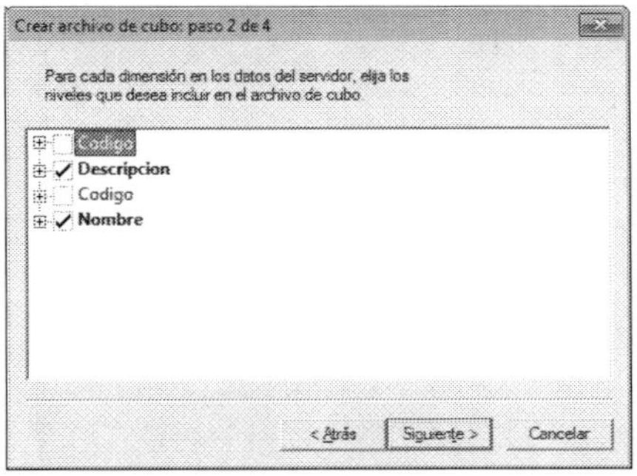

Seguidamente, los elementos del nivel a incluir para cada nivel superior:

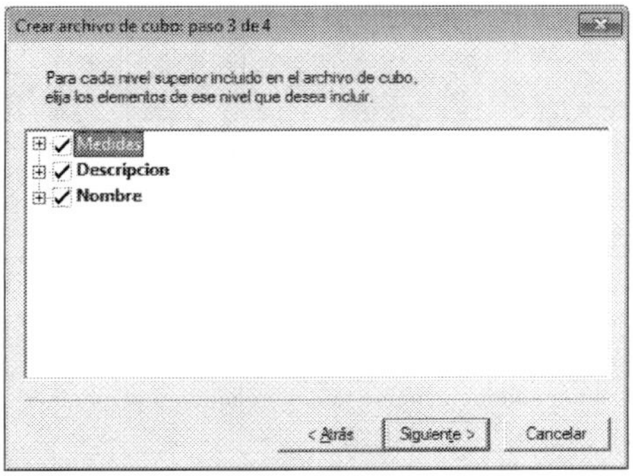

Por último, indicaremos la ubicación del archivo de cubo (extsion .cub):

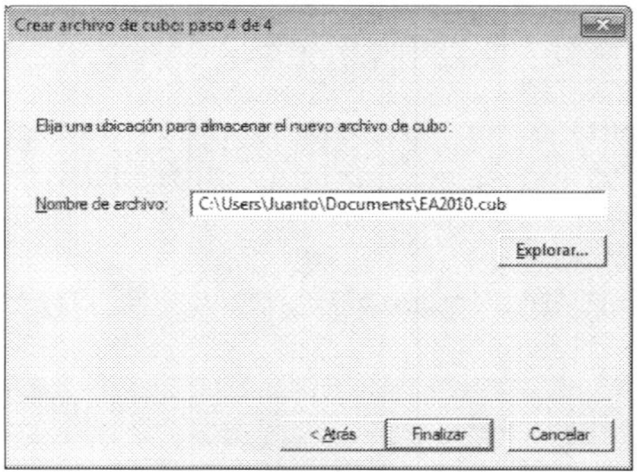

Al finalizar, observaremos que se produce la creación del archivo y que ya tenemos configurada la tabla dinámica sin conexión:

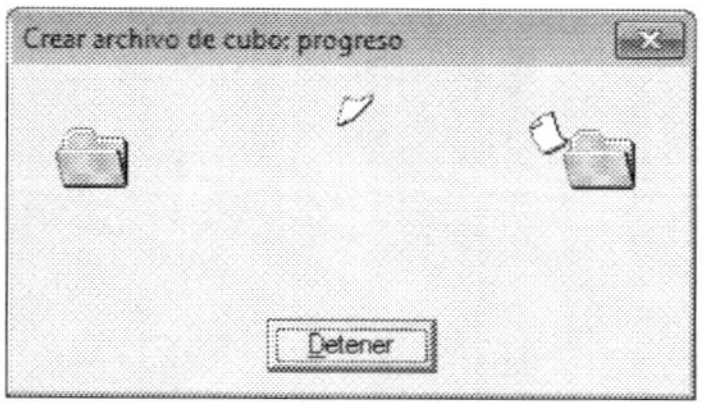

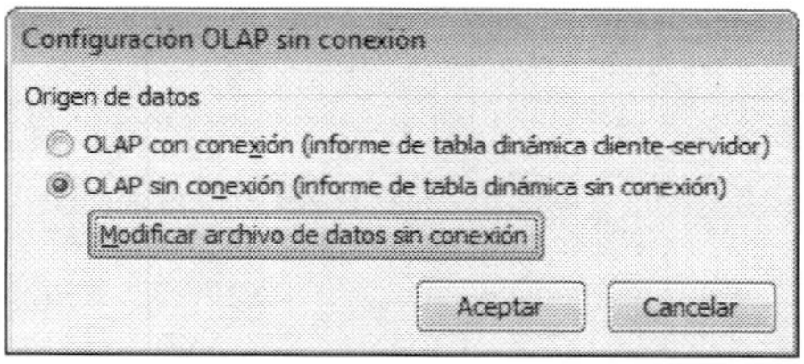

9.3.9.2.3 Convertir en fórmulas

Al convertir las celdas en fórmulas, conseguimos simplificar el mantenimiento de las tablas dinámicas dotando a las mismas de una mayor flexibilidad, ya que pone a nuestra disposición todas las características de una hoja de cálculo. Sin embargo, en la operación podemos perder alguna funcionalidad como es la de filtrar, ordenar y expandir o contraer niveles. El resultado es parecido a si utilizamos la función IMPORTARDATOSDINAMICOS, comentada en el apartado de funciones de "Búsqueda y referencia". Las funciones de cubo utilizadas en la conversión son:

Función	Comentario
MIEMBROKPICUBO	Retorna una propiedad de KPI (indicador clave de rendimiento).
MIEMBROCUBO	Retorna un miembro del cubo.

PROPIEDADMIEMBROCUBO	Retorna el valor de una propiedad de un miembro.
MIEMBRORANGOCUBO	Proporciona uno o más elementos de un conjunto.
CONJUNTOCUBO	Envía una expresión de conjunto al cubo definiendo un conjunto calculado de miembros.
RECUENTOCONJUNTOCUBO	Indica el número de elementos de un conjunto.
VALORCUBO	Retorna un valor agregado.

A continuación, mostramos algunos ejemplos de funciones:

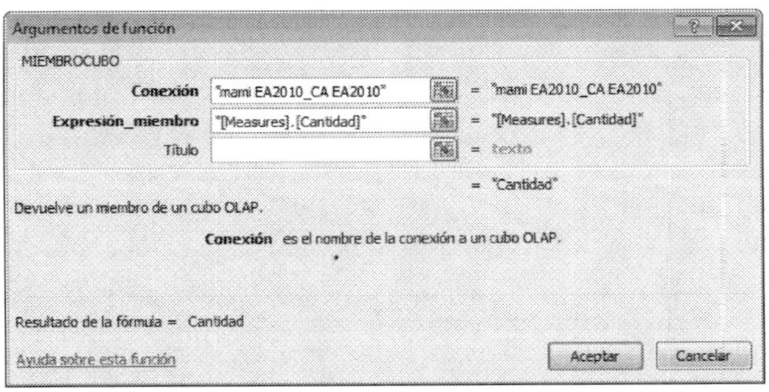

=MIEMBROCUBO("mami EA2010_CA EA2010";"[Articulos].[Descripcion].&[Boligrafo]")

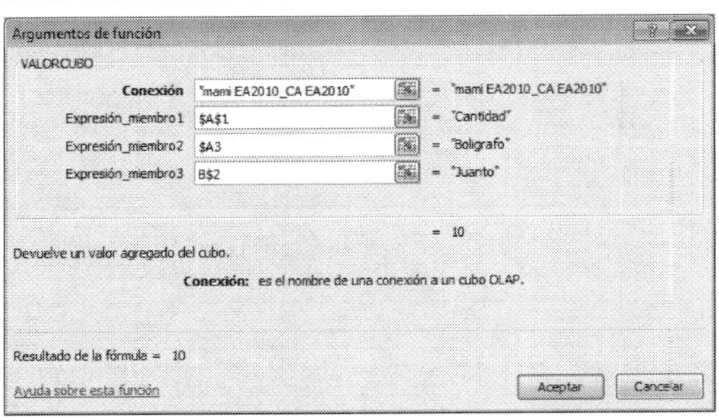

=VALORCUBO("mami EA2010_CA EA2010";$A$1;$A3;B$2)

9.3.9.3 ANÁLISIS DE HIPÓTESIS

Mediante esta opción, podemos realizar cambios en la tabla dinámica, analizar sus resultados y decidir a continuación si queremos conservar dichos cambios y actualizar los valores del origen de datos o descartarlos para volver a la situación anterior.

Opción	Comentario
Habilitar Análisis de hipótesis	Permite activar el uso de esta funcionalidad.
Calcular tabla dinámica con cambios	Provoca el cálculo de la tabla cuando no tenemos configurado el recálculo automático.
Calcular cambios automáticamente	Provoca que en cada cambio se recalculen las fórmulas de la tabla afectadas por el mismo.
Descartar cambios	Deshace los cambios realizados.
Publicar cambios	Publica los cambios realizados en el origen de datos.
Actualizar los valores del origen de datos	Permite actualizar los valores que hayan cambiado en el origen de datos.
Configuración...	Parámetros de configuración de la hipótesis.

Para poder utilizar esta funcionalidad, lo primero que tenemos que hacer es seleccionar la opción **Habilitar Análisis de Hipótesis** ( ).

Por ejemplo, si cambiamos al valor de la celda **D3** de forma que, en lugar de 40 introducimos 55, observaremos que se recalculan los totales generales de fila y de columna además del total general. Esto es así porque tenemos habilitada por defecto la opción de **Calcular cambios automáticamente**.

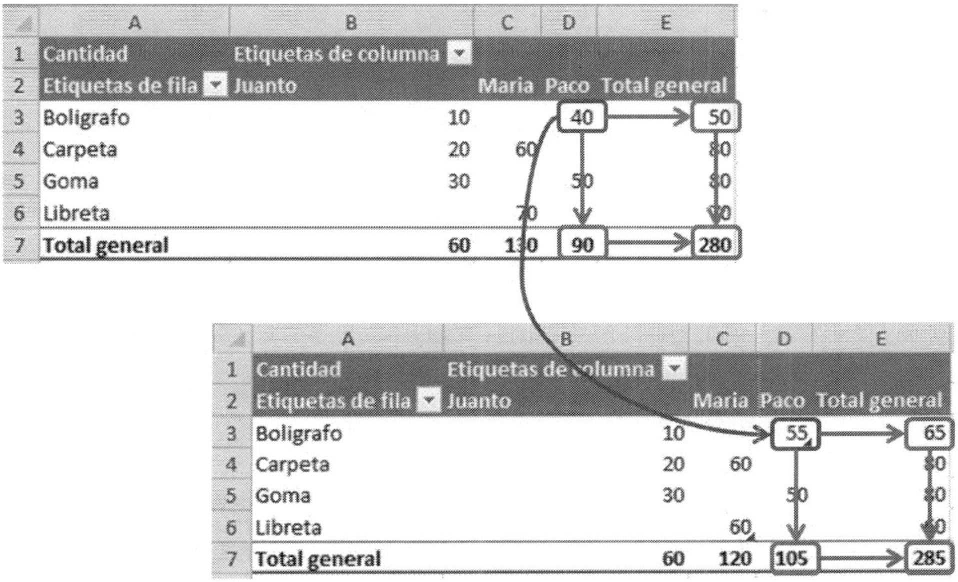

Si hacemos un clic en la celda D3, observaremos que aparece un icono ( ) indicando que dicha celda contiene un valor cambiado y ofreciendo las siguientes opciones:

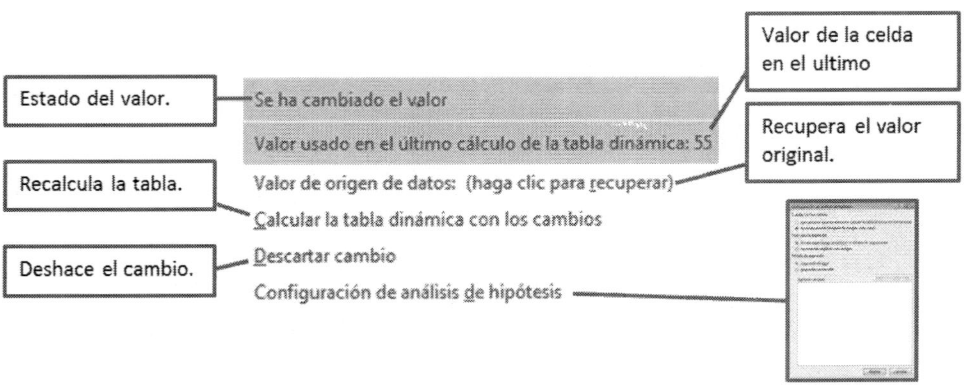

La configuración de análisis de hipótesis ofrece las siguientes opciones:

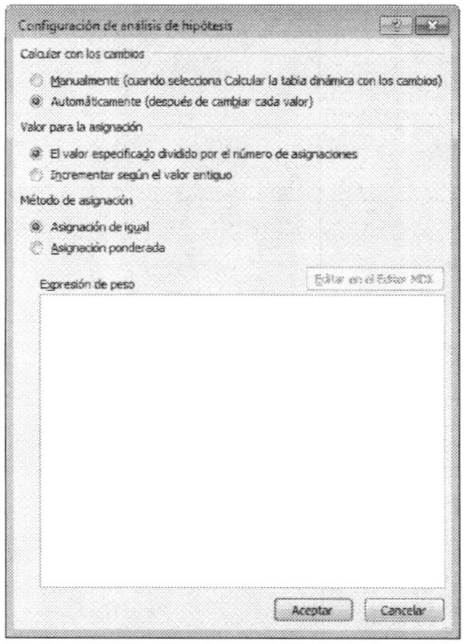

9.3.10 Mostrar

Esta opción nos permite mantener a la vista o no ciertos elementos de la tabla dinámica o elementos que nos permiten configurarla, como, por ejemplo, la lista de campos que podemos utilizar en la misma.

La siguiente imagen nos muestra qué se encuentra tras las opciones que agrupa este conjunto de controles.

La lista de campos es un elemento externo a la tabla y sólo nos permite definir en qué zona de la tabla queremos mostrar un campo. El resto de elementos se hallan integrados en la propia tabla.

9.4 DISEÑO

Este grupo de controles nos permite configurar la tabla para indicar que tenga o no totales y/o subtotales, o bien la distribución de los elementos que estén anidados entre sí.

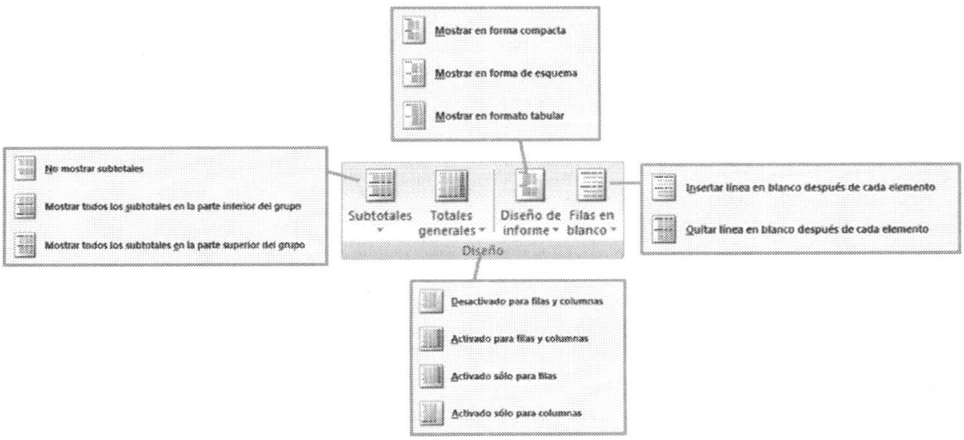

Muchas de estas opciones se hallan disponibles también a través de los cuadros de diálogo asociados a **Configuración de campo**, pero se muestran aquí para facilitar su implementación.

9.4.1 Subtotales

Este grupo de controles es útil para facilitar la incorporación de un subtotal a la tabla. Permite incorporar subtotales por fila, por columnas, ambos o ninguno.

A continuación, se muestra un ejemplo de cada una de las combinaciones posibles:

Opción	Comentario

3	Suma de Importe				
4		Cubo	Goma	Lapiz	Paq. Folios
5	⊟Juanto				
6	Barcelona		240		
7	Lugo		800		
8	Madrid		1200	1080	
9	⊟Luis				
10	Barcelona			1200	
11	Valencia				3600
12	⊟Ramón				
13	Lugo	1200	240		
14	Madrid		400		

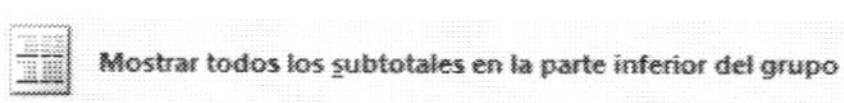

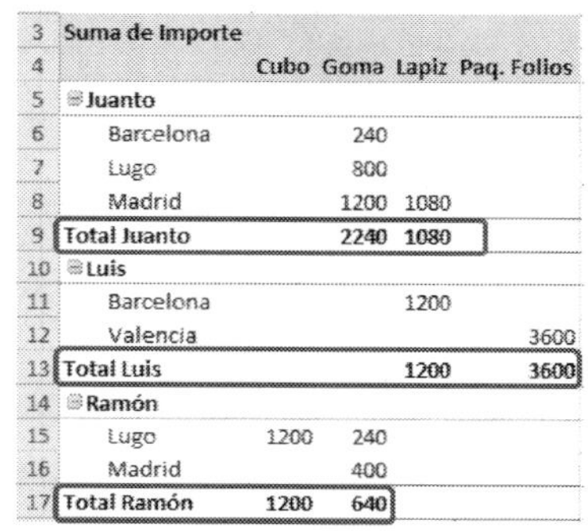

3	Suma de Importe				
4		Cubo	Goma	Lapiz	Paq. Folios
5	⊟Juanto				
6	Barcelona		240		
7	Lugo		800		
8	Madrid		1200	1080	
9	**Total Juanto**		**2240**	**1080**	
10	⊟Luis				
11	Barcelona			1200	
12	Valencia				3600
13	**Total Luis**			**1200**	**3600**
14	⊟Ramón				
15	Lugo	1200	240		
16	Madrid		400		
17	**Total Ramón**	**1200**	**640**		

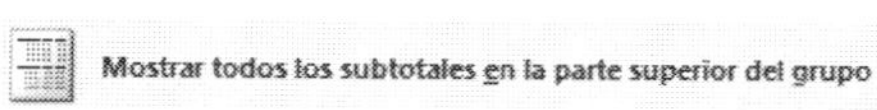

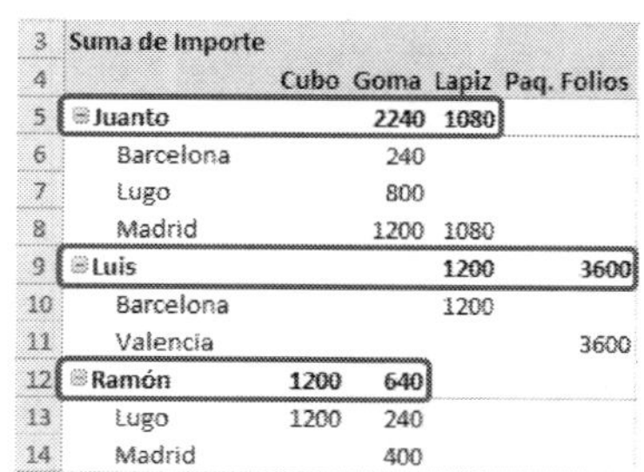

3	Suma de Importe				
4		Cubo	Goma	Lapiz	Paq. Folios
5	⊟Juanto		**2240**	**1080**	
6	Barcelona		240		
7	Lugo		800		
8	Madrid		1200	1080	
9	⊟Luis			**1200**	**3600**
10	Barcelona			1200	
11	Valencia				3600
12	⊟Ramón	**1200**	**640**		
13	Lugo	1200	240		
14	Madrid		400		

9.4.2 Totales generales

Al igual que lo descrito para los subtotales, esta opción permite definir para la tabla la presencia o no de totales por fila y/o columna, o bien no mostrar ninguno.

Seguidamente, mostramos un ejemplo de cada uno de los casos:

Opción	Comentario

Desactivado para filas y columnas

Suma de Importe	Cubo	Goma	Lapiz	Paq. Folios
Juanto				
Barcelona		240		
Lugo		800		
Madrid		1200	1080	
Luis				
Barcelona			1200	
Valencia				3600
Ramón				
Lugo	1200	240		
Madrid		400		

Activado para filas y columnas

Suma de Importe	Cubo	Goma	Lapiz	Paq. Folios	Total general
Juanto					
Barcelona		240			240
Lugo		800			800
Madrid		1200	1080		2280
Luis					
Barcelona			1200		1200
Valencia				3600	3600
Ramón					
Lugo	1200	240			1440
Madrid		400			400
Total general	**1200**	**2880**	**2280**	**3500**	**9960**

Activado sólo para filas

Suma de Importe	Cubo	Goma	Lapiz	Paq. Folios	Total general
Juanto					
Barcelona		240			240
Lugo		800			800
Madrid		1200	1080		2280
Luis					
Barcelona			1200		1200
Valencia				3500	3600
Ramón					
Lugo	1200	240			1440
Madrid		400			400

<table>
<tr><td>Activado sólo para columnas</td><td>
<table>
<tr><td>3</td><td>Suma de Importe</td><td></td><td></td><td></td><td></td></tr>
<tr><td>4</td><td></td><td>Cubo</td><td>Goma</td><td>Lapiz</td><td>Paq. Folios</td></tr>
<tr><td>5</td><td>⊟Juanto</td><td></td><td></td><td></td><td></td></tr>
<tr><td>6</td><td>Barcelona</td><td></td><td>240</td><td></td><td></td></tr>
<tr><td>7</td><td>Lugo</td><td></td><td>800</td><td></td><td></td></tr>
<tr><td>8</td><td>Madrid</td><td></td><td>1200</td><td>1080</td><td></td></tr>
<tr><td>9</td><td>⊟Luis</td><td></td><td></td><td></td><td></td></tr>
<tr><td>10</td><td>Barcelona</td><td></td><td></td><td>1200</td><td></td></tr>
<tr><td>11</td><td>Valencia</td><td></td><td></td><td></td><td>3600</td></tr>
<tr><td>12</td><td>⊟Ramón</td><td></td><td></td><td></td><td></td></tr>
<tr><td>13</td><td>Lugo</td><td>1200</td><td>240</td><td></td><td></td></tr>
<tr><td>14</td><td>Madrid</td><td></td><td>400</td><td></td><td></td></tr>
<tr><td>15</td><td>Total general</td><td>1200</td><td>2880</td><td>2280</td><td>3600</td></tr>
</table>
</td></tr>
</table>

9.4.3 Diseño de informe

En el caso de elementos anidados entre sí, esta opción permite elegir la forma en la que se han de mostrar dichos elementos en la tabla.

Veamos un ejemplo de cada una de las opciones previstas:

<table>
<tr><th>Opción</th><th>Comentario</th></tr>
<tr><td>Mostrar en forma compacta</td><td>
<table>
<tr><td>3</td><td>Suma de Importe</td><td></td><td></td><td></td><td></td></tr>
<tr><td>4</td><td></td><td>Cubo</td><td>Goma</td><td>Lapiz</td><td>Paq. Folios</td></tr>
<tr><td>5</td><td>⊟Juanto</td><td></td><td></td><td></td><td></td></tr>
<tr><td>6</td><td>Barcelona</td><td></td><td>240</td><td></td><td></td></tr>
<tr><td>7</td><td>Lugo</td><td></td><td>800</td><td></td><td></td></tr>
<tr><td>8</td><td>Madrid</td><td></td><td>1200</td><td>1080</td><td></td></tr>
<tr><td>9</td><td>⊟Luis</td><td></td><td></td><td></td><td></td></tr>
<tr><td>10</td><td>Barcelona</td><td></td><td></td><td>1200</td><td></td></tr>
<tr><td>11</td><td>Valencia</td><td></td><td></td><td></td><td>3600</td></tr>
<tr><td>12</td><td>⊟Ramón</td><td></td><td></td><td></td><td></td></tr>
<tr><td>13</td><td>Lugo</td><td>1200</td><td>240</td><td></td><td></td></tr>
<tr><td>14</td><td>Madrid</td><td></td><td>400</td><td></td><td></td></tr>
</table>
</td></tr>
<tr><td>Mostrar en forma de esquema</td><td>
<table>
<tr><td>3</td><td>Suma de Importe</td><td></td><td></td><td></td><td></td><td></td></tr>
<tr><td>4</td><td></td><td></td><td>Cubo</td><td>Goma</td><td>Lapiz</td><td>Paq. Folios</td></tr>
<tr><td>5</td><td>⊟Juanto</td><td></td><td></td><td></td><td></td><td></td></tr>
<tr><td>6</td><td></td><td>Barcelona</td><td></td><td>240</td><td></td><td></td></tr>
<tr><td>7</td><td></td><td>Lugo</td><td></td><td>800</td><td></td><td></td></tr>
<tr><td>8</td><td></td><td>Madrid</td><td></td><td>1200</td><td>1080</td><td></td></tr>
<tr><td>9</td><td>⊟Luis</td><td></td><td></td><td></td><td></td><td></td></tr>
<tr><td>10</td><td></td><td>Barcelona</td><td></td><td></td><td>1200</td><td></td></tr>
<tr><td>11</td><td></td><td>Valencia</td><td></td><td></td><td></td><td>3600</td></tr>
<tr><td>12</td><td>⊟Ramón</td><td></td><td></td><td></td><td></td><td></td></tr>
<tr><td>13</td><td></td><td>Lugo</td><td>1200</td><td>240</td><td></td><td></td></tr>
<tr><td>14</td><td></td><td>Madrid</td><td></td><td>400</td><td></td><td></td></tr>
</table>
</td></tr>
</table>

Mostrar en formato tabular

3	Suma de Importe					
4			Cubo	Goma	Lapiz	Paq. Folios
5	⊟Juanto	Barcelona		240		
6		Lugo		800		
7		Madrid		1200	1080	
8	⊟Luis	Barcelona			1200	
9		Valencia				3600
10	⊟Ramón	Lugo	1200	240		
11		Madrid		400		

Repetir todas las etiquetas de elementos

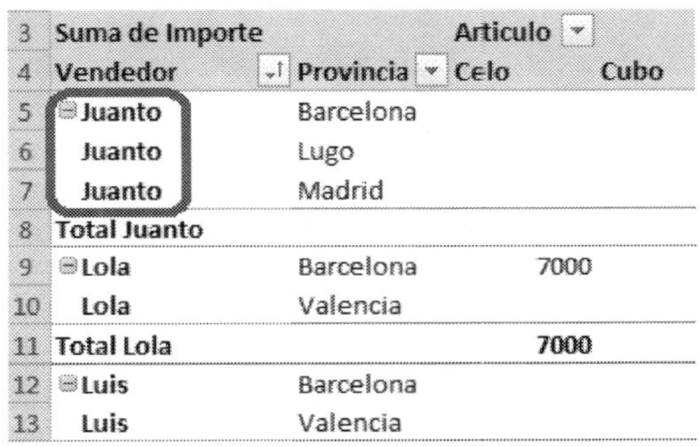

3	Suma de Importe		Articulo	
4	Vendedor	Provincia	Celo	Cubo
5	⊟Juanto	Barcelona		
6	Juanto	Lugo		
7	Juanto	Madrid		
8	Total Juanto			
9	⊟Lola	Barcelona	7000	
10	Lola	Valencia		
11	Total Lola		**7000**	
12	⊟Luis	Barcelona		
13	Luis	Valencia		

No repetir las etiquetas de elementos

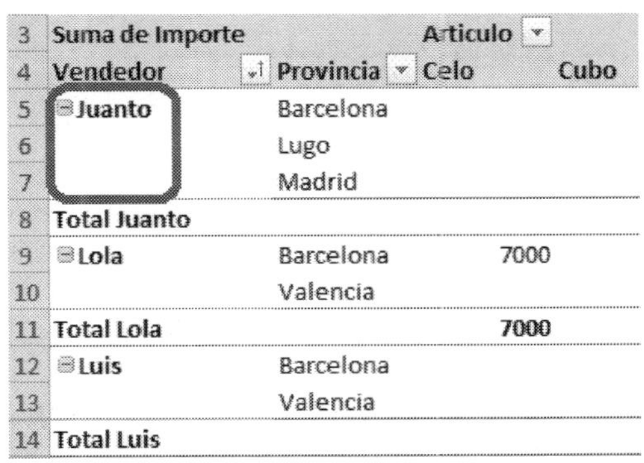

3	Suma de Importe		Articulo	
4	Vendedor	Provincia	Celo	Cubo
5	⊟Juanto	Barcelona		
6		Lugo		
7		Madrid		
8	Total Juanto			
9	⊟Lola	Barcelona	7000	
10		Valencia		
11	Total Lola		**7000**	
12	⊟Luis	Barcelona		
13		Valencia		
14	Total Luis			

9.4.4 Filas en blanco

Esta opción permite dar más vistosidad a los grupos de elementos incluidos en la tabla mostrando una fila en blanco como separación entre grupos de elementos.

Ejemplo:

<table>
<tr><th>Opción</th><th>Comentario</th></tr>
<tr><td>Insertar línea en blanco después de cada elemento</td><td>
<table>
<tr><td>3</td><td>Suma de Importe</td><td></td><td></td><td></td><td></td></tr>
<tr><td>4</td><td></td><td>Cubo</td><td>Goma</td><td>Lapiz</td><td>Paq. Folios</td></tr>
<tr><td>5</td><td>⊟Juanto</td><td></td><td></td><td></td><td></td></tr>
<tr><td>6</td><td>Barcelona</td><td></td><td>240</td><td></td><td></td></tr>
<tr><td>7</td><td>Lugo</td><td></td><td>800</td><td></td><td></td></tr>
<tr><td>8</td><td>Madrid</td><td></td><td>1200</td><td>1080</td><td></td></tr>
<tr><td>9</td><td></td><td></td><td></td><td></td><td></td></tr>
<tr><td>10</td><td>⊟Luis</td><td></td><td></td><td></td><td></td></tr>
<tr><td>11</td><td>Barcelona</td><td></td><td></td><td>1200</td><td></td></tr>
<tr><td>12</td><td>Valencia</td><td></td><td></td><td></td><td>3600</td></tr>
<tr><td>13</td><td></td><td></td><td></td><td></td><td></td></tr>
<tr><td>14</td><td>⊟Ramón</td><td></td><td></td><td></td><td></td></tr>
<tr><td>15</td><td>Lugo</td><td>1200</td><td>240</td><td></td><td></td></tr>
<tr><td>16</td><td>Madrid</td><td></td><td>400</td><td></td><td></td></tr>
<tr><td>17</td><td></td><td></td><td></td><td></td><td></td></tr>
</table>
</td></tr>
<tr><td>Quitar línea en blanco después de cada elemento</td><td>
<table>
<tr><td>3</td><td>Suma de Importe</td><td></td><td></td><td></td><td></td></tr>
<tr><td>4</td><td></td><td>Cubo</td><td>Goma</td><td>Lapiz</td><td>Paq. Folios</td></tr>
<tr><td>5</td><td>⊟Juanto</td><td></td><td></td><td></td><td></td></tr>
<tr><td>6</td><td>Barcelona</td><td></td><td>240</td><td></td><td></td></tr>
<tr><td>7</td><td>Lugo</td><td></td><td>800</td><td></td><td></td></tr>
<tr><td>8</td><td>Madrid</td><td></td><td>1200</td><td>1080</td><td></td></tr>
<tr><td>9</td><td>⊟Luis</td><td></td><td></td><td></td><td></td></tr>
<tr><td>10</td><td>Barcelona</td><td></td><td></td><td>1200</td><td></td></tr>
<tr><td>11</td><td>Valencia</td><td></td><td></td><td></td><td>3600</td></tr>
<tr><td>12</td><td>⊟Ramón</td><td></td><td></td><td></td><td></td></tr>
<tr><td>13</td><td>Lugo</td><td>1200</td><td>240</td><td></td><td></td></tr>
<tr><td>14</td><td>Madrid</td><td></td><td>400</td><td></td><td></td></tr>
</table>
</td></tr>
</table>

9.5 OPCIONES DE ESTILO DE TABLA DINÁMICA

Este grupo de opciones permite fácilmente determinar si queremos o no incluir encabezados en las filas o columnas de la tabla, y también si queremos resaltar las mismas mostrándolas con una serie de bandas.

- [x] Encabezados de fila
- [ ] Filas con bandas
- [x] Encabezados de columna
- [ ] Columnas con bandas

Opciones de estilo de tabla dinámica

A continuación, se muestra el resultado de la aplicación de cada una de las opciones que se hallan en este grupo de controles:

<table>
<tr><th>Opción</th><th>Comentario</th></tr>
<tr><td>☑ Encabezados de fila</td><td>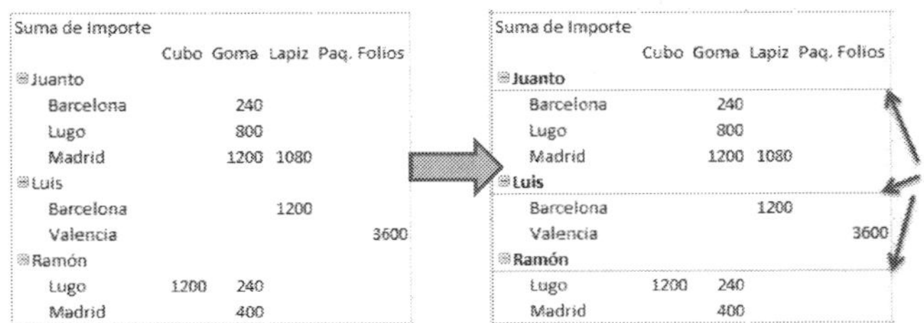
</td></tr>
<tr><td>☑ Encabezados de columna</td><td>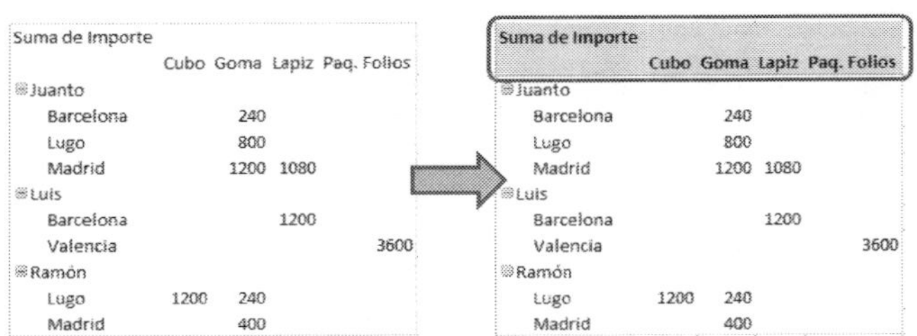
</td></tr>
<tr><td>☑ Filas con bandas</td><td>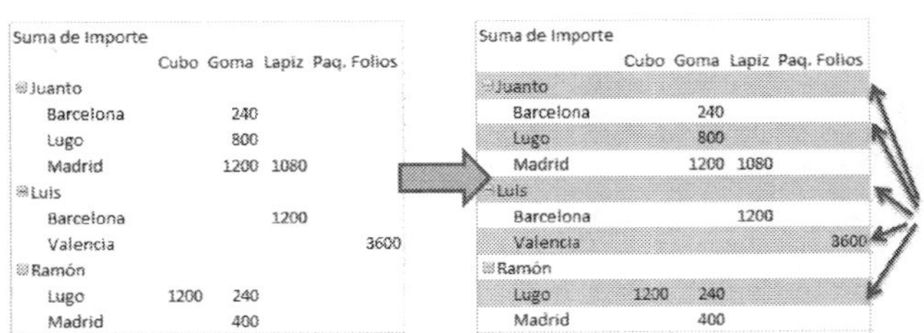
</td></tr>
<tr><td>☑ Columnas con bandas</td><td>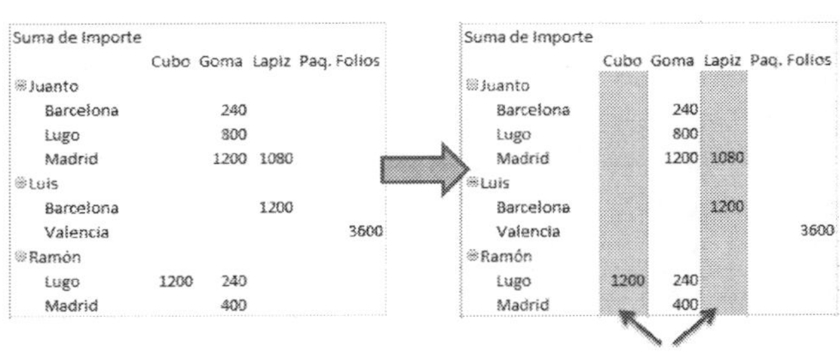
</td></tr>
</table>

9.6 ESTILOS DE TABLA DINÁMICA

Mediante las opciones de **Estilos de tabla dinámica**, podemos aplicar un estilo de forma sencilla. Para realizar una previsualización sobre el aspecto que tendrá la tabla tras la aplicación del estilo, basta con colocar el puntero del ratón sobre el estilo que se muestra en la cinta. Si se desea aplicar dicho estilo, entonces, se realizará un clic sobre el mismo y la tabla ya se verá afectada por el estilo de forma permanente.

Los estilos visualizados en primer lugar son:

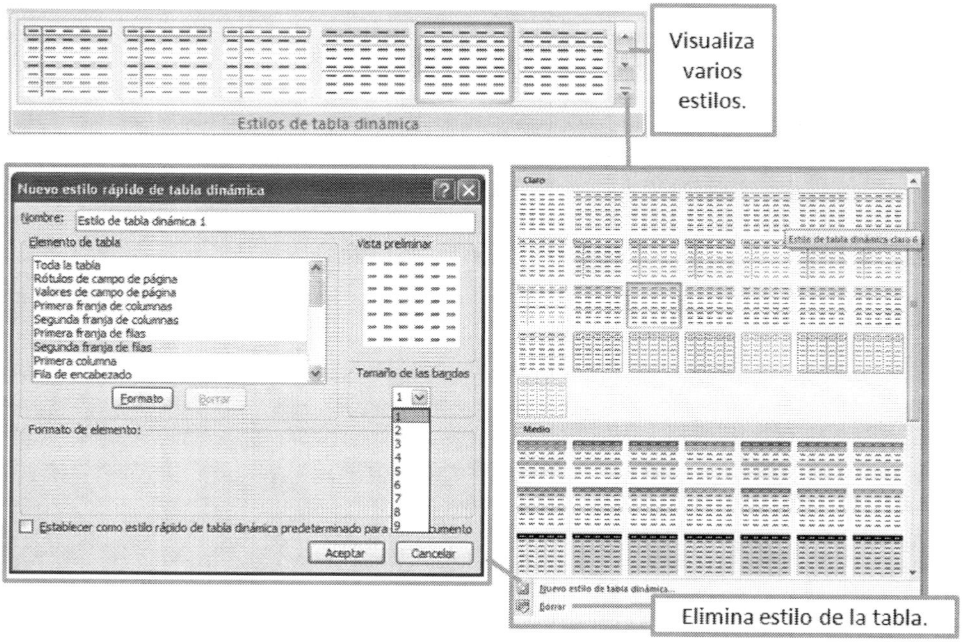

Vemos que un estilo, en el fondo, es un conjunto de formatos aplicados a diferentes partes de la tabla, entre las que podemos mencionar Rótulos de campo, valores, posiciones de columna y fila, etc...

Para eliminar un estilo aplicado sobre una tabla, se puede utilizar la opción Borrar, accesible desde el cuadro de diálogo que aparece al hacer clic sobre el icono ▾, situado en la esquina inferior izquierda del grupo de controles de Estilo de tabla dinámica.

9.6.1 Asistente para crear tablas dinámicas

Es posible utilizar un asistente para crear tablas dinámicas de la misma forma que se realizaba con la versión 2003. Dicha opción, podemos localizarla mediante la siguiente ruta:

Archivo->Opciones->personalizar cinta de opciones->Comandos disponibles en->Comandos que no están en la cinta de opciones->Asistente para tablas y gráficos dinámicos.

Una vez localizado el icono, seleccionaremos la cinta de opciones en la que queremos incluir dicha opción.

A partir de ese momento, al hacer clic sobre el icono, lanzaremos el asistente de creación de tablas dinámicas. Si el libro ya posee alguna tabla creada previamente, se invitará a utilizar dicha tabla como base para la creación de la tabla que se pretende crear. Con eso se optimiza el uso de memoria.

El mensaje de aviso es el siguiente:

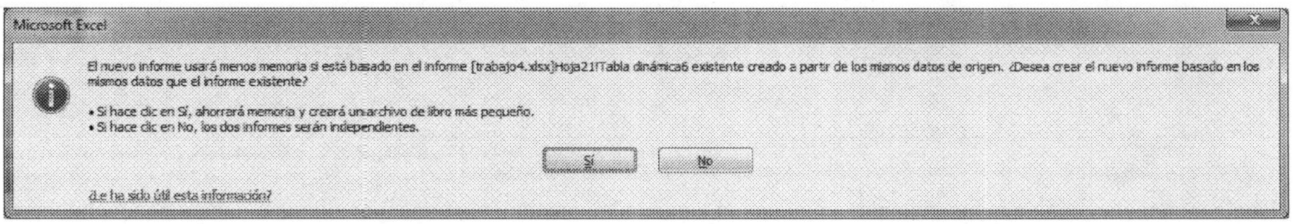

Si seleccionamos Sí, se muestran las diferentes tablas existentes para que podamos seleccionar la que nos interesa utilizar como base.

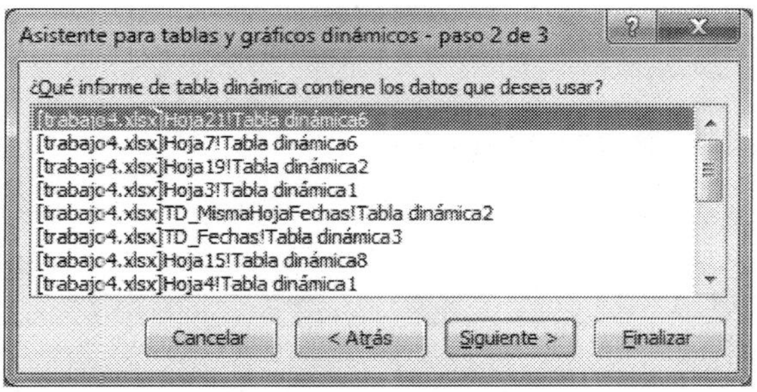

El asistente consta de 3 pasos, cada uno de los cuales solicita información para ir configurando la tabla resultante.

El primer paso hace referencia a la obtención de datos y al tipo de informe que se desea crear. El segundo paso puede variar en función de las características indicadas en el primero, pero hace referencia a la ubicación exacta de los datos que hay que tratar. El tercer paso hace referencia a la ubicación de la tabla resultante.

El cuadro de diálogo correspondiente es el siguiente:

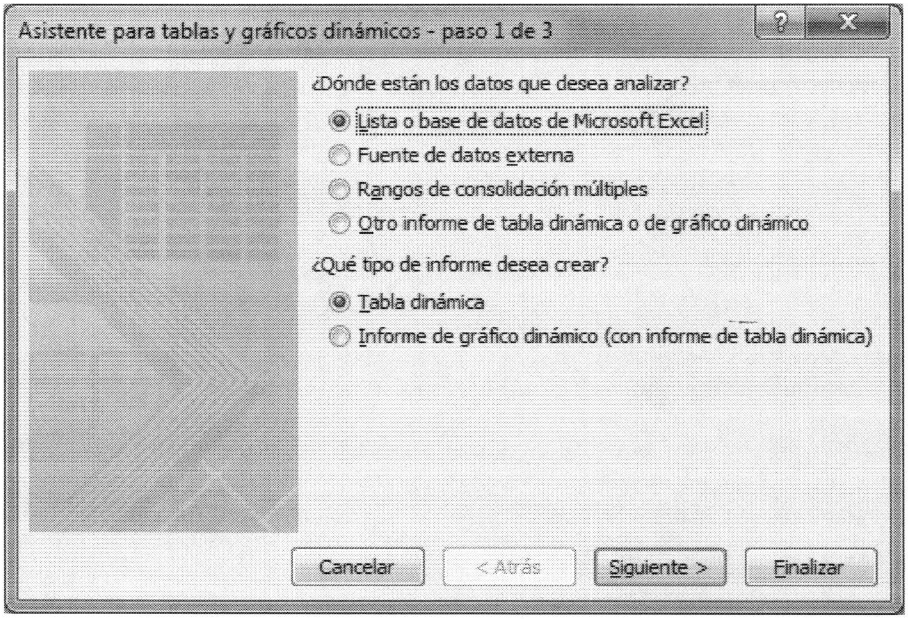

9.6.1.1 ¿DÓNDE ESTÁN LOS DATOS QUE DESEA ANALIZAR?

9.6.1.1.1 Lista o base de datos de Microsoft Office Excel

Utiliza como fuente de datos la información contenida en un libro de Excel (el libro sobre el que se está creando la tabla u otro).

9.6.1.1.2 Fuente de datos externa

Obtiene los datos a partir de una consulta a una base de datos externa. Si seleccionamos esta opción, en el segundo paso del asistente tendremos que configurar la consulta a dicha base de datos para la obtención de los datos que hay que utilizar en la tabla.

9.6.1.1.3 Rangos de consolidación múltiples

Esta opción permite utilizar datos combinando rangos de distintas hojas y libros. Si seleccionamos esta opción, en el segundo paso del asistente tendremos que seleccionar los diferentes rangos que componen la fuente de datos.

9.6.1.1.4 Otro informe de tabla dinámica o de gráfico dinámico.

Permite fabricar una base de datos basándonos en otra tabla o gráfico existente, así se optimiza el uso de memoria. Si usamos esta opción, en el segundo paso del asistente tendremos que indicar dónde se halla la tabla que pretendemos utilizar como base.

9.6.1.2 ¿QUÉ TIPO DE INFORME DESEA CREAR?

Esta opción permite elegir el tipo de informe que se desea crear, se puede escoger entre:

- Tabla dinámica
- Informe de gráfico dinámico (con informe de tabla dinámica)

9.6.1.3 ¿DÓNDE ESTÁN LOS DATOS QUE DESEA USAR?

Si la fuente de datos se halla en un determinado rango dentro de nuestro libro u otro, bastará con indicarlo en el siguiente cuadro de diálogo:

Puede observarse que el botón permite minimizar el cuadro de diálogo para facilitar la selección con el puntero del ratón del rango que hay que tratar.

9.6.1.4 ¿DÓNDE ESTÁN GUARDADOS LOS DATOS EXTERNOS?

Si los datos que hay que tratar se hallan ubicados en una base de datos, la opción 2 del asistente nos permitirá seleccionar dicha base de datos.

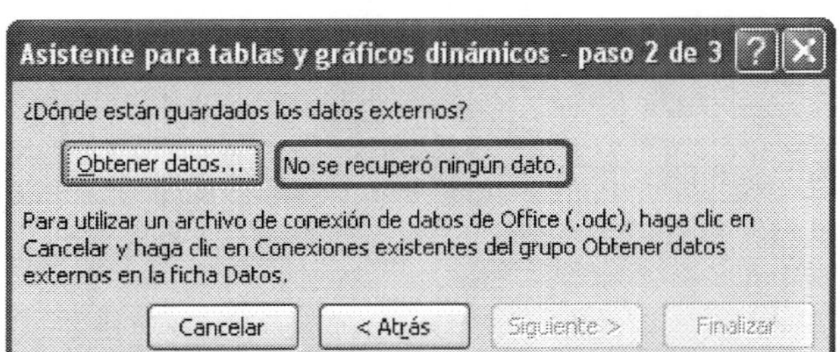

Si hacemos clic sobre el botón **Obtener datos...** nos irá conduciendo para seleccionar la base de datos en sí a través del siguiente cuadro de diálogo:

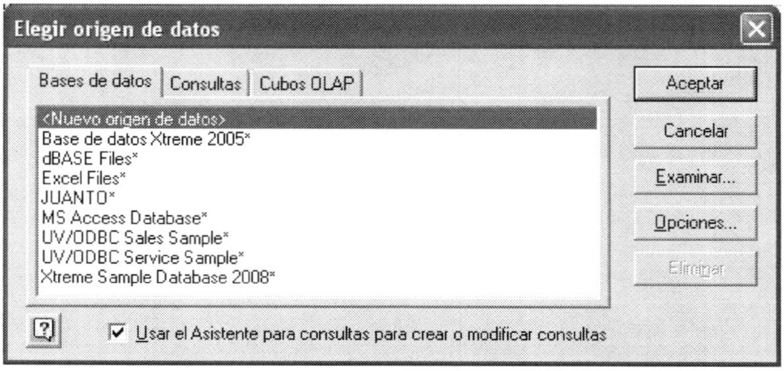

En función del tipo de base de datos seleccionado, los cuadros de diálogo que irán apareciendo serán diferentes, pero, más o menos, todos ofrecen una localización y selección de la base de datos, tablas y campos que deseamos tratar y, en ocasiones, permiten algún tratamiento previo, como puede ser la aplicación de filtros y ordenaciones antes de proporcionar los datos.

Por ejemplo, si seleccionamos una base de datos de tipo MS Access Database, los cuadros de diálogo que aparecen son los siguientes:

Opción	Comentario
	Permite navegar hasta la localización del fichero mdb que contiene la base de datos que se pretende utilizar. Permite abrirla en modo Sólo lectura (no permite realizar ningún cambio sobre la misma) o en modo exclusivo (la protege para que nadie más pueda utilizarla simultáneamente).
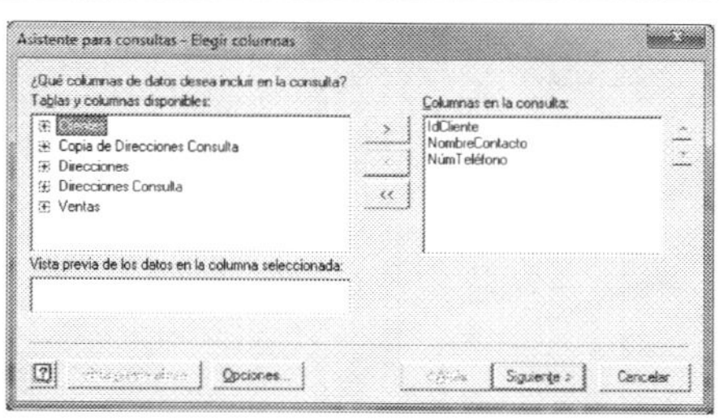	Este cuadro de diálogo muestra las tablas que componen la base de datos y permite seleccionar la tabla y los campos que se desean tratar.

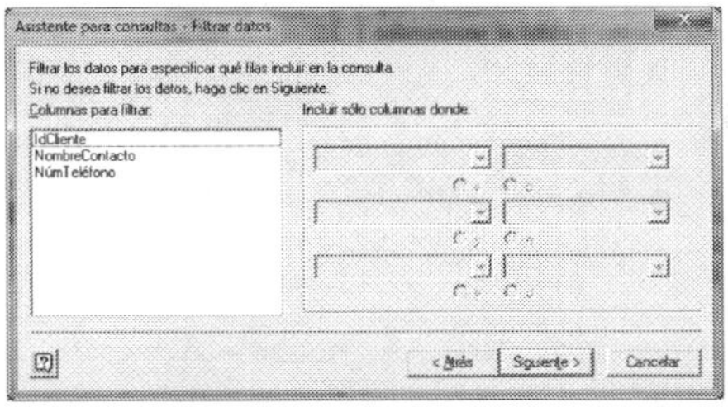	Este cuadro de diálogo permitiría filtrar la consulta para que se devuelvan las filas que cumplan unas determinadas condiciones.
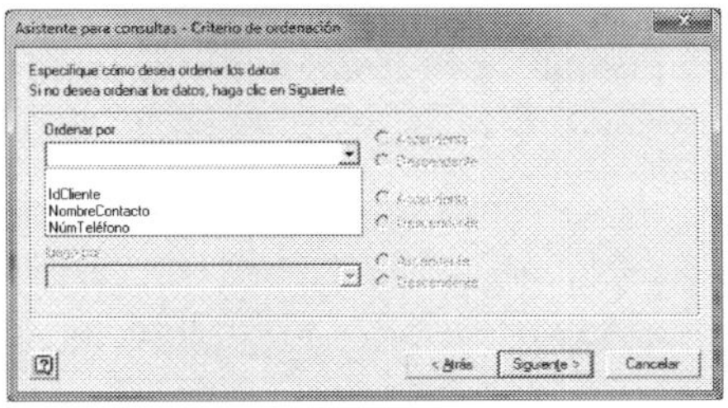	Mediante este cuadro de diálogo, podemos obtener los datos con un determinado orden.
	Por último, podemos optar por ejecutar la consulta y devolver los datos a Excel, o bien abrir Microsoft Query para seguir refinando la consulta.

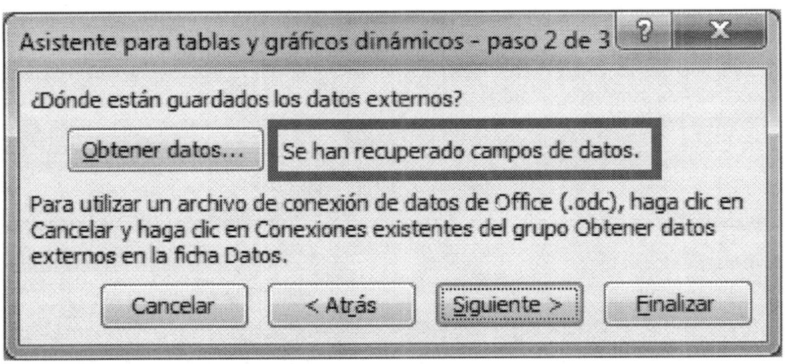

A partir de este momento, vemos que el estatus asociado al botón **Obtener datos** ha cambiado a **Se han recuperado los datos**, indicando que podemos continuar con el siguiente paso del asistente pulsando en **Siguiente**.

9.6.1.5 ¿CUÁNTOS CAMPOS DESEA POR PÁGINA?

Si los datos se obtienen mediante la **consolidación de múltiples rangos**, el paso 2 del asistente permite escoger entre crear un solo campo de página o crear campos de página personalizados.

Para indicar los rangos que hay que consolidar, puede utilizarse la referencia directa al rango con la notación **‘<Hoja>’!CeldaInicial:CeldaFinal**, o bien pueden utilizarse nombres de rango. La ventaja que posee la utilización de nombres de rango es que si varía dicho rango, porque se insertan o eliminan filas, la referencia al mismo permanece intacta, ya que al utilizar el nombre sigue siendo el mismo.

Supongamos que disponemos de una serie de hojas en las que se refleja el consumo de ciertos artículos durante los meses de enero y febrero de los departamentos 1 y 2.

Ene-Dep1

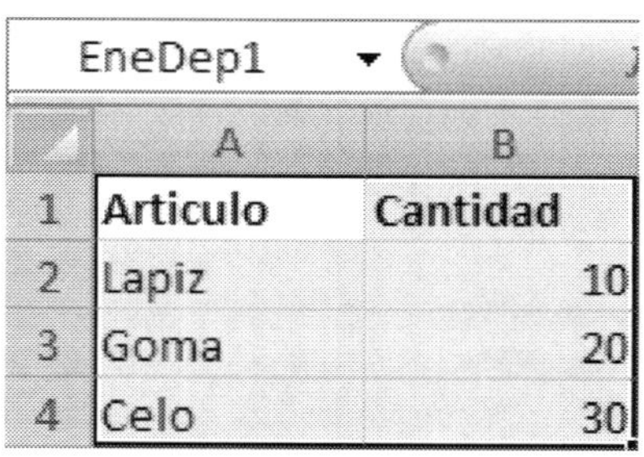

Ene-Dep2

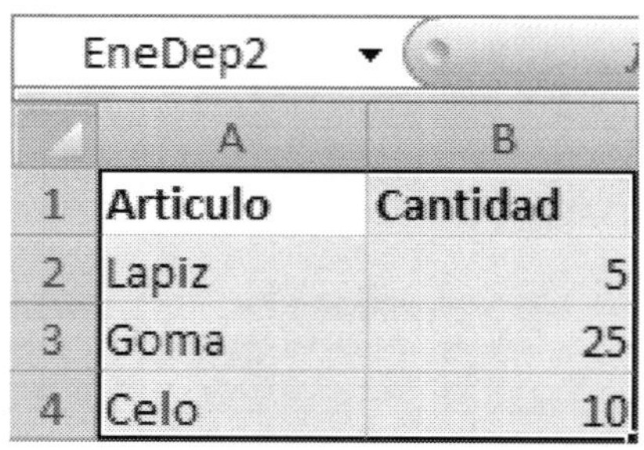

Feb-Dep1

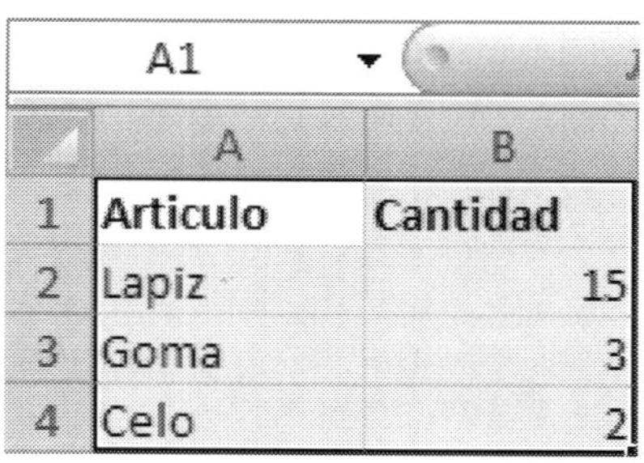

Feb-Dep2

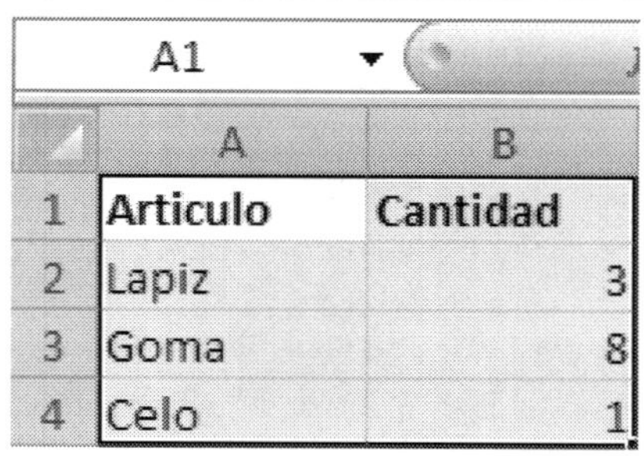

Se han creado un par de rangos nombrados para los consumos de enero y departamentos 1 y 2 denominados respectivamente EneDep1 y EneDep2.

9.6.1.5.1 Crear un solo campo de página

La creación de un solo campo de página reflejará un elemento por cada rango incorporado, de forma que, una vez tengamos la tabla, podremos visualizar independientemente o junta, según interese, la información asociada a cada rango.

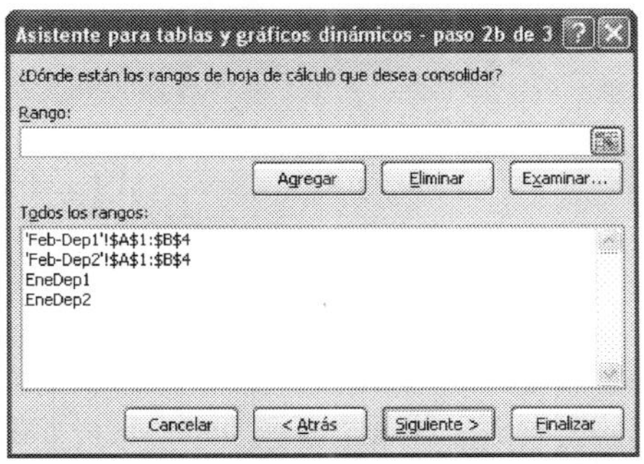

La tabla resultante poseerá el siguiente aspecto y los siguientes campos por página:

Tabla	Elementos campo por Página1
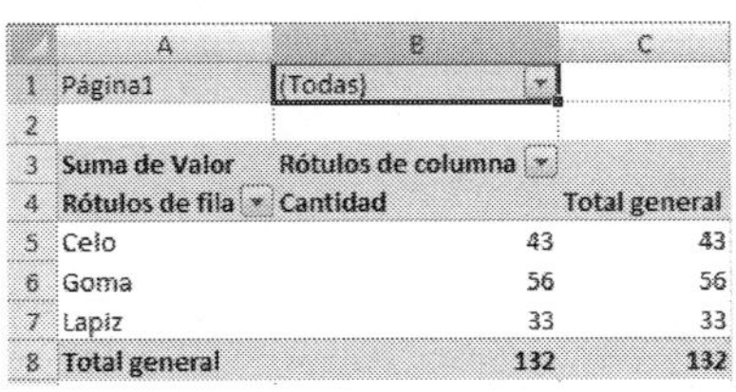	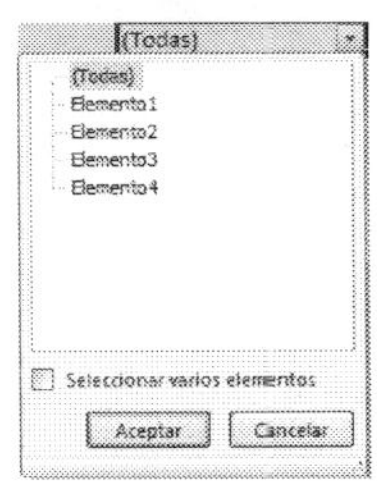

Cada elemento hace referencia a cada uno de los rangos consolidados.

9.6.1.5.2 Campos de página personalizados

Otra posibilidad sería la de personalizar los campos por página, que daría un cierto juego a la hora de seleccionar los rangos que hay que filtrar. Supongamos que podemos dividir la información atendiendo al mes y al departamento en el que se realiza el consumo.

En este caso, los rangos que hay que consolidar serán los mismos, pero para cada uno de ellos definiremos información adicional para poder crear 2 campos por página.

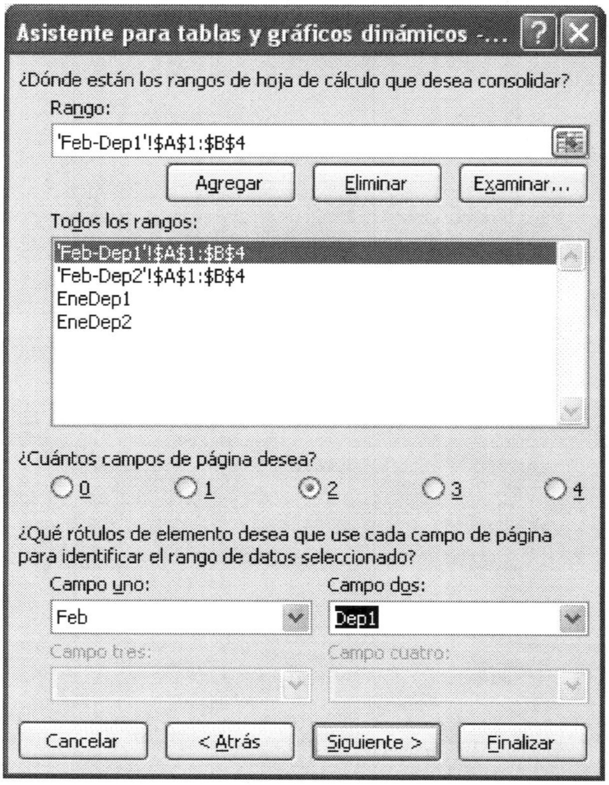

En el ejemplo, vemos que se han indicado 2 campos por página y, en cada uno de los rangos consolidados, se ha definido un valor para cada campo haciendo coincidir en cada caso el mes y departamento asociados al rango.

La definición ha quedado de la siguiente manera:

Rango	Campo uno	Campo dos
EneDep1	Ene	Dep1
EneDep2	Ene	Dep2
'Feb-Dep1'!$A$1:$B$4	Feb	Dep1
'Feb-Dep2'!$A$1:$B$4	Feb	Dep2

La tabla resultante poseerá el siguiente aspecto y los siguientes campos por página:

Tabla	Elementos campo por Página1	Elementos campo por Página2
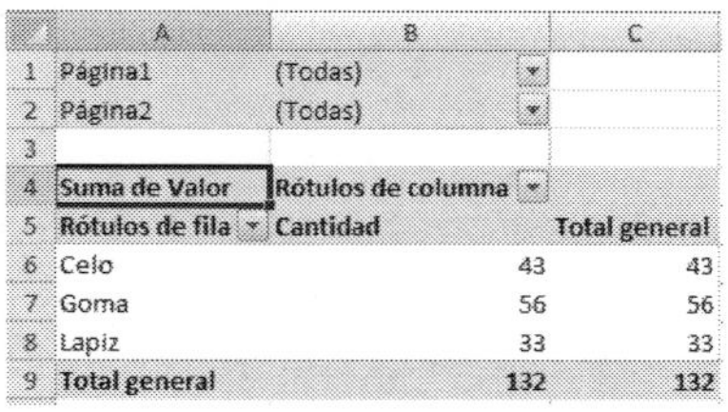	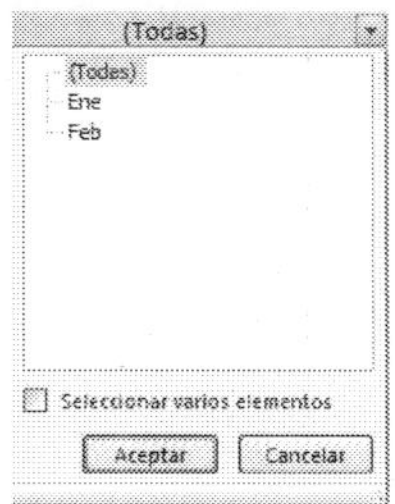	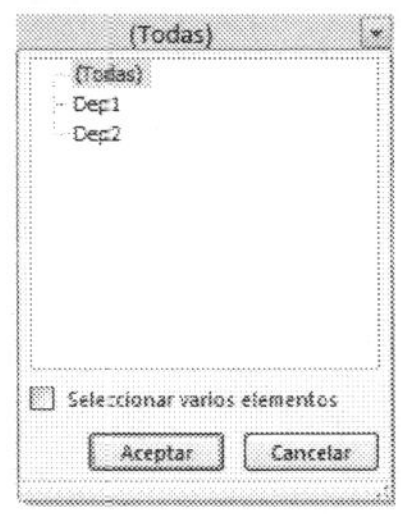

	A	B	C
1	Página1	(Todas)	
2	Página2	(Todas)	
3			
4	Suma de Valor	Rótulos de columna	
5	Rótulos de fila	Cantidad	Total general
6	Celo	43	43
7	Goma	56	56
8	Lapiz	33	33
9	Total general	132	132

9.6.1.6 ¿DÓNDE DESEA SITUAR LA TABLA DINÁMICA?

En el tercer paso del asistente, indicamos si queremos situar la tabla en una hoja que ya exista, o bien queremos crear una nueva hoja para ella.

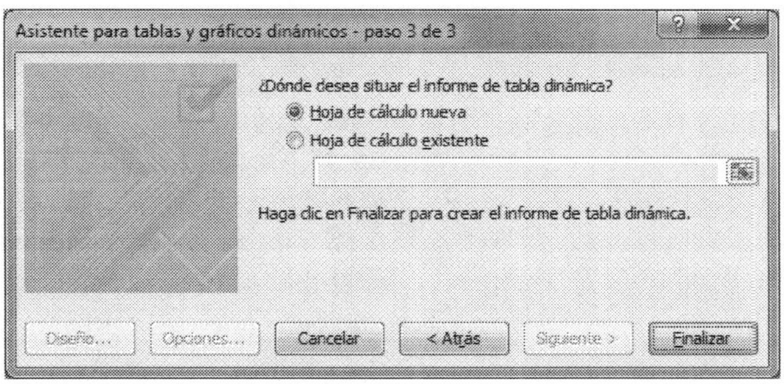

9.7 HERRAMIENTAS DEL GRÁFICO DINÁMICO

Mediante este grupo de herramientas, podemos definir las diferentes características que posee un gráfico dinámico, y que podrían agruparse en las siguientes pestañas:

- Diseño
- Presentación
- Formato
- Analizar

Al tratarse de un gráfico, tenemos que una gran parte de las opciones asociadas son idénticas a las descritas en el capítulo destinado a los gráficos y, por tanto, no presentan ninguna novedad.

La potencia que poseen los gráficos dinámicos es que, al igual que las tablas dinámicas, permiten resumir, ordenar y filtrar de forma sencilla un gran volumen de información gracias a su panel de filtros de gráfico dinámico.

9.7.1 Diseño

Tal y como ya hemos anticipado, estas opciones se han comentado con todo detalle en el capítulo dedicado a los gráficos. No obstante, resumimos a continuación el objetivo de las mismas.

Grupo	Comentario
	Permite seleccionar el tipo de gráfico que queremos utilizar para el gráfico dinámico y, también, guardar como plantilla el gráfico y características definidas en el gráfico actual.
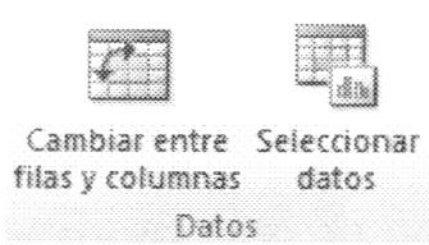	Esta opción permite intercambiar los datos situados en los ejes, de forma que los datos colocados en el eje **X** se trasladan al eje **Y** y viceversa. También permite seleccionar el rango de datos que hay que utilizar para la confección del gráfico.
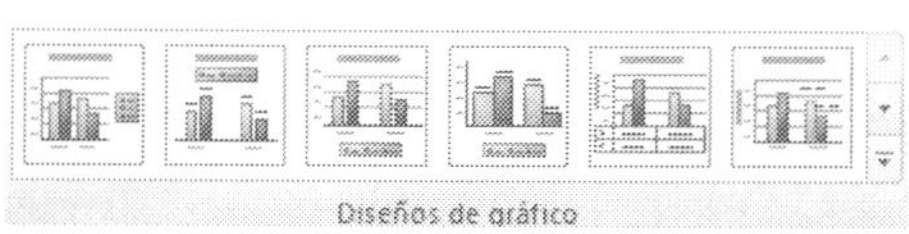	En este grupo de opciones, nos encontramos con una serie de formatos predefinidos que proporcionan diferentes acabados al gráfico actual.
	Esta opción permite aplicar un estilo predefinido de una forma sencilla.
	Esta opción permite indicar dónde queremos situar el gráfico.

9.7.2 Presentación

Grupo	Comentario
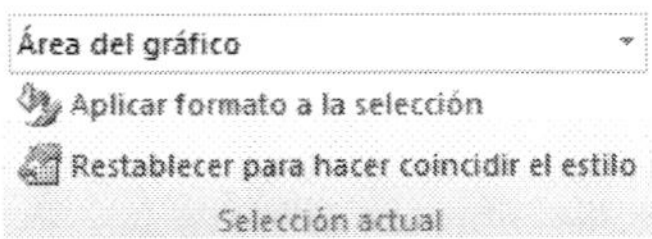	Permite aplicar un formato a una parte del gráfico o bien restablecerlo según el estilo original con el que se creó el gráfico.
	Este grupo nos permite insertar elementos tales como gráficos, formas o cuadros de texto en el gráfico.
	Permite configurar ciertas características relativas al título, a los ejes y a las etiquetas de datos. Especialmente sobre su formato y posición dentro del gráfico.
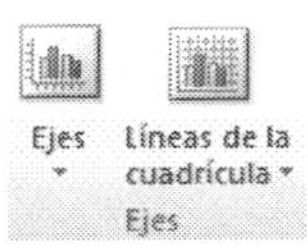	Este grupo de controles permite cambiar el diseño y el formato de cada eje, y también la visualización de las líneas de la cuadrícula que aparecen dentro del gráfico.
	Este grupo de controles permite configurar el aspecto y el relleno del área de trazado sobre el que se trazan las líneas de división y se colocan los elementos que representan las series.
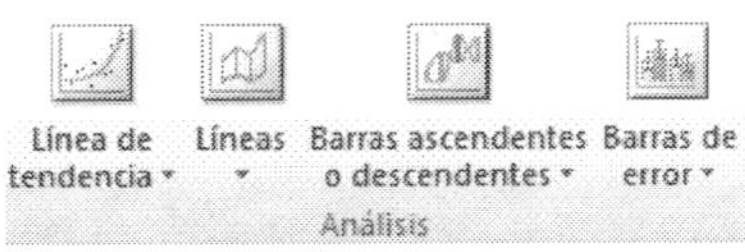	Este grupo de controles no siempre está disponible. Dependiendo del tipo de gráfico, podemos disponer de más o menos opciones. Básicamente, permite configurar características asociadas a líneas de tendencia y barras (de datos y error).
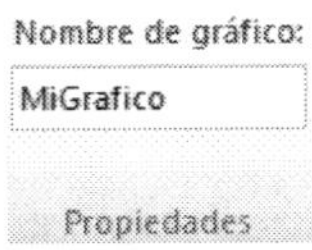	Mediante esta opción, podemos cambiar el nombre del gráfico.

9.7.3 Formato

<table>
<tr><th>Grupo</th><th>Comentario</th></tr>
<tr><td>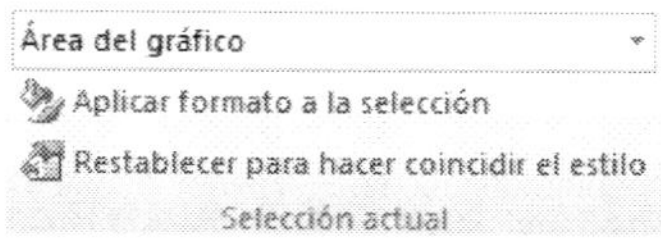
</td><td>Permite aplicar un formato a una parte del gráfico o bien restablecerlo según el estilo original con el que se creó el gráfico.</td></tr>
<tr><td>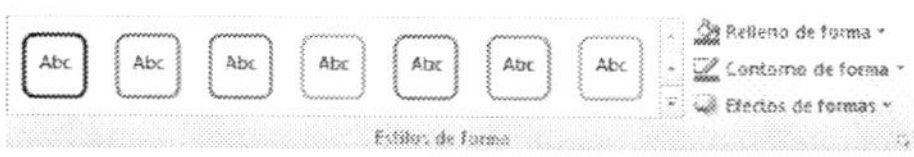
</td><td>Este grupo de opciones aplica el formato al elemento del gráfico que se haya seleccionado previamente.</td></tr>
<tr><td>
</td><td>Este grupo de controles permite configurar las características asociadas a las formas creadas con WordArt. Permite seleccionar un estilo, un relleno, un contorno, un efecto y un conjunto de características adicionales relativas a la sombra y formato 3D.</td></tr>
<tr><td>
</td><td>Mediante este grupo de opciones se pueden manejar las formas y textos indicando cómo se superponen o alinean entre sí, permite también agrupar elementos para poder tratarlos de forma conjunta como si fueran uno solo.</td></tr>
<tr><td>
</td><td>Mediante este grupo de controles, podemos modificar el tamaño de la forma, la imagen o el texto.</td></tr>
</table>

9.7.4 Analizar

Grupo	Comentario
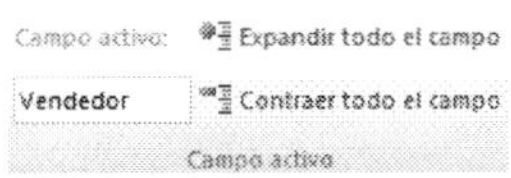	Permite aplicar un formato a una parte del gráfico, o bien restablecerlo según el estilo original con el que se creó el gráfico.
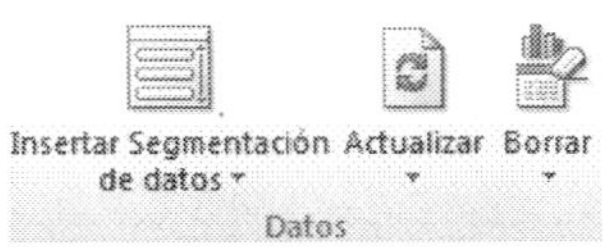	Este grupo de controles permite mantener actualizada la tabla de datos y manejar la fuente de datos que la soporta.
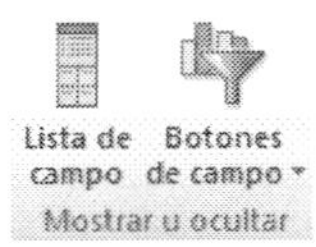	Permite mostrar u ocultar los diferentes paneles de: • Lista de campos de tabla dinámica • Panel de filtros del gráfico dinámico

Capítulo 10

TABLA DE DATOS Y ESCENARIOS

Una tabla de datos es un rango de celdas que permite analizar diferentes resultados al cambiar una o dos variables en alguna de las fórmulas que se utilizan.

Las tablas de datos forman parte del conjunto de herramientas denominadas **herramientas de análisis Y si**.

Las **herramientas de análisis Y si** son las siguientes:

- Escenarios
- Tablas de datos
- Búsqueda de objetivo

Las tablas, al igual que los escenarios, determinan posibles resultados a partir de una serie de valores de entrada.

La búsqueda de objetivos analiza un resultado y trata de obtener los posibles valores que pueden producir este resultado.

10.1 CREAR UNA TABLA DE DATOS DE UNA VARIABLE

Para la creación de una tabla de datos de una variable, hemos de colocar los valores que puedan utilizarse en dicha variable en una única columna o fila.

Por ejemplo, supongamos que disponemos de una fórmula que nos permite calcular la longitud de una circunferencia a partir de una variable (B2->radio), tal que:

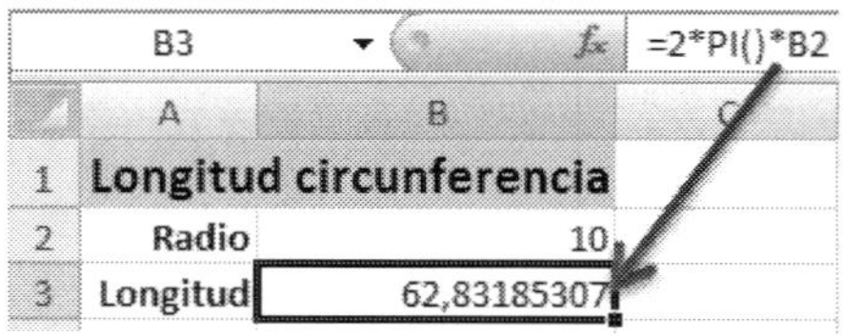

Podemos crear una tabla de una variable para determinar las longitudes diferentes que obtendríamos a partir de diferentes radios. Para ello, realizaremos los siguientes pasos:

1) Introduciremos los diferentes valores a utilizar en un rango (A6:A11).

2) Seguidamente, en la esquina superior derecha del rango que contendrá la tabla, insertaremos una referencia a la celda que contiene la fórmula (en B5 insertaremos '=B3').

3) A continuación, seleccionaremos el rango que contendrá la tabla de una variable.

4) Accederemos a la opción **Tabla de datos** existente en el grupo de opciones **Análisis Y si** situado en el grupo **Herramientas**, tal y como se muestra en la siguiente imagen:

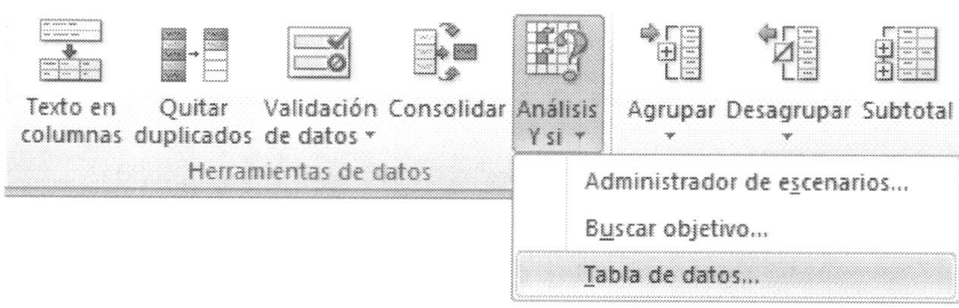

El cuadro de diálogo que aparece es el siguiente:

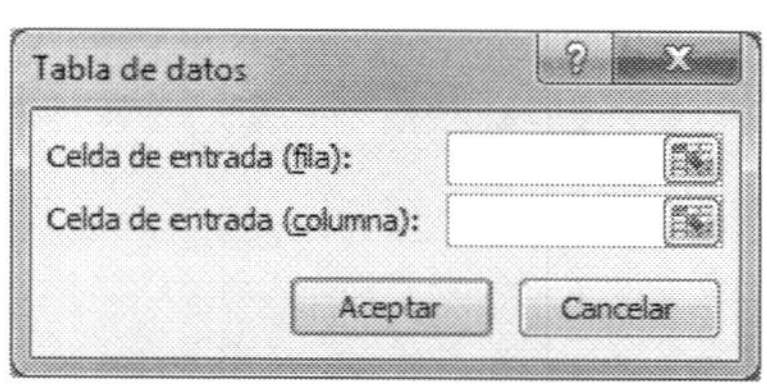

A continuación, introduciremos en el campo **Celda de entrada (columna)** la celda que contiene la variable en la fórmula que queremos utilizar con diferentes valores (B2).

5) Al aceptar veremos un resultado para cada uno de los valores indicados.

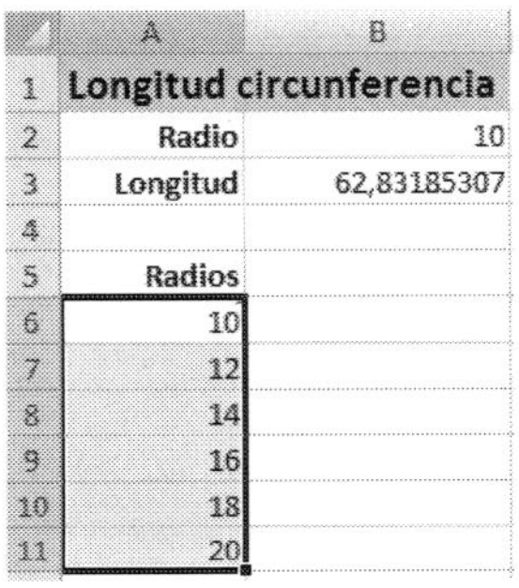

1. Introducir valores

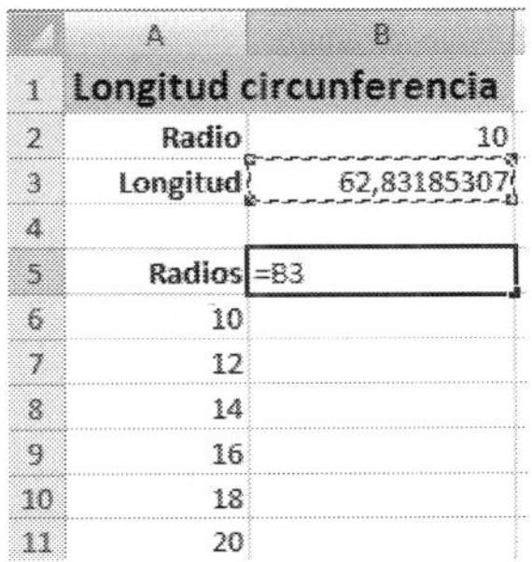

2. Referencia a fórmula

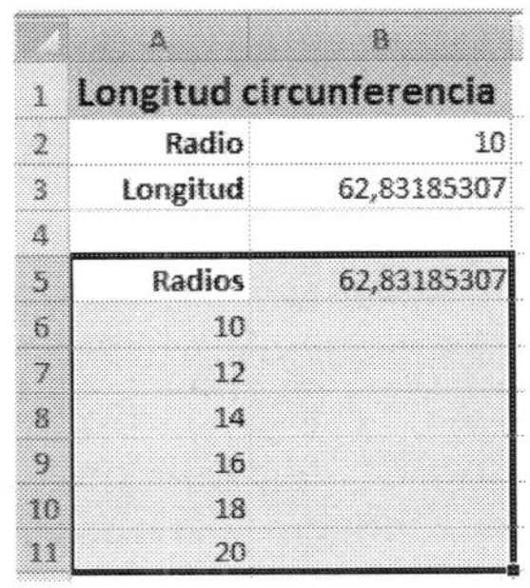

3. Selección del rango para tabla

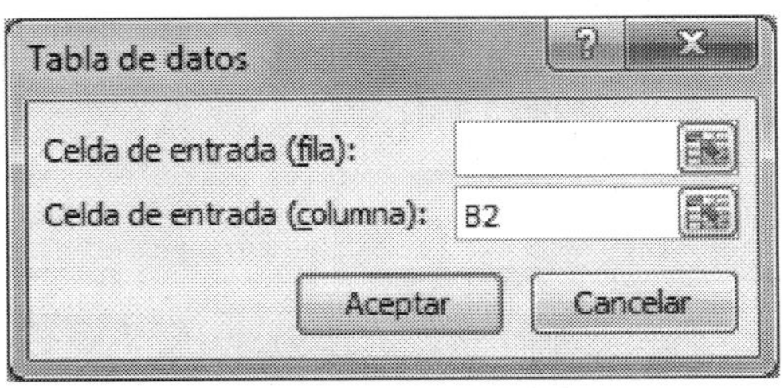

4. Menú **Datos->Herramientas->Análisis Y si -> Tabla de datos...** e inserción celda variable. **Celda de entrada (columna)**

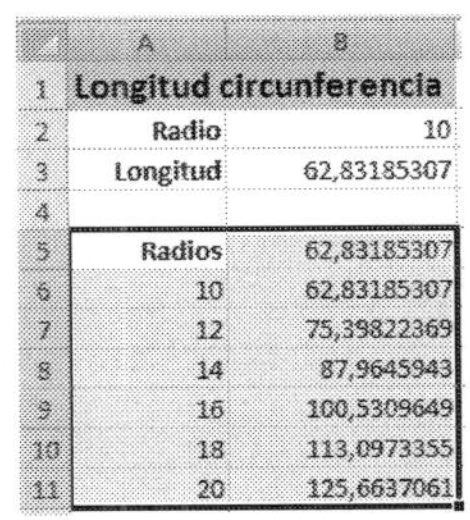

5. Comprobación de resultados

Para añadir una nueva fórmula a la tabla de datos de una variable, basta con incluir dicha fórmula a la derecha de la fórmula o referencia ya existente (en el ejemplo introduciremos la nueva fórmula en C5 justo a la derecha de B5, la cual contiene la referencia a la fórmula) y, a continuación, seleccionar el rango para la nueva tabla, acudir al menú **Datos->Herramientas de datos->Análisis Y si-> Tabla de datos...** e inserción celda variable e indicar de nuevo B2 en Celda de entrada (columna).

El mismo ejemplo se hubiese podido resolver disponiendo los valores horizontalmente, tal y como se muestra a continuación:

<table>
<tr><td>1. Introducir valores</td><td>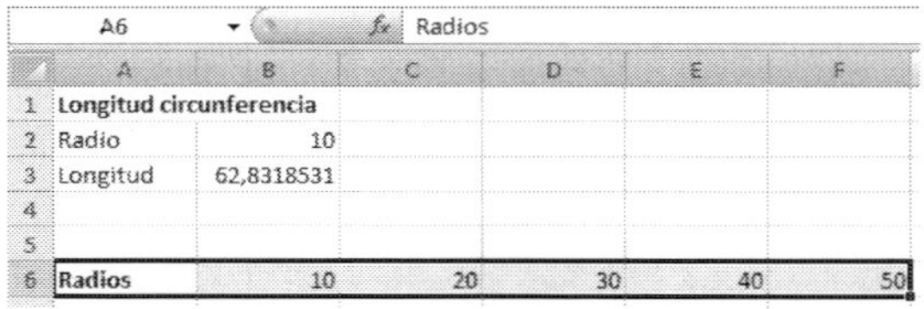
</td></tr>
<tr><td>2. Referencia a fórmula</td><td>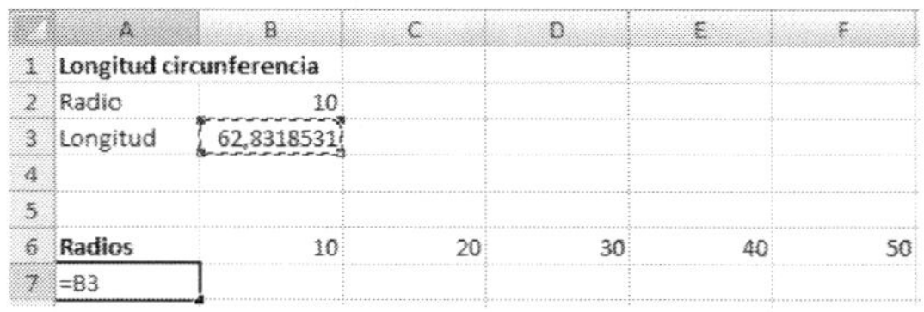
</td></tr>
<tr><td>3. Selección del rango para tabla</td><td>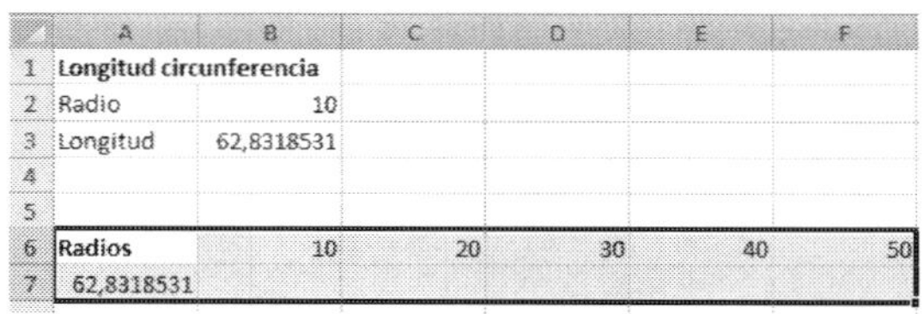
</td></tr>
<tr><td>4. Menú Datos->Herramientas-> Análisis Y si ->Tabla de datos... e inserción celda variable

Celda de entrada (fila)</td><td>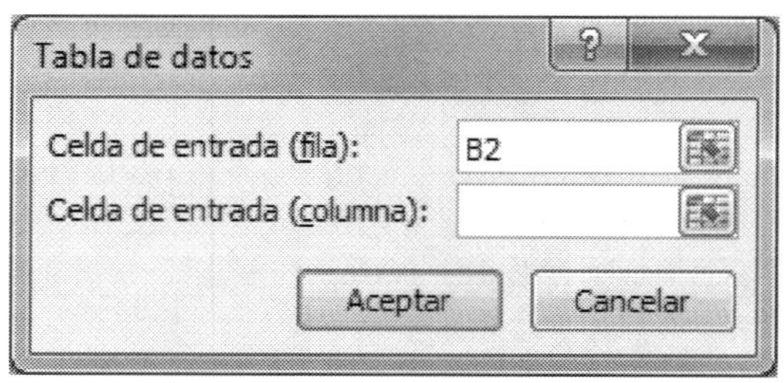
</td></tr>
<tr><td>5. Comprobación de resultados</td><td>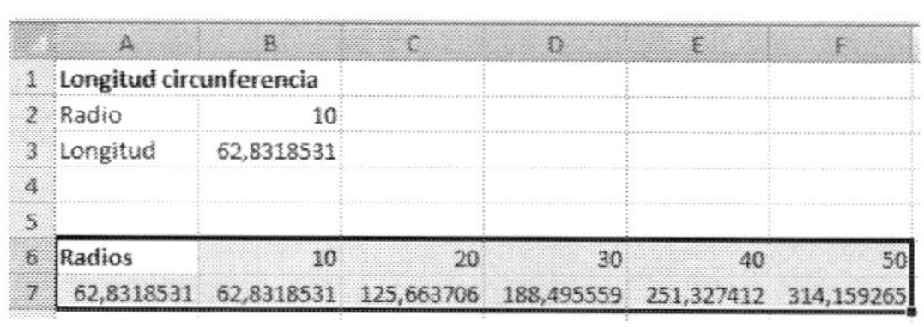
</td></tr>
</table>

10.2 CREAR UNA TABLA DE DATOS DE DOS VARIABLES

De forma similar a la descrita para las tablas de datos de una variable, podemos crear una tabla que proporcione resultados correspondientes a una fórmula, en la que utilizamos 2 variables cuyos valores están dispuestos en una columna y en una fila para cada una de las variables.

Supongamos que queremos calcular la superficie de un rectángulo y que, para ello, definimos la siguiente hoja de cálculo:

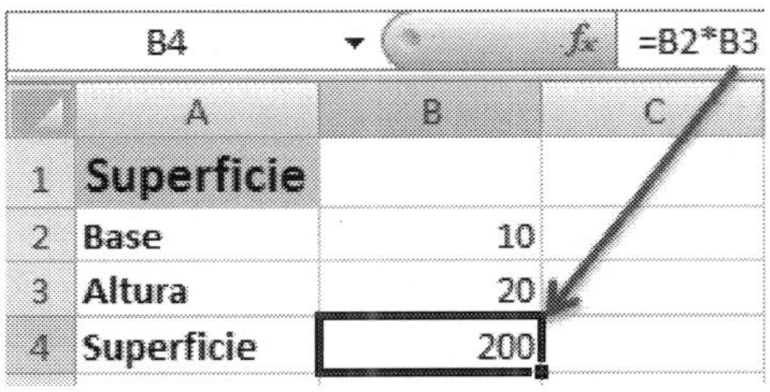

En este caso, las 2 variables serán la base y la altura. Para crear la tabla que nos permita calcular las diferentes superficies que se pueden obtener utilizando diversos valores para cada variable, seguiremos los siguientes pasos:

1) Introduciremos los diferentes valores tanto para la base, en el rango (A6:A11), como para la altura (B6:F6).

2) Seguidamente, en la esquina superior izquierda del rango que contendrá la tabla, insertaremos una referencia a la celda que contiene la fórmula (en A6 insertaremos '=B4').

3) A continuación, seleccionaremos el rango que contendrá la tabla de una variable (A6:F12).

4) Accederemos al menú **Datos->Herramientas de datos->Análisis Y si ->Tabla de datos...** e introduciremos en el campo **Celda de entrada (fila)** la celda que contiene la variable en la fórmula que queremos utilizar con diferentes valores para la base (B2), y en el campo **Celda de entrada (columna)** la celda que contiene la variable para la altura (B3).

5) Al aceptar en el cuadro de diálogo anterior, veremos un resultado para cada uno de los valores indicados.

1. Introducir valores de las variables

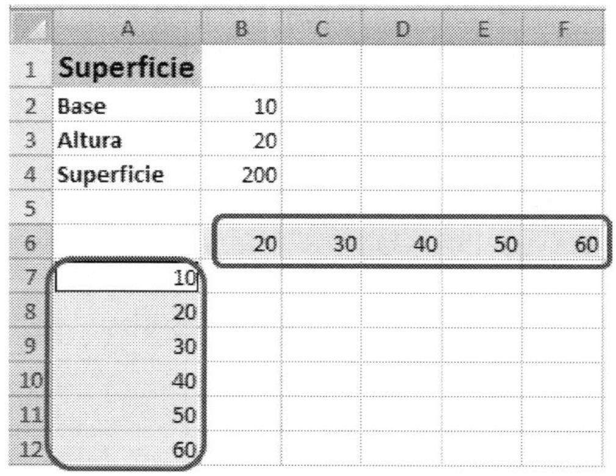

2. Introducir en A6 la referencia a fórmula (=B4)

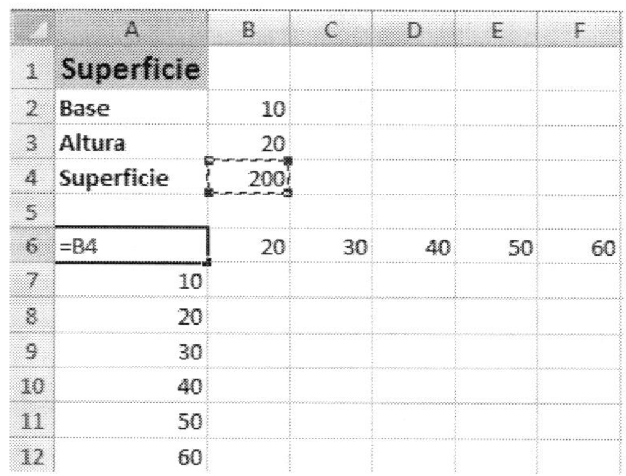

3. Selección del rango para tabla (A6:F12)

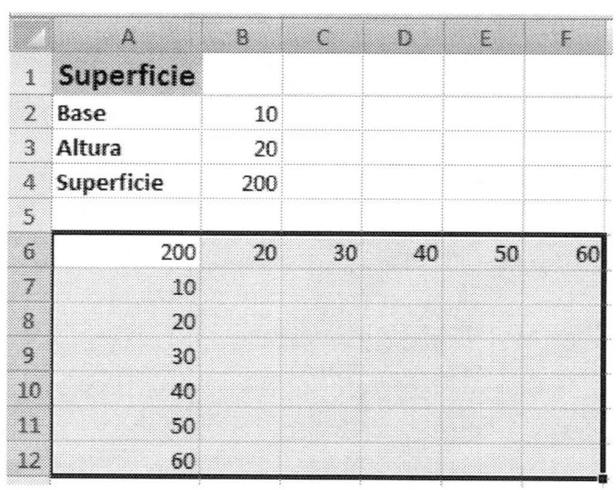

<table>
<tr>
<td>4. Menú Datos->Herramientas->Análisis Y si ->Tabla de datos… e inserción celda variable

Celda de entrada (fila) y Celda de entrada (columna)</td>
<td>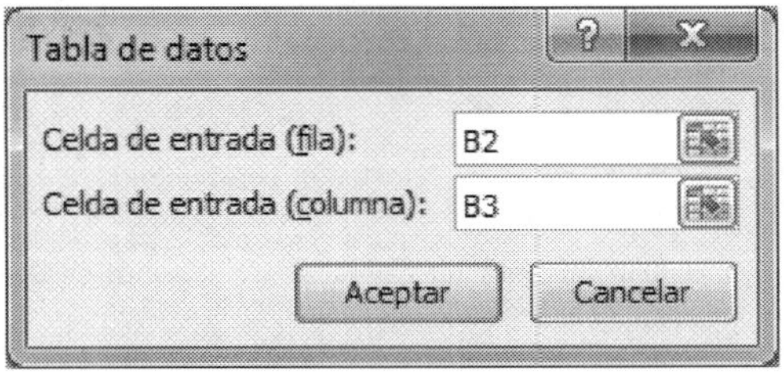
</td>
</tr>
<tr>
<td>5. Comprobación de resultados</td>
<td>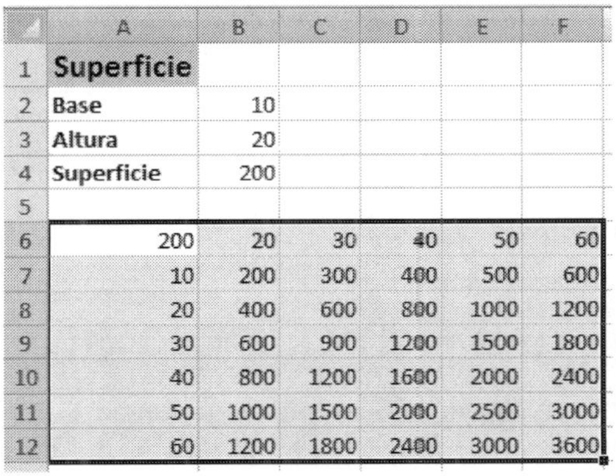
<table>
<tr><th></th><th>A</th><th>B</th><th>C</th><th>D</th><th>E</th><th>F</th></tr>
<tr><td>1</td><td>Superficie</td><td></td><td></td><td></td><td></td><td></td></tr>
<tr><td>2</td><td>Base</td><td>10</td><td></td><td></td><td></td><td></td></tr>
<tr><td>3</td><td>Altura</td><td>20</td><td></td><td></td><td></td><td></td></tr>
<tr><td>4</td><td>Superficie</td><td>200</td><td></td><td></td><td></td><td></td></tr>
<tr><td>5</td><td></td><td></td><td></td><td></td><td></td><td></td></tr>
<tr><td>6</td><td>200</td><td>20</td><td>30</td><td>40</td><td>50</td><td>60</td></tr>
<tr><td>7</td><td>10</td><td>200</td><td>300</td><td>400</td><td>500</td><td>600</td></tr>
<tr><td>8</td><td>20</td><td>400</td><td>600</td><td>800</td><td>1000</td><td>1200</td></tr>
<tr><td>9</td><td>30</td><td>600</td><td>900</td><td>1200</td><td>1500</td><td>1800</td></tr>
<tr><td>10</td><td>40</td><td>800</td><td>1200</td><td>1600</td><td>2000</td><td>2400</td></tr>
<tr><td>11</td><td>50</td><td>1000</td><td>1500</td><td>2000</td><td>2500</td><td>3000</td></tr>
<tr><td>12</td><td>60</td><td>1200</td><td>1800</td><td>2400</td><td>3000</td><td>3600</td></tr>
</table></td>
</tr>
</table>

10.3 CONVERTIR LOS VALORES DE UNA TABLA DE DATOS EN VALORES CONSTANTES

Para convertir los valores de una tabla de datos en valores constantes, basta con seleccionar la tabla, realizar una copia y, a continuación, un **pegado especial** sobre sí misma pegando sólo valores.

10.4 ACELERAR EL CÁLCULO DE UNA HOJA QUE CONTIENE UNA TABLA DE DATOS

El cálculo de una hoja que contiene tablas de datos puede ralentizarse considerablemente si las tablas son grandes. Para ello, es posible configurar Excel de forma que cada vez que se necesite realizar un recálculo, se recalcule todo excepto las tablas. Para establecer dicha configuración, hemos de acceder al menú **Fórmulas->Cálculo->Opciones para el cálculo->Automático excepto en las tablas de datos**, tal y como se muestra en la siguiente imagen:

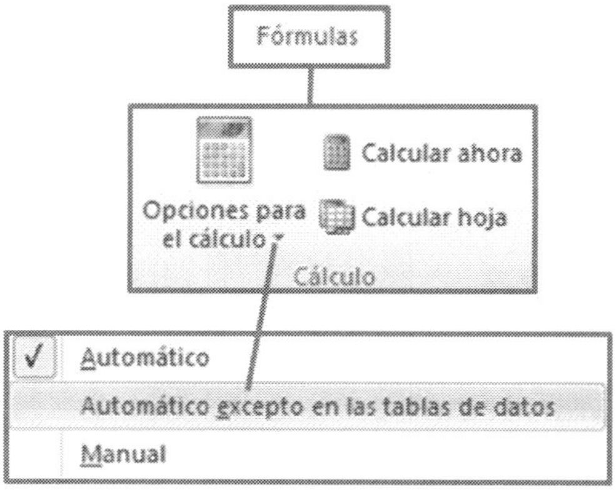

Para provocar el recálculo de las tablas de forma manual, tendremos que pulsar F9, o bien acudir de nuevo a la opción Calcular, mencionada anteriormente, y pulsar sobre alguno de los iconos para forzar el recálculo de la hoja o del libro .

10.5 ¿QUÉ ES UN ESCENARIO?

Un escenario es un conjunto de valores que pueden ser almacenados en Excel para permitir la comparación de diferentes situaciones basadas en los mismos cálculos, pero con diferentes valores. Tal y como se indicó en el apartado de tablas de datos, los escenarios también forman parte del grupo de herramientas de análisis denominadas **Y si**, y están orientados al análisis de los resultados a partir de unos valores de entrada.

10.6 CREAR UN ESCENARIO

Una vez que hayamos creado la hoja con los valores y fórmulas que nos puedan interesar, accederemos al menú **Datos->Herramientas->Análisis Y si-> Administrador de escenarios...** y nos encontraremos con el cuadro de diálogo Administrador de escenarios, mediante el cual podremos realizar las diferentes opciones que se hallan previstas en el manejo de escenarios.

Supongamos que disponemos de la siguiente hoja de cálculo y que queremos crear un escenario:

	A	B	C	D	E	F	G
1	Ingresos	Gastos	Beneficios	Otros Ingresos	Otros gastos	Otros beneficios	Total B.
2	1.000 €	600 €	400 €	600 €	200 €	400 €	800 €

Al acceder al cuadro de diálogo **Administrador de escenarios**, procederemos a agregar un nuevo escenario pulsando sobre el botón **Agregar...** En este momento, aparecerá un nuevo cuadro de diálogo mediante el cual podemos introducir un nombre de escenario, indicar las celdas cambiantes e incluir un comentario que, por defecto, será un texto indicando la creación (o modificación), el usuario y la fecha en que se ha creado el escenario en cuestión:

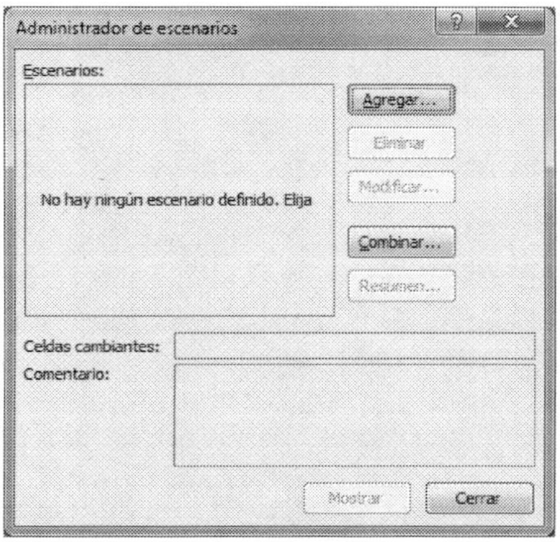

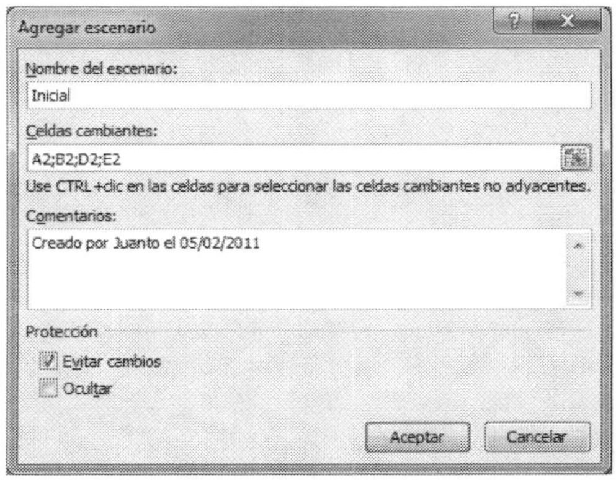

A continuación, se muestra un cuadro de diálogo mediante el cual se pueden introducir los valores previstos para el escenario en curso según las celdas que hayamos indicado como cambiantes:

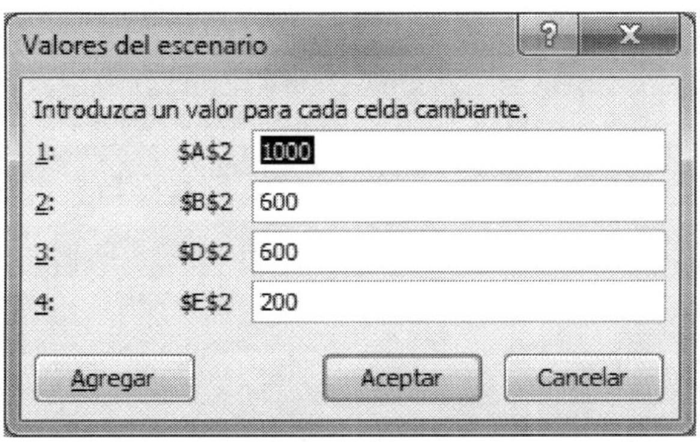

Si pulsamos **Agregar**, de nuevo aparece el cuadro de diálogo **Agregar escenario** para que continuemos agregando tantos escenarios como consideremos oportunos. Si pulsamos **Aceptar**, aparecerá el administrador de escenarios para que podamos realizar algunas de las opciones que están previstas.

10.7 MOSTRAR UN ESCENARIO

Para mostrar un escenario, hay que acceder al **Administrador de escenarios** a través del menú **Datos->Herramientas->Análisis Y si->Administrador de escenarios...** y, una vez aquí, se ha de seleccionar el escenario que se desea mostrar y pulsar sobre el botón **Mostrar**, o bien hacer doble clic sobre el escenario que queremos mostrar.

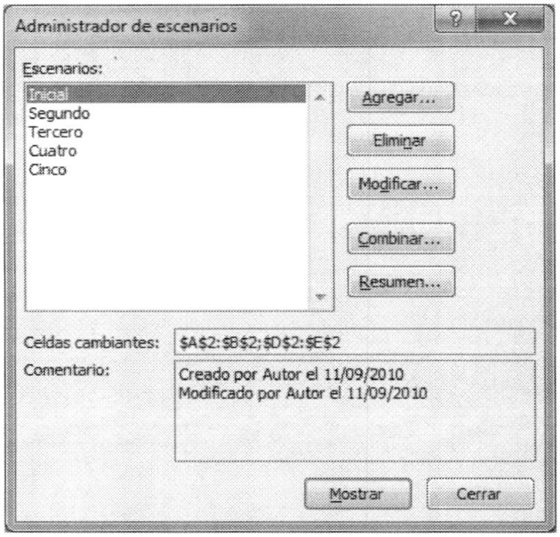

10.8 MODIFICAR UN ESCENARIO

La modificación de un escenario se hará también a través del Administrador de escenarios (menú **Datos->Herramientas->Análisis Y si->Administrador de escenarios...**) y, una vez seleccionado el escenario que se desea modificar, se pulsará sobre el botón **Modificar**.

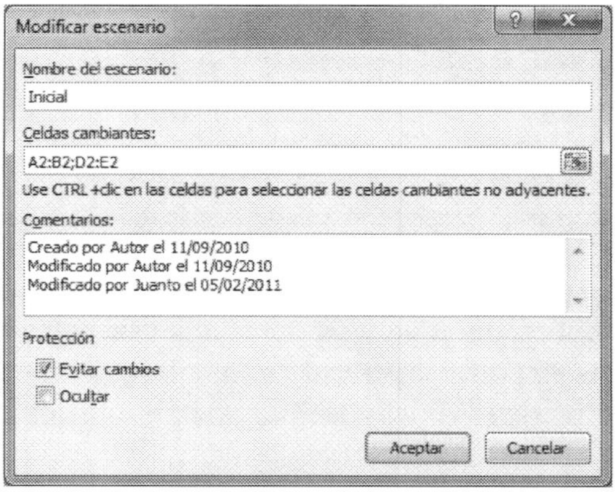

10.9 COMBINAR ESCENARIOS

Es posible combinar escenarios en la hoja sobre la que se está trabajando, de forma que, al utilizar otros escenarios, las celdas cambiantes asumirán los valores que se hallen definidos en los otros escenarios. Una vez combinados los escenarios, observaremos que éstos forman parte de la lista de escenarios que podemos utilizar en nuestra hoja.

Para combinar escenarios, hay que acceder al Administrador de escenarios (menú **Datos->Herramientas->Análisis Y si->Administrador de escenarios...**) y pulsar sobre el botón **Combinar...** el cual mostrará el siguiente cuadro de diálogo:

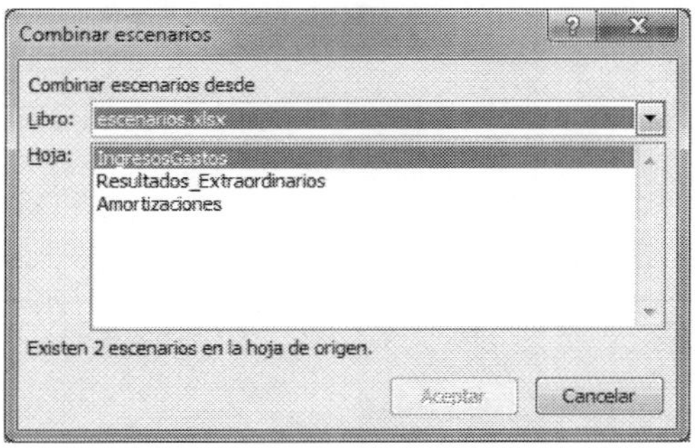

Según podemos observar, es posible combinar escenarios residentes en otros libros, que previamente deberán estar abiertos y dentro del libro en cuestión, se ha de seleccionar la hoja que contiene los escenarios que queremos combinar. Vemos que, al seleccionar una hoja, ésta nos indica cuántos escenarios existen en la misma.

10.10 ELIMINAR UN ESCENARIO

Para eliminar un escenario, basta con acceder al Administrador de escenarios (menú **Datos->Herramientas->Análisis Y si->Administrador de escenarios...**), seleccionar de la lista el escenario que se desea eliminar y pulsar sobre el botón **Eliminar**.

10.11 CREAR UN INFORME DE RESUMEN DE ESCENARIO

Es posible resumir la información existente en los diversos escenarios que tengamos definidos en una hoja. Para ello, accederemos al Administrador de escenarios (menú **Datos->Herramientas->Análisis Y si->Administrador de escenarios...**) y pulsaremos sobre el botón **Resumen...**

En este punto, aparece un cuadro de diálogo mediante el cual podemos indicar si queremos fabricar un **informe Resumen**, o bien un **Informe de tabla dinámica de escenario**. Una vez seleccionado el tipo de informe que se desea, indicaremos cuáles son las celdas que contienen los resultados y pulsaremos sobre **Aceptar**.

10.12 MUESTRA PARA TIPO INFORME RESUMEN

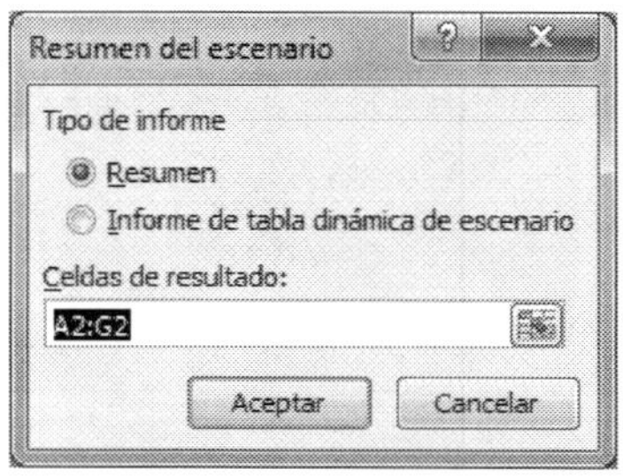

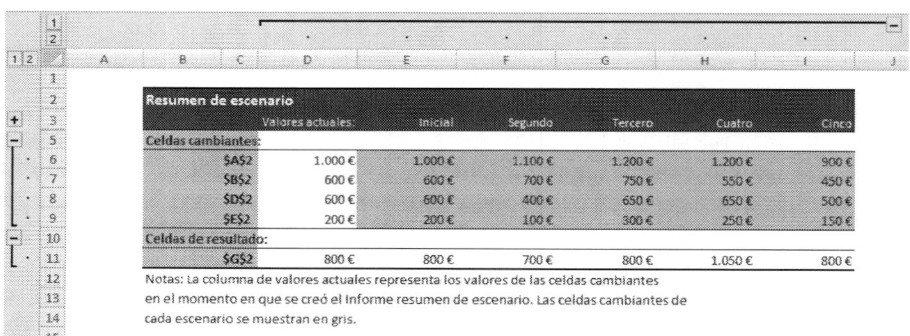

Resumen de escenario	Valores actuales:	Inicial	Segundo	Tercero	Cuatro	Cinco
Celdas cambiantes:						
$A$2	1.000 €	1.000 €	1.100 €	1.200 €	1.200 €	900 €
$B$2	600 €	600 €	700 €	750 €	550 €	450 €
$D$2	600 €	600 €	400 €	650 €	650 €	500 €
$E$2	200 €	200 €	100 €	300 €	250 €	150 €
Celdas de resultado:						
$G$2	800 €	800 €	700 €	800 €	1.050 €	800 €

Notas: La columna de valores actuales representa los valores de las celdas cambiantes en el momento en que se creó el Informe resumen de escenario. Las celdas cambiantes de cada escenario se muestran en gris.

10.13 MUESTRA PARA TIPO INFORME DE TABLA DINÁMICA DE ESCENARIO

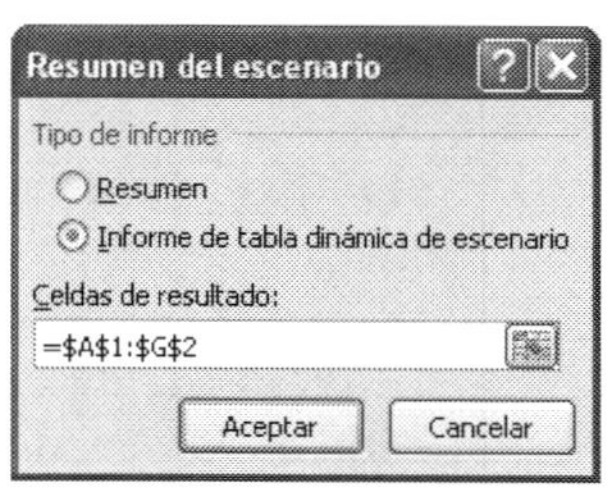

Informe por defecto	Una vez modificados nombres de campos
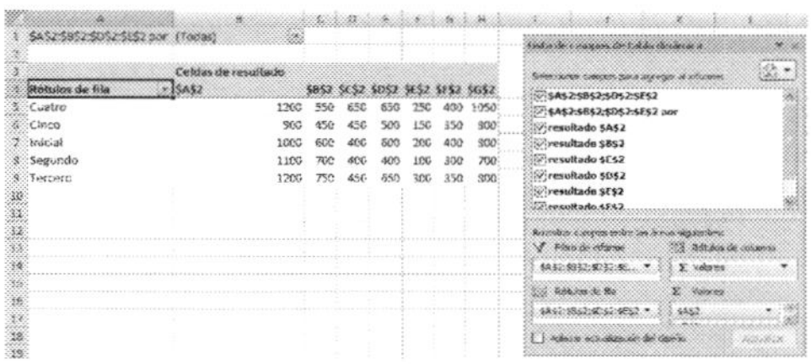	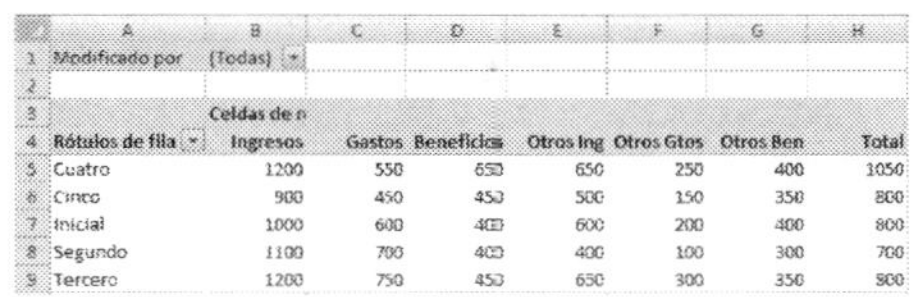

10.14 EVITAR CAMBIOS EN UN ESCENARIO

Para evitar cambios en un escenario, hemos de acceder al cuadro de diálogo **Agregar escenario** (en la creación de un escenario) o **Modificar escenario** (desde el Administrador de escenarios) y marcar alguno de los siguientes campos según nos interese:

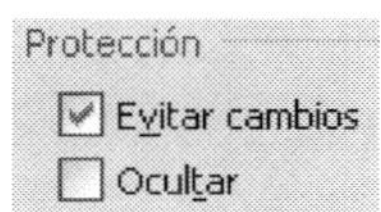

La opción **Evitar cambios** evitará que un escenario se pueda modificar, y la opción **Ocultar** no mostrará el escenario en la lista de escenarios si la hoja está protegida.

Ambas características tendrán efecto si la hoja está protegida.

Informe por defecto	Una vez modificados nombres de campos
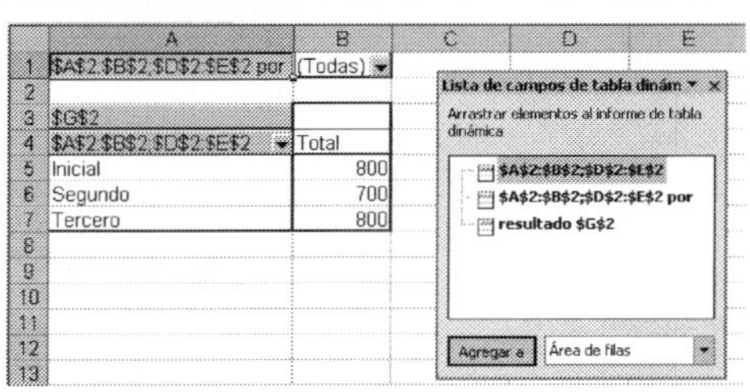	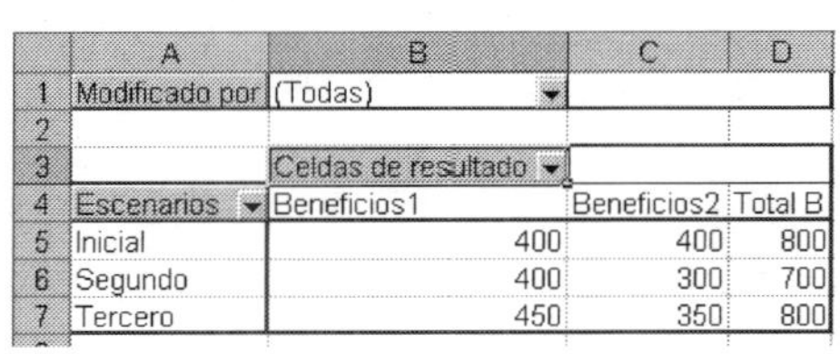

Capítulo 11

BÚSQUEDA DE OBJETIVOS Y SOLVER

11.1 BUSCAR OBJETIVO

Tal y como se ha comentado en capítulos anteriores, **Buscar objetivo** es una de las herramientas denominadas **herramientas de análisis Y si**.

En este caso, buscar objetivo trata de localizar cuál es el valor de entrada que puede producir un determinado resultado.

Esta opción está disponible a través del menú **Datos->Herramientas de datos->Análisis Y si->Buscar objetivo...**

11.2 BUSCAR UN RESULTADO ESPECÍFICO DE UNA CELDA AJUSTANDO EL VALOR DE OTRA CELDA

Supongamos que disponemos de una hoja de cálculo en la que queremos averiguar cuál será la base que, aplicándole un determinado IVA (16), nos proporciona un importe de factura concreto.

La hoja podría contener los siguientes datos y fórmulas:

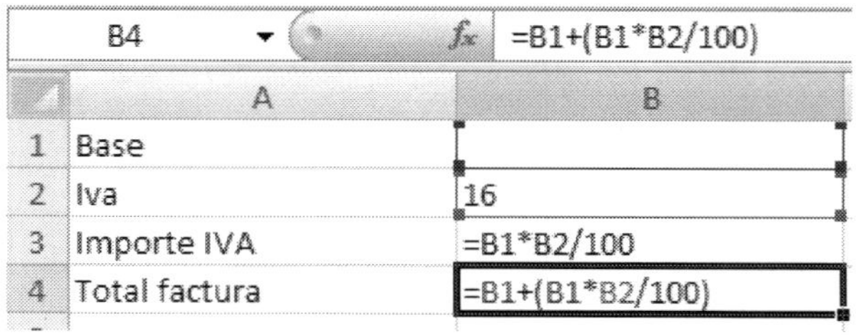

Se trata, pues, de averiguar un valor para la celda B1 (Base) que cumpla con las fórmulas indicadas, de tal manera que podamos obtener el importe de la factura que conocemos.

Si el importe de nuestra factura es de 116 €, podemos invocar el cuadro de diálogo **Buscar Objetivo** y definir los siguientes valores:

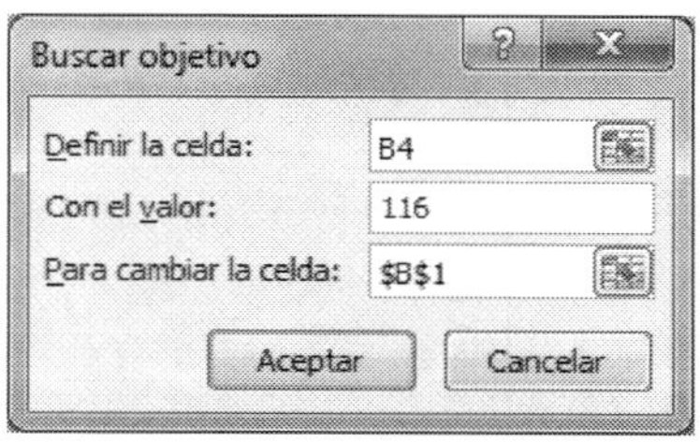

Una vez indicamos **Aceptar**, Excel empezará a buscar un valor que nos dé el resultado que conocemos y, cuando lo haya encontrado, mostrará un cuadro de diálogo como el siguiente:

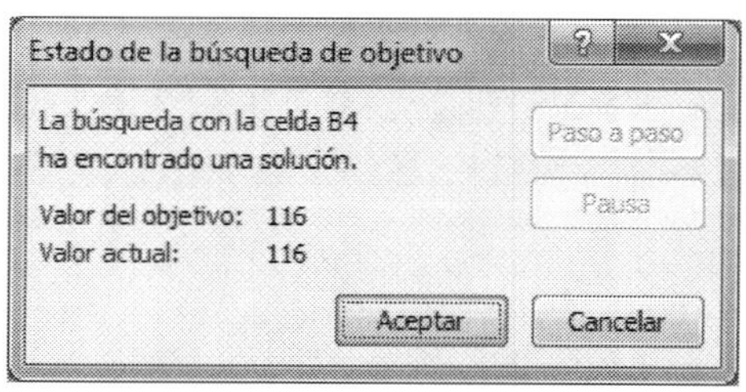

Si aceptamos, el valor hallado se instalará en la celda que queríamos rellenar y la hoja quedará con el siguiente aspecto:

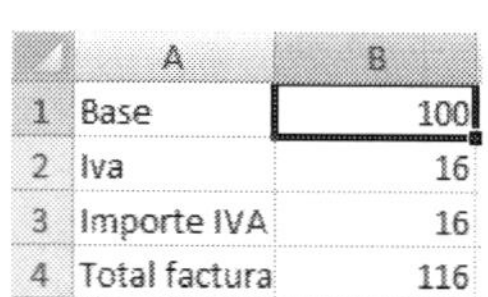

11.3 RESPUESTA A COMPLEJAS PREGUNTAS "Y SI..." UTILIZANDO SOLVER. ¿EN QUÉ CASOS UTILIZAR SOLVER?

Solver es un complemento de Excel que forma parte de las herramientas denominadas **Análisis Y si...**, y que permite resolver problemas en los que contamos con escenarios con diferentes celdas ajustables y de restricción para obtener un determinado objetivo. Los objetivos suelen ser valores óptimos para los que hay que buscar una solución a base de probar con diferentes valores en las denominadas celdas cambiantes.

Así pues, en Solver tenemos 3 elementos que tendremos que identificar antes de poder utilizar la herramienta:

Elementos	Comentario
La celda objetivo	Es la celda que tenemos que optimizar en cuanto al resultado final que perseguimos. Normalmente se busca un objetivo que tiende al máximo, al mínimo o a un valor determinado.
Las celdas cambiantes	Las celdas cuyos valores deben ir variando hasta conseguir que el objetivo se cumpla.
Las restricciones	Son una serie de criterios que se han de cumplir para que los resultados que se hallen sean considerados como válidos.

11.4 INSTALAR SOLVER

Antes de utilizar Solver, nos hemos de asegurar de que lo tenemos instalado como complemento. Para ello, acudiremos al menú **Archivo** y accederemos a **Opciones de Excel->Complementos** y buscaremos en la lista el complemento **Solver**. Observaremos en la parte inferior de la pantalla un desplegable en el que, al seleccionar **Complementos de Excel** y pulsar en el botón **Ir...**, accedemos al siguiente cuadro de diálogo en el que veremos si lo tenemos activo o no:

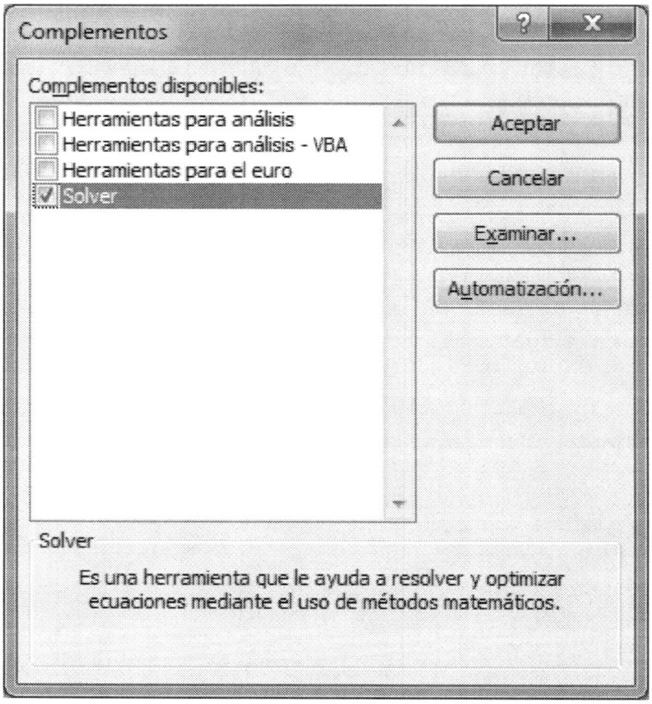

Si Solver no aparece en la lista de complementos, se ha de localizar el archivo **Solver.xlam**, que suele estar en la carpeta **Library\SOLVER** dentro de la instalación de Microsoft Office en Archivos de programas (por ejemplo: **C:\Archivos de programa\Microsoft Office\Office14\Library\SOLVER**)

11.5 IDENTIFICAR CELDAS CLAVE EN LA HOJA DE CÁLCULO

Tal y como se ha comentado en uno de los apartados anteriores, antes de utilizar **Solver**, hemos de conocer cuál es la celda que contiene el objetivo que perseguimos, cuáles son las celdas cuyo valor ha de variar para obtener el resultado que cumpla con el objetivo y cuáles son las restricciones (si tiene) que se han de cumplir.

11.6 CUADRO DE DIÁLOGO OPCIONES DE SOLVER

Para invocar el cuadro de diálogo de Solver, hemos de acceder al menú **Herramientas->Solver...** El cuadro de diálogo que aparece es el siguiente:

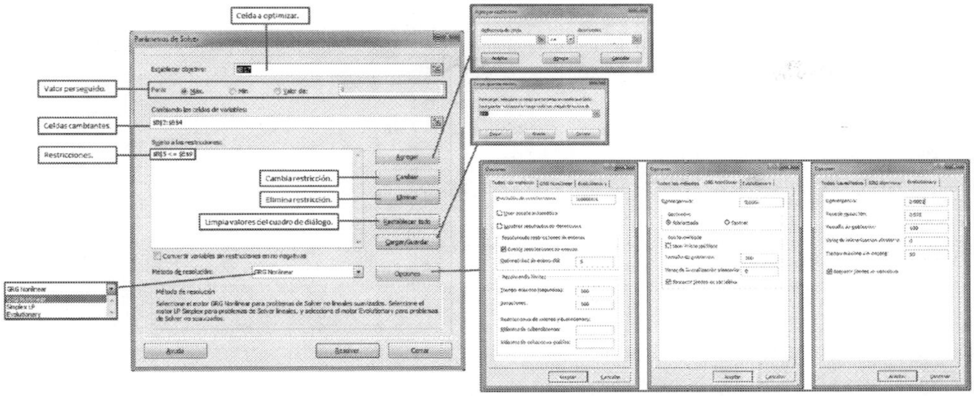

El cuadro de diálogo que aparece para **Agregar…** una restricción es idéntico al de **Cambiar...**

Para limpiar los valores del cuadro de diálogo de Solver, basta con pulsar sobre el botón **Restablecer todo**.

11.7 OPCIONES DE SOLVER

Las opciones que utiliza Solver para sus cálculos se pueden parametrizar pulsando sobre el botón **Opciones** que se halla en el cuadro de diálogo de **Parámetros Solver**. En dicho cuadro de diálogo, nos encontramos con 3 pestañas, que comentamos a continuación.

Para todos los métodos:

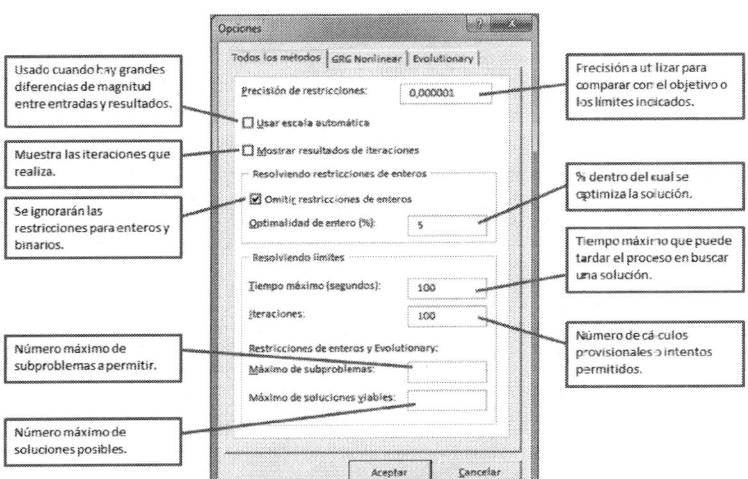

GRG Nonlinear:

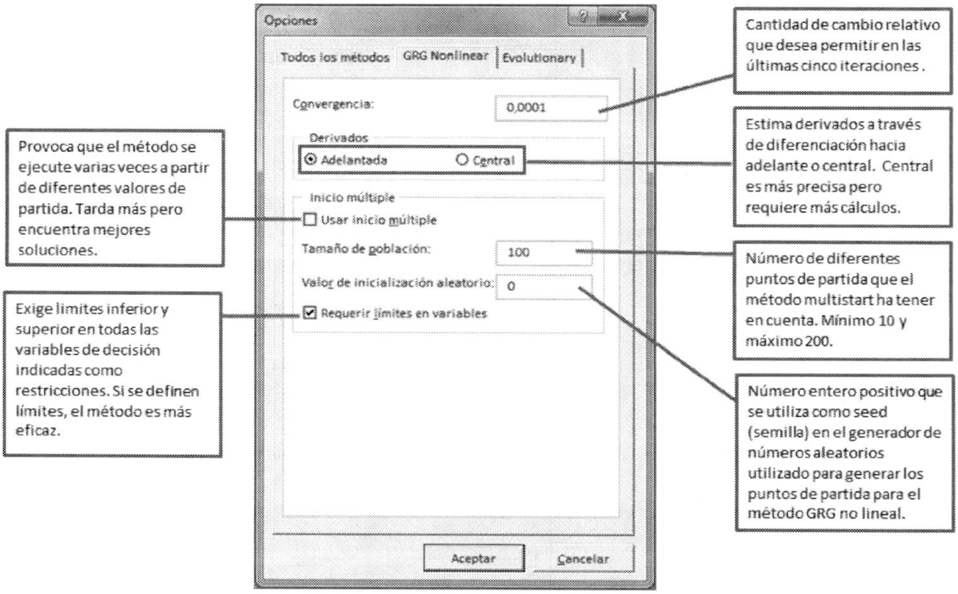

Evolutionary:

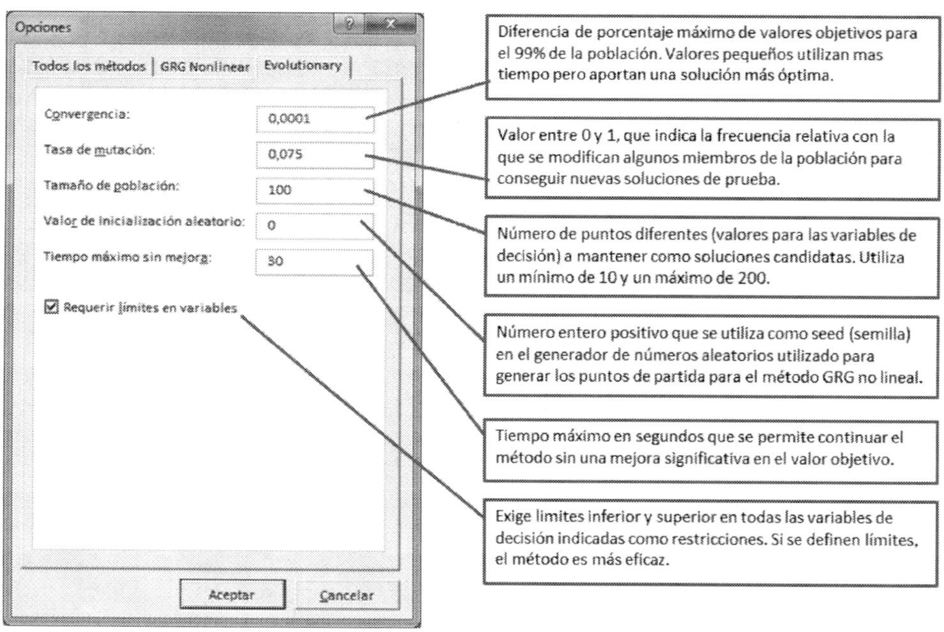

11.8 EJEMPLO SOLVER

Supongamos que disponemos de una determinada barra, mediante la cual queremos fabricar una figura geométrica de tal manera que sus superficies sean rectangulares y su resultado final se parezca a un bloque de tipo rectangular (como una caja o un ladrillo).

La idea sería averiguar qué longitud deberían tener cada una de las dimensiones de la figura para conseguir que el volumen sea máximo.

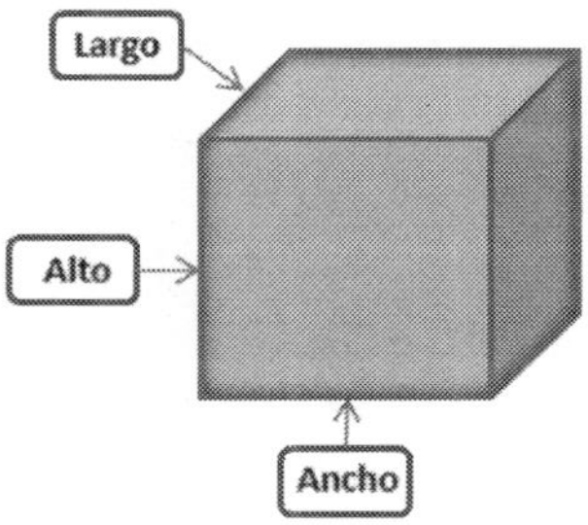

Por un lado, tenemos que el volumen se calculará como:

Volumen = Alto * Ancho * Largo

Por otro, tendremos que cortar tantos trozos como aristas tiene el cubo para poder fabricar la figura y, por tanto, la longitud total de la barra será igual a:

Longitud = 4*Alto + 4*Ancho + 4*Largo

Teniendo en cuenta lo expuesto, podríamos fabricar una hoja con el siguiente contenido:

	A	B
1		
2	Alto	1
3	Ancho	1
4	Largo	1
5	Total	=4*B2+4*B3+4*B4
6		
7	Volumen	=B2*B3*B4
8		
9	Total Lineal Max	100

Vemos que, con un centímetro para cada dimensión, obtendríamos un objeto de 1 centímetro cúbico de volumen y con una barra de 12 centímetros tendríamos suficiente.

La pregunta es, ¿qué dimensiones han de tener las aristas para conseguir un volumen máximo si la barra que hay que trocear mide 100 centímetros?

Podemos definir los siguientes parámetros en Solver:

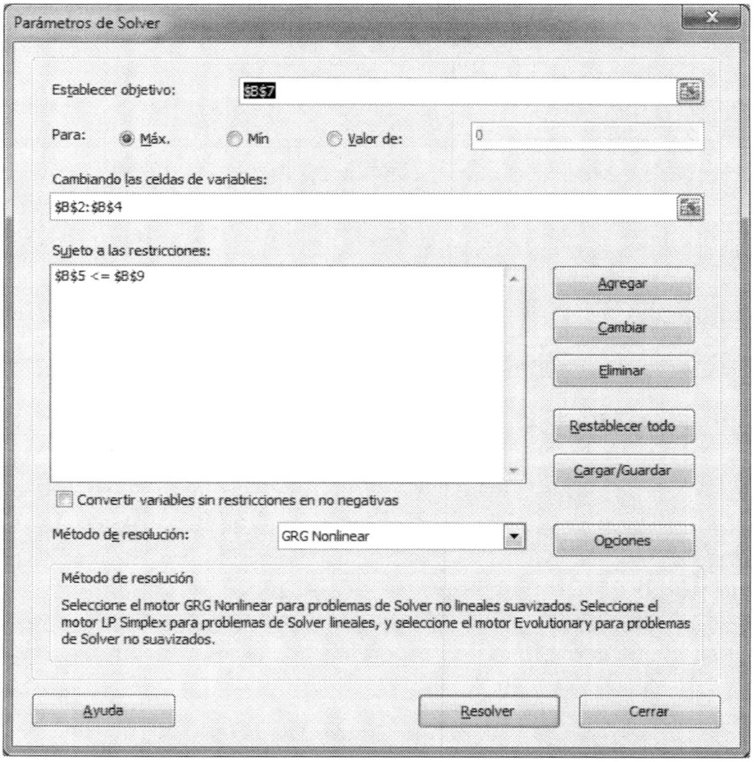

En primer lugar, vemos que la celda objetivo es la $B$7, que es la celda que contiene la fórmula del volumen que queremos maximizar.

Vemos también que las celdas cambiantes son las correspondientes al rango $B$2:$B$4 y que contienen precisamente las dimensiones de las aristas.

Por último, la restricción que imponemos es que la celda $B$5 (total de la longitud de todas las aristas necesarias) sea menor o igual a $B$9 (longitud total de la barra que hay que trocear).

Una vez introducida la restricción, haremos clic sobre el botón **Aceptar**.

Una vez en el cuadro de diálogo principal de Solver, si pulsamos sobre **Resolver**, obtendremos el siguiente cuadro de diálogo para que podamos decidir si utilizamos la solución que ha encontrado Solver, o bien queremos restaurar los valores originales:

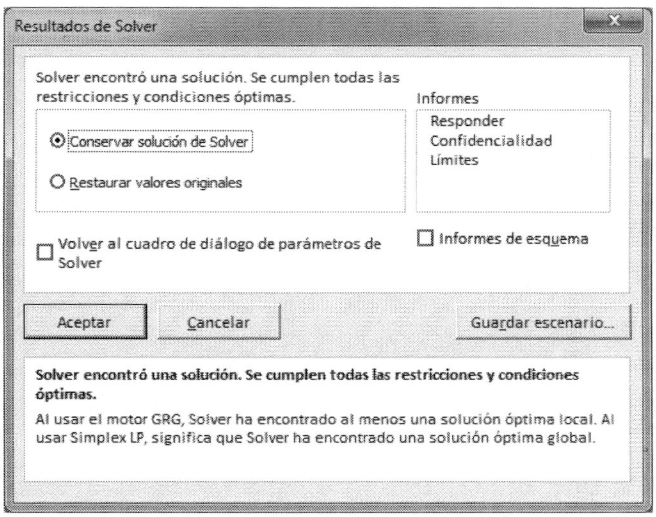

En este punto, también podemos solicitar informes para observar qué límites y cálculos ha utilizado Solver para hallar los resultados.

El resultado será:

	A	B
1		
2	Alto	8,33333333
3	Ancho	8,33333333
4	Largo	8,33333333
5	Total	100
6		
7	Volumen	578,703704
8		
9	Total Line	100

Si decidimos guardar el escenario, nos aparecerá el siguiente cuadro de diálogo para solicitar el nombre del mismo:

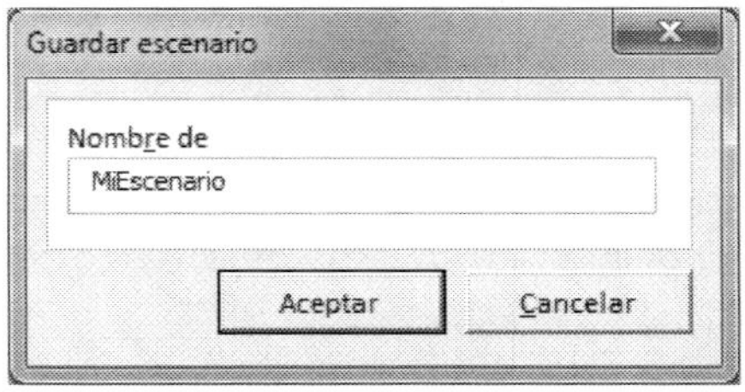

Si hemos marcado la opción de informes de esquema, se creará una nueva hoja de cálculo con la información utilizada en Solver acerca de Celda Objetivo, Celdas de variables y Restricciones, tal y como se muestra a continuación:

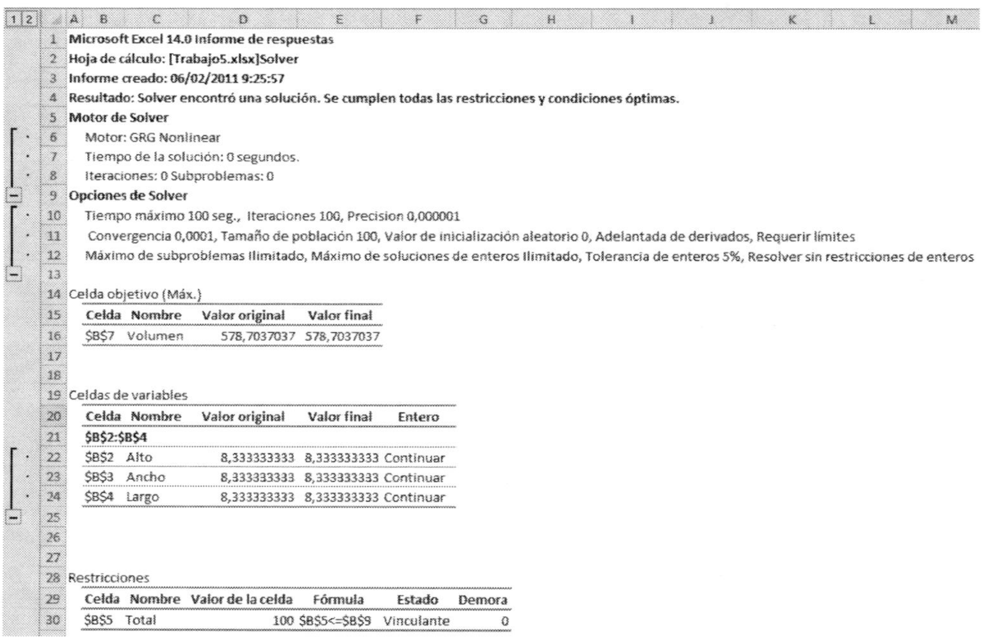

Microsoft Excel 14.0 Informe de respuestas
Hoja de cálculo: [Trabajo5.xlsx]Solver
Informe creado: 06/02/2011 9:25:57
Resultado: Solver encontró una solución. Se cumplen todas las restricciones y condiciones óptimas.
Motor de Solver
Motor: GRG Nonlinear
Tiempo de la solución: 0 segundos.
Iteraciones: 0 Subproblemas: 0
Opciones de Solver
Tiempo máximo 100 seg., Iteraciones 100, Precision 0,000001
Convergencia 0,0001, Tamaño de población 100, Valor de inicialización aleatorio 0, Adelantada de derivados, Requerir límites
Máximo de subproblemas Ilimitado, Máximo de soluciones de enteros Ilimitado, Tolerancia de enteros 5%, Resolver sin restricciones de enteros

Celda objetivo (Máx.)

Celda	Nombre	Valor original	Valor final
$B$7	Volumen	578,7037037	578,7037037

Celdas de variables

Celda	Nombre	Valor original	Valor final	Entero
$B$2:$B$4				
$B$2	Alto	8,333333333	8,333333333	Continuar
$B$3	Ancho	8,333333333	8,333333333	Continuar
$B$4	Largo	8,333333333	8,333333333	Continuar

Restricciones

Celda	Nombre	Valor de la celda	Fórmula	Estado	Demora
$B$5	Total	100	$B$5<=$B$9	Vinculante	0

Capítulo 12

SEGURIDAD

12.1 PROTEGER

En ocasiones, es necesario proteger algún elemento (un rango, una hoja o todo un libro) para evitar que puedan realizarse determinados cambios. Estas opciones pueden localizarse en la pestaña **Revisar**, dentro del grupo de controles **Cambios**, tal y como se muestra en la siguiente imagen:

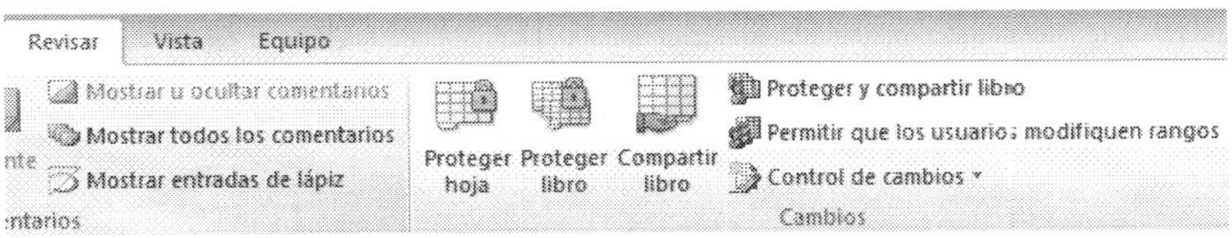

Excel ofrece los diferentes tipos de protección:

Ámbito de la protección	Comentario
Proteger hoja…	Protege la hoja y el contenido de las celdas bloqueadas.
Permitir que los usuarios modifiquen rangos…	Permite definir una serie de rangos protegidos por contraseña, que pueden ser modificados cuando la hoja está protegida si se conoce la contraseña o el usuario tiene autorización expresa.

Proteger libro…	Permite proteger un libro para que no se puedan modificar, incluir o eliminar hojas y, también, para evitar que las ventanas se puedan redimensionar.
Proteger y compartir libro…	Permite realizar un control de cambios en libros compartidos registrando un historial de los mismos.

12.2 PROTEGER HOJA…

Para proteger una hoja o parte de la misma, hay que acceder al menú **Revisar->Cambios->Proteger hoja…**

En este punto, aparece el siguiente cuadro de diálogo:

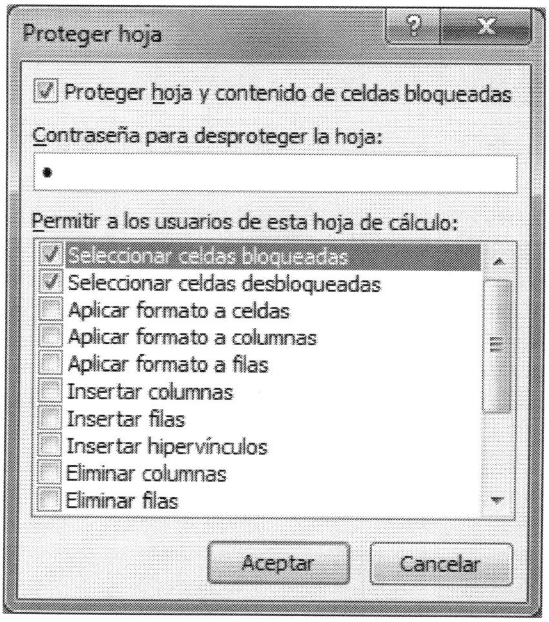

En este cuadro, mediante el *check* **Proteger hoja y contenido de celdas bloqueadas** podemos aplicar o no el bloqueo de las celdas que estén bloqueadas. Para bloquear o desbloquear una celda (o un rango), hay que seleccionar la celda en cuestión y acceder al cuadro de diálogo de Formato de celdas (menú **Inicio-> Celdas->Formato->Formato Celdas…**). En dicho cuadro de diálogo, accedemos a la pestaña **Proteger**, y marcamos la opción **Bloqueada**. Recordemos las marcas:

Marca Proteger	Comentario
Bloqueada	Impide que la celda pueda ser modificada si la hoja está bloqueada.
Oculta	Oculta el contenido de una celda (formulas, funciones, etc.) mostrando sólo su valor o resultado.

En la parte central del cuadro de diálogo **Proteger hoja**, se puede indicar qué funcionalidades se van a permitir o no cuando una hoja está protegida.

Si hemos introducido alguna contraseña, al pulsar **Aceptar** se solicitará de nuevo la contraseña para su confirmación mediante el siguiente cuadro de diálogo:

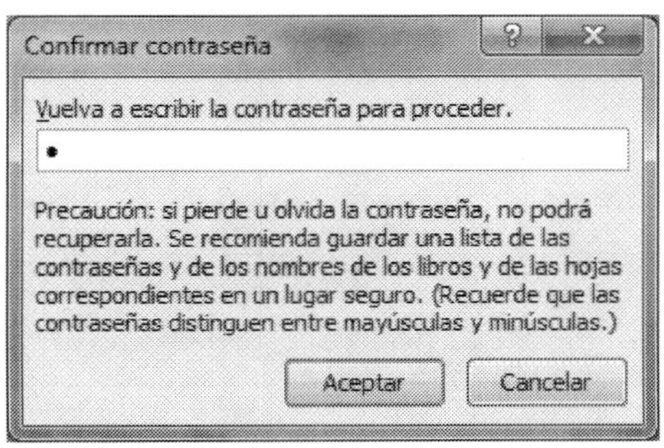

A partir de este momento, cualquier modificación que se pretenda realizar sobre celdas protegidas provocará el siguiente mensaje:

12.3 PERMITIR QUE LOS USUARIOS MODIFIQUEN RANGOS...

Mediante esta opción, podemos definir qué rangos pueden ser modificados cuando una hoja está protegida. Podemos acceder a esta opción mediante el menú **Revisar->Cambios->Permitir que los usuarios modifiquen rangos...**

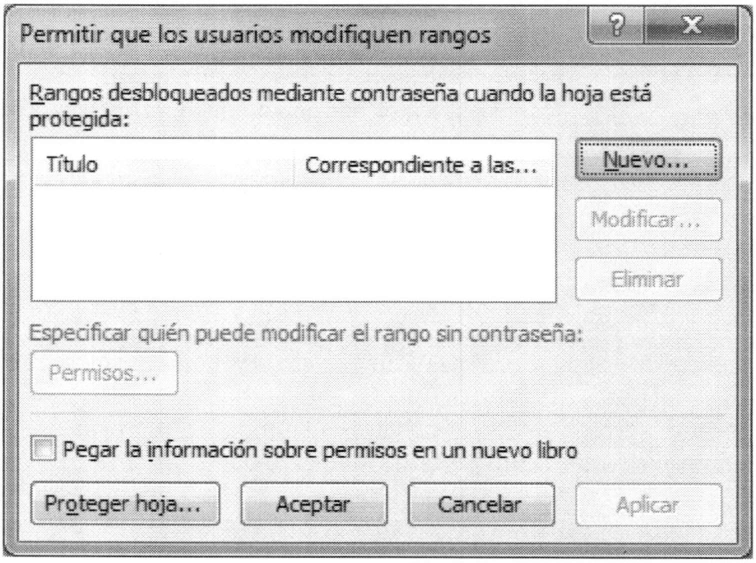

En este punto, podemos pasar a definir un nuevo rango pulsando sobre el botón **Nuevo...** y accediendo al siguiente cuadro de diálogo:

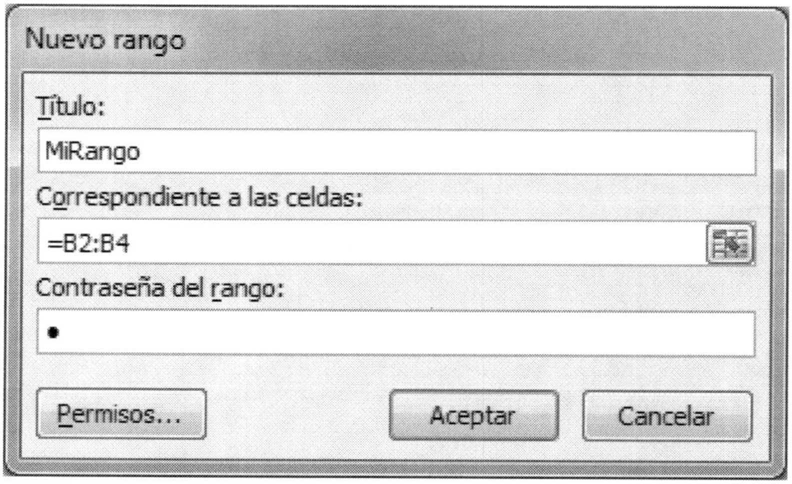

En este cuadro, daremos un nombre al rango que queremos definir, definiremos el grupo de celdas al que hace referencia y, si nos interesa, podemos introducir una contraseña, en cuyo caso, al aceptar, tendremos que confirmar.

Al pulsar en Permisos...	Al pulsar en Agregar
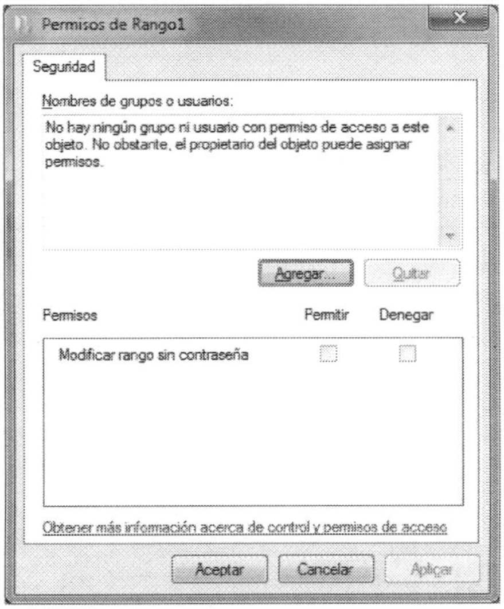	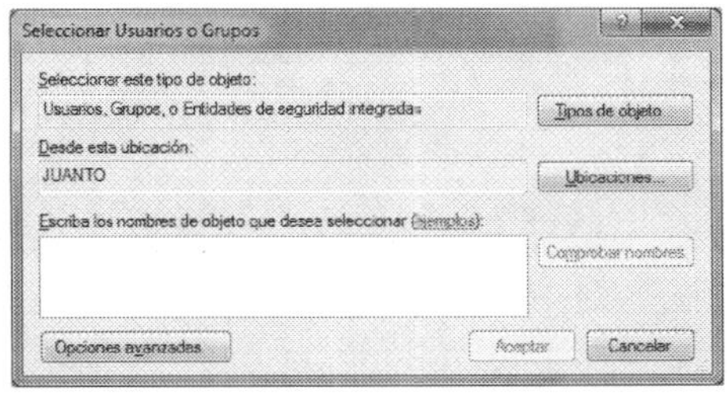

El botón **Permisos** nos permitiría definir para cada usuario existente en el sistema si puede modificar o no rangos sin contraseña.

Tras introducir los rangos que necesitemos, el cuadro de diálogo principal mostrará en forma de lista cada uno de los mismos para que podamos modificarlos (botón **Modificar**) o eliminarlos (botón **Eliminar**).

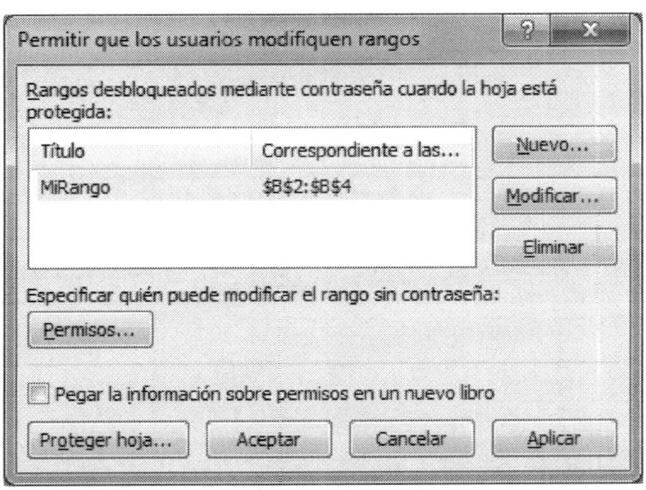

Si se marca la opción **Pegar la información sobre permisos en un nuevo libro**, se crea un nuevo libro y se incluye una fila por cada rango que se haya definido indicando sus características. A continuación, mostramos un ejemplo:

	A	B	C	D
1	Permisos para	[Trabajo5.xlsx]Hoja9		
2				
3	Título de rango	Rango de celdas	Protegidas por contraseña	Usuarios y grupos
4	MiRango	=$B$2:$B$4	Sí	-

12.4 PROTEGER LIBRO...

Mediante esta opción, podemos impedir que se inserten o eliminen hojas de cálculo, así como evitar que se cambien de nombre, se muevan o se copien. También podemos evitar que las ventanas se redimensionen. Ambas opciones podemos protegerlas mediante una contraseña opcional. El siguiente cuadro de diálogo muestra las opciones que estamos comentando y que pueden ser accesibles mediante el menú **Revisar->Cambios->Proteger libro...**

12.5 PROTEGER Y COMPARTIR LIBRO...

Mediante esta protección, se puede compartir un libro con un control de cambios impidiendo que el historial de cambios se elimine. Es decir, cada modificación que se realice sobre el libro quedará reflejada en un histórico.

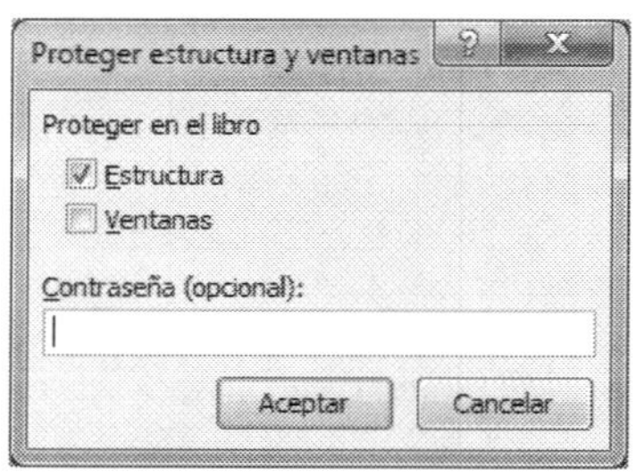

Es posible introducir una contraseña para poder desproteger el libro.

12.6 GUARDAR CON CONTRASEÑA

Podemos guardar un libro de forma que, para abrirlo, sea necesaria una contraseña. También es posible abrir un libro con contraseña para escritura de forma que, o se introduce la contraseña o sólo se puede abrir como **Sólo lectura**.

Para realizar algunas de estas acciones, hemos de acceder al menú **Archivo->Guardar como...** y una vez en el cuadro de diálogo de **Guardar como**, desplegar la lista de opciones asociada a **Herramientas** y seleccionar **Opciones generales...**

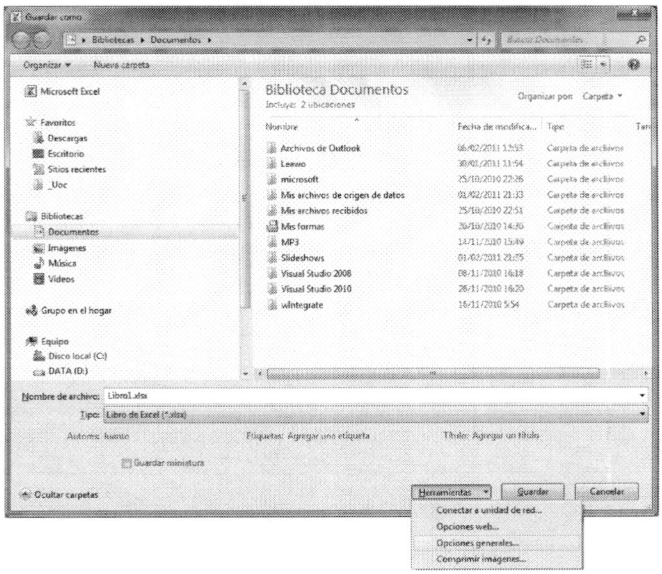

El cuadro de diálogo que aparece es el siguiente:

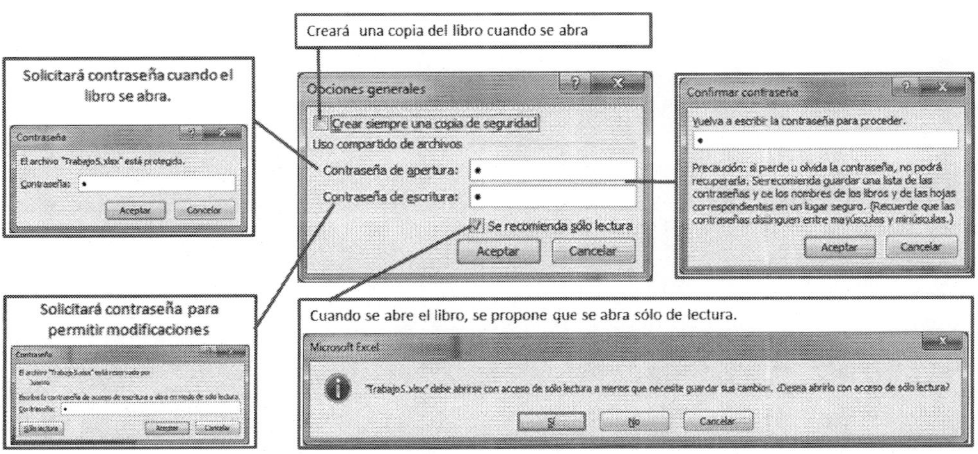

Para eliminar las contraseñas, bastará con acceder de nuevo a este cuadro de diálogo y dejar en blanco los campos de **contraseña**.

Capítulo 13

MACROS

Las macros son conjuntos de instrucciones que pueden almacenarse en Excel para que puedan ser ejecutadas de golpe cada vez que sea necesario. Dichas macros se almacenan en módulos de Visual Basic y, por tanto, tienen tras de sí un lenguaje de programación muy potente.

13.1 GRABAR UNA MACRO

Para grabar una macro, podemos acceder a la pestaña **Programador**, al grupo de controles **Código** y, a continuación, hacer clic sobre el icono de **Grabar Macro:**

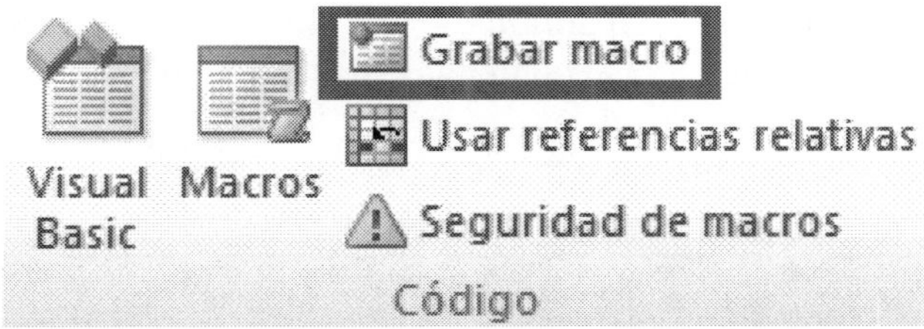

En ese momento, aparece un cuadro de diálogo que nos permitirá darle nombre a la macro y definir algunas de las características, como son:

Campo	Comentario
Nombre de la macro	Nombre con el que se guardará la macro.
Método abreviado	Secuencia de teclas mediante la cual se puede invocar, y que se compone de la tecla control y alguna otra tecla más (CTRL+tecla).
Guardar macro en	Es posible guardar la macro en: • Este libro (libro en curso) • Libro nuevo Libro de macros personal (libro que puede utilizarse para almacenar todas las macros que consideremos que pueden utilizarse en otros libros).
Descripción	Descripción mediante la cual podremos ver qué cometido tiene la misma. Por defecto, indica la fecha y el usuario que la grabó.

Supongamos que queremos fabricar una macro que realice un autoajuste en la hoja, de forma que cada columna modifique su ancho en función de su contenido.

Al acceder al menú **Programador->Código->Grabar macro...** aparece el siguiente cuadro de diálogo, el cual completaremos como muestra el ejemplo:

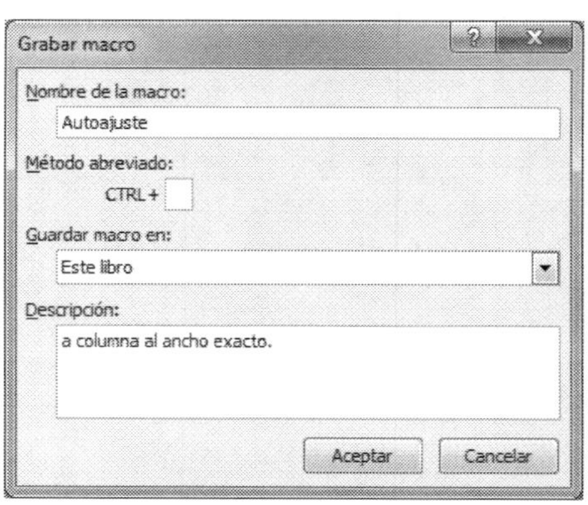

En ese momento, comienza la grabación de la macro, y aparece una pequeña barra de iconos mediante la cual podremos parar dicha grabación (pulsando sobre el icono que tiene un cuadrado azul) cuando ya hayamos acabado de introducir los comandos que contendrá.

Los comandos se van asociando a la macro según se van ejecutando durante la grabación.

En este ejemplo, supongamos que lo que se ha grabado es:

- Selección de toda la hoja (clic en la esquina superior izquierda de la intersección entre los números de fila y las letras de columnas).
- Doble clic sobre cualquiera de los separadores de columna de la hoja.

El resultado será el siguiente:

Antes

	A	B	C	D	E	F
1	Vend	Provi	Artic	Canti	Preci	Importe
2	Lola	Barce	Celo	2000	3,5	7000
3	Ramó	Barce	Cubo	600	2	1200
4	Juan	Barce	Goma	300	0,8	240
5	Luis	Barce	Lapiz	1000	1,2	1200
6	Maria	Valen	Paq. F	750	3	2250

Después

	A	B	C	D	E	F
1	Vendedor	Provincia	Articulo	Cantidad	Precio	Importe
2	Lola	Barcelona	Celo	2000	3,5	7000
3	Ramón	Barcelona	Cubo	600	2	1200
4	Juan	Barcelona	Goma	300	0,8	240
5	Luis	Barcelona	Lapiz	1000	1,2	1200
6	Maria	Valencia	Paq. Folios	750	3	2250

13.2 EJECUTAR UNA MACRO

Puede ejecutarse una macro accediendo al menú **Programador->Código ->Macros...** y seleccionando de la lista de macros la que nos interese. A continuación, pulsaremos sobre el botón **Ejecutar** y la macro se ejecutará. El cuadro de diálogo asociado al tratamiento de macros es el siguiente:

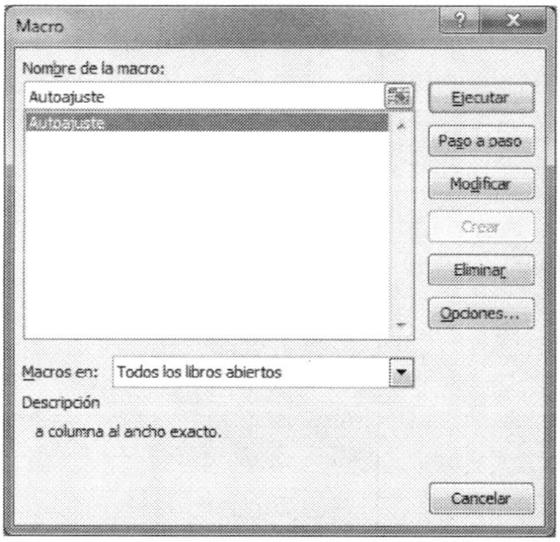

13.3 COPIAR UNA MACRO

Para copiar una macro, tenemos que acceder al menú **Vista->Macro->Ver Macros...** (**ALT+F8**) y una vez que tengamos el cuadro de diálogo **Macro** a la vista, hemos de seleccionar la macro que queramos copiar.

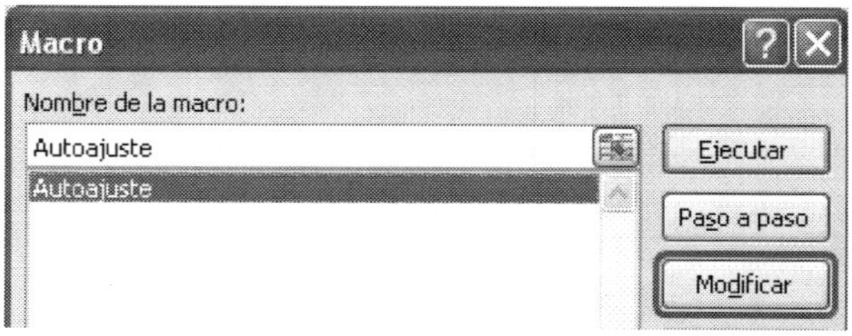

Una vez seleccionada, pulsaremos sobre el botón **Modificar**, de forma que accederemos al editor de módulos de Visual Basic.

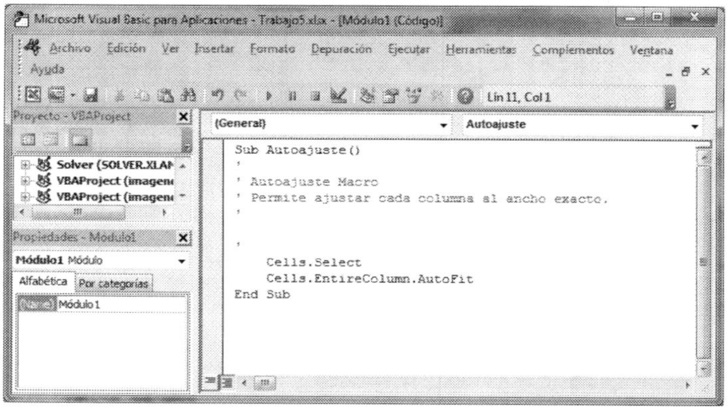

En este punto, seleccionaremos las instrucciones correspondientes a la macro que queremos copiar (en el ejemplo, desde **Sub Autoajuste()** hasta **End Sub**) y las copiaremos en otra zona del editor para posteriormente cambiar el nombre y darle el nombre deseado a la nueva macro.

<table>
<tr><th>Copia</th><th>Pegado y cambio de nombre</th></tr>
<tr><td>
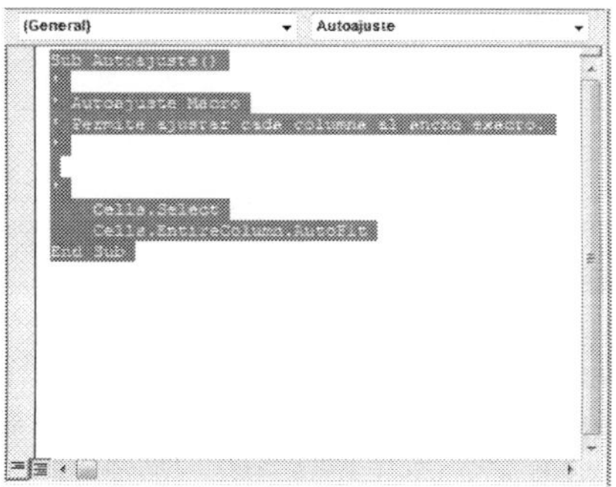

</td><td>
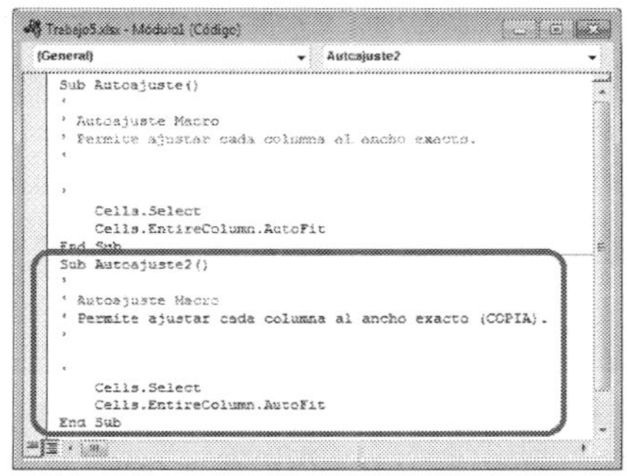

</td></tr>
</table>

Una vez realizada esta operación, podemos ver que, efectivamente, la macro ha sido copiada con el nombre **Autoajuste2**:

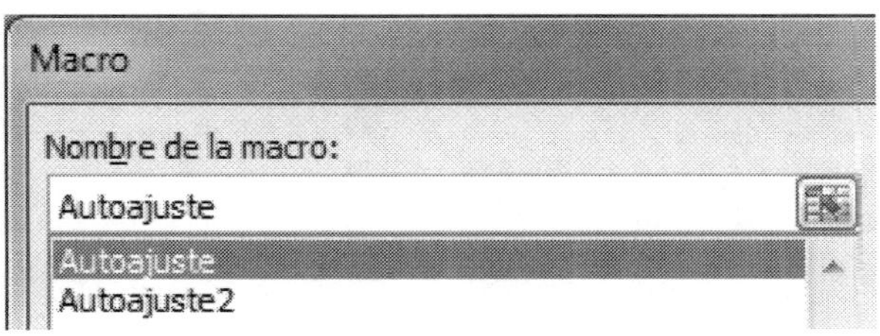

13.4 EJECUCIÓN DE UNA MACRO DESDE UN BOTÓN PERSONALIZADO

Para poder asociar la ejecución de una macro a un botón tendremos que invocar, en primer lugar, el cuadro de diálogo Personalizar la barra de herramientas de acceso rápido. Para ello, pulsaremos sobre el menú Archivo y a continuación sobre **Opciones**. En este punto, pulsaremos en la opción **Personalizar cinta de opciones**, que se halla en la parte izquierda del cuadro de diálogo. En este punto, desplegaremos la lista desplegable de **Comandos disponibles en:** y seleccionaremos **Macros**, tal y como se muestra en la siguiente imagen:

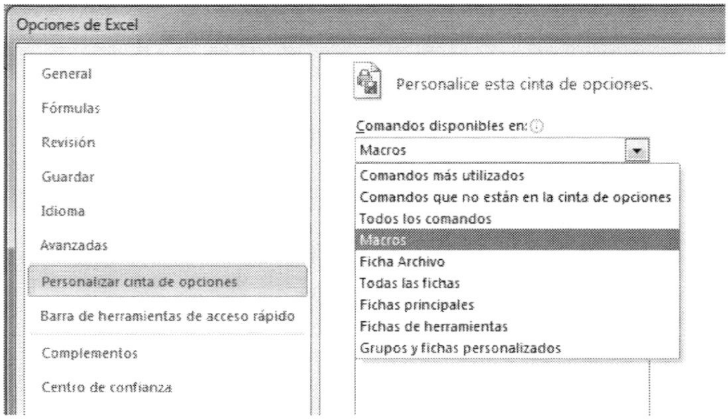

Una vez tengamos las **Macros** que podemos utilizar a la vista, hemos de decidir si queremos crear una nueva ficha en la que ubicar dicha macro, o bien queremos incluirla en algún grupo ya existente. Si decidimos crear una nueva ficha, bastará con pulsar sobre el botón **Nueva Ficha** situado en el pie de la parte derecha del cuadro de diálogo. A continuación, mostramos los elementos principales de dicho cuadro de diálogo:

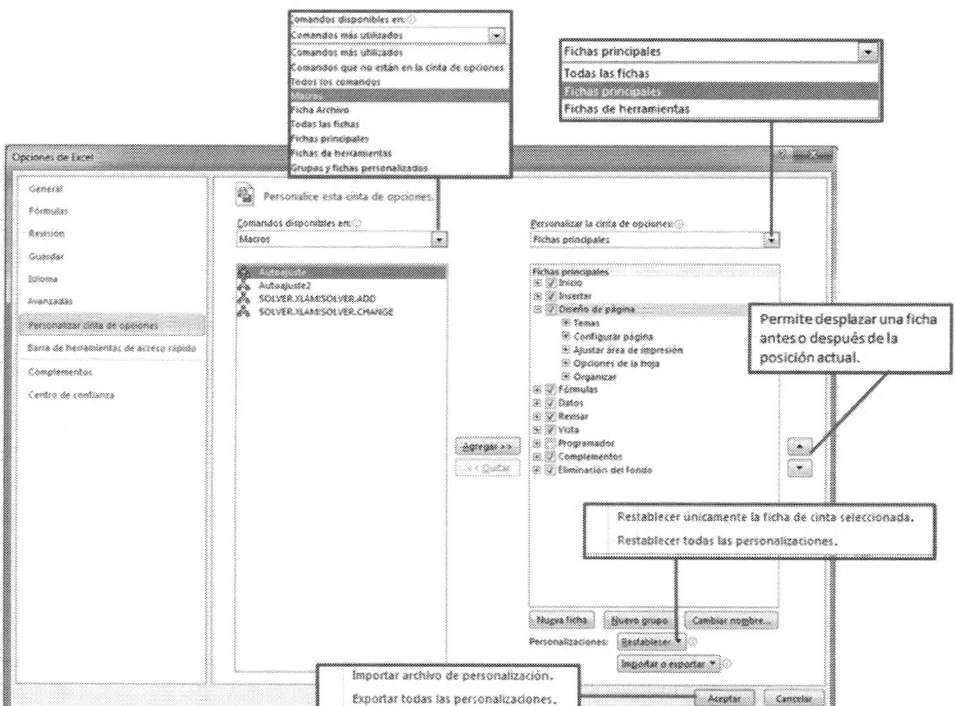

Si queremos agregar la macro a un nuevo grupo, pulsaremos sobre el botón **Nuevo Grupo** y veremos que, efectivamente, se crea un nuevo grupo sobre la ficha que hayamos seleccionado previamente.

A continuación, pulsaremos sobre la macro que queremos invocar mediante un botón y, a continuación, sobre el botón **Agregar**, situado entre la lista de Macros y las opciones de la barra de herramientas de acceso rápido:

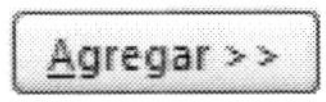

Veremos que la macro en cuestión ya se ha agregado al grupo previamente seleccionado.

Para cambiar el nombre al grupo o a la opción asociada a la Macro, pulsaremos el botón **Cambiar nombre...** y aparecerá un cuadro de diálogo mediante el cual podemos cambiar el nombre y seleccionar el icono que representará la opción:

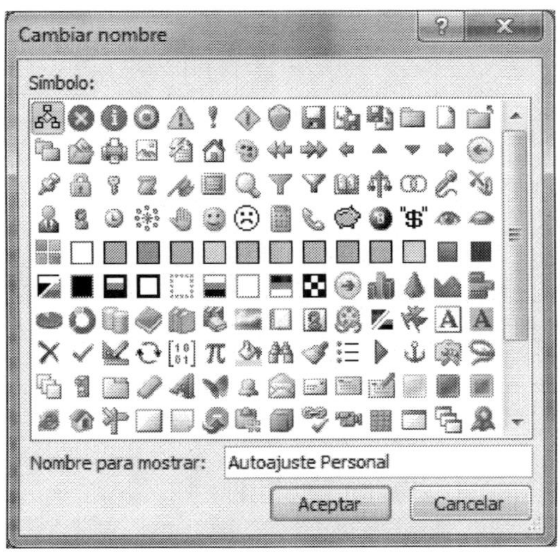

La nueva opción se incorporará al grupo que hayamos indicado y aparecerá sobre la cinta de la siguiente manera:

Capítulo 14

CÓMO COLABORAR CON COLEGAS

Es posible compartir información a través de un libro al que se está accediendo simultáneamente por parte de varios usuarios. La acción de compartir no sólo permite acceder a un mismo libro para su consulta, sino también para su modificación, siempre y cuando los niveles de protección y seguridad del libro lo permitan.

14.1 COMPARTIR LIBRO

Para compartir un libro hemos de acceder al menú **Revisar->Cambios ->Compartir libro...**

Es posible que en función de la privacidad establecida, aparezca el siguiente mensaje de advertencia:

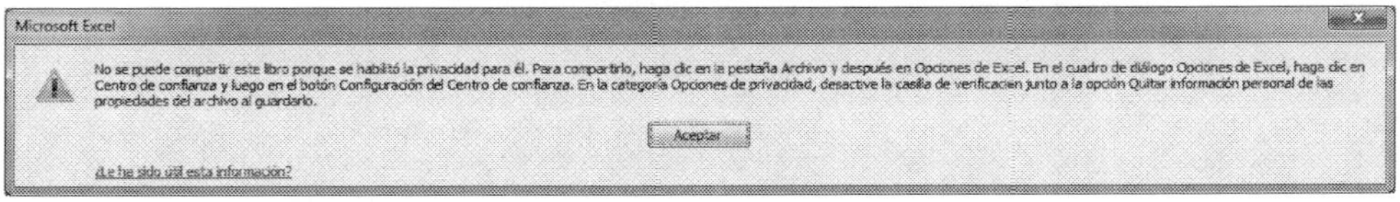

Para permitir compartir el libro, tendremos que pulsar sobre la pestaña **Archivo**, a continuación en **Opciones** y, una vez ahí, localizar la opción de **Centros de confianza**, la cual muestra, entre otras opciones, un botón denominado **Configuración del centro de confianza**, que, si pulsamos, muestra un cuadro de diálogo con diversas opciones, de las que hay que destacar **Opciones de privacidad**. Una vez estamos en este punto, hay que desmarcar la opción **Quitar**

información personal de las propiedades del archivo al guardarlo. En la siguiente imagen, se muestra la ruta que hay que seguir para desmarcar dicha opción:

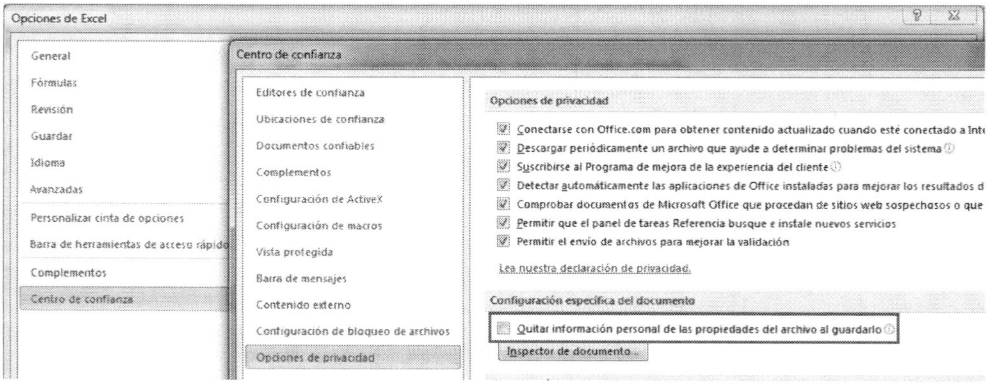

Al ejecutar la opción **Compartir libro**, accedemos a un cuadro de diálogo mediante el cual podemos permitir o denegar el uso compartido del libro. Dicho cuadro de diálogo es el siguiente:

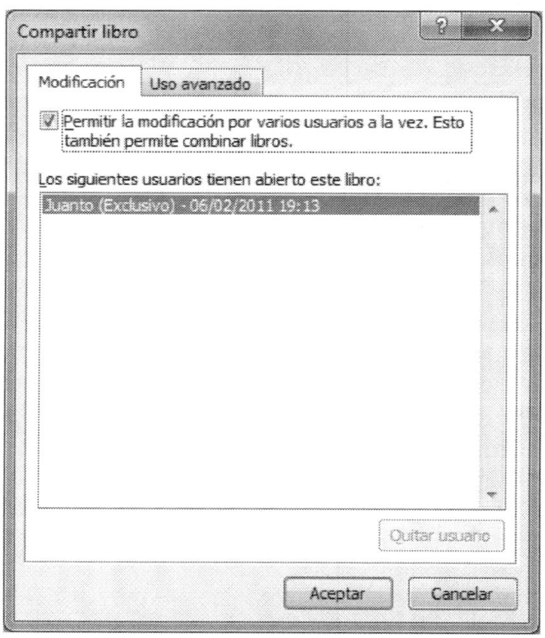

Si pulsamos en la pestaña **Uso avanzado**, veremos los diferentes aspectos que pueden configurarse en el uso compartido de un libro, tal y como se muestra en las siguientes imágenes:

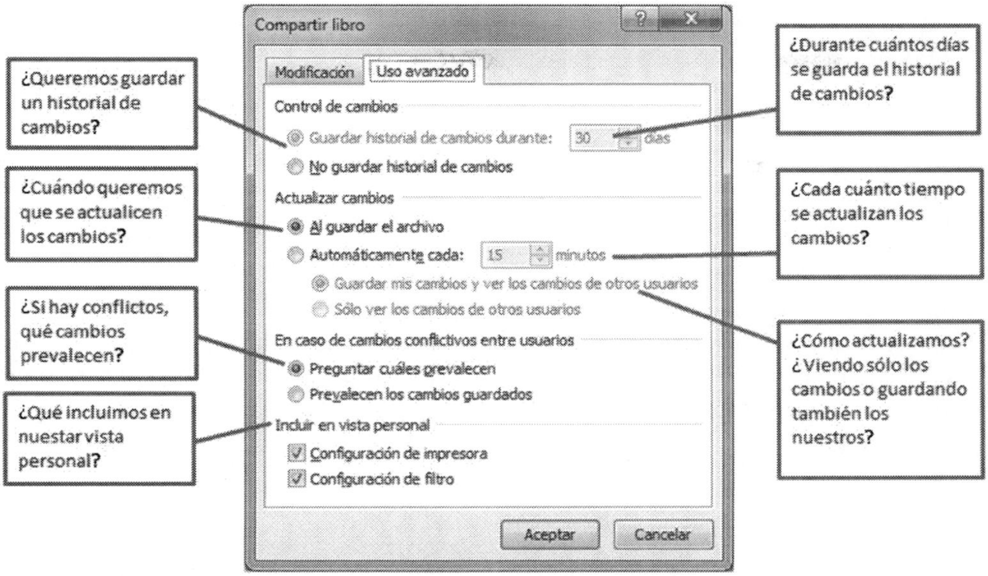

Al aceptar, aparece un cuadro de diálogo, que nos recuerda que la acción de compartir el libro guardará el libro, el cual aceptaremos.

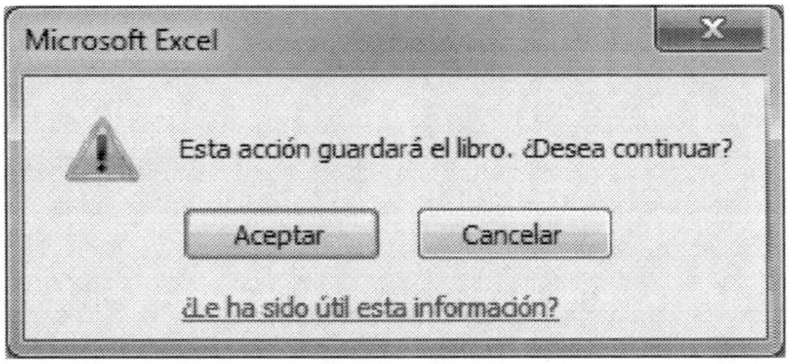

A partir de este momento, en la barra de título ya aparecerá el nombre del libro seguido del texto **[Compartido]** para que sepamos que está compartido.

14.2 DEJAR DE COMPARTIR UN LIBRO

Para dejar de compartir un libro, se ha de acceder al menú **Revisar ->Cambios->Compartir libro...** y, en el cuadro de diálogo que aparece, se ha de desmarcar la opción **Permitir la modificación por varios usuarios a la vez**. En este punto, Excel avisa de que se perderá el historial de los cambios y de que si hay usuarios trabajando con este libro, perderán los cambios o tendrán que guardarlos en otro libro:

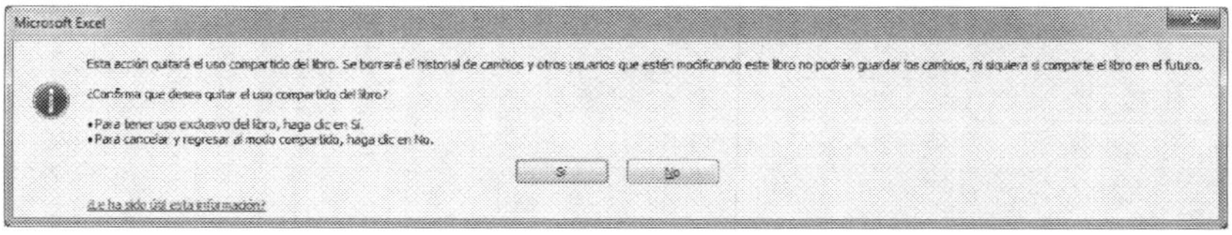

14.3 PROTEGER LIBRO COMPARTIDO

Es posible proteger un libro compartido para que su contenido pueda bloquearse, total o parcialmente, accediendo al menú **Revisar->Cambios->Proteger libro compartido...** En el cuadro de diálogo que aparece, podemos decidir si compartir el libro con control de cambios o no y, también, si el libro no está compartido previamente, podemos indicar una contraseña (de forma opcional) para poder desproteger el libro. Si se indica contraseña para desproteger el libro, se solicita confirmación de la misma.

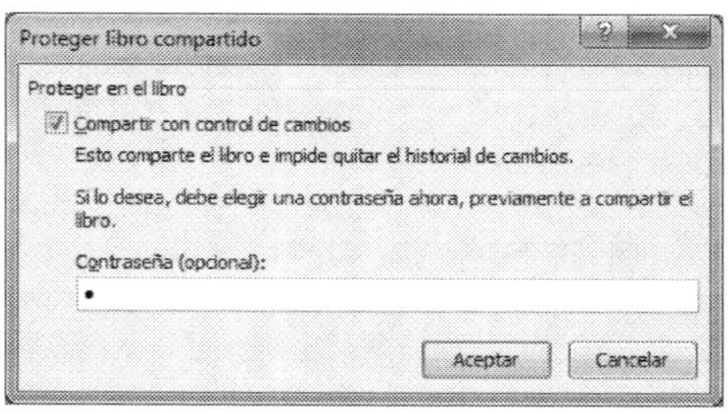

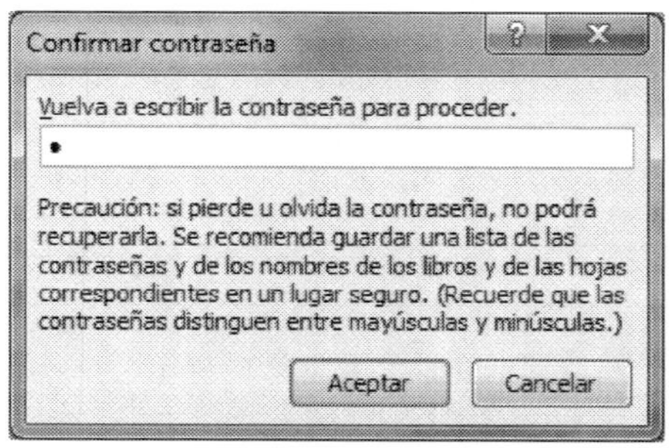

14.4 DESPROTEGER LIBRO COMPARTIDO

Para desproteger un libro compartido, se ha de acceder al menú **Revisar ->Cambios->Desproteger libro compartido...** En este punto, se solicitará contraseña (si se indicó al protegerlo) y se recuerda también que esta acción elimina el uso del libro compartido.

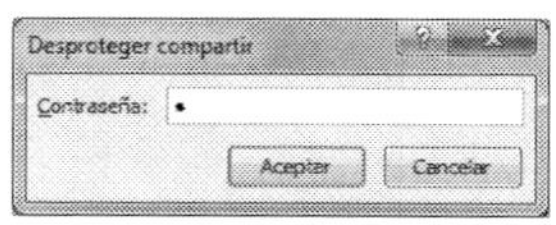

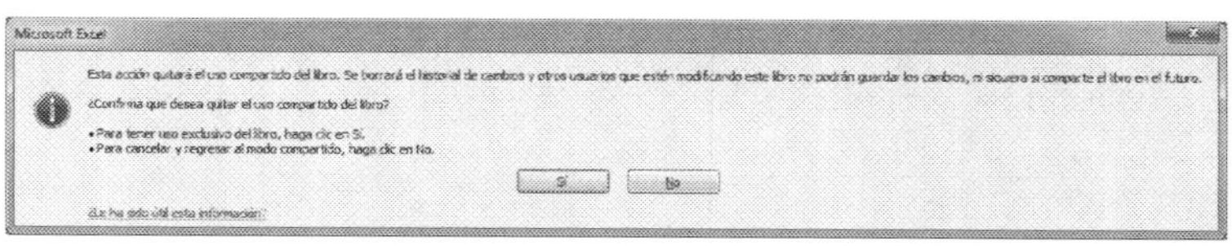

14.5 MODIFICAR LIBRO COMPARTIDO

Un libro compartido se modifica igual que uno sin compartir, teniendo en cuenta que no se podrán agregar ni modificar los siguientes elementos:

- Celdas combinadas
- Formatos condicionales
- Validación de datos
- Gráficos
- Imágenes
- Objetos
- Hipervínculos
- Escenarios
- Esquemas
- Subtotales
- Tablas de datos
- Informes de tablas dinámicas
- Protección de libros, hojas de cálculo y macros

Al guardar los cambios realizados, se actualizará el contenido del libro mostrando los cambios realizados por otros usuarios.

Para visualizar quién está accediendo al libro en un determinado momento, podemos acceder al cuadro de diálogo de **Compartir libro**, y ver en la lista central los usuarios en cuestión:

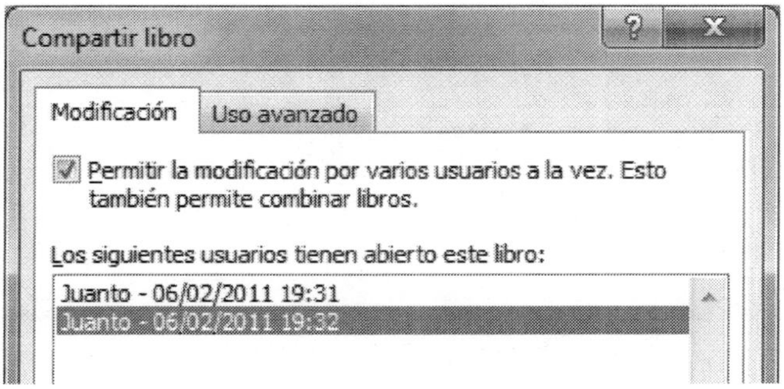

Si, en este punto, quisiéramos dejar de compartir el libro con un usuario, podríamos seleccionarlo y pulsar sobre el botón **Quitar usuario**, de forma que los cambios que el mismo tuviese pendientes de actualizar sobre el libro ya no podría actualizarlos.

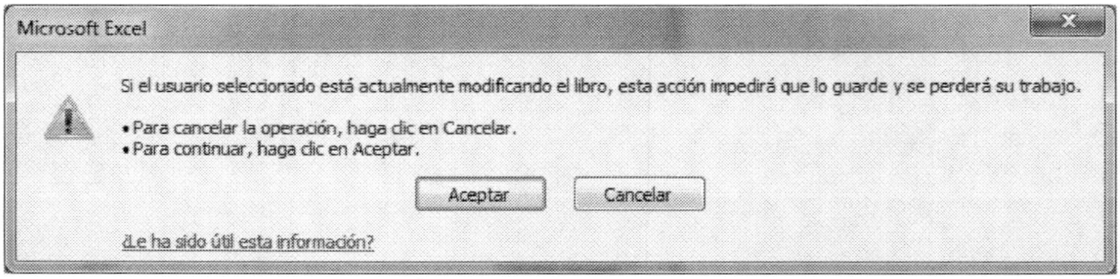

Si un usuario es "quitado" de la lista de usuarios que comparten un libro mientras los está editando, al intentar guardar sus cambios recibirá un mensaje como el siguiente y tendrá que grabar un nuevo libro si no quiere perder su trabajo:

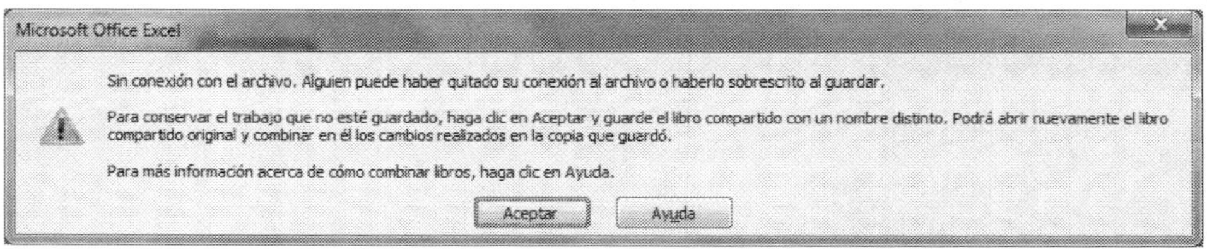

14.6 RESOLUCIÓN DE CONFLICTOS EN UN LIBRO COMPARTIDO

La resolución de conflictos surge cuando 2 usuarios modifican una misma celda. Si esto sucede, observaremos que, al ir a guardar los cambios, aparece el siguiente cuadro de diálogo:

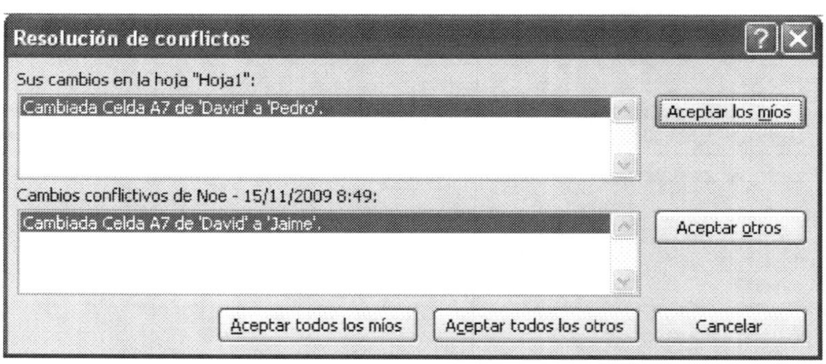

En este punto, tendremos que decidir qué queremos hacer con cada uno de los cambios que se han producido. Para cada cambio se disponen de las siguientes opciones:

Opción	Comentario
Aceptar los míos	Acepta mi cambio y, por tanto, éste prevalece sobre los del otro.
Aceptar otros	Acepta el cambio del otro.
Aceptar todos los míos	Acepta todos mis cambios.
Aceptar todos los otros	Acepta todos los cambios de los otros.

14.7 ACTUALIZACIÓN DE CAMBIOS EN LIBRO COMPARTIDO

Al ir a guardar un libro compartido es posible que se actualicen ciertas celdas como consecuencia de las actualizaciones de otros usuarios sobre el mismo. En este caso, recibiríamos un mensaje indicando tal situación y observaríamos cómo las celdas que han sido modificadas quedan resaltadas sobre la hoja en curso:

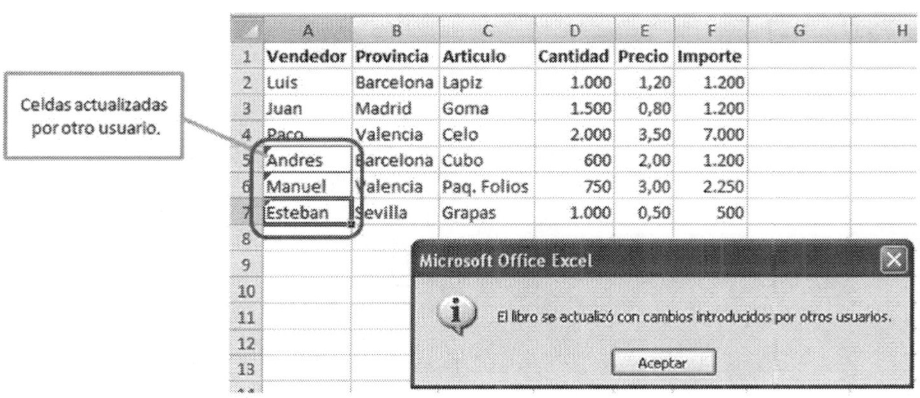

14.8 RESALTAR CAMBIOS

Para determinar qué cambios queremos resaltar, podemos utilizar el cuadro de diálogo que aparece a través de la opción de menú **Revisar->Cambios ->Control de cambios->Resaltar cambios...**

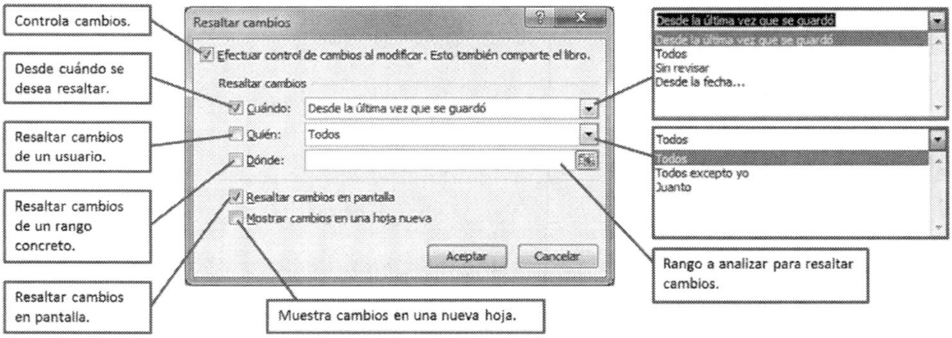

Esta opción también permite compartir un libro.

Si decidimos mostrar los cambios en una hoja nueva, obtendremos una nueva hoja llamada Historial con las siguientes informaciones:

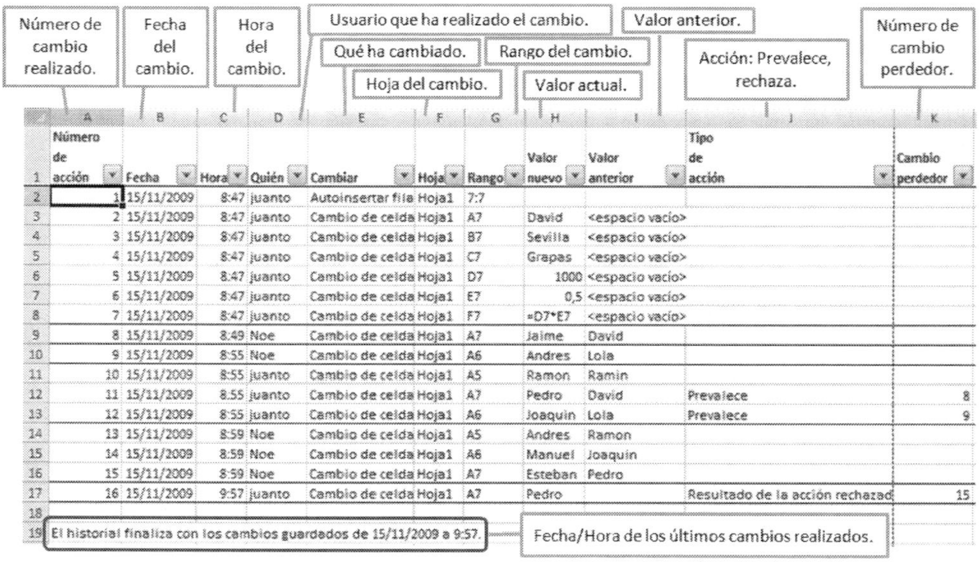

	A	B	C	D	E	F	G	H	I	J	K
1	Número de acción	Fecha	Hora	Quién	Cambiar	Hoja	Rango	Valor nuevo	Valor anterior	Tipo de acción	Cambio perdedor
2	1	15/11/2009	8:47	juanto	Autoinsertar fila	Hoja1	7:7				
3	2	15/11/2009	8:47	juanto	Cambio de celda	Hoja1	A7	David	<espacio vacío>		
4	3	15/11/2009	8:47	juanto	Cambio de celda	Hoja1	B7	Sevilla	<espacio vacío>		
5	4	15/11/2009	8:47	juanto	Cambio de celda	Hoja1	C7	Grapas	<espacio vacío>		
6	5	15/11/2009	8:47	juanto	Cambio de celda	Hoja1	D7	1000	<espacio vacío>		
7	6	15/11/2009	8:47	juanto	Cambio de celda	Hoja1	E7	0,5	<espacio vacío>		
8	7	15/11/2009	8:47	juanto	Cambio de celda	Hoja1	F7	=D7*E7	<espacio vacío>		
9	8	15/11/2009	8:49	Noe	Cambio de celda	Hoja1	A7	Jaime	David		
10	9	15/11/2009	8:55	Noe	Cambio de celda	Hoja1	A6	Andres	Lola		
11	10	15/11/2009	8:55	juanto	Cambio de celda	Hoja1	A5	Ramon	Ramin		
12	11	15/11/2009	8:55	juanto	Cambio de celda	Hoja1	A7	Pedro	David	Prevalece	8
13	12	15/11/2009	8:55	juanto	Cambio de celda	Hoja1	A6	Joaquin	Lola	Prevalece	9
14	13	15/11/2009	8:59	Noe	Cambio de celda	Hoja1	A5	Andres	Ramon		
15	14	15/11/2009	8:59	Noe	Cambio de celda	Hoja1	A6	Manuel	Joaquin		
16	15	15/11/2009	8:59	Noe	Cambio de celda	Hoja1	A7	Esteban	Pedro		
17	16	15/11/2009	9:57	juanto	Cambio de celda	Hoja1	A7	Pedro		Resultado de la acción rechazad	15
18											
19	El historial finaliza con los cambios guardados de 15/11/2009 a 9:57.										

14.9 ACEPTAR O RECHAZAR CAMBIOS

Mediante esta opción, podemos aceptar o rechazar los cambios que se produzcan por parte de varios usuarios que hayan modificado un libro compartido simultáneamente.

Accedemos a esta opción a través del menú **Revisar->Cambios->Control de cambios->Aceptar o rechazar cambios...** El cuadro de diálogo asociado a esta opción nos permite, en primer lugar, localizar qué cambios son los que deseamos revisar para su aceptación o rechazo. Su aspecto es el siguiente:

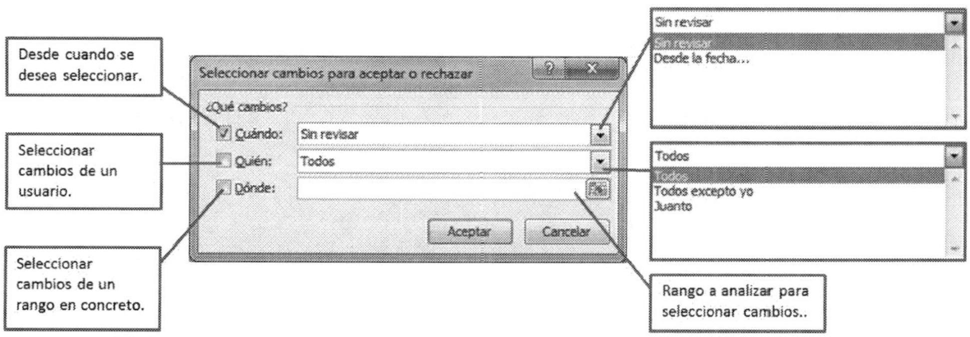

Mediante esta selección, podemos determinar de cuándo son los cambios que queremos revisar, o bien seleccionar sólo los cambios realizados por un determinado usuario o en un rango en concreto.

Una vez localizados los cambios, aparece el siguiente cuadro, en el que podemos aceptar o rechazar un cambio o todos de golpe.

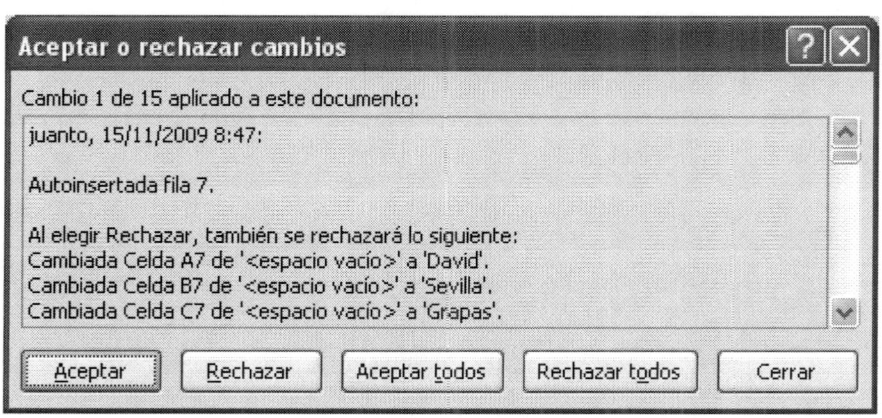

Si revisamos cambio a cambio, observaremos que en aquellos que hagan referencia a la misma celda, tendremos que escoger entre los posibles valores que haya contenido la misma. Si sólo hay un valor, simplemente se acepta o se rechaza:

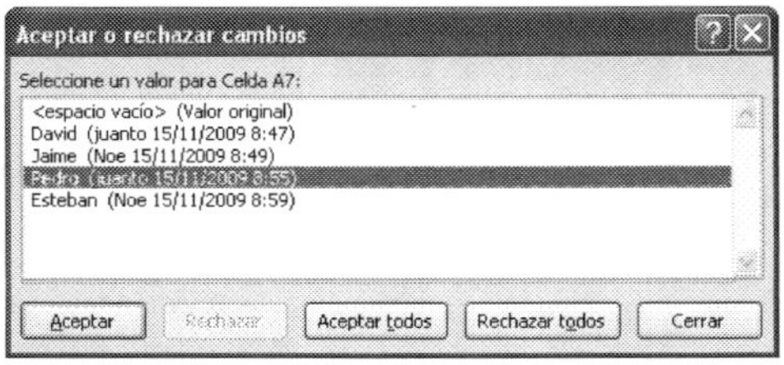

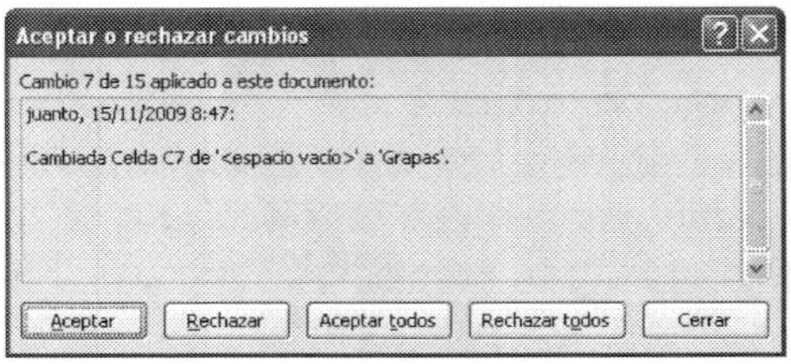

Si no hay cambios pendientes de revisar, aparece el mensaje:

Capítulo 15

COMBINACIÓN DE DATOS

Podemos utilizar Excel como herramienta para agrupar y resumir datos procedentes de diversas fuentes de información. Una posible fuente de información es una base de datos a la que se le puedan realizar consultas o un libro al que podamos vincular ciertas celdas.

La obtención de datos de una base de datos se realizará a partir de la obtención de datos externos. Dicha acción puede realizarse a través del menú **Datos->Obtener datos externos**.

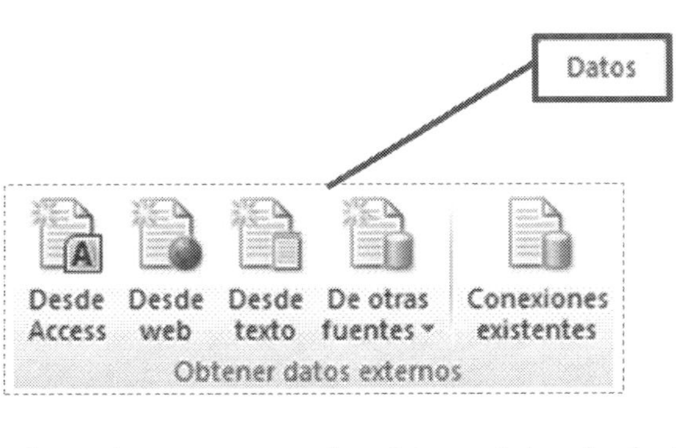

Este grupo de opciones nos permite obtener datos desde diversas fuentes de datos.

La importación de datos es la solución que más se recomienda para manejar un volumen importante de datos. Por otra parte, cada vez que se abra un libro o se necesite, se podrán actualizar los datos importados para disponer de una versión lo más actualizada posible.

15.1 DESDE ACCESS

Supongamos que disponemos de una base de datos Access en modo local, desde la que queremos obtener una serie de datos y almacenarlos en un determinado libro.

Vamos a utilizar la importación de datos, para lo cual accederemos a la opción de menú **Datos->Obtener datos externos->Desde Access** para visualizar el cuadro de diálogo **Seleccionar archivos de origen de datos** donde seleccionamos la base de datos que nos interesa tratar:

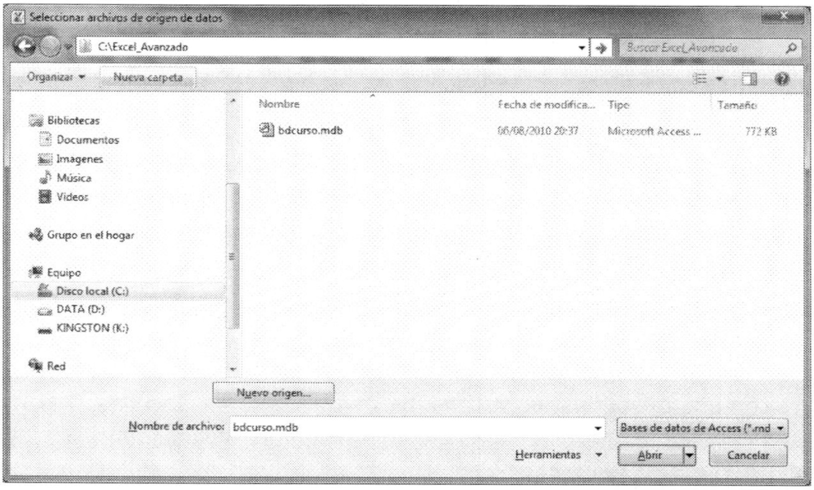

Al pulsar sobre **Abrir**, en función del origen de datos seleccionado, aparece un cuadro de diálogo que nos permitirá definir las propiedades del vínculo de datos que corresponda. En el ejemplo se utiliza una base de datos **MS Office Access 2007** y, por tanto, al aparecer las tablas existentes en la base de datos seleccionada, bastará con hacer clic sobre la tabla que queremos utilizar para la importación de datos:

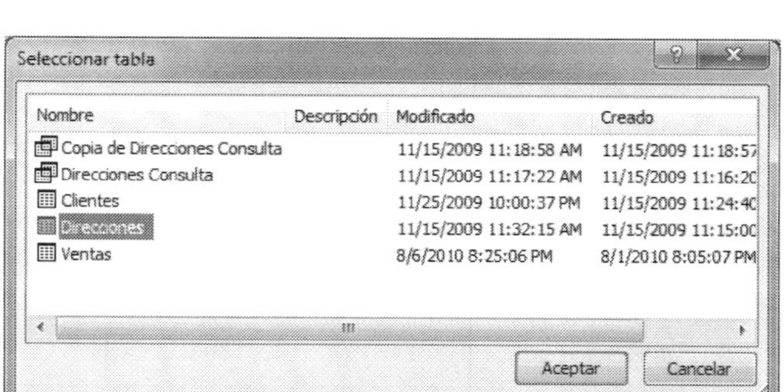

Si seleccionamos la tabla **Direcciones** y pulsamos sobre **Aceptar**, aparece el siguiente cuadro de diálogo, mediante el que podemos indicar cómo queremos ver los datos importados dentro del libro y también dónde queremos situarlos:

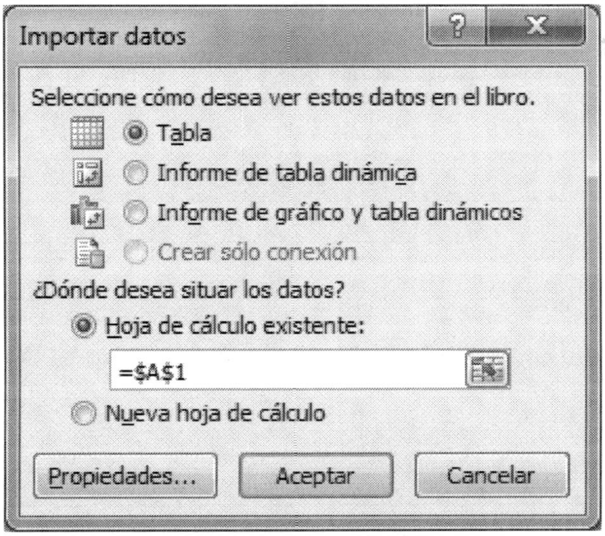

En el apartado propiedades, pueden definirse parámetros para definir la forma de actualizar los datos en el libro y sobre la conexión utilizada para la obtención de los mismos. El cuadro de diálogo asociado al botón propiedades posee 2 pestañas, y es el siguiente:

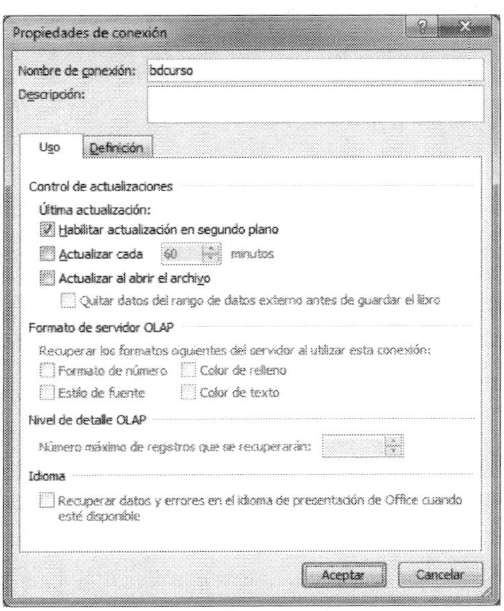

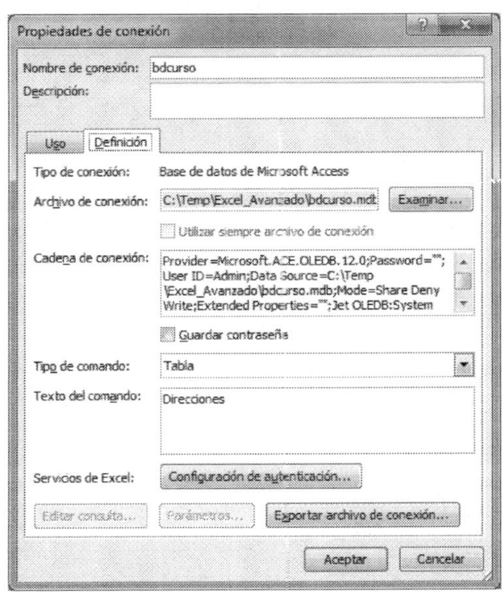

Por último, al pulsar sobre **Aceptar**, los datos se incorporarán al libro en la hoja y celda indicada:

IdListaDirecciones	Nombre	TeléfonoMóvil
1	Juan	612312312
2	Maria	611111111
3	Luis	622222222
4	Ramón	672555555

15.2 DESDE WEB

Para obtener datos desde Web, hemos de acceder al menú **Datos->Obtener datos externos->Desde Web.**

En este punto aparece el siguiente cuadro de diálogo, desde el que podemos indicar la dirección que contiene los datos que queremos importar y configurar algunas características del proceso de importación:

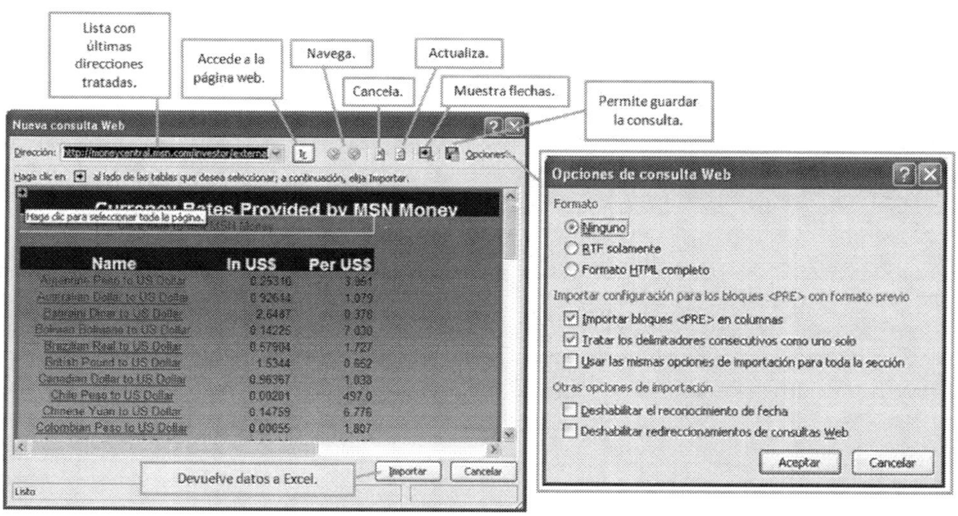

Vemos, entre otras características, que es posible importar también el formato, guardar la consulta y seleccionar las tablas que contengan dicha página o toda la página en sí.

A continuación, hemos de indicar la ubicación de los datos mediante el siguiente diálogo:

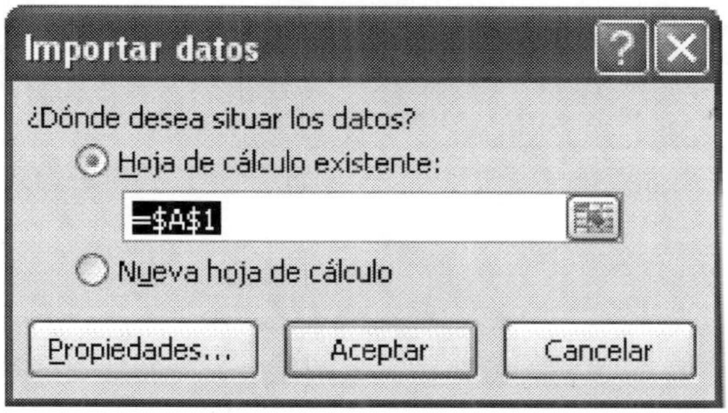

La siguiente imagen muestra un ejemplo del resultado de la importación:

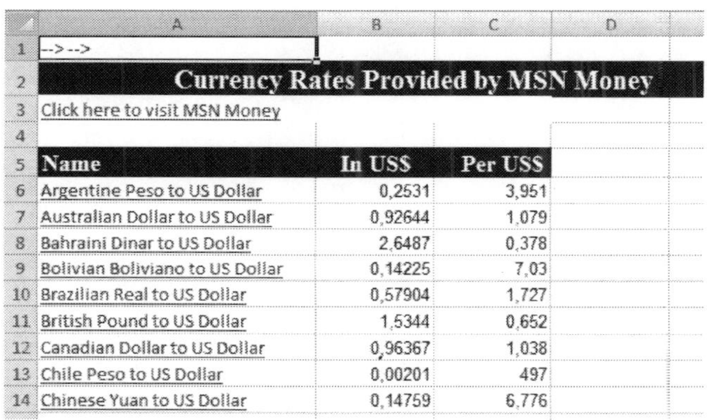

	A	B	C	D
1	--> -->			
2	Currency Rates Provided by MSN Money			
3	Click here to visit MSN Money			
4				
5	Name	In US$	Per US$	
6	Argentine Peso to US Dollar	0,2531	3,951	
7	Australian Dollar to US Dollar	0,92644	1,079	
8	Bahraini Dinar to US Dollar	2,6487	0,378	
9	Bolivian Boliviano to US Dollar	0,14225	7,03	
10	Brazilian Real to US Dollar	0,57904	1,727	
11	British Pound to US Dollar	1,5344	0,652	
12	Canadian Dollar to US Dollar	0,96367	1,038	
13	Chile Peso to US Dollar	0,00201	497	
14	Chinese Yuan to US Dollar	0,14759	6,776	

15.3 DESDE TEXTO

La importación de datos desde texto la realizaremos desde el menú **Datos ->Obtener datos externos->Desde Texto**. Al seleccionar esta opción, se abre un cuadro de diálogo para localizar el archivo de texto y, una vez localizado, entra en marcha un asistente de conversión que consta de 3 pasos, los cuales mostramos a continuación:

Paso 1

Mediante este paso indicamos, básicamente, si los campos están separados por algún carácter especial o bien poseen una longitud fija. También podemos indicar la codificación u origen del archivo y decidir si queremos importar desde la primera línea o desde alguna otra, pudiendo pasar por alto encabezados y otras líneas no deseadas.

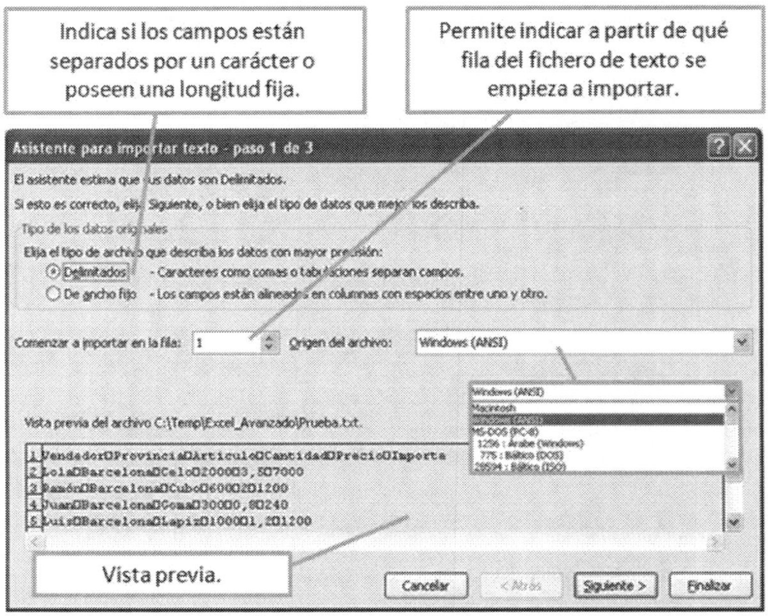

Paso 2

Dependiendo de si hemos indicado que los campos poseen un delimitador o un ancho fijo, el segundo paso variará.

Campos delimitados

Excel analiza el contenido, propone el separador que considera más adecuado y muestra un posible resultado en la vista previa existente a pie del cuadro:

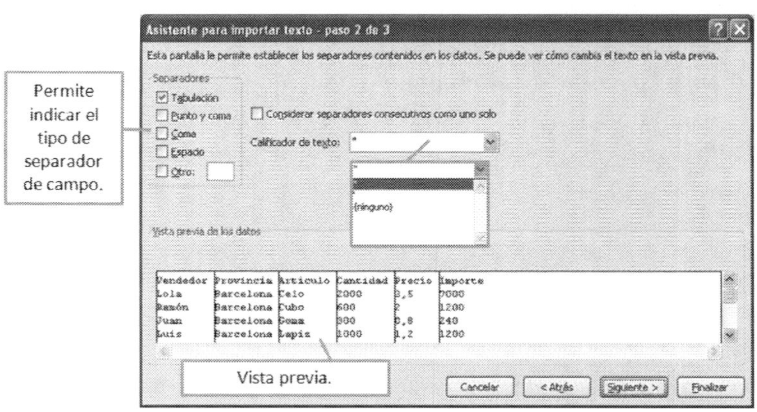

También permite indicar si los campos de texto están delimitados por algún carácter especial (normalmente comilla simple ‘o doble “). En el caso de que el carácter separador no sea ninguno de los propuestos, se puede indicar expresamente en el casillero **Otro**.

Campos de ancho fijo

En el caso de que el fichero de texto posea líneas cuyos campos posean una longitud fija, el asistente analiza dichos espacios y propone una separación de campos, que pueden ser variados simplemente arrastrando líneas de dentro hacia fuera (eliminar) o desde fuera hacia dentro (incluir) para crear más o menos separaciones.

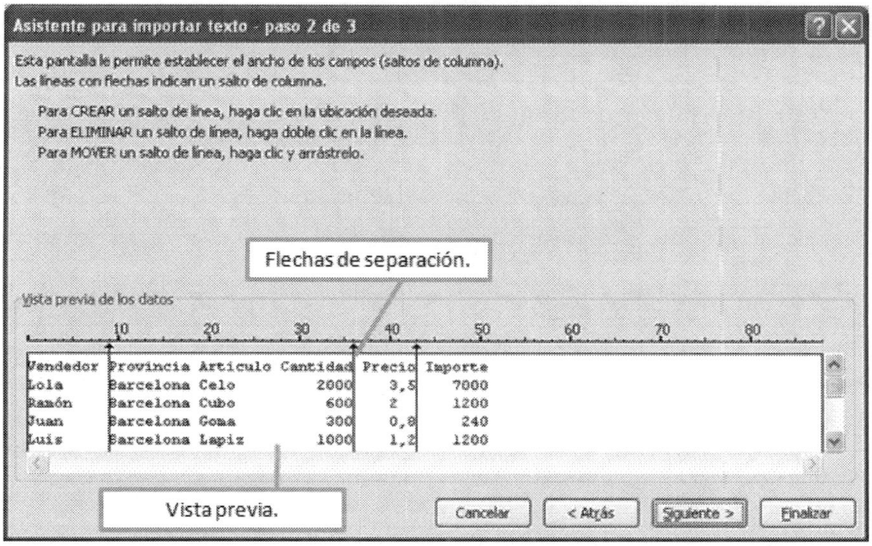

Paso 3

El tercer paso permite configurar el formato de cada una de las columnas que se están definiendo, dependiendo de si el valor que contienen es un texto, un número, una fecha, etc.

También es posible indicar el carácter separador de millares y de decimales, así como la posición del signo (detrás del número o delante) para los negativos. La opción Restablecer permite recuperar los valores por defecto que Excel aplicó inicialmente según la configuración de Windows.

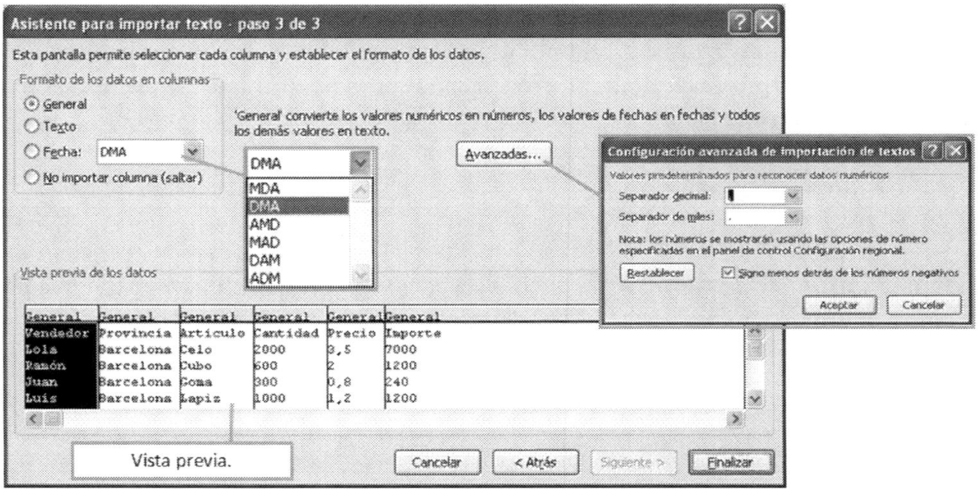

Por último, mediante el siguiente cuadro de diálogo indicamos si los datos se colocan en la hoja de cálculo en curso o en una nueva:

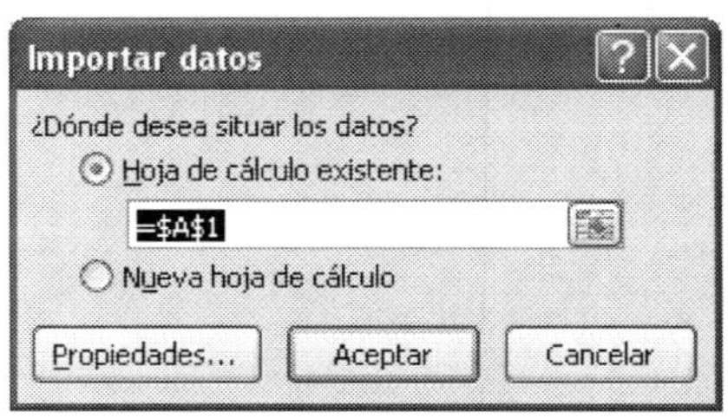

15.4 DESDE OTRAS FUENTES

También podemos obtener datos externos a través de otras fuentes, como, por ejemplo, desde consultas realizadas contra bases de datos o datos XML.

Fuente	Comentario
	**Desde SQL Server** Permite importar datos de Sql Server mediante una conexión a una tabla. Los datos pueden importarse como tabla o como tabla dinámica.
	**Desde Analysis Services** Permite importar datos desde un cubo de SQL Server Analysis Services.

	Desde importación de datos XML Recupera o traspasa información.
	Desde el asistente para la conexión de datos Permite importar información de ficheros de texto interpretando cada línea como fila, y troceando cada línea en campos según un delimitador o ancho fijo de campo.
	Desde Microsoft Query Permite fabricar una consulta de Microsoft y/o ODBC e importar el resultado de la misma en forma de datos (tablas de filas y columnas).

15.4.1 Desde SQL Server

La consulta desde SQL Server implica tener acceso a una base de datos SQL Server y disponer de una autenticación para poder realizar una conexión.

En primer lugar, se solicita el nombre del servidor que contiene la base de datos y el tipo de credenciales que hay que utilizar para la misma. Si se utiliza la autenticación de Windows, no será necesario proporcionar un usuario y un password. En otro caso, tendremos que indicarlos.

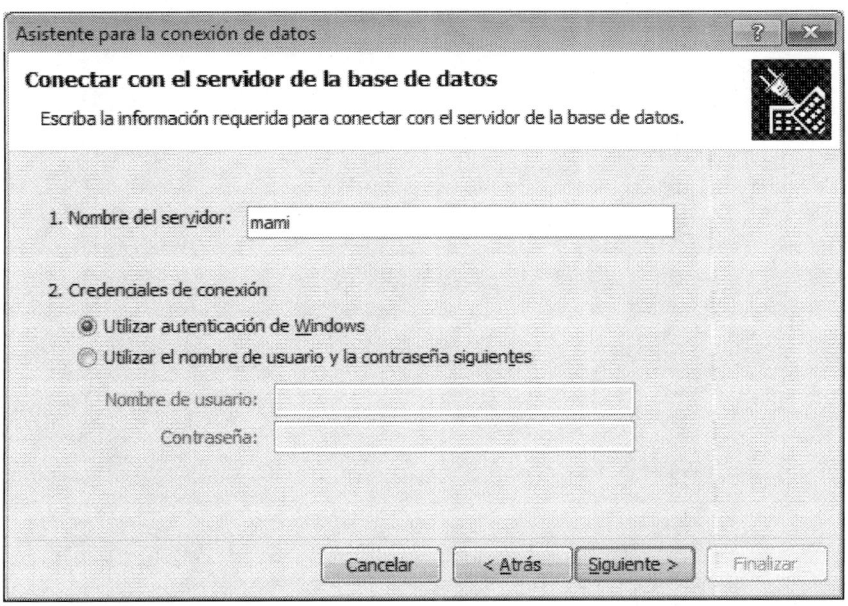

A continuación, al pulsar en **Siguiente**, se selecciona la base de datos que contiene la tabla que vamos a utilizar y, seguidamente, se visualizan las tablas existentes en la misma para que seleccionemos la tabla en cuestión:

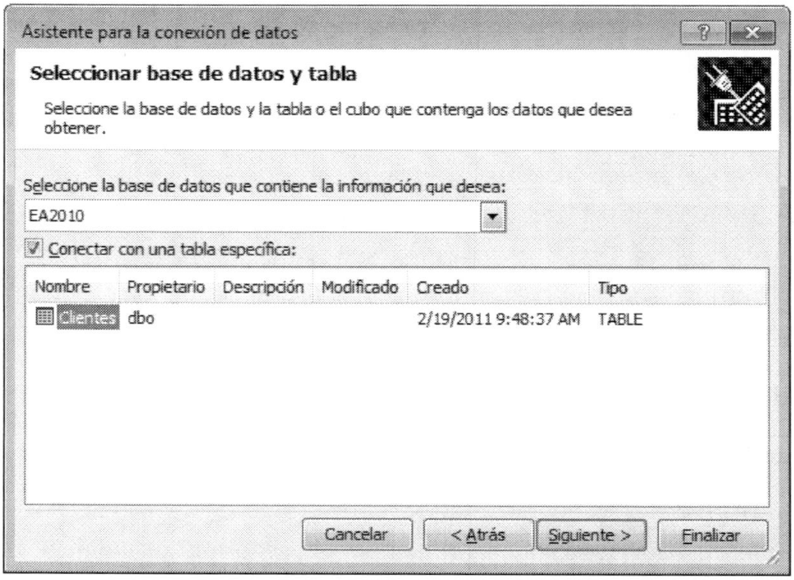

Una vez seleccionada la tabla, se solicitan datos para almacenar la conexión y poder identificarla posteriormente:

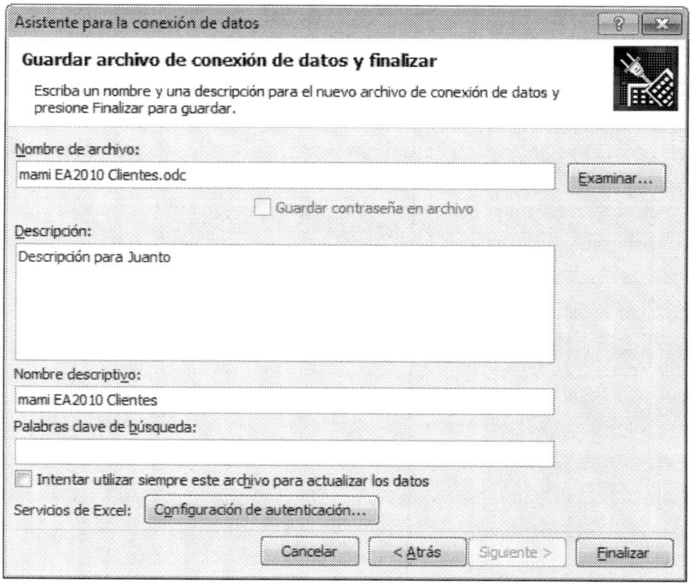

Al finalizar, se solicitará la forma en que se desea importar los datos (tabla, informe de tabla dinámica o informe de gráfico y tabla dinámicos) y también dónde se desea ubicar los datos (celda y hoja).

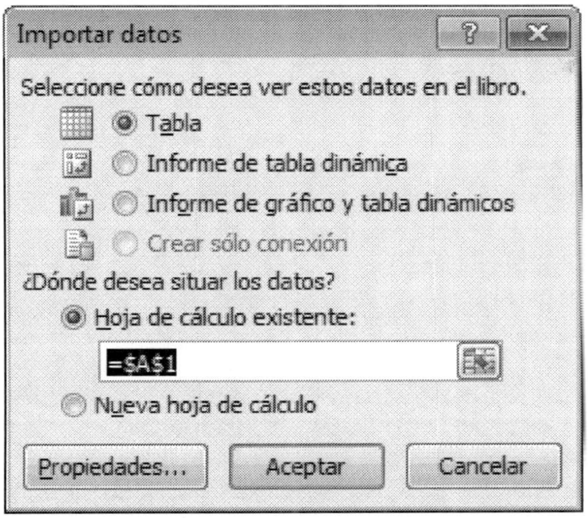

A continuación, mostramos un ejemplo de importación de la tabla **Ciudades** de una base de datos denominada **BDViajes**.

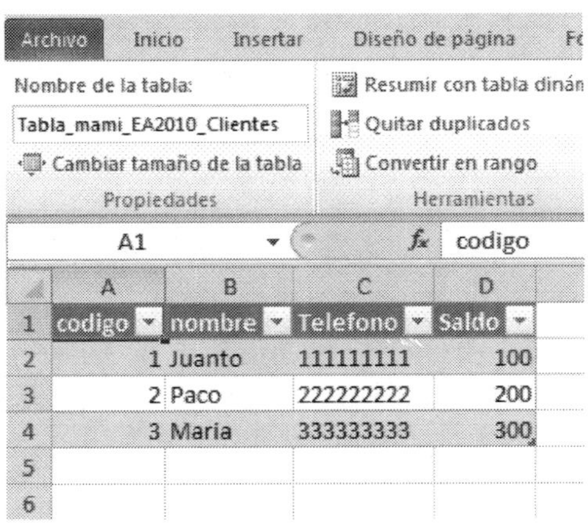

15.4.2 Desde Analysis Services

Al igual que lo descrito para el caso de la importación de datos desde SQL Server, se solicita el nombre del servidor que contiene la base de datos y el tipo de credenciales que hay que utilizar para la misma. La autenticación de Windows evita proporcionar un usuario y un password, ya que utiliza el que ya está conectado a Windows para identificarse en la base de datos.

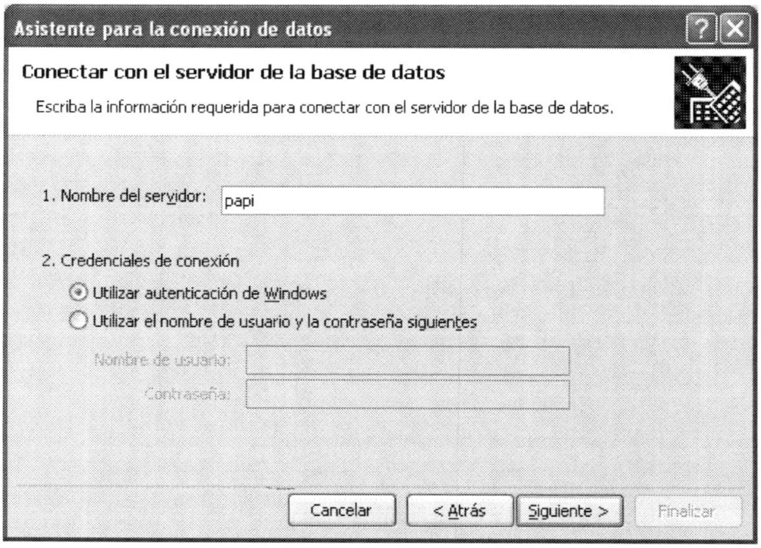

A continuación, se ha de solicitar la base de datos que contiene las tablas o cubos que queremos utilizar en la importación de datos. En la siguiente imagen, se muestra el cuadro de diálogo, que permite seleccionar la base de datos que queremos tratar y sus tablas asociadas:

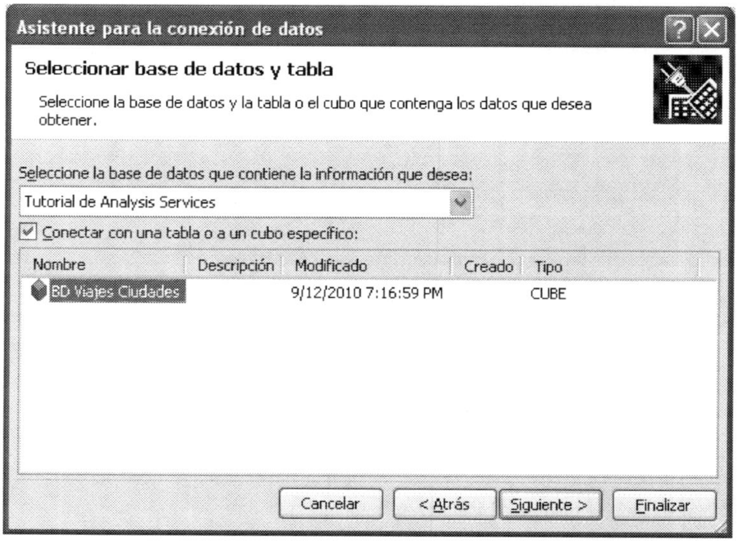

Una vez seleccionado el elemento (tabla o cubo), pulsamos en Siguiente y damos paso a un cuadro de diálogo que permite crear un archivo de conexión en el que se almacenan características de la misma de cara a posteriores conexiones:

Por último, al igual que lo comentado para la importación de datos de SQL Server, se solicitará la forma en que se desea importar los datos (tabla, informe de tabla dinámica o informe de gráfico y tabla dinámicos) y también dónde se desea ubicar los datos (celda y hoja).

Es posible crear sólo la conexión, en cuyo caso no se solicitará ninguna información relativa a dónde situar los datos:

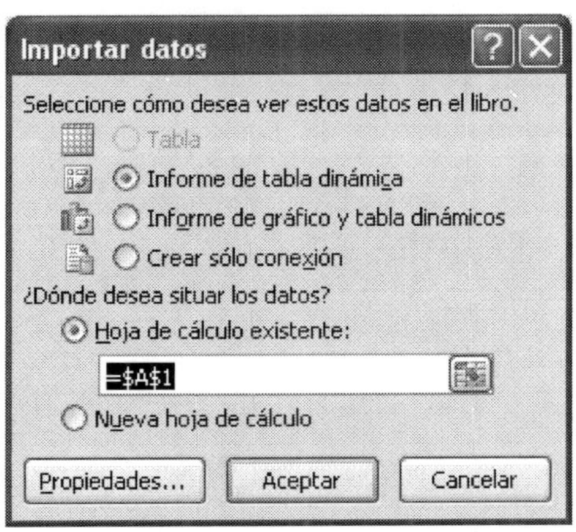

A continuación, mostramos un ejemplo de importación de datos en el que se aprecia la creación de una tabla dinámica:

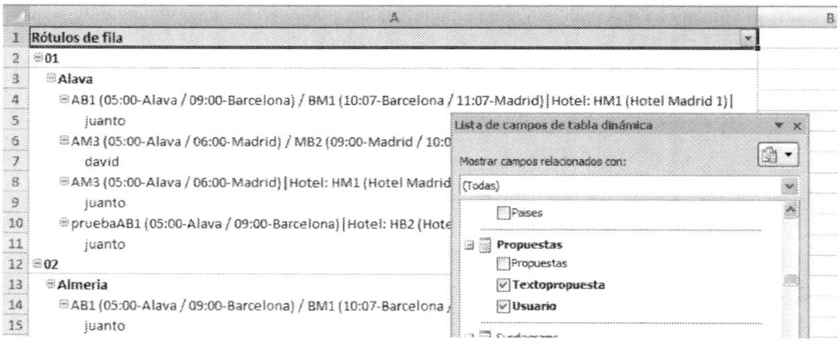

15.4.3 Desde importación de datos XML

La importación de datos XML permite importar datos desde ficheros XML y crear un esquema en caso de que sea necesario. Lo primero que se solicita es un archivo mediante el cuadro de diálogo **Seleccionar archivos de origen de datos**, que es idéntico a cualquier cuadro de diálogo de **Abrir ficheros**.

Si al abrir el fichero se detecta la necesidad de crear un esquema, se muestra el siguiente mensaje de advertencia:

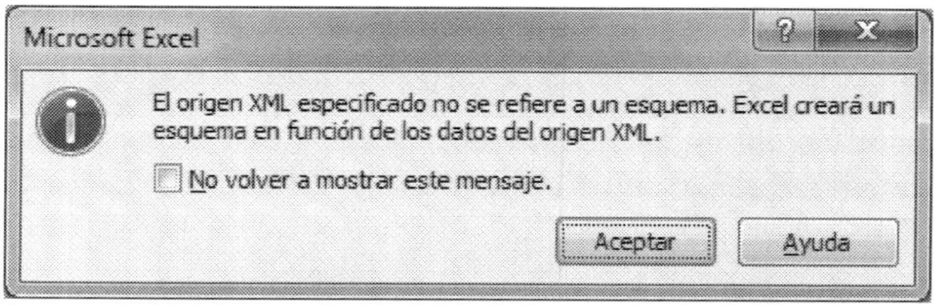

A continuación, Excel solicita dónde se desea ubicar los datos que se van a importar:

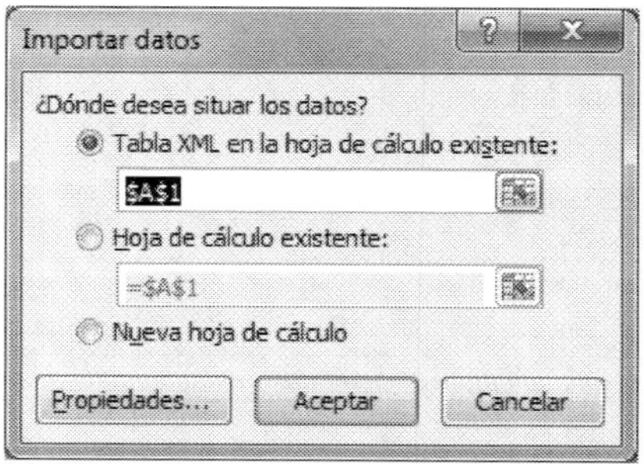

El botón **Propiedades** muestra el siguiente cuadro de diálogo, mediante el cual se pueden configurar algunos aspectos de la importación:

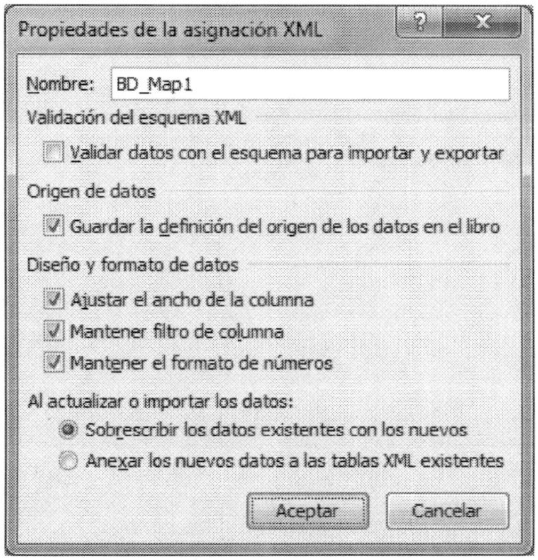

A continuación, mostramos un ejemplo de fichero XML y su importación dentro de una hoja:

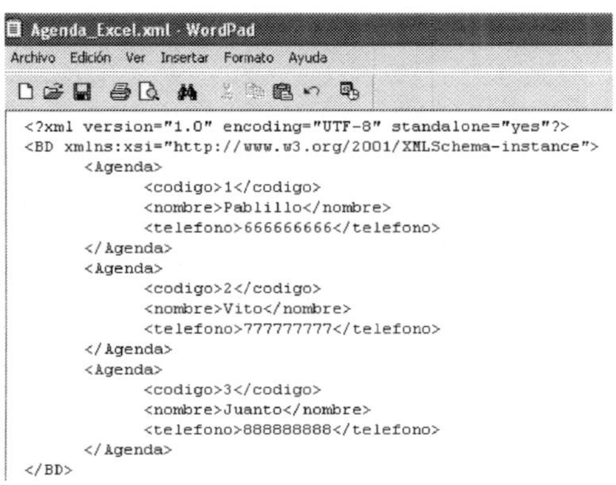


```
<?xml version="1.0" encoding="UTF-8" standalone="yes"?>
<BD xmlns:xsi="http://www.w3.org/2001/XMLSchema-instance">
      <Agenda>
            <codigo>1</codigo>
            <nombre>Pablillo</nombre>
            <telefono>666666666</telefono>
      </Agenda>
      <Agenda>
            <codigo>2</codigo>
            <nombre>Vito</nombre>
            <telefono>777777777</telefono>
      </Agenda>
      <Agenda>
            <codigo>3</codigo>
            <nombre>Juanto</nombre>
            <telefono>888888888</telefono>
      </Agenda>
</BD>
```

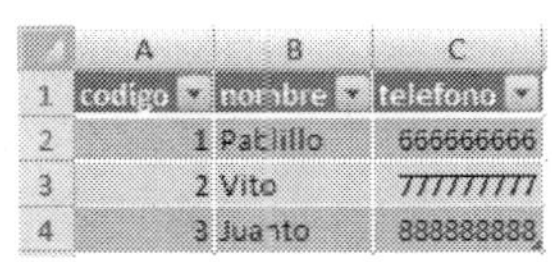

	A	B	C
1	codigo	nombre	telefono
2	1	Pablillo	666666666
3	2	Vito	777777777
4	3	Juanto	888888888

15.4.4 Desde el asistente para la conexión de datos

Es posible utilizar un asistente para facilitar la definición de una conexión de datos. Cuando se invoca esta opción, se muestra un cuadro de diálogo que, a su vez, muestra los diferentes conectores que se han reconocido en el sistema. La siguiente imagen muestra un ejemplo de dicho cuadro de diálogo:

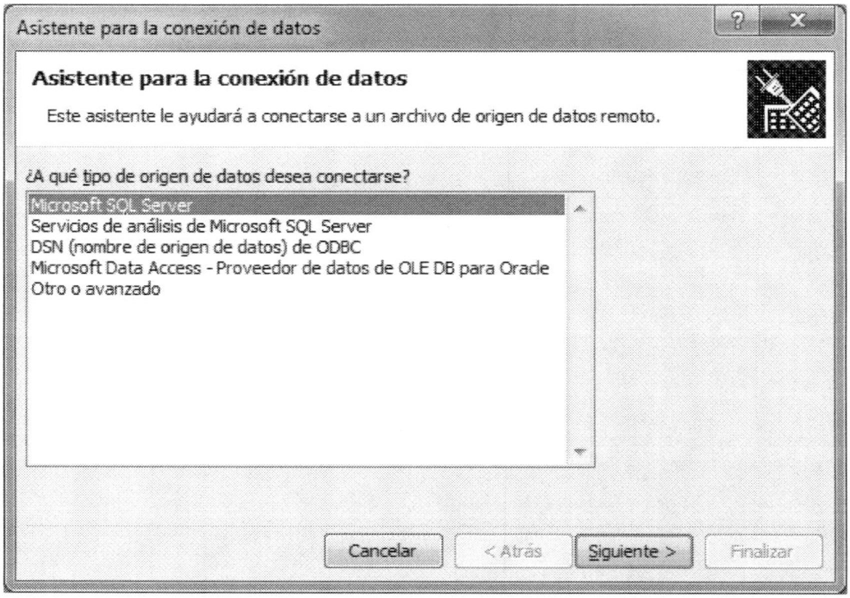

En función de la conexión seleccionada, las pantallas para la definición de dicha conexión variarán. A continuación, nos basamos en un ejemplo de conexión contra una base de datos de SQL Server para poder explicar cada uno de los pasos que la componen. A continuación, hemos de seleccionar servidor y modo de autenticación:

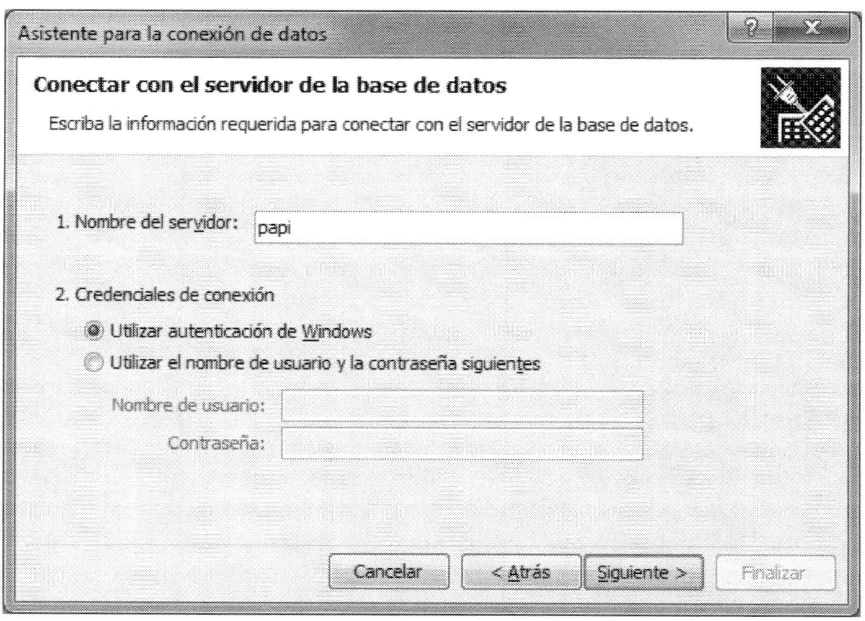

Seguidamente, hemos de indicar la base de datos y seleccionar la tabla asociada a la misma que deseamos tratar:

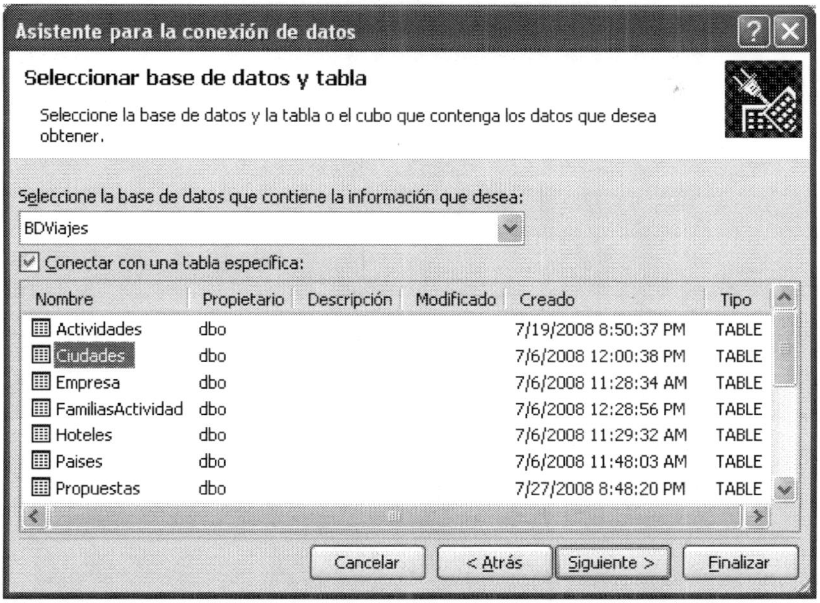

A continuación, definimos la información que se almacenará para establecer la conexión en futuras ocasiones:

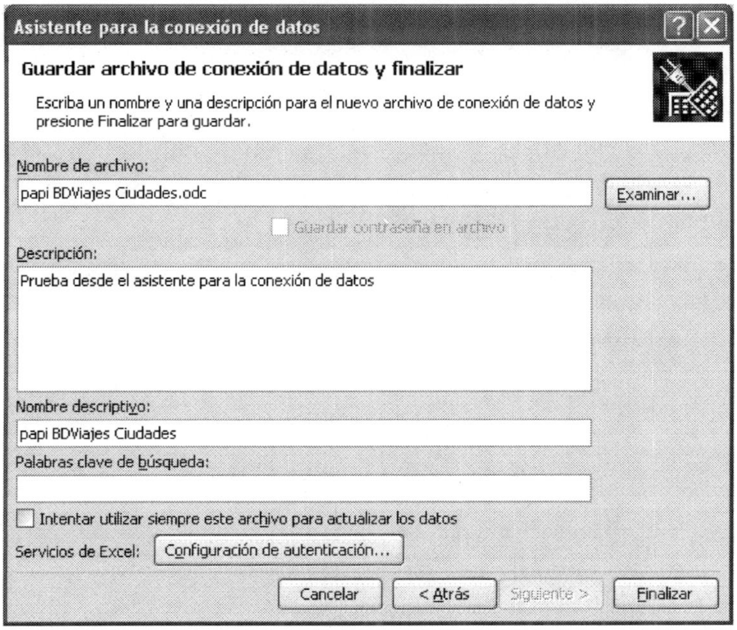

Y, por último, indicamos dónde se ubicarán los datos que se van a importar:

A continuación, mostramos un ejemplo de la importación de datos resultante del ejemplo utilizado en la explicación:

15.4.5 Desde Microsoft Query

Al acceder a esta opción, nos aparece un cuadro de diálogo desde el que hemos de seleccionar el origen de datos que queremos utilizar. En nuestro caso y, siguiendo con el ejemplo en el que utilizamos una base de datos Access, seleccionaremos **MS Access Database***:

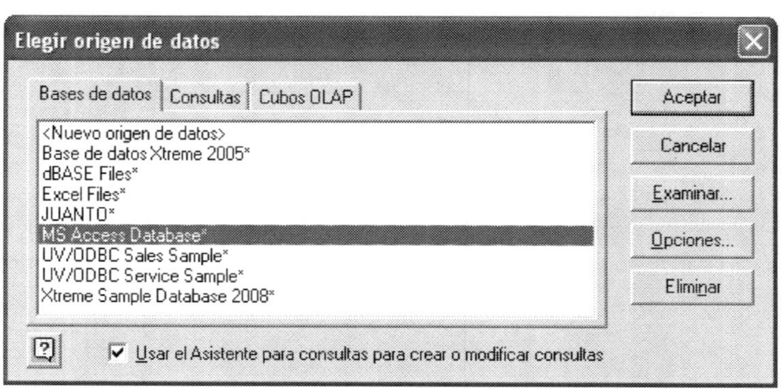

Las pestañas de **Consultas** y **Cubos OLAP** nos permitirían utilizar otros orígenes de datos que se apoyan en otros tipos de objetos (consultas y servicios OLAP de MS SQL Server).

Para la explicación utilizamos un origen de datos MS Access Database. En función del tipo de origen, el asistente mostrará unas pantallas u otras, pero, en general, todas permiten localizar y definir los parámetros de acceso a dichos datos.

Al pulsar sobre **Aceptar**, se abre un cuadro de diálogo para que podamos indicar dónde se halla la base de datos que queremos utilizar en la consulta:

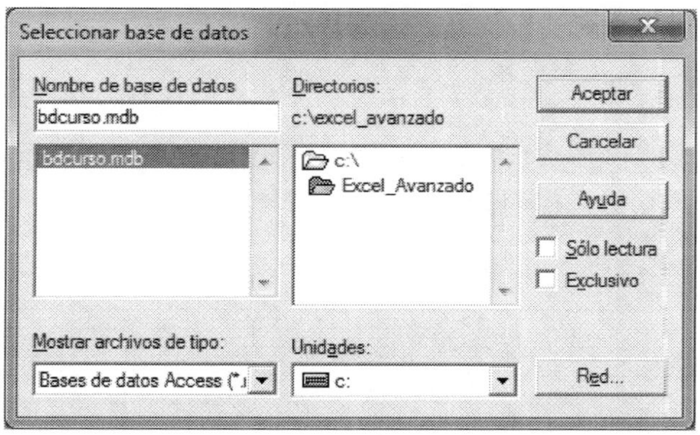

Los casilleros **Sólo lectura** y **Exclusivo** indican el modo en el que se abre la base de datos y la protegen contra actualizaciones y contra el acceso por parte de otros usuarios, respectivamente.

Una vez pulsamos en **Aceptar**, hemos de indicar qué columnas deseamos recuperar en la consulta y, por tanto, qué tablas y campos hay que seleccionar.

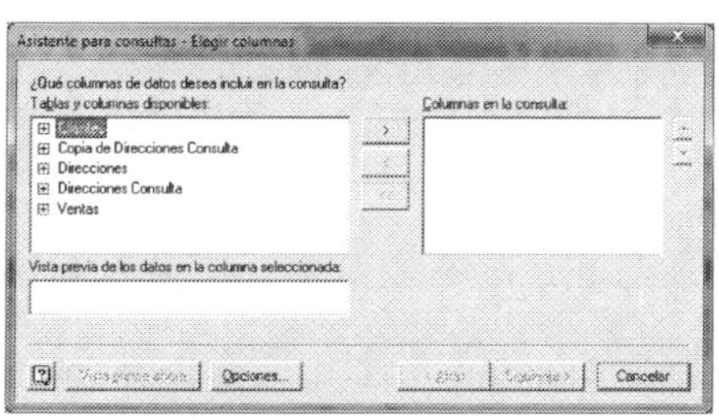

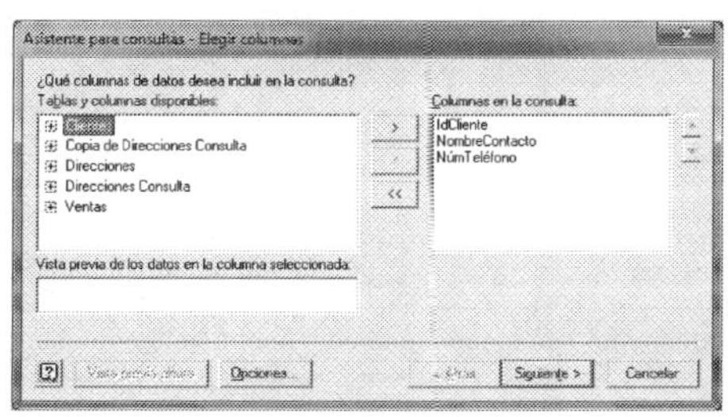

Por ejemplo, si seleccionamos la tabla **Clientes** y pulsamos sobre el icono , estaremos indicando que queremos incluir todas las columnas que posee la tabla en la consulta.

A partir de aquí, nos quedan los siguientes pasos en el asistente de **Nueva consulta**:

Opción	Comentario
Filtrar datos	Permite incluir algún criterio de selección en la consulta para filtrar el resultado. 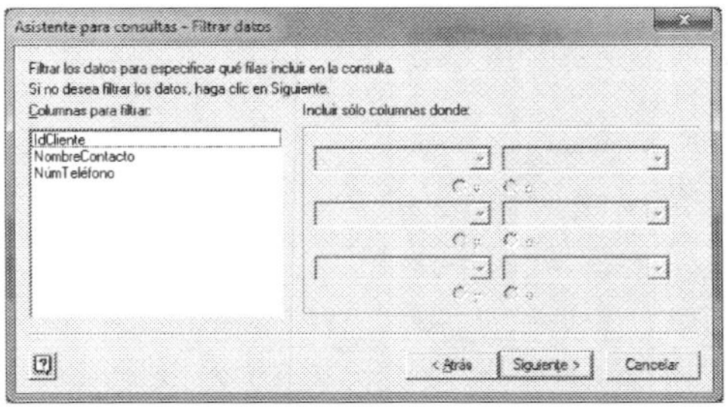
Orden de resolución	Permite establecer un orden de presentación del resultado. 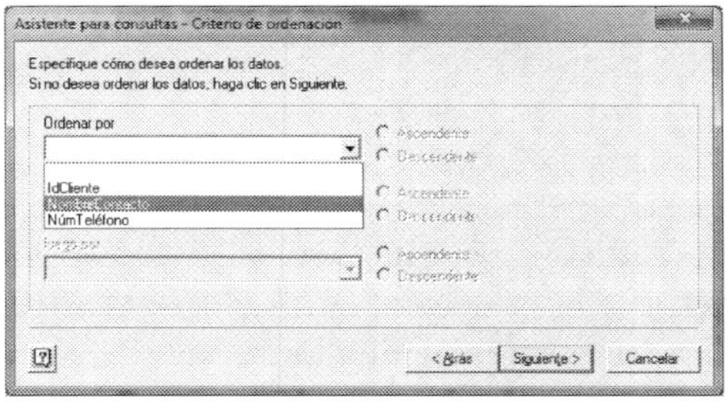
Finalizar	Indicamos qué queremos hacer con la consulta realizada a la base de datos. 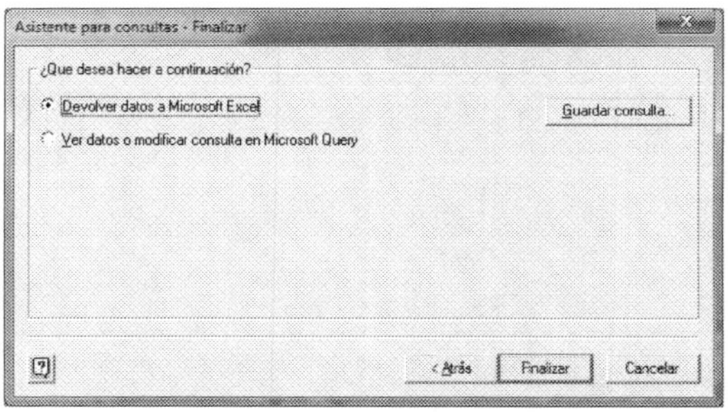

Al finalizar la creación de la consulta, aparece de nuevo el cuadro de diálogo de Importar datos para que decidamos dónde ubicar los datos resultantes de la consulta.

A continuación, mostramos un ejemplo de la importación de datos resultante:

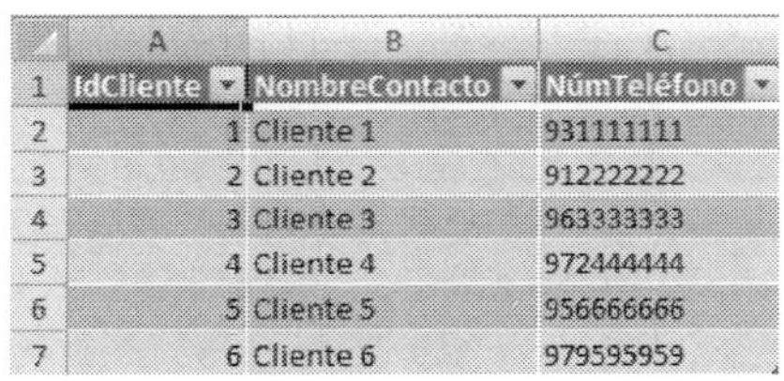

	A	B	C
1	IdCliente	NombreContacto	NúmTeléfono
2	1	Cliente 1	931111111
3	2	Cliente 2	912222222
4	3	Cliente 3	963333333
5	4	Cliente 4	972444444
6	5	Cliente 5	956666666
7	6	Cliente 6	979595959

15.5 CONEXIONES EXISTENTES

Al seleccionar esta opción, se visualiza una lista de conexiones existentes en nuestro sistema y que, en definitiva, corresponden a alguna de las conexiones que hemos visto anteriormente. A la hora de filtrar las conexiones, podemos indicar si queremos visualizar sólo las del libro en curso, las que se hallen en la red a la que tenemos acceso o concretamente las de este equipo. A continuación, se muestra una imagen en la que se explican las posibilidades de esta opción:

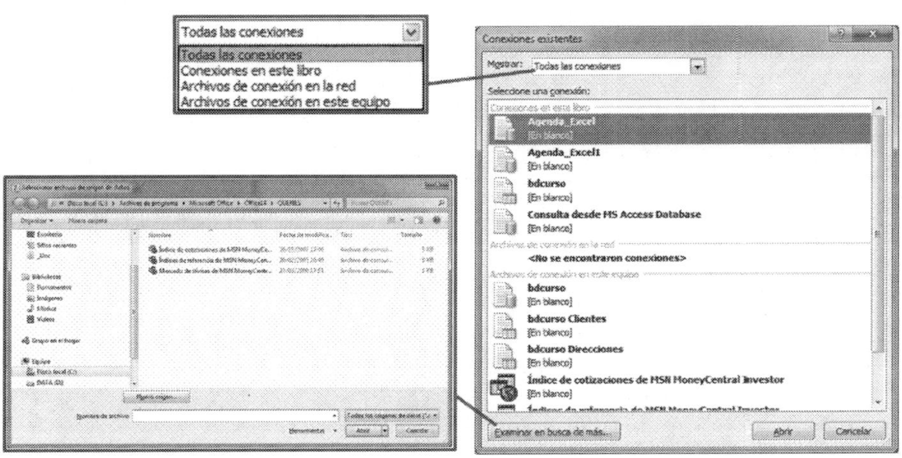

Una vez seleccionada la opción de conexión, se inicia el tratamiento que corresponde según el tipo de la misma.

15.6 VÍNCULOS CON OTROS LIBROS

Otra posible fuente de datos es la vinculación de celdas a celdas de otros libros de trabajo. Para vincular una celda a otra, basta con situarse sobre la celda en la que queremos realizar el vínculo (destino) e introducir la referencia a la celda de la que queremos extraer el valor (origen). Dicha referencia se introduce atendiendo los siguientes parámetros:

='Path[NombreLibro]NombreHoja'!Celda

Por ejemplo:

='C:\Excel_Avanzado\[articulos.xlsx]Hoja1'!$A$2

Al vincular celdas en un libro, podemos configurar algunas de sus características mediante la opción **Datos->Conexiones->Editar vínculos**, que muestra el cuadro de diálogo que vemos en la siguiente imagen:

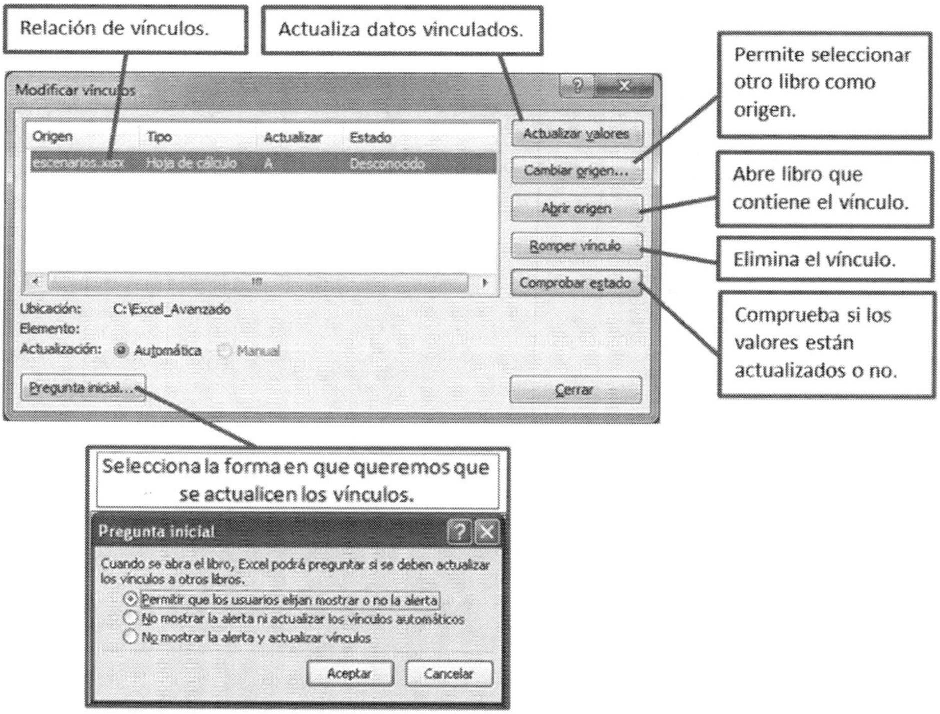

ANEXO

Ejemplo de creación base de datos OLAP

La creación de conjuntos con nombre se realiza con tablas dinámicas basadas en datos procedentes de bases de datos OLAP. Las expresiones multidimensionales se basan en un lenguaje (MDX), cuya explicación queda fuera del alcance de este libro. No obstante, para la explicación de la creación de conjuntos basados en filas o columnas, describiremos un método sencillo de crear una base de este tipo para poder utilizarla a modo de ejemplo.

Supongamos que disponemos de una pequeña base de datos (EA2010), en la que existen 3 tablas que representan las ventas acumuladas de unos artículos en relación a unos determinados clientes. El ejemplo se apoya en una base de datos SQL Server 2008, cuyo explorador de objetos muestra el siguiente aspecto:

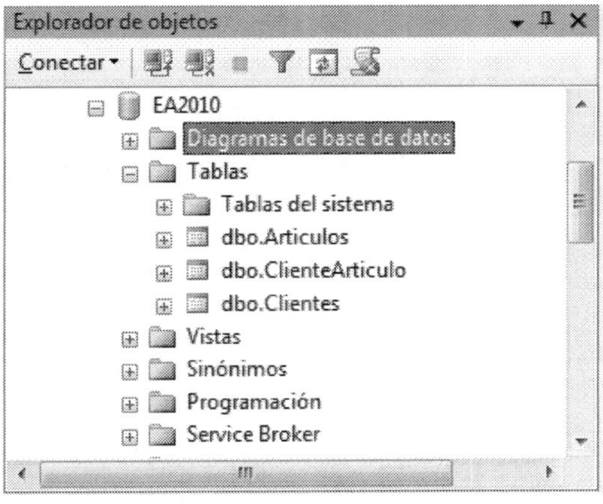

La relación entre las tablas queda reflejada en el siguiente diagrama:

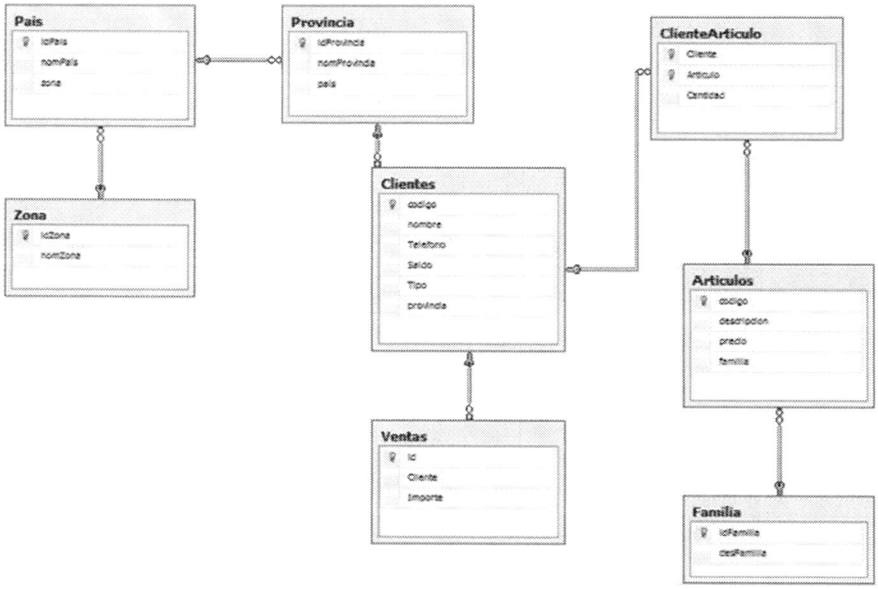

A partir de esta situación, podemos crear un proyecto que nos permita confeccionar una base de datos OLAP partiendo de la BBDD descrita en el ejemplo anterior. Para ello, en nuestro caso utilizamos el SQL Server Business Intelligence Development Studio, el cual puede localizarse dentro del grupo de programas de Microsoft SQL Server 2008, tal y como se muestra a continuación:

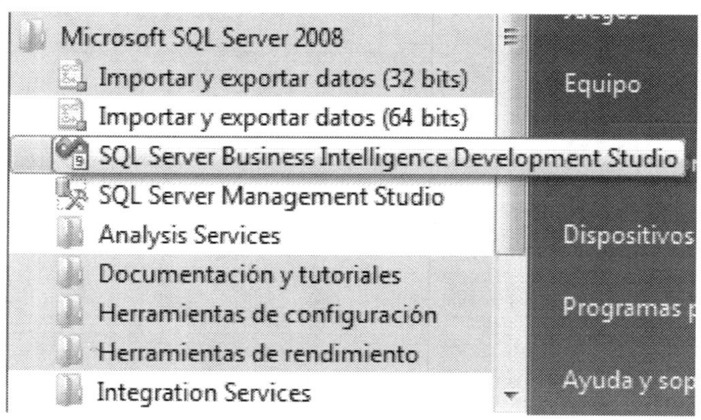

Al arrancar esta aplicación, indicaremos que queremos crear un nuevo proyecto basado en la plantilla Proyecto de Analysis Services y, a dicho proyecto, lo llamamos EA2010_CA, tal y como mostramos a continuación:

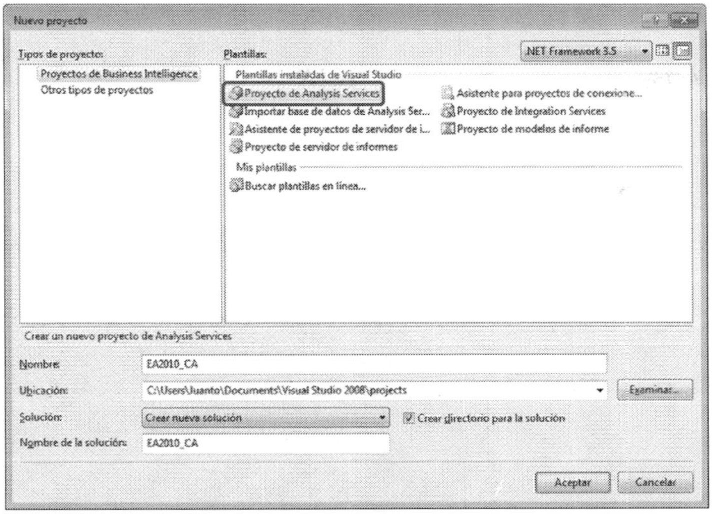

Al pulsar sobre el botón Aceptar, accederemos a la pantalla mediante la cual procederemos a definir nuestro nuevo proyecto. En primer lugar, definiremos un origen de datos accediendo al Explorador de soluciones y haciendo clic con el botón derecho del *mouse* sobre la carpeta Orígenes de datos:

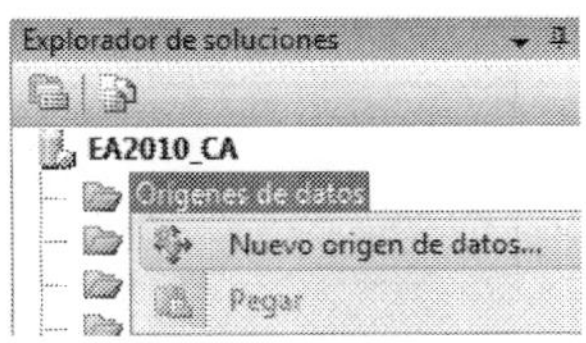

En este punto, aparecerá un asistente que nos facilitará la creación del nuevo origen de datos y que se basa en los pasos que se muestran en las siguientes pantallas:

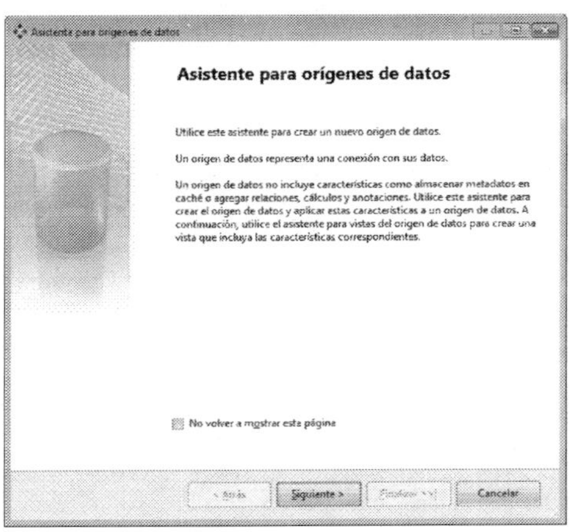

Pulsaremos sobre el botón Siguiente y accederemos a una pantalla en la que hemos de indicar en qué nos basaremos para crear la conexión:

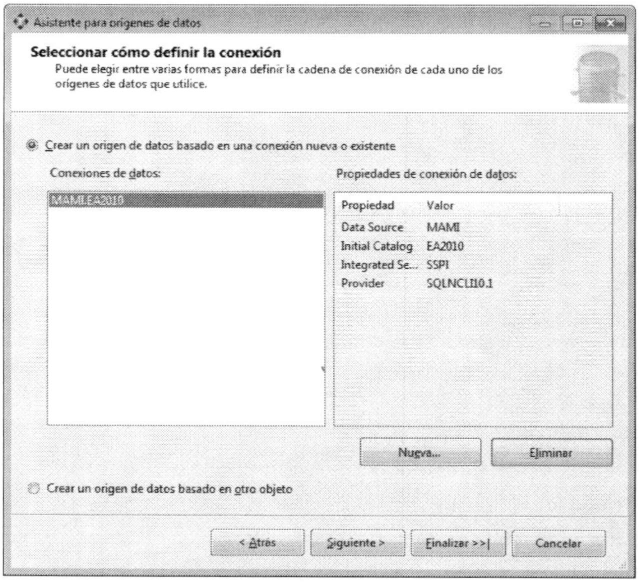

Si optamos por crear un origen basado en una conexión nueva, podemos pulsar sobre el botón **Nueva** y acceder al siguente cuadro de diálogo, mediante el cual definiremos en qué servidor y a qué base de datos queremos conectarnos:

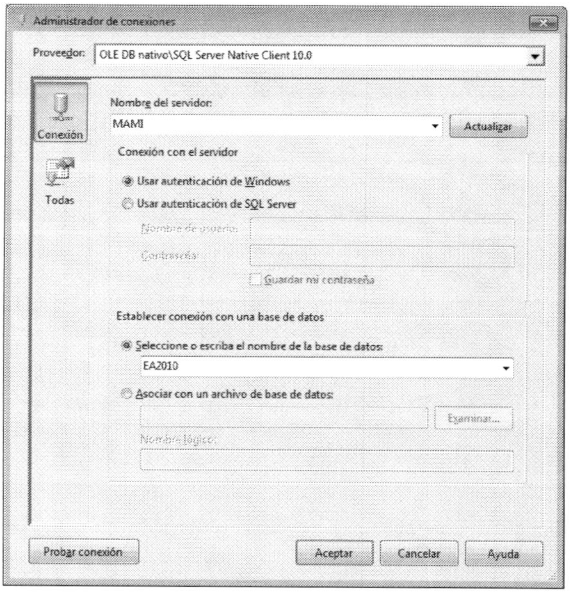

A continuación, definiremos las credenciales que hay que utilizar para la conexión:

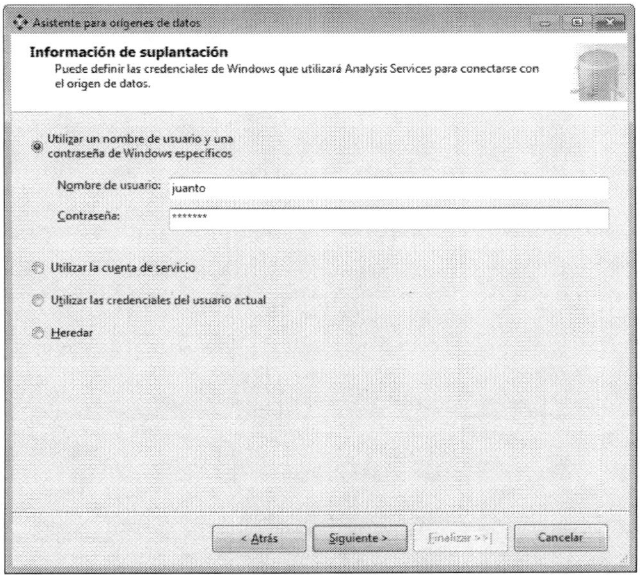

Por último, definiremos el nombre con el que queremos representar el nuevo origen de datos:

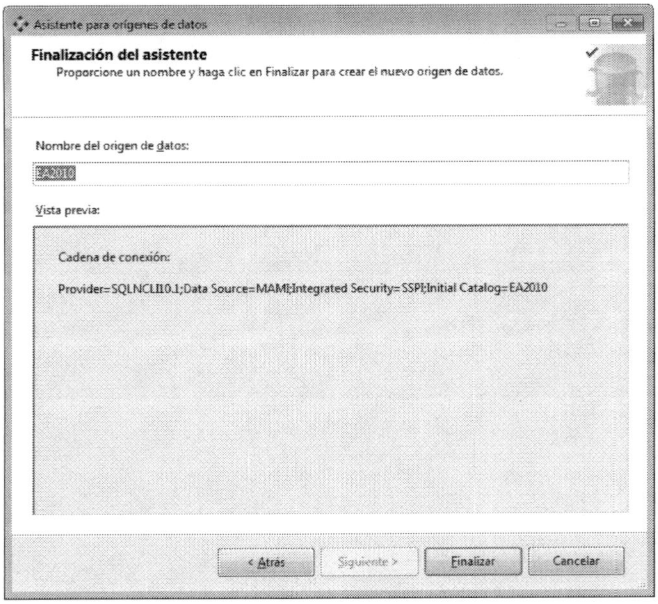

Podemos comprobar en el Explorador de soluciones que, efectivamente, ya disponemos de un nuevo origen de datos:

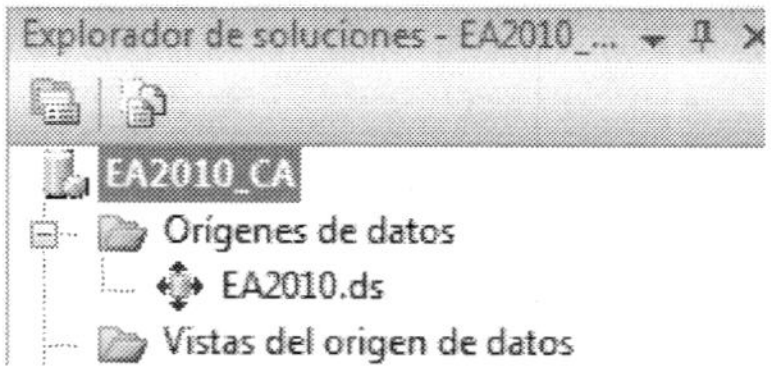

Seguidamente, procederemos a la creación de una vista de dicho origen de datos, para lo cual haremos clic con el botón derecho del *mouse* sobre la carpeta de **Vistas del orígen de datos** y seleccionaremos la opción Nueva vista del origen de datos…

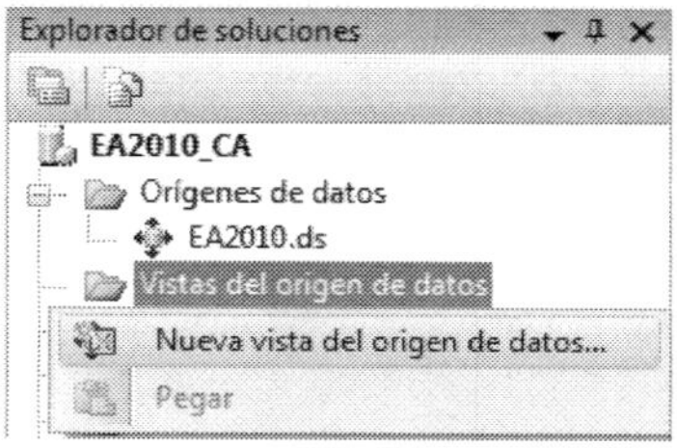

En este punto, aparece un asistente para la creación de la vista tal, y como mostramos a continuación:

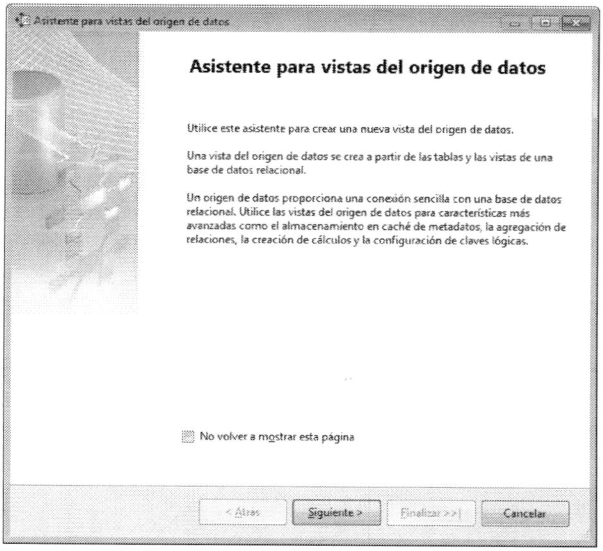

En nuestro caso, pasamos directamente a seleccionar el origen de datos que nos interesa para el ejemplo que estamos explicando:

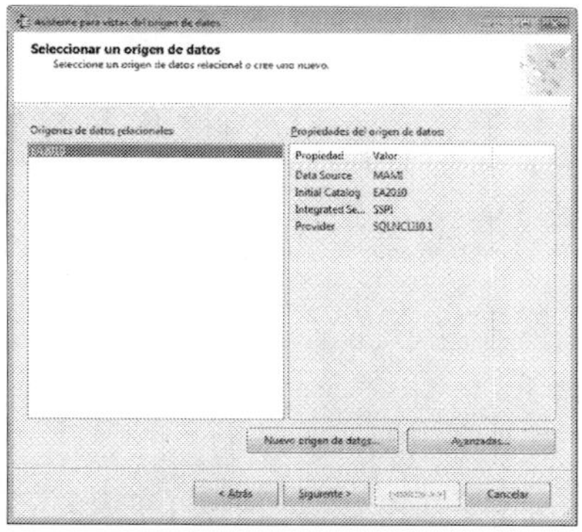

A continuación, seleccionamos las tablas que vamos a utilizar para incluirlas en el cuadro de Objetos incluidos:

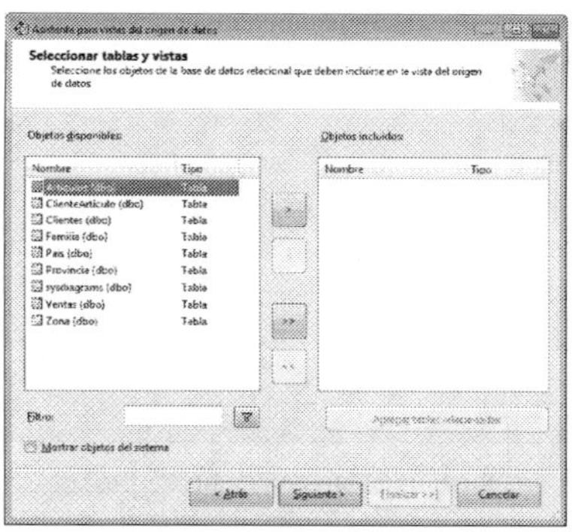

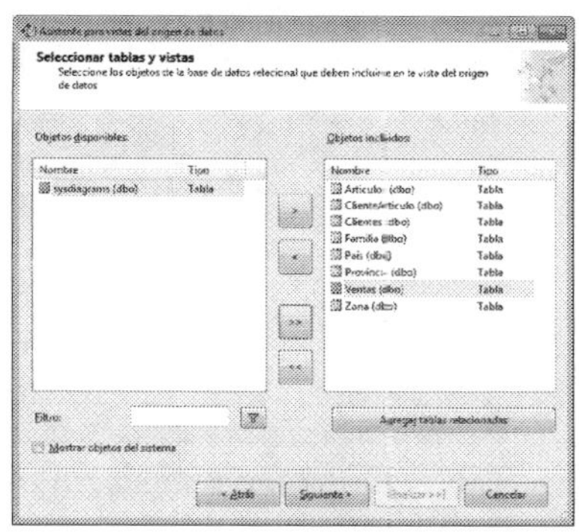

Por último, definimos un nombre para la vista y finalizamos el asistente:

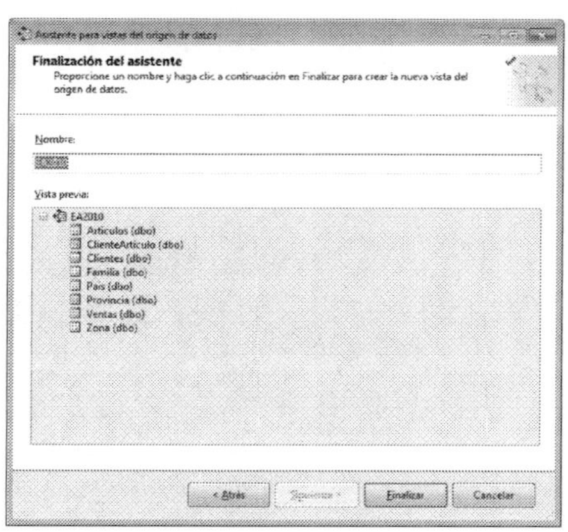

Podemos comprobar en el Explorador de soluciones que, efectivamente, ya disponemos de una nueva vista:

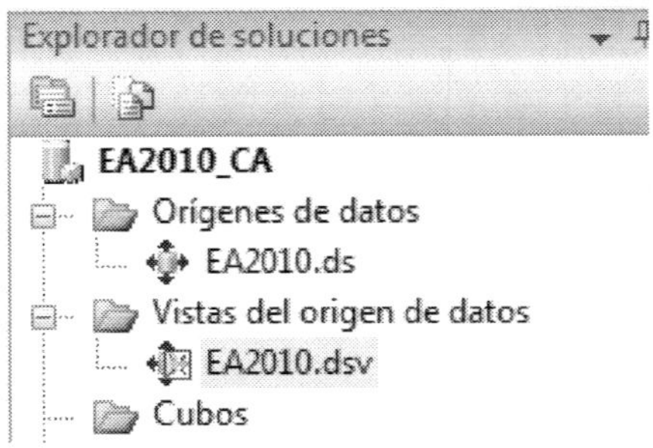

A continuación, procederemos a fabricar un cubo haciendo clic con el botón derecho del ratón sobre la carpeta Cubos y seleccionando la opción Nuevo cubo:

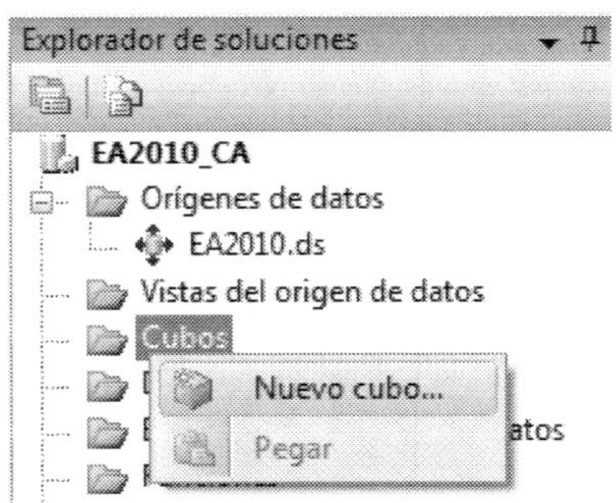

De nuevo aparece un asistente para la creación del cubo en cuestión:

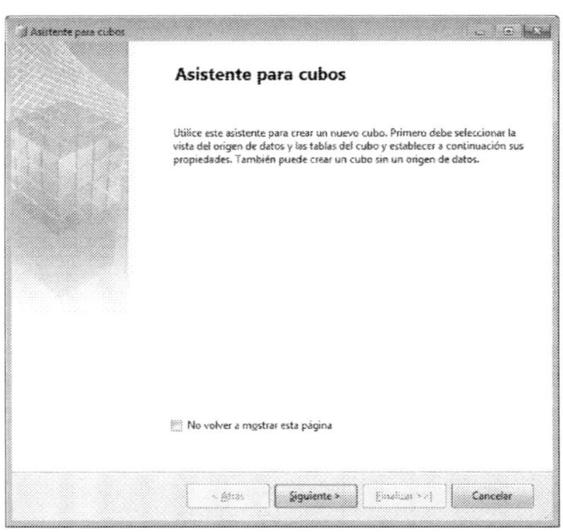

Al pulsar Siguiente, seleccionaremos el método de creación, que en nuestro caso será Usar tablas existentes:

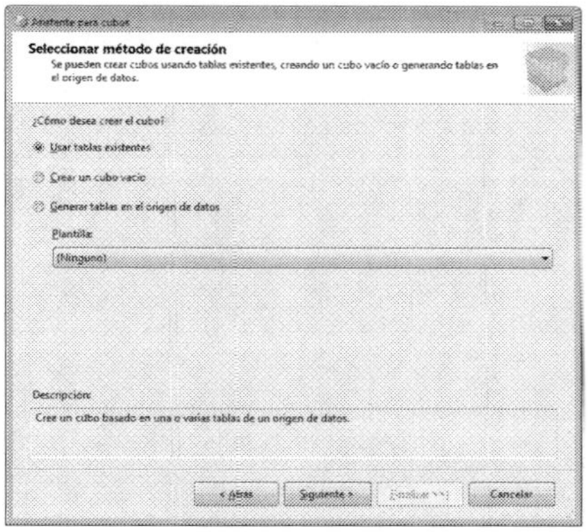

A continuación, seleccionaremos las tablas del grupo de medida:

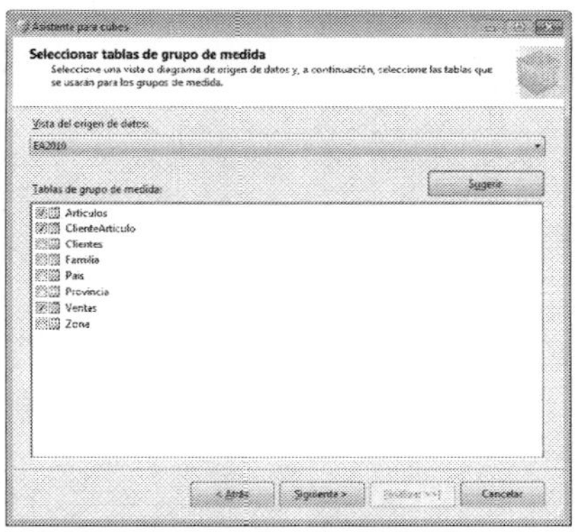

Seguidamente, seleccionaremos las medidas que queremos indicar en el cubo:

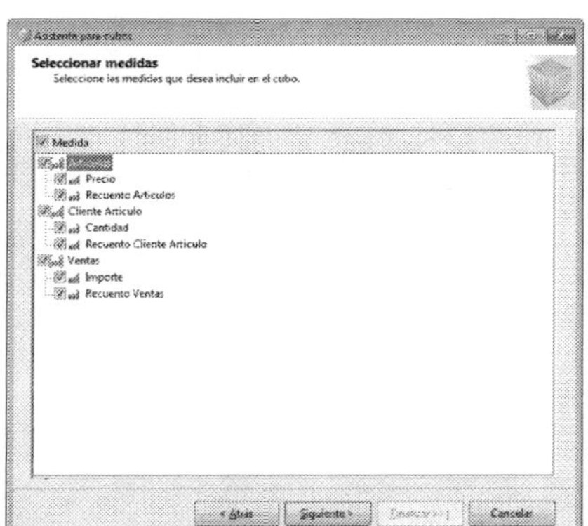

También indicaremos las dimensiones que queremos crear:

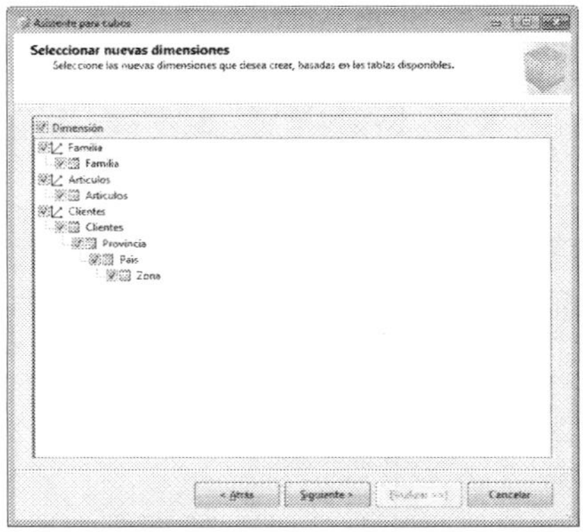

Por último, proporcionaremos un nombre al cubo y finalizaremos el asistente:

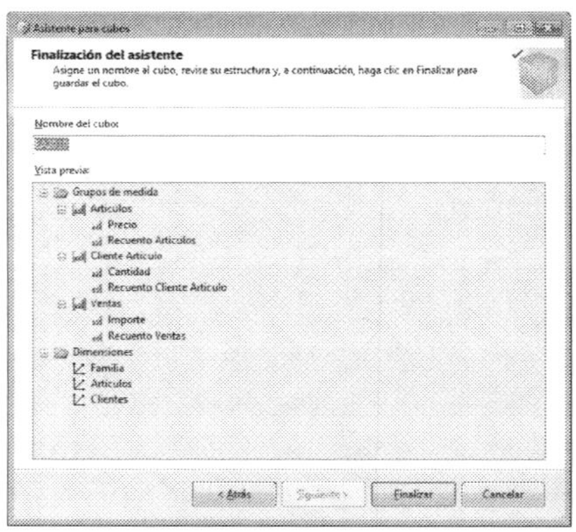

Comprobamos que, efectivamente, se ha creado el cubo y las dimensiones que hemos indicado:

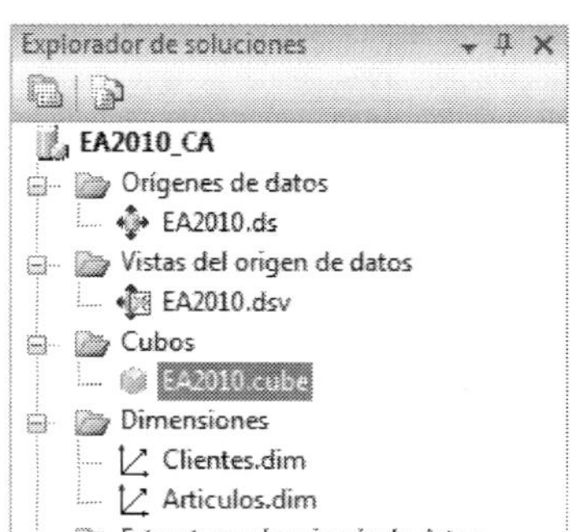

En el siguiente diagrama, podemos observar como se han creado y relacionado las tablas en el proyecto que estamos desarrollando:

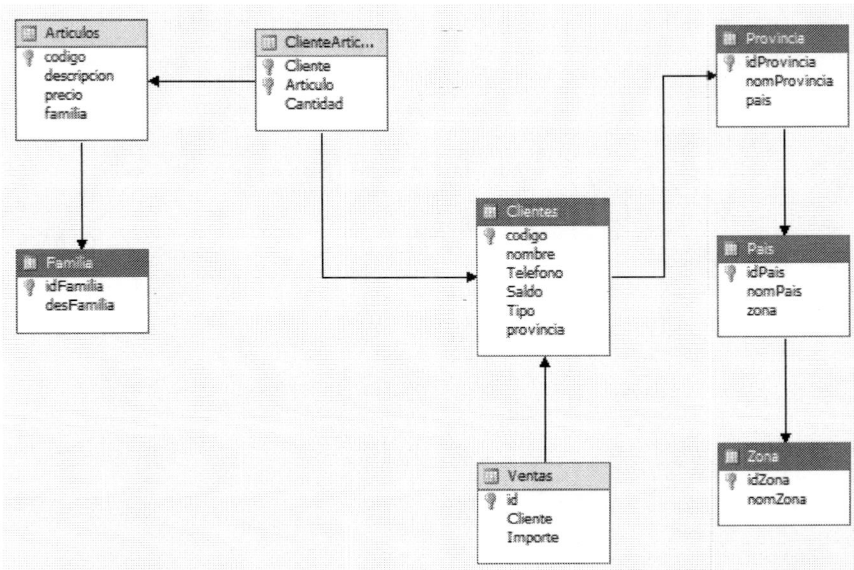

Las medidas y dimensiones definidas quedan de la siguente manera:

Medidas	Dimensiones
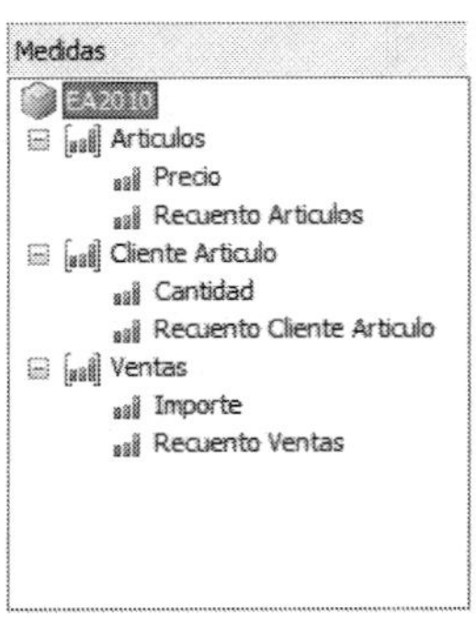	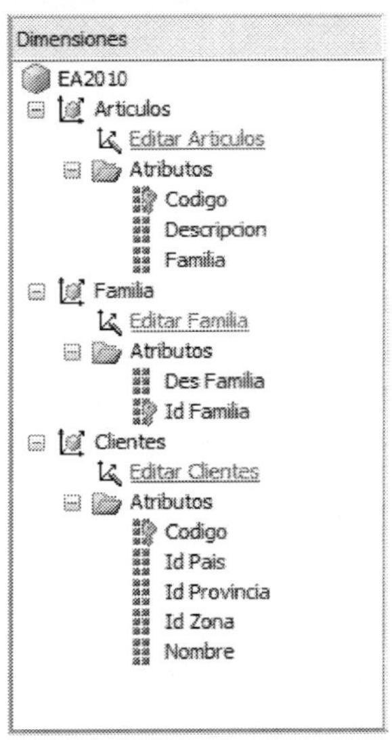

Para el ejemplo que estamos fabricando, incluiremos los atributos Nombre y Descripción en las estructuras Clientes y Artículos. Para ello, haremos clic sobre los hipervínculos Editar Clientes y Editar artículos y, una vez tengamos a la vista las tablas correspondientes, haremos clic con el botón derecho en el atributo que queremos incluir y seleccionaremos Nuevo atributo de la columna para cada tabla. A continuación, se muestra la transición de estos pasos:

Antes	Selección de atributo	Después
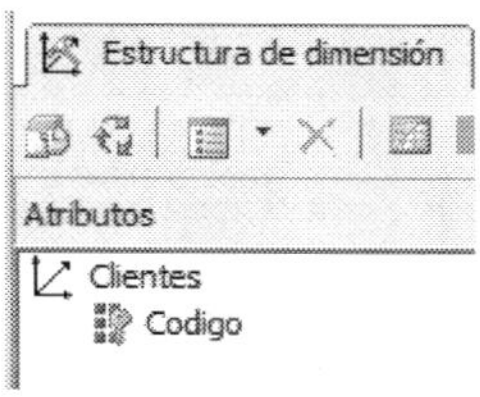	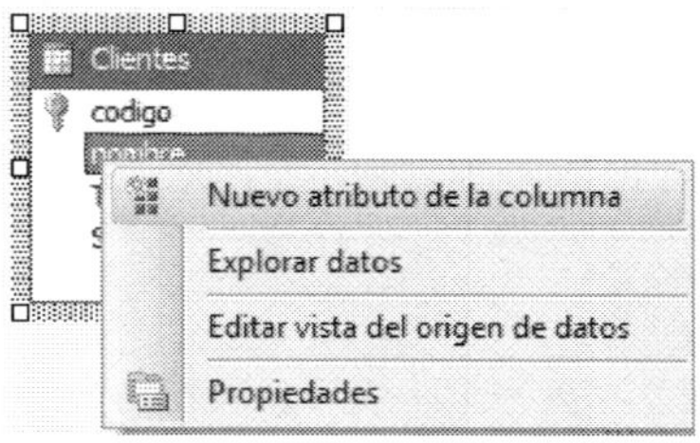	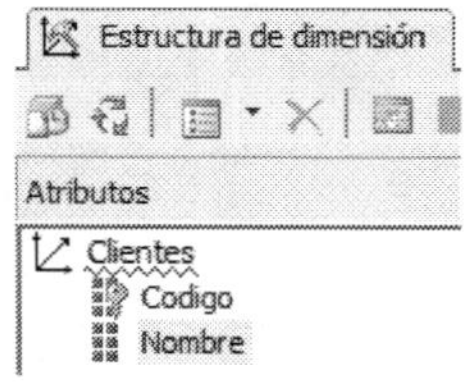
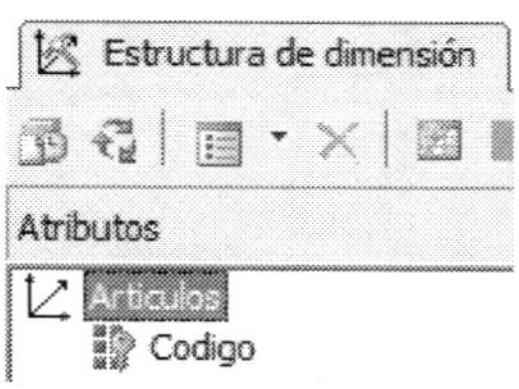	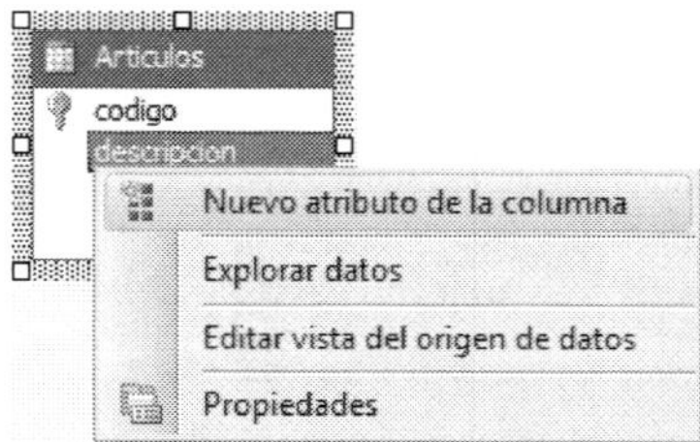	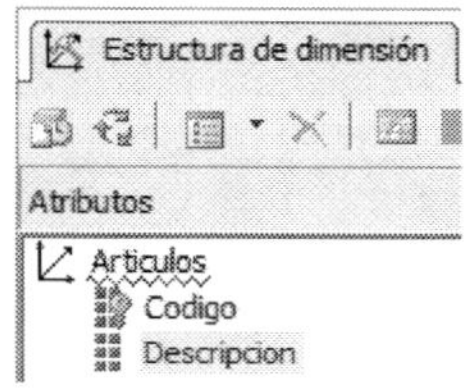

Ya estamos en situación de implementar el proyecto, para lo cual seleccionamos la opción Implementar haciendo clic con el botón derecho del *mouse* sobre el proyecto en el Explorador de soluciones:

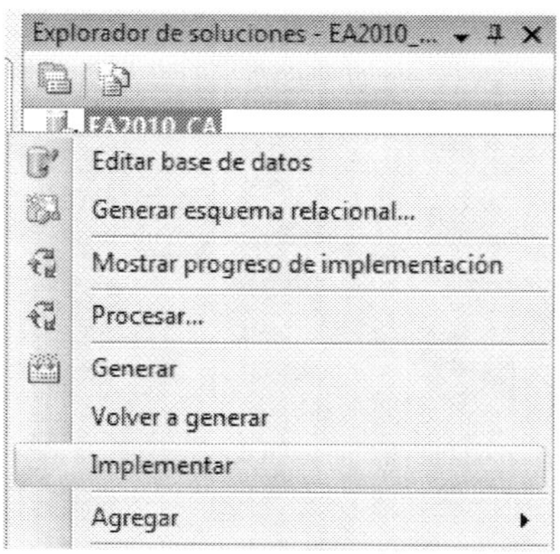

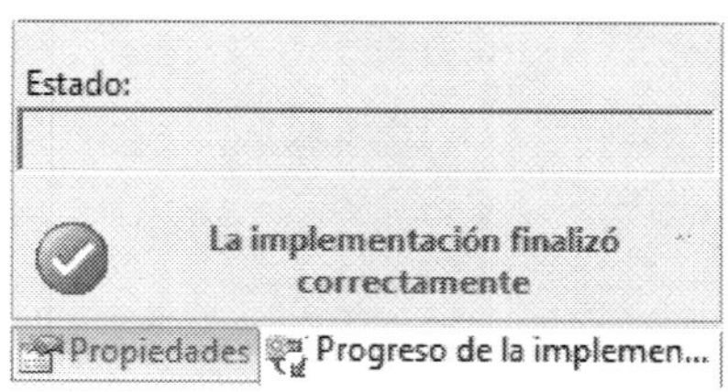

Una vez creado el proyecto, utilizaremos el resultado del mismo en el servidor para implementar la base de datos. Para ello, invocaremos el asistente para la implementación de Analysis Services mediante el Deployment Wizard situado en la carpeta Analysis Services, que se halla en el grupo de programas de Microsoft SQL Server 2008:

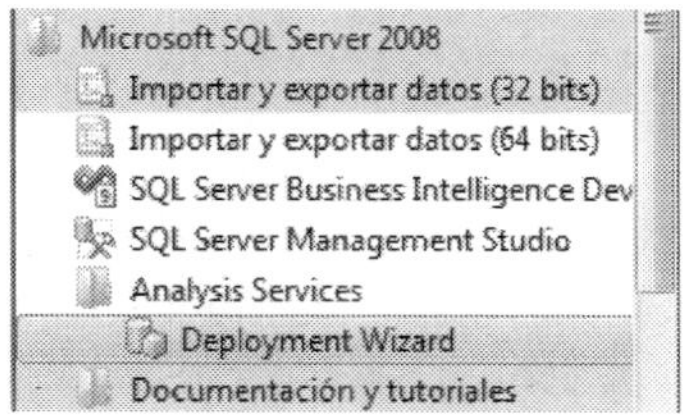

Al ejecutar este programa aparece la siguiente pantalla:

Al hacer clic en **Siguiente**, aparece una pantalla en la que hemos de indicar dónde se halla el resultado generado por el proyecto descrito anteriormente:

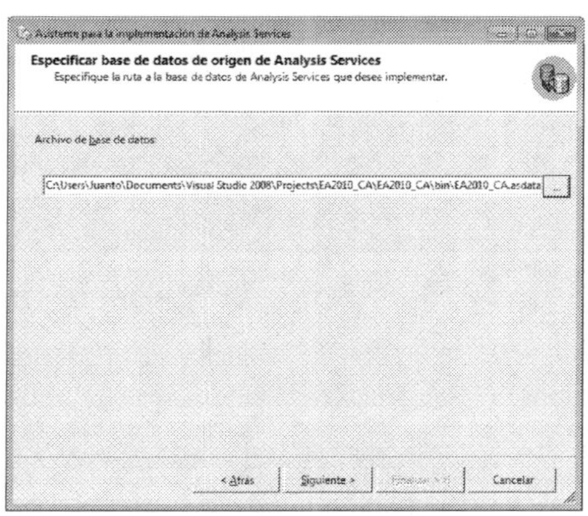

Para introducir el **Archivo de base de datos**, haremos clic en el botón [...], que da paso a la siguiente ventana:

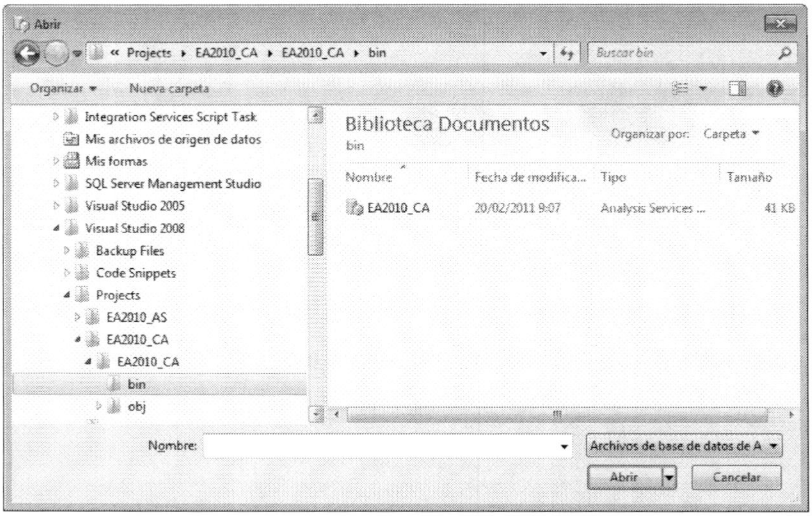

En la ventana, seleccionamos EA2010_CA y pulsamos sobre el botón Abrir, que nos lleva a la ventana anterior.

A continuación, indicaremos el destino de la instalación proporcionando el servidor y la base de datos:

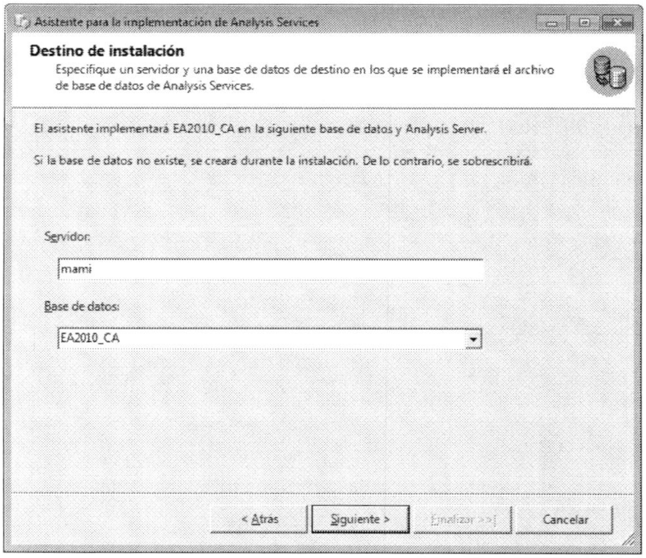

Seguidamente, aceptaremos los valores por defecto que aparecen en las siguientes pantallas pulsando sobre el botón Siguiente en todas ellas:

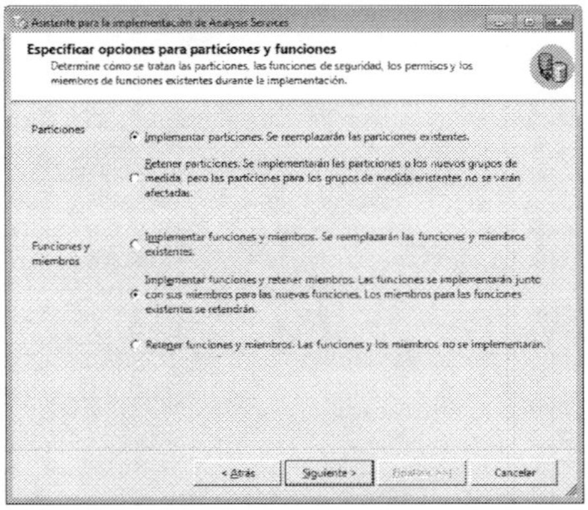

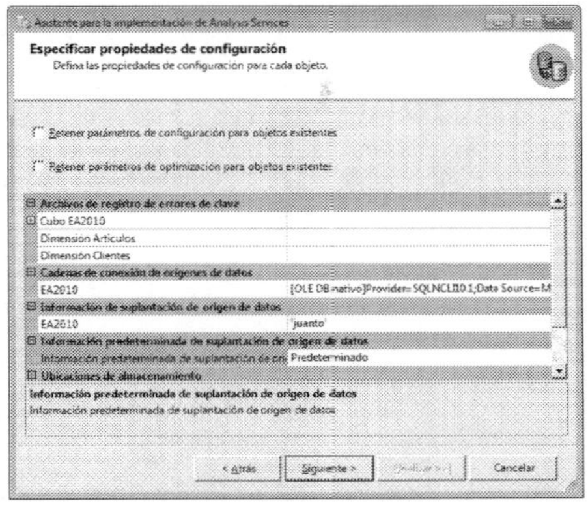

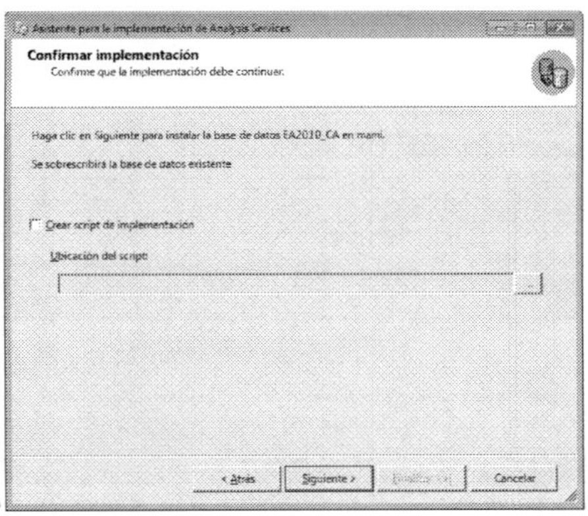

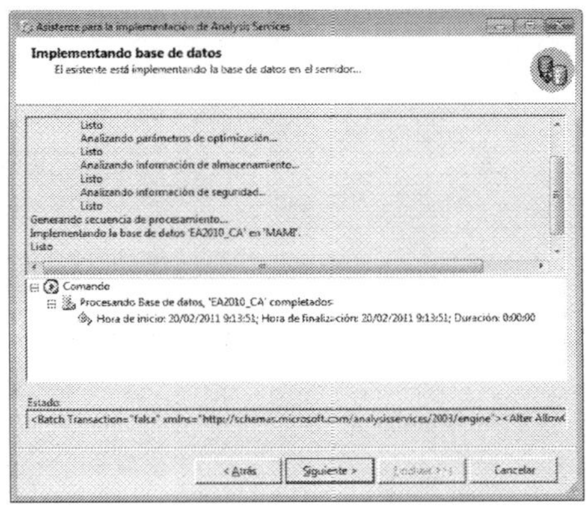

Por último, finalizaremos la implementación:

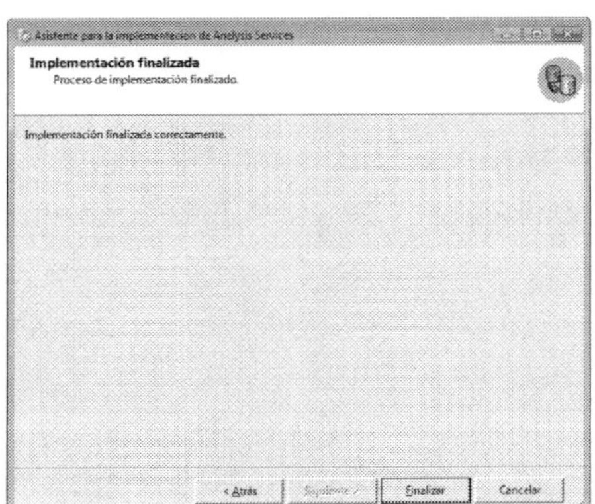

En este punto, accedemos SQL Server Management Studio y nos conectaremos a Analysis Services para comprobar el resultado de los pasos anteriores:

Efectivamente, podemos comprobar en el Explorador de objetos como ya tenemos disponible la base de datos, que podemos utilizar posteriormente en Excel para la creación de una tabla dinámica basada en una base de datos OLAP:

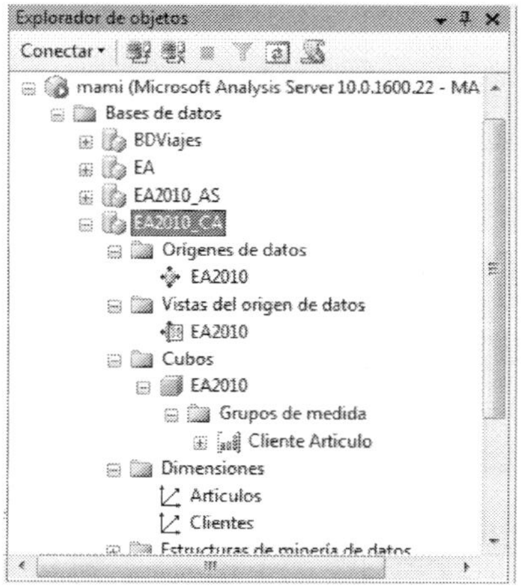

En este punto, ya podemos crear una tabla dinámica basada en la base de datos que acabamos de implementar. Para ello, una vez situados en la hoja sobre la que queremos crear la tabla, accederemos a la pestaña **Datos** y, una vez ahí, seleccionaremos **De otras fuentes** y **Desde Analysis Services**:

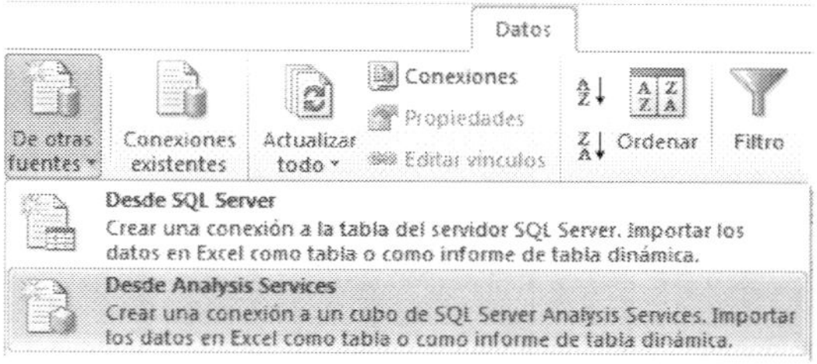

Al acceder a esta opción, se abre el asistente, que, en primer lugar, nos invita a conectar con el servidor de datos:

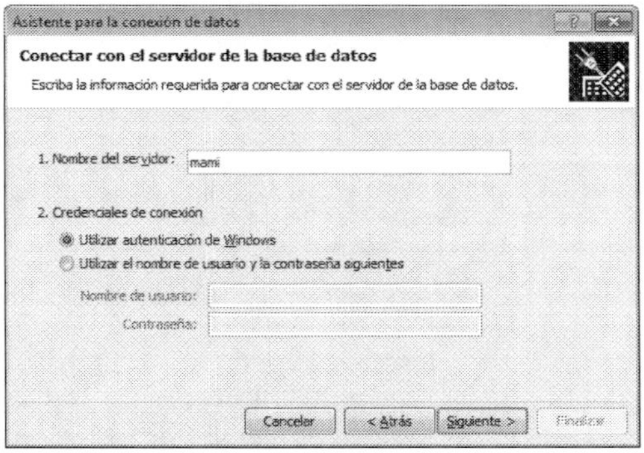

Seguidamente, seleccionaremos la base de datos EA2010_CA y dejaremos marcado el *check* **Conectar con una tabla o a un cubo específico**:

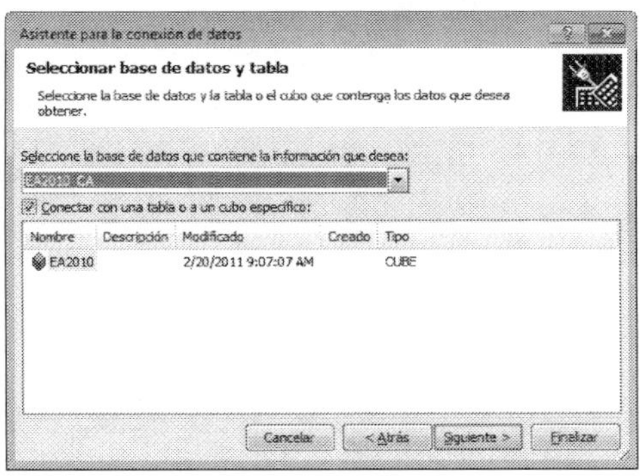

A continuación, guardaremos el archivo de conexión de datos y finalizaremos:

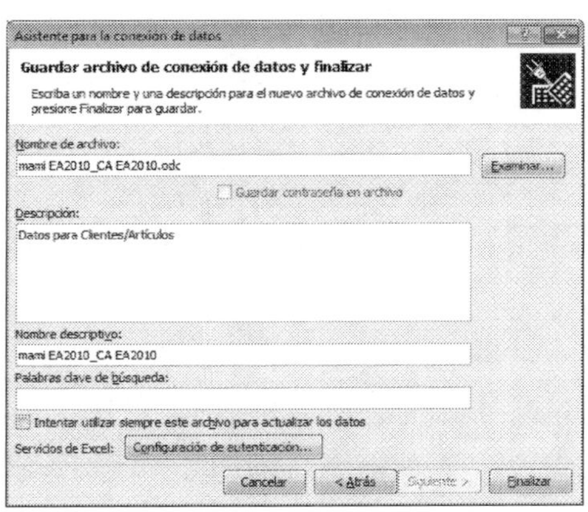

Ya sólo nos queda decidir cómo queremos ver los datos y dónde ubicarlos:

Al aceptar, nos encontraremos con un área para la tabla dinámica y la lista de campos que podemos utilizar para la misma. Para el ejemplo, marcaremos los campos en la lista de campos tal y como se muestran a continuación:

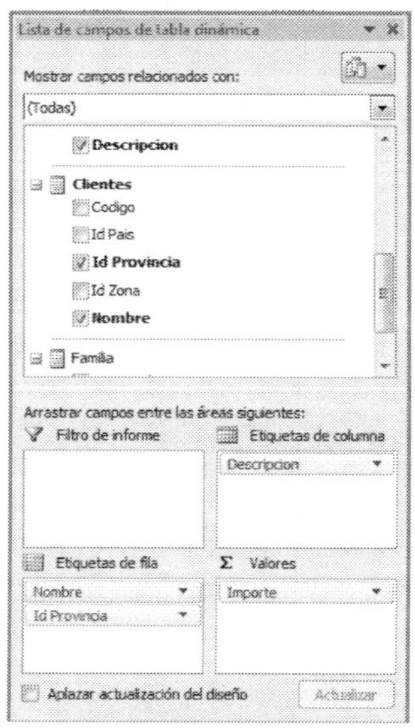

Obtendremos el siguente resultado:

	A	B	C	D	E	F
1	Importe	Etiquetas de columna				
2	Etiquetas de fila	Boligrafo	Carpeta	Goma	Libreta	Total general
3	⊟ Juanto	**1200**	**1200**	**1200**	**1200**	**1200**
4	8	1200	1200	1200	1200	1200
5	⊟ Maria	**1800**	**1800**	**1800**	**1800**	**1800**
6	1	1800	1800	1800	1800	1800
7	⊟ Paco	**1500**	**1500**	**1500**	**1500**	**1500**
8	28	1500	1500	1500	1500	1500
9	**Total general**	**4500**	**4500**	**4500**	**4500**	**4500**

GLOSARIO

A continuación, se definen algunos de los términos utilizados en los capítulos anteriores.

Término	Descripción
Celda	Espacio en el que se introducen los datos dentro de una hoja de cálculo y es la intersección entre las filas y las columnas.
Celda activa	La celda que tiene el 'foco'. Es decir, la celda sobre la que estamos introduciendo valores.
Rango	Conjunto de celdas. El rango más pequeño se compone de una sola celda y el más grande de toda una hoja.
Workbook	Libro de trabajo. Conjunto de hojas de cálculo.
Worksheet	Hoja de cálculo.
Intro	Tecla Enter o retorno de carro 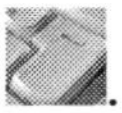.
Arrastrar	Mover el ratón manteniendo pulsado el botón izquierdo.
Menú flotante o contextual	Menú que aparece al hacer clic con el botón derecho del ratón y cuyas opciones pueden variar dependiendo del objeto sobre el cual se ha pulsado.

Cuadro de diálogo	Ventana que ofrece una serie de opciones o información y que requiere de una acción para poder ser cerrada. Si no se realiza ninguna acción, el cuadro permanecerá abierto impidiendo la realización de ninguna otra tarea.
SHIFT	Tecla mayúsculas 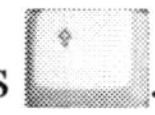.
Argumento	Cada uno de los valores que se pasan como parámetros a las funciones.
String	Cadena de texto.
Validar	Comprobar que el valor y/o formato introducido en un campo o celda cumple con los requisitos previstos.
URL o Recurso	*Uniform Resource Locator* (Localizador Uniforme de Recursos). Documento, archivo (imagen, sonido, texto, etc.) que puede estar ubicado en diversos lugares (PC local, en la Red, en dispositivos de almacenamiento, etc.).
Marcador	Definición de una ubicación o punto en concreto de un documento al que se puede referenciar desde otras partes de dicho documento o también desde otros documentos diferentes.
Fecha inicio Excel	Las fechas en Excel poseen un formato interno que permiten expresar cualquier fecha como el número de días transcurridos a partir del 01/01/1900, al que considera como día 1. Por tanto, el día 02/01/1900 se correspondería con el número 2, y así sucesivamente. Por ejemplo, el número 40098 corresponde al 12/10/2009.
ASCII	*American Standard Code for Information Interchange.* Código Estadounidense Estándar para el Intercambio de Información. Estándar de códigos de carácter.
Comodines	Caracteres especiales usados en algunos criterios para indicar que en su lugar puede ir uno (?) o varios caracteres (*).

Rango de criterios	Rango de celdas que contiene los criterios a utilizar en la aplicación de Filtros avanzados.
Filtros	Restricciones que se aplican a grupos de datos para restringir su visualización y mostrar sólo aquellos que cumplen ciertos criterios.
Vector	Conjunto de celdas de una sola dimensión.
Matriz	Estructura de datos que representa un conjunto de celdas. Puede ser de una o de 2 dimensiones.
OLAP	*On-Line Analytical Processing* (Procesamiento Analítico en Línea).
Rangos nombrados	Conjunto de celdas a las que podemos referirnos mediante un nombre.
MDX	*Multi-Dimensional eXpressions*.

TECLAS ESPECIALES EN EXCEL

Excel posee muchas combinaciones de teclas que permiten realizar ciertas tareas sólo con el uso del teclado. A continuación, se muestra una relación de las mismas.

Tecla	Descripción
CTRL + MAYÚS + (	Muestra las filas ocultas del rango seleccionado.
CTRL + MAYÚS +)	Muestra las columnas ocultas del rango seleccionado.
CTRL + MAYÚS + &	Inserta un contorno a las celdas seleccionadas.
CTRL + MAYÚS_	Elimina el contorno de las celdas seleccionadas.
CTRL + E	Establece el formato de número General.
CTRL + MAYÚS + $	Establece el formato Moneda con dos decimales (los números negativos aparecen entre paréntesis).
CTRL + MAYÚS + %	Establece el formato Porcentaje sin decimales.
CTRL + MAYÚS + ^	Aplica el formato numérico Exponencial con dos decimales.

CTRL + MAYÚS + #	Establece el formato Fecha con el día, mes y año.
CTRL + MAYÚS + @	Establece el formato Hora con la hora y los minutos indicando a.m. o p.m.
CTRL + MAYÚS + !	Establece el formato Número con dos decimales, signo menos (-) para valores negativos y separador de miles.
CTRL + MAYÚS + *	Selecciona el área que se halla alrededor de la celda activa (el área de datos delimitada por filas en blanco y columnas en blanco). En tablas dinámicas, selecciona toda la tabla.
CTRL + MAYÚS + :	Inserta la hora actual.
CTRL + MAYÚS + "	Copia el valor de la celda situada sobre la celda activa.
CTRL + Signo más (+)	Muestra el cuadro de diálogo **Insertar.**
CTRL + Signo menos (-)	Muestra el cuadro de diálogo **Eliminar.**
CTRL + ;	Inserta la fecha actual.
ALT + º	Alterna entre mostrar valores de celda y mostrar fórmulas de la hoja de cálculo en curso.
CTRL + '	Copia la celda situada sobre la celda activa.
CTRL + 1	Muestra el cuadro de diálogo **Formato de celdas**.
CTRL + 2	Establece o elimina el formato de negrita.
CTRL + 3	Establece o elimina el formato de cursiva.
CTRL + 4	Establece o elimina el formato de subrayado.
CTRL + 5	Establece o elimina el formato de tachado.

CTRL + 6	Oculta objetos, los muestra o muestra marcadores.
CTRL + 8	Alterna la visualización o no de los símbolos de esquema.
CTRL + 9	Oculta las filas seleccionadas.
CTRL + 0	Oculta las columnas seleccionadas.
CTRL + E	Selecciona la región actual o toda la hoja de cálculo.
CTRL + N	Establece o elimina el formato de negrita.
CTRL + C	Copia las seleccionadas en curso.
CTRL + J	Copiar la celda situada más arriba de un rango seleccionado a las celdas de abajo usando el comando **Rellenar hacia abajo**.
CTRL + B	Invoca el cuadro de diálogo **Buscar y reemplazar** seleccionando la ficha **Buscar**.
CTRL + I	Visualiza el cuadro de diálogo **Ir a**.
CTRL + L	Visualiza el cuadro de diálogo **Buscar y reemplazar** seleccionando la ficha **Reemplazar**.
CTRL + K	Establece o elimina el formato de cursiva.
CTRL + ALT + K	Visualiza el cuadro de diálogo **Insertar o Modificar hipervínculo** según si existe o no el hipervínculo seleccionado.
CTRL + U	Permite crear un nuevo libro en blanco.
CTRL + A	Visualiza el cuadro de diálogo **Abrir**.

CTRL + P	Visualiza el cuadro de diálogo **Imprimir**.
CTRL + D	Copia la celda situada más a la izquierda de un rango seleccionado a las celdas de la derecha usando el comando **Rellenar hacia la derecha**.
CTRL + G	Guarda el archivo.
CTRL + F	Visualiza el cuadro de diálogo **Crear tabla**.
CTRL + S	Establece o elimina el formato de subrayado.
CTRL + V	Pega el contenido del Portapapeles. CTRL+ ALT+V muestra el cuadro de diálogo **Pegado especial**.
CTRL + R	Cierra la ventana del libro.
CTRL + X	Corta los objetos seleccionados.
CTRL + Y	Repite la última acción realizada.
CTRL + Z	Deshace la última acción realizada.
F1	Muestra la **Ayuda de Microsoft Office Excel**.
F2	Permite modificar la celda.
F3	Si se utilizan rangos nombrados, visualiza el cuadro de diálogo **Pegar nombre**.
F4	Repite la última acción realizada.
F5	Visualiza el cuadro de diálogo **Ir a**.
F6	Alterna el acceso a la cinta de opciones, el panel de tareas y los controles de Zoom.
F7	Visualiza el cuadro de diálogo **Ortografía**.

F8	Activa o desactiva el modo de selección extendida.
F9	Provoca el recálculo de todas las hojas de cálculo de todos los libros abiertos.
F10	Activa o desactiva los métodos abreviados de teclado.
F11	Crea un gráfico a partir de los datos de la selección actual.
F12	Visualiza el cuadro de diálogo **Guardar como**.
TECLAS DE DIRECCIÓN	Desplaza el cursor una celda hacia arriba, hacia abajo, hacia la izquierda o hacia la derecha.
RETROCESO	Elimina un carácter a la izquierda de donde está situado el cursor.
SUPR	Borra el contenido de la celda respetando el formato.
FIN	Permite desplazarse al final de la edición que se está realizando, bien sea en una celda, en la barra de fórmulas o en un cuadro de texto.
ENTRAR	Representa el fin de la entrada de datos o aceptación de una opción determinada.
ESC	Permite cancelar una entrada de texto y, en general, permite abandonar la acción que se está realizando. Se utiliza para cerrar menús, submenús, cuadros de diálogo, ventanas de mensaje...
INICIO	Va al principio de una fila.
AV PÁG	Avanza una pantalla en la hoja en curso.
RE PÁG	Retrocede una pantalla en la hoja en curso.

BARRA ESPACIADORA	Además de introducir un espacio en un cuadro de texto, activa o desactiva una casilla de verificación o ejecuta la acción del botón seleccionado en un cuadro de diálogo.
TAB	Desplaza el cursor a la celda de la derecha. En un cuadro de diálogo permite navegar entre grupos de opciones.
CTRL + F2	Visualiza la ventana Vista preliminar.
CTRL + F4	Cierra la ventana en curso.
CTRL + F5	Ejecuta el comando Restaurar ventana.
CTRL + F7	Permite mover la ventana del libro si no está maximizada. Una vez seleccionada la ventana, se han de utilizar las flechas para moverla.
CTRL + F8	Permite cambiar el tamaño de la ventana mediante las flechas de dirección.
CTRL + F9	Minimiza la ventana del libro.
CTRL + F10	Alterna la maximización o restauración de una ventana.
CTRL + TECLAS DE DIRECCIÓN	Sitúa el cursor en el extremo de la región de datos.
CTRL + FIN	Sitúa el cursor en la última celda de una hoja.
CTRL + INICIO	Sitúa el cursor en la primera celda de una hoja.
CTRL + AV PÁG	Avanza a la hoja siguiente dentro de un libro.
CTRL + RE PÁG	Retrocede a la hoja anterior dentro de un libro.
CTRL + BARRA ESPACIADORA	Selecciona una columna completa.

CTRL + TAB	En un cuadro de diálogo, cambia a la ficha siguiente.
ALT + F1	Crea un gráfico automáticamente.
ALT + F8	Visualiza el cuadro de diálogo Macro.
ALT + F11	Abre el Editor de Microsoft Visual Basic para crear o modificar macros.
ALT + TECLAS DE DIRECCIÓN	Muestra una lista desplegable si es posible.
ALT + ENTRAR	Inserta nueva línea en la misma celda.
ALT + AV PÁG	Avanza una pantalla a la derecha en la hoja de cálculo en curso.
ALT + RE PÁG	Retrocede una pantalla a la izquierda en la hoja de cálculo en curso.
ALT + BARRA ESPACIADORA	Visualiza el menú Control de la ventana.
MAYÚS + F2	Inserta o modifica un comentario de celda.
MAYÚS + F3	Visualiza el cuadro de diálogo Insertar función.
MAYÚS + F6	Alterna el foco entre la hoja de cálculo, los controles de Zoom, el panel de tareas y la cinta de opciones.
MAYÚS + F8	Permite agregar un rango de celdas no adyacentes a una selección de celdas utilizando las teclas de dirección.
MAYÚS + F9	Calcula la hoja de cálculo activa.
MAYÚS + F10	Visualiza el menú contextual correspondiente al elemento seleccionado.
MAYÚS + F11	Inserta una hoja de cálculo nueva.

MAYÚS + TECLAS DE DIRECCIÓN	Amplía la selección de celdas.
MAYÚS + BARRA ESPACIADORA	Selecciona una fila completa de la hoja de cálculo activa.
MAYÚS + TAB	Desplaza el cursor a la celda anterior. En un cuadro de diálogo desplaza el foco a la opción anterior.
CTRL + MAYÚS + TECLAS DE DIRECCIÓN	Amplía la selección a la última celda no vacía de la misma columna o fila que la celda activa, o a la siguiente celda que no esté en blanco.
CTRL + MAYÚS + FIN	Amplía la selección de celdas hasta la última celda utilizada de la hoja de cálculo (esquina inferior derecha). También permite seleccionar todo el texto que hay desde la posición actual hasta el final dentro de un cuadro de texto.
CTRL + MAYÚS + INICIO	Extiende la selección de celdas hasta el inicio de la hoja de cálculo.
CTRL + MAYÚS + AV PÁG	Selecciona la hoja actual y la siguiente.
CTRL + MAYÚS + RE PÁG	Selecciona la hoja actual y la anterior.
CTRL + MAYÚS + BARRA ESPACIADORA	Selecciona toda la hoja de cálculo. Similar a CTRL+E.
CTRL + MAYÚS + TAB	Retrocede a la ficha anterior en un cuadro de diálogo.
ALT + MAYÚS + F1	Inserta una nueva hoja de cálculo.
ALT + MAYÚS + F10	Visualiza el menú o mensaje de una etiqueta inteligente. Si hay más de una etiqueta inteligente, cambia a la siguiente y muestra su menú o mensaje.

CTRL + ALT + F9	Provoca un recálculo de todas las hojas de cálculo de todos los libros abiertos.
CTRL + ALT + MAYÚS + F9	Comprueba fórmulas dependientes y recalcula todas las celdas de todos los libros abiertos.

FUNCIONES

Funciones de fecha y hora	Comentario
AHORA()	Retorna la fecha y la hora actual.
AÑO(núm_de_serie)	Retorna el año en formato año.
DIA(núm_de_serie)	Retorna el día del mes.
DIAS360(fecha_inicial;fecha_final;método)	Calcula el número de días transcurridos entre las dos fechas.
DIASEM(núm_de_serie;tipo)	Retorna un número del 1 al 7.
FECHA(año;mes;día)	Retorna la fecha en formato fecha a partir del año, mes y día.
FECHANUMERO(texto_de_fecha)	Retorna la fecha en formato de fecha.
HORA(núm_de_serie)	Retorna la hora como un número comprendido entre el 0 y el 23.

HORANUMERO(texto_de_fecha)	Convierte una hora de texto en un número.
HOY()	Retorna la fecha actual.
MES(núm_de_serie)	Retorna el número del mes (entre el 1 y el 12).
MINUTO(núm_de_serie)	Retorna el minuto (entre 0 y 59).
NSHORA(hora;minuto;segundo)	Convierte horas, minutos y segundos dados a números.
SEGUNDO(núm_de_serie)	Retorna el segundo (entre 0 y 59).
Funciones de texto	**Comentario**
CARACTER(número)	Retorna el carácter correspondiente al número indicado.
CODIGO(texto)	Retorna el código ASCII del primer carácter contenido en texto.
CONCATENAR(texto1;texto2;...;textoN)	Retorna una cadena de caracteres con la unión de todos los textos pasados como parámetros.
DECIMAL(número;decimales;no_separar_millares)	Redondea un número a una determinada posición decimal.
DERECHA(texto;núm_de_caracteres)	Devuelve el número de caracteres indicados de la parte derecha de texto.
ENCONTRAR(texto_buscado;dentro_del_texto;núm_inicial)	Indica la posición inicial en la que se halla el texto buscado.

ESPACIOS(texto)	Retorna texto eliminando espacios.
EXTRAE(texto;posicion_inicial;núm_ caracteres)	Devuelve los caracteres de texto que se hallan a partir de una posición inicial.
HALLAR(texto_buscado;dentro_del_ texto;núm_inicial)	Indica si una cadena de texto se halla dentro de otra.
IGUAL(texto1;texto2)	Retorna un valor lógico (verdadero/falso) que indica si texto1 es igual a texto2.
IZQUIERDA(texto;núm_de_caracteres)	Devuelve el número de caracteres que se hallan a la izquierda especificados por num_de_ caracteres.
LARGO(texto)	Devuelve el número de caracteres que hay en el texto.
LIMPIAR(texto)	Limpia el texto de caracteres no imprimibles (por ejemplo: saltos de línea o de página).
MAYUSC(texto)	Convierte el texto a mayúsculas.
MINUSC(texto)	Convierte el texto a minúsculas.
MONEDA(número;núm_de_decimales)	Devuelve una cadena que representa un valor ajustado a unos decimales con el símbolo de la moneda definida en el sistema.
NOMPROPIO(texto)	Convierte a mayúscula la primera letra de todas las palabras existentes en el texto.
REEMPLAZAR(texto_original;num_ inicial;núm_de_caracteres;texto_nuevo)	Reemplaza parte de una cadena de texto por otra atendiendo a un número de caracteres y una posición inicial.

REPETIR(texto;núm_de_veces)	Devuelve una cadena de texto con tantas repeticiones de texto como se hayan indicado en num_de_veces.
SUSTITUIR(texto;texto_original;texto_nuevo;núm_de_ocurrencia)	Reemplaza el texto con texto nuevo a partir de una determinada ocurrencia.
T(valor)	Si valor es texto, devuelve texto. Si no, devuelve nulo.
TEXTO(valor;formato)	Convierte un valor a una cadena de texto.
TEXTOBAHT(número)	Transforma un número a texto tailandés.
VALOR(texto)	Convierte texto a número para poder operar con él.
Funciones de búsqueda	**Comentario**
AREAS(ref)	Retorna el número de rangos de celdas contiguas.
BUSCAR(...)	Busca valores de un rango de una columna o una fila.
BUSCARH(valor_buscado;matriz_buscar_en;indicador_filas;ordenado)	Busca un valor en la primera fila de una tabla o matriz de valores.
BUSCARV(valor_buscado;matriz_buscar_en;indicador_columnas;ordenado)	Busca un valor en la primera columna de una tabla.
COINCIDIR(valor_buscado;matriz_buscar_en;tipo_de_coincidencia)	Retorna la posición relativa de un elemento dentro de una matriz.
COLUMNA(ref)	Devuelve el número de columna correspondiente a la referencia indicada como ref.

COLUMNAS(matriz)	Devuelve el número de columnas existentes en la matriz.
DESREF(ref;filas;columnas;alto;ancho)	Retorna una referencia a un rango.
DIRECCION(fila;columna;abs;a1;hoja)	Crea una referencia de celda en forma de texto a partir de la columna y fila indicadas.
ELEGIR(num_indice;valor1;valor2;...)	Elige un valor de una lista de valores en función del índice.
FILA(ref)	Devuelve el número de fila a la que se refiere ref.
FILAS(matriz)	Retorna el número de filas existentes en matriz.
HIPERVÍNCULO(ubicación_del_vínculo; nombre_descriptivo)	Crea un acceso directo a un documento o URL.
IMPORTARDATOSDINAMICOS(camp_ datos;tablas_dinámicas;campo1; elemento1;campo2;elemento2...)	Extrae datos almacenados en una tabla dinámica a partir de las coordenadas indicadas.
INDICE(matriz;num_fila;num_columna)	Devuelve el valor de la celda determinada por una fila y una columna.
INDIRECTO(ref;a1)	Devuelve el valor de una referencia especificada.
TRANSPONER(matriz)	Intercambia las filas por las columnas en una matriz.
Funciones financieras	**Comentario**
DB(costo;valor_residual;vida;período;mes)	Retorna la depreciación de un bien para un período indicado.

DDB(costo;valor_residual;vida;período; factor)	Retorna la depreciación de un bien para un período especificado, usando el método de depreciación por doble disminución de saldo.
DVS(costo;valor_residual;vida;período_ inicial;período_final;factor;sin_cambios)	Retorna la depreciación de un bien para un período especificado, incluidos períodos parciales.
INT.PAGO.DIR(tasa;período;nper;va)	Calcula el interés pagado de una inversión durante un período específico.
NPER(tasa;pago;va;vf;tipo)	Retorna el número de pagos de una inversión.
PAGO(tasa;nper;va;vf;tipo)	Calcula el número de pagos que se han de pagar sobre un préstamo en un tiempo e interés.
PAGOINT(tasa;período;nper;va;vf;tipo)	Retorna el interés pagado por una inversión durante un período específico.
PAGOPRIN(tasa;período;nper;va;vf;tipo)	Retorna el pago de un capital de una inversión determinada durante un período de tiempo.
SLN(costo;valor_residual;vida)	Retorna la depreciación de un activo por un período dado.
SYD(costo;valor_residual;vida;período)	Retorna la depreciación de un activo en un período específico.
TASA(nper;pago;va;vf;tipo;estimar)	Retorna la tasa de interés de un préstamo por período.
TIR(valores;estimar)	Retorna la tasa interna de retorno de una inversión.

TIRM(valores;tasa_financiamiento;tasa_reinversión)	Retorna la tasa interna de retorno modificada.
VA(tasa;nper;pago;vf;tipo)	Retorna el valor actual de una inversión.
VF(tasa;nper;pago;vf;tipo)	Retorna el valor futuro de una inversión.
VNA(tasa;valor1;valor2;...)	Retorna el valor neto actual de una inversión.
Funciones matemáticas y trigonométricas	**Comentario**
ABS(número)	Retorna el valor absoluto de un número.
ALEATORIO()	Retorna un número entre 0 y 1.
COMBINAT(número;tamaño)	Retorna el número de combinaciones para un número de elementos.
COS(número)	Retorna el coseno de un ángulo
ENTERO(número)	Redondea un número devolviendo el entero inferior más próximo.
EXP(número)	Eleva el número 'e' a la potencia de número.
FACT(número)	Calcula el factorial de un número.
NUMERO.ROMANO(número,forma)	Devuelve en número romano un determinado número.
PI()	Devuelve el valor de la constante pi.

POTENCIA(número;potencia)	Eleva un número a una potencia.
PRODUCTO(número1;número2;...)	Calcula el producto de todos los números pasados como argumentos.
RAIZ(número)	Calcula la raíz cuadrada.
RESIDUO(número;núm_divisor)	Retorna el resto de la división.
Funciones estadísticas	**Comentario**
MEDIA.ARMO(número1;número2;...)	Retorna la media armónica de una serie de números positivos.
MAX(número1;número2;...)	Retorna el valor máximo de la lista o rango indicado.
MIN(número1;número2;...)	Retorna el valor mínimo de la lista o rango indicado.
MEDIANA(número1;número2;...)	Calcula la mediana de la lista de valores indicados.
MODA(número1;número2;...)	Retorna el valor que más se repite en la lista de valores indicados.
PROMEDIO(número1;número2;...)	Retorna la media aritmética de la lista de valores indicados.
VAR(número1;número2;...)	Calcula la varianza de una lista de valores.
K.ESIMO.MAYOR(matriz;k)	Retorna el valor k-ésimo mayor de una serie de valores.
K.ESIMO.MENOR(matriz;k)	Retorna el valor k-ésimo menor de una serie de valores.

Funciones lógicas	Comentario
FALSO()	Retorna el valor lógico falso.
VERDADERO	Retorna el valor lógico verdadero.
SI(prueba_logica;valor_si_verdadero; valor_si_falso)	Retorna un valor u otro, dependiendo de si se cumple o no una condición.
NO(valor_lógico)	Retorna el valor contrario al valor lógico proporcionado.
Y(valor_logico1;valor_logico2;...)	Retorna verdadero si todos los valores son verdaderos.
O(valor_logico1;valor_logico2;...)	Retorna verdadero si algún valor lógico es verdadero.
Funciones de información	**Comentario**
ESBLANCO(valor)	Indica si un valor está vacío.
ESERR(valor)	Indica si un valor es un error.
ESLOGICO(valor)	Indica si un valor es lógico.
ESNOTEXTO(valor)	Indica si un valor no es de tipo texto.
ESTEXTO(valor)	Indica si un valor es de tipo texto.
ESNUMERO(valor)	Indica si un valor es numérico.
TIPO(valor)	Retorna un número que representa el tipo de datos al que pertenece el valor.

ÍNDICE ALFABÉTICO

SÍMBOLOS

A

B

C

D

E

F

G

H

I

L

M

N

O

P

R

S

T

V

W

Y